高等学校工程管理系列教材

建设法规概论与案例

（第3版修订本）

金国辉　编著

清华大学出版社
北京交通大学出版社
·北京·

内 容 简 介

本教材对我国现行的建设法规从工程建设程序、城市规划法规、土地管理法规、建筑法律制度、工程建设执业资格法规、城市房地产管理法律制度、工程建设承包与发包法规、建设标准法律制度、环境保护法律制度等方面作了全面的介绍，还介绍了《中华人民共和国建筑法》、《中华人民共和国招标投标法》、《建设工程质量管理条例》、《中华人民共和国城乡规划法》、《建设工程安全生产管理条例》、《建设工程安全生产管理条例》等最新颁发的有关法律、法规的内容。在教材编写时注重了一般法律知识的阐述和对相关法律规定的介绍、解释，语言通俗易懂，有利于提高学生的学习兴趣，减少学习时的困难。

本书适合作为土木工程专业和工程管理专业及相近专业建设法规课程的教材，也可供从事工程建设和工程管理的专业人员和管理人员学习、参考。

为方便教师教学，本书配有教学课件。

本书封面贴有清华大学出版社防伪标签，无标签者不得销售。
版权所有，侵权必究。侵权举报电话：010-62782989　13501256678　13801310933

图书在版编目（CIP）数据

建设法规概论与案例/金国辉编著. —3 版. —北京：北京交通大学出版社：清华大学出版社，2014.8（2019.8 重印）
（高等学校工程管理系列教材）
ISBN 978-7-5121-1998-7

Ⅰ. ① 建… Ⅱ. ① 金… Ⅲ. ① 建筑法-中国-高等学校-教材 Ⅳ. D922.297

中国版本图书馆 CIP 数据核字（2014）第 159461 号

建设法规概论与案例
JIANSHE FAGUI GAILUN YU ANLI

责任编辑：吴嫦娥　　特邀编辑：林夕莲	
出版发行：清华大学出版社　　邮编：100084　　电话：010-62776969	
北京交通大学出版社　邮编：100044　　电话：010-51686414	
印　刷　者：北京鑫海金澳胶印有限公司	
经　　　销：全国新华书店	
开　　　本：185×260　印张：18　字数：450 千字	
版　　　次：2019 年 8 月第 3 版第 1 次修订　2019 年 8 月第 5 次印刷	
书　　　号：ISBN 978-7-5121-1998-7/D·166	
印　　　数：9 001～11 000 册　　定价：45.00 元	

本书如有质量问题，请向北京交通大学出版社质监组反映。对您的意见和批评，我们表示欢迎和感谢。
投诉电话：010-51686043，51686008；传真：010-62225406；E-mail：press@bjtu.edu.cn。

前 言

随着我国社会经济的发展和建筑业参与国际建筑市场竞争的需要，工程建设行为逐渐纳入法制化的轨道。作为工程管理、土木工程、建筑学、城市规划等专业的学生，不仅要掌握自然科学知识和专业知识，而且要掌握建设工程相关的法律知识，因此建设法规成为工程管理及其相关专业的专业基础课程。为了培养新时代要求的工程管理专业人员，我们按照工程管理系列教材编委会的要求，组织编写了《建设法规概论与案例》一书。

本书以工程管理及其相关专业学生的建设法律知识为出发点，把建设行政法、建设经济法、建筑技术法规作为本书编写的脉络体系，体现了"体系的科学性"的特色。本书借鉴了大量生动翔实的工程建设案例，并根据国家最新的法律、法规对这些案例进行了深入分析，通过这些案例可以清楚地了解我国的立法轨迹和现状，因此本书具有较强的指导性和实用性。本书前2个版次深受广大读者的好评，先后印刷11次，销量达4万多册。

为满足学生学习和社会需要，将工程建设基本法律制度与典型案例有机结合起来，系统全面介绍我国工程建设的法律与法规，以案说法，突出了应用性和实践性。

为了方便学习，附录中列出了《中华人民共和国建筑法》、《中华人民共和国招标投标法》、《中华人民共和国城市规划法》、《建设工程安全生产管理条例》、《建设工程质量管理条例》、《中华人民共和国招标投标法实施条例》等部分国家现行的法律、法规。

在内容上涵盖了高等学校工程管理专业必备的工程法律知识的内容，本书可作为高等院校工程建设类学生的教学及工程建设管理人员的培训用书。

本书由内蒙古科技大学教材基金资助出版。在本书编写过程中，得到了内蒙古科技大学李斌教授、赵根田教授、刘香教授、蔺石柱教授的大力帮助和热心指导，在此，向他们表示诚挚的谢意！

由于编写时间所限，加上笔者学识水平有限，书中错漏之处在所难免，欢迎广大读者批评指正。

编者

2014年12月

目录

第1章 建设法规概述 … 1
◇ 本章导读 … 1
1.1 概述 … 1
- 1.1.1 建设法规的概念和调整对象 … 1
- 1.1.2 建设法规的基本原则 … 2
- 1.1.3 建设法规的特征与作用 … 2
- 1.1.4 建设法律关系 … 4
- 1.1.5 建设法规的法律地位 … 6

1.2 建设法规立法 … 6
- 1.2.1 建设法规立法的主体 … 6
- 1.2.2 建设法规立法的基本原则 … 6

1.3 建设法规体系 … 8
- 1.3.1 建设法规体系的概念 … 8
- 1.3.2 建设法规体系的构成 … 8
- 1.3.3 我国建设法规体系的现状与规划 … 9

1.4 建设法规的实施 … 10
- 1.4.1 建设行政执法 … 10
- 1.4.2 建设行政司法 … 10
- 1.4.3 专门机关司法 … 11
- 1.4.4 建设法规的遵守 … 11

◇ 案例分析 … 11
◇ 案例实训 … 14
◇ 本章小结 … 14
◇ 思考题 … 15

第2章 工程建设程序法规 … 16
◇ 本章导读 … 16
2.1 概述 … 16
- 2.1.1 工程建设的概念 … 16
- 2.1.2 工程建设程序的概念 … 16
- 2.1.3 我国工程建设程序的立法现状 … 17

2.2 工程建设程序阶段的划分 … 17
2.3 工程建设前期阶段及准备阶段的内容 … 18

  2.3.1　工程建设前期阶段的内容 ·· 18
  2.3.2　工程建设准备阶段的内容 ·· 19
 2.4　工程建设实施阶段及工程竣工验收与保修阶段的内容 ······················ 20
  2.4.1　工程建设实施阶段的内容 ·· 20
  2.4.2　工程竣工验收与保修阶段的内容 ·· 21
 2.5　工程终结阶段的内容 ·· 22
 ◇ 案例分析 ·· 22
 ◇ 案例实训 ·· 24
 ◇ 本章小结 ·· 25
 ◇ 思考题 ·· 25

第3章　城乡规划法规 26
 ◇ 本章导读 ·· 26
 3.1　城乡规划法概述 ·· 26
  3.1.1　城乡规划法的概念 ·· 26
  3.1.2　城乡规划法规的立法概况及适用范围 ·································· 27
  3.1.3　城乡规划 ·· 27
 3.2　城乡规划的制定和实施 ·· 28
  3.2.1　城乡规划的种类 ·· 28
  3.2.2　制定和实施城乡规划时所应遵循的原则 ······························ 29
  3.2.3　城乡规划编制的审批权限 ·· 30
 3.3　城市新区开发和旧区改建 ·· 30
  3.3.1　城市新区开发 ·· 30
  3.3.2　城市旧区改建 ·· 32
 3.4　城市规划实施的步骤与法律责任 ·· 33
  3.4.1　城市规划 ·· 33
  3.4.2　选址意见书制度 ·· 33
  3.4.3　建设用地规划许可证制度 ·· 34
  3.4.4　建设工程规划许可证制度 ·· 35
  3.4.5　违法责任 ·· 36
 3.5　风景名胜区、历史文化名城及村镇规划管理 ································ 37
  3.5.1　风景名胜区的规划管理 ·· 37
  3.5.2　历史文化名城的规划管理 ·· 38
  3.5.3　村庄、集镇建设的规划管理 ·· 39
 ◇ 案例分析 ·· 39
 ◇ 案例实训 ·· 43
 ◇ 本章小结 ·· 45
 ◇ 思考题 ·· 45

第4章 土地管理法规制度 … 46
◇ 本章导读 … 46
4.1 土地管理法概述 … 46
4.1.1 土地管理法基本概念 … 46
4.1.2 土地所有权 … 47
4.1.3 土地使用权 … 48
4.2 土地的利用和保护 … 49
4.2.1 概述 … 49
4.2.2 土地利用总体规划 … 50
4.2.3 耕地保护 … 52
4.3 建设用地 … 53
4.3.1 建设用地的概念 … 53
4.3.2 乡（镇）村建设的建设用地 … 54
4.3.3 国家征用土地 … 55
4.3.4 国有建设用地 … 57
4.3.5 临时用地 … 58
4.4 违反土地管理法的责任和处理 … 58
4.4.1 违反土地管理法的责任 … 58
4.4.2 违法案件的处理 … 60
◇ 案例分析 … 61
◇ 案例实训 … 64
◇ 本章小结 … 64
◇ 思考题 … 64

第5章 建筑法法律制度 … 65
◇ 本章导读 … 65
5.1 建筑法概述 … 65
5.1.1 建筑法的概念 … 65
5.1.2 建筑法的立法目的 … 66
5.1.3 建筑法的调整对象和适用范围 … 67
5.1.4 建筑法的基本原则 … 68
5.2 建筑许可制度 … 69
5.2.1 施工许可 … 69
5.2.2 从业资格许可 … 71
5.3 建筑工程发包与承包 … 74
5.3.1 发包与承包概述 … 74
5.3.2 发包与承包 … 75
5.3.3 发包与承包的计价 … 76

5.3.4 发包与承包合同 ... 77
5.4 建筑工程监理 ... 78
　　5.4.1 建筑工程监理的概念 ... 78
　　5.4.2 建筑工程监理的范围 ... 79
　　5.4.3 建设工程监理制度 ... 80
5.5 建设工程安全法律制度 ... 82
　　5.5.1 建设工程安全管理概述 ... 82
　　5.5.2 建设工程安全责任 ... 85
　　5.5.3 建设工程安全生产的行政监督管理 ... 91
　　5.5.4 建设工程重大安全事故的处理 ... 94
5.6 建筑工程质量管理 ... 97
　　5.6.1 建筑工程质量管理概述 ... 97
　　5.6.2 建筑工程质量的标准化制度 ... 98
　　5.6.3 建筑工程的质量责任制度 ... 98
　　5.6.4 建筑工程的质量监督管理制度 ... 101
　　5.6.5 建筑工程质量体系认证 ... 105
　　5.6.6 建筑工程竣工验收制度 ... 106
　　5.6.7 建筑工程质量保修制度 ... 108
5.7 法律责任 ... 109
　　5.7.1 建筑法律责任 ... 109
　　5.7.2 建设单位的法律责任 ... 110
　　5.7.3 勘察、设计单位的法律责任 ... 111
　　5.7.4 施工单位的法律责任 ... 112
　　5.7.5 监理单位的法律责任 ... 115
　　5.7.6 建设行政主管部门的法律责任 ... 117
　　5.7.7 其他法律责任 ... 117
◇ 案例分析 ... 118
◇ 案例实训 ... 120
◇ 本章小结 ... 121
◇ 思考题 ... 121

第6章 工程建设执业资格法规 ... 123
◇ 本章导读 ... 123
6.1 概述 ... 123
　　6.1.1 工程建设执业资格制度的概念 ... 123
　　6.1.2 工程建设执业资格法规的立法现状 ... 124
6.2 工程建设从业单位资质管理 ... 124
　　6.2.1 工程建设从业单位的划分 ... 124

         6.2.2 工程建设从业单位的资质等级及其标准 ································· 126
         6.2.3 工程建设从业单位资质管理办法 ·· 129
         6.2.4 外国建筑企业在我国从事建设活动的资质管理 ···················· 132
    6.3 工程建设专业技术人员执业资格管理 ··· 134
         6.3.1 注册结构工程师制度 ··· 135
         6.3.2 注册监理工程师制度 ··· 136
         6.3.3 注册建造师制度 ·· 138
         6.3.4 注册造价工程师 ·· 139
    6.4 工程施工现场人员执业资格管理 ·· 141
         6.4.1 项目经理的资质管理 ··· 141
         6.4.2 关键岗位从业资格管理 ·· 142
    ◇ 案例分析 ··· 143
    ◇ 案例实训 ··· 144
    ◇ 本章小结 ··· 145
    ◇ 思考题 ··· 145

第7章 城市房地产管理法律制度 ·· 146
    ◇ 本章导读 ··· 146
    7.1 房地产管理法概述 ·· 146
         7.1.1 房地产管理法的概念 ··· 146
         7.1.2 房地产管理法的立法目的 ·· 146
         7.1.3 房地产管理法的调整对象和适用范围 ································· 147
         7.1.4 房地产管理法的基本原则 ·· 148
         7.1.5 房地产管理体制 ·· 149
    7.2 房地产开发用地 ·· 150
         7.2.1 土地使用权出让 ·· 150
         7.2.2 土地使用权划拨 ·· 154
    7.3 房地产开发 ·· 156
         7.3.1 房地产开发的概念 ··· 156
         7.3.2 房地产开发的原则 ··· 156
         7.3.3 房地产开发的要求 ··· 157
         7.3.4 外商投资开发经营成片土地制度 ·· 158
         7.3.5 房地产开发企业 ·· 159
    7.4 房地产交易 ·· 160
         7.4.1 房地产交易的一般规定 ·· 160
         7.4.2 房地产的转让 ·· 162
         7.4.3 商品房预售 ··· 163
         7.4.4 房地产抵押 ··· 164

7.4.5 房屋租赁 …… 166
7.4.6 房地产中介服务机构 …… 166
7.5 城市房屋拆迁 …… 167
7.5.1 城市房屋拆迁概述 …… 167
7.5.2 房屋拆迁补偿 …… 168
7.5.3 房屋拆迁安置与补助 …… 170
7.6 住宅建设与物业管理 …… 171
7.6.1 住宅建设 …… 171
7.6.2 物业服务 …… 176
7.7 房地产权属登记管理 …… 177
7.7.1 地产产权登记 …… 178
7.7.2 房地产产权登记 …… 180
7.7.3 房地产抵押登记 …… 180
7.8 房地产管理中的法律责任 …… 180
7.8.1 房地产违法与法律责任 …… 180
7.8.2 房地产行政法律责任 …… 181
7.8.3 房地产民事法律责任 …… 182
7.8.4 房地产刑事法律责任 …… 183
◇ 案例分析 …… 183
◇ 案例实训 …… 184
◇ 本章小结 …… 184
◇ 思考题 …… 185

第8章 建设工程发包与承包法规 …… 186
◇ 本章导读 …… 186
8.1 概述 …… 186
8.1.1 工程发包与承包的概念 …… 186
8.1.2 建设工程发包与承包的方式 …… 186
8.1.3 建设工程发包与承包法规的立法概况 …… 187
8.1.4 建设工程发包与承包的一般规定 …… 187
8.2 建设工程招标 …… 188
8.2.1 概述 …… 188
8.2.2 招标人 …… 189
8.2.3 招标项目应具备的条件 …… 190
8.2.4 招标方式 …… 191
8.2.5 建设工程招标的要求 …… 191
8.3 建设工程投标 …… 192
8.3.1 投标人 …… 192

| | 8.3.2 投标要求 | 193 |

8.4 开标、评标与中标 194
- 8.4.1 开标 194
- 8.4.2 评标 195
- 8.4.3 中标 196

8.5 建设工程招投标的管理与监督 197
- ◇ 案例分析 198
- ◇ 案例实训 202
- ◇ 本章小结 203
- ◇ 思考题 203

第9章 工程建设标准法律制度 205
- ◇ 本章导读 205

9.1 工程建设标准概述 205
- 9.1.1 工程建设标准的概念 205
- 9.1.2 工程建设标准的特点 206
- 9.1.3 工程建设标准的作用 207

9.2 工程建设标准的种类 209
- 9.2.1 根据标准的约束性划分 209
- 9.2.2 根据内容划分 209
- 9.2.3 按属性分类 210
- 9.2.4 我国标准的分级 210

9.3 工程建设强制性标准 211
- 9.3.1 《工程建设标准强制性条文》实施的意义 211
- 9.3.2 工程建设强制性标准的监督管理 212
- 9.3.3 工程建设强制性标准执法检查 213
- 9.3.4 违反工程建设标准强制性的法律责任 213

9.4 工程建设标准的制定与实施 214
- 9.4.1 工程建设标准的制定原则 214
- 9.4.2 工程建设标准的审批、发布 214
- 9.4.3 工程建设标准的实施 215
- ◇ 案例分析 215
- ◇ 案例实训 216
- ◇ 本章小结 218
- ◇ 思考题 218

第10章 环境保护法律制度 219
- ◇ 本章导读 219

10.1 环境保护法律制度概述 219
 10.1.1 环境保护法的任务、目的与作用 219
 10.1.2 环境保护法的基本原则 219
 10.1.3 环境保护法的特点 220
 10.1.4 环境保护法律、法规及标准 220
10.2 我国环境保护基本法及专项法 222
 10.2.1 《中华人民共和国环境保护法》概述 222
 10.2.2 《中华人民共和国水污染防治法》概述 223
 10.2.3 《中华人民共和国固体废物污染环境防治法》概述 225
 10.2.4 《中华人民共和国环境噪声污染防治法》概述 226
10.3 建设项目环境保护制度 227
 10.3.1 环境影响评价制度 227
 10.3.2 "三同时"制度 227
 10.3.3 在建筑施工企业大力推行实施 ISO 14000 环境管理体系认证制度 228
◇ 案例分析 229
◇ 案例实训 229
◇ 本章小结 230
◇ 思考题 230
附录 A 中华人民共和国建筑法 231
附录 B 中华人民共和国招标投标法 239
附录 C 中华人民共和国城乡规划法 246
附录 D 建设工程安全生产管理条例 255
附录 E 建设工程质量管理条例 264
参考文献 273

第 1 章 建设法规概述

> **本章导读**

本章介绍建设法规的基本概念及其在整个法律体系中所处的地位,并重点介绍建设法规的体系、立法的基本原则及其实施办法。1.1 节介绍建设法规概述,1.2 节介绍建设法规立法,1.3 节介绍我国建设法规体系,1.4 节介绍建设法规的实施。

1.1 概述

1.1.1 建设法规的概念和调整对象

建设法规是指国家立法机关或其授权的行政机关制定的旨在调整国家及其有关机构、企事业单位、社会团体、公民之间在建设活动中或建设行政管理活动中发生的各种社会关系的法律、法规的统称。

建设法规的调整对象,是在建设活动中所发生的各种社会关系。它包括建设活动中所发生的行政管理关系、经济协作关系及其相关的民事关系。

1. 建设活动中的行政管理关系

建设活动与国家经济发展、人们的生命财产安全、社会的文明进步息息相关,国家对之必须进行全面的严格管理。当国家及其建设行政主管部门在对建设活动进行管理时,就会与建设单位(业主)、设计单位、施工单位、建筑材料和设备的生产供应单位及建设监理等中介服务单位产生管理与被管理关系。在法制社会里,这种关系当然要由相应的建设法规来规范、调整。

2. 建设活动中的经济协作关系

工程建设是非常复杂的活动,要有许多单位和人员参与,共同协作完成。因此,在建设活动中存在着大量的寻求合作伙伴和相互协作的问题,在这些协作过程中所产生的权利、义务关系,也应由建设法规来加以规范、调整。

3. 建设活动中的民事关系

在建设活动中,会涉及土地征用、房屋拆迁、从业人员及相关人员的人身与财产的伤害、财产及相关权利的转让等涉及公民个人权利的问题,由之而产生的国家、单位和公民之间的民事权利与义务关系,应由建设法规中有关法律规定及民法等相关法律来予以规范、调整。[1]

---

[1] 朱宏亮. 建设法规. 2 版. 武汉:武汉理工大学出版社,2003.

1.1.2　建设法规的基本原则

工程建设活动通常具有周期长、涉及面广、人员流动性大、技术要求高等特点，因此在建设活动的整个过程中，必须贯彻以下基本原则，才能保证建设活动的顺利进行，工程建设法规的基本原则有以下几点。

1. 工程建设活动应确保工程建设质量与安全原则

工程建设质量与安全是整个工程建设活动的核心，是关系到人民生命、财产安全的重大问题。工程建设质量是指国家规定和合同约定的对工程建设的适用、安全、经济、美观等一系列指标的要求。工程建设活动确保工程建设质量就是确保工程建设符合有关适用、安全、经济、美观等各项指标的要求。工程建设的安全是指工程建设对人身的安全和财产的安全；确保工程建设的安全就是确保工程建设不能引起人身伤亡和财产损失。

2. 工程建设活动应当符合国家的工程建设安全标准原则

国家的建设安全标准是指国家标准和行业标准。国家标准是指由国务院行政主管部门制定的在全国范围内适用的统一的技术要求。行业标准是指由国务院有关行政主管部门制定并报国务院标准化行政主管部门备案的，而又需要在全国范围内适用的统一技术要求。工程建设安全标准是对工程建设的设计、施工方法和安全所作的统一要求。工程建设活动符合工程建设安全标准对保证技术进步，提高工程建设质量与安全，发挥社会效益与经济效益，维护国家利益和人民利益具有重要作用。

3. 从事工程建设活动应当遵守法律、法规原则

社会主义市场经济是法制经济，工程建设活动应当依法行事。法律是全国人大及其常委会审议通过并发布，在全国有效的规范性文件；行政法规是国务院制定与发布，在全国有效的规范性文件；地方法规是由地方人大及其常委会制定与发布，在本区域有效的规范性文件。作为工程建设活动的参与者，从事工程建设勘察、设计的单位、个人，从事工程建设监理的单位、个人，从事工程建设施工的单位、个人，从事建设活动监督和管理的单位、个人，以及建设单位等，都必须遵守法律、法规的强制性规定。

4. 不得损害社会公共利益和他人的合法权益原则

社会公共利益是全体社会成员的整体利益，保护社会公共利益是法律的基本出发点，从事工程建设活动不得损害社会公共利益也是维护建设市场秩序的保障。

5. 合法权利受法律保护原则

宪法和法律保护每一个市场主体的合法权益不受侵犯，任何单位和个人都不得妨碍和阻挠依法进行的建设活动，这也是维护建设市场秩序的必然要求。

1.1.3　建设法规的特征与作用

1. 工程建设法规的特征

工程建设法规作为调整工程建设管理和协作所发生的社会关系的法律规范，除具备一般法律基本特征外，还具有不同于其他法律的特征。

1) 行政隶属性

这是工程建设法规的主要特征，也是区别于其他法律的主要特征。这一特征决定了工程建设法规必然要采用直接体现行政命令的调整方法，即以行政指令为主的方法调整工程建设法律关系。调整方式包括以下内容。

① 授权。国家通过工程建设法律规范，授予国家工程建设管理机关某种管理权限或具体的权利，对工程建设进行监督管理。如规定设计文件的审批权限、工程建设质量监督、工程建设合同的鉴证等。

② 命令。国家通过工程建设法律规范赋予工程建设法律关系主体某种作为的义务。如限期拆迁房屋，进行企业资质认定，领取开工许可证等。

③ 禁止。国家通过工程建设法律规范赋予工程建设法律关系主体某种不作为的义务，即禁止主体某种行为。如严禁利用工程建设承发包索贿受贿，严禁无证设计、无证施工，严禁工程建设转包、肢解发包、挂靠等行为。

④ 许可。国家通过工程建设法律规范，允许特别的主体在法律允许范围内有某种作为的权利。如房屋建筑工程施工总承包企业资质等级，特级企业可承担各类房屋建筑工程的施工；一级企业可承担 40 层以下、各类跨度的房屋建筑工程的施工；二级企业可承担 30 层以下、单跨跨度 36 m 以下的房屋建筑工程的施工；三级企业可承担 14 层以下、单跨跨度 24 m 以下的房屋建筑工程的施工。

⑤ 免除。国家通过工程建设法律规范，对主体依法应履行的义务在特定情况下予以免除。如用炉渣、粉煤灰等废渣作为主要原料生产建筑材料的可享有减、免税的优惠等。

⑥ 确认。国家通过工程建设法律规范，授权工程建设管理机关依法对争议的法律事实和法律关系进行认定，并确定其是否存在，是否有效。如各级工程建设质量监督站检查受监工程的勘察、设计、施工单位和建筑构件厂的资质等级和营业范围，监督勘察、设计、施工单位和建筑构件厂是否严格执行技术标准，并检查其工程（产品）质量等。

⑦ 计划。国家通过工程建设法律规范，对工程建设进行计划调节。计划可分为两种：一种是指令性计划，一种是指导性计划。指令性计划具有法律约束力，具有强制性。当事人必须严格执行，违反指令性计划的行为，要承担法律责任。指令性计划本身就是行政管理。指导性计划一般不具有约束力，是可以变动的，但是在条件可能的情况下也是应该遵守的。工程建设必须执行国家的固定资产投资计划。

⑧ 撤销。国家通过工程建设法律规范，授予工程建设行政管理机关，运用行政权力对某些权利能力或法律资格予以撤销或消灭。如没有落实工程建设投资计划的项目必须停建、缓建。对无证设计、无证施工、转包和挂靠予以坚决取缔等。

2) 经济性

工程建设法是经济法规的重要组成部分。经济性是工程建设法规的又一重要特征。工程建设活动直接为社会创造财富，为国家增加积累。工程建设法的经济性既包括财产性，也包括其与生产、分配、交换、消费的联系性。如工程建设勘察设计、施工安装等都直接为社会创造财富，随着工程建设的发展，其在国民经济中的地位日益突出。邓小平同志早在 1980 年 4 月曾明确指出：建筑业是可以为国家增加积累的一个重要产业部门。许多国家把建筑业看作是国民经济的强大支柱之一，不是没有道理的。可见，作为调整建筑等行业的工程建设法的经济性是非常明显的。

3）政策性

工程建设法律规范体现着国家的工程建设政策。它一方面是实现国家工程建设政策的工具，另一方面也把国家工程建设政策规范化。国家工程建设形势总是处于不断发展变化之中，工程建设法要随着工程建设政策的变化而变化，灵活而机敏地适应变化了的工程建设形势的客观需要。如国家人力、财力、物力紧张时，基建投资就要压缩，通过法律规范加以限制。国力储备充足时，就可以适当增加基建投资，同时以法律规范予以扶植、鼓励。可见，工程建设法的政策性比较强，相对比较灵活。

4）技术性

技术性是工程建设法律规范一个十分重要的特征。工程建设的发展与人类的生存、进步息息相关。工程建设产品的质量与人民的生命财产紧紧连在一起。为保证工程建设产品的质量和人民生命财产的安全，大量的工程建设法规是以技术规范形式出现的，直接、具体、严密、系统，便于广大工程技术人员及管理机构遵守和执行。如各种设计规范、施工规范、验收规范、产品质量监测规范等。有些非技术规范的工程建设法律规范中也带有技术性的规定。如城市规划法就含有计量、质量、规划技术、规划编制内容等技术性规范。

2. 工程建设法的作用

工程建筑业是与社会进步、国家强盛、民族兴衰紧密相连的一个行业。它所从事的生产活动，不仅为人类自身的生存发展提供一个最基本的物质环境，而且反映各个历史时期的社会面貌，反映各个地区、各个民族科学技术、社会经济和文化艺术的综合发展水平。工程建设产品是人类精神文明发展史的一个重要标志。工程建设管理是自然科学与社会科学交叉的一个独立学科，它由工程技术、经济、管理、法律四条腿支撑。工程建设法律、法规是工程建设管理的依据。

在国民经济中，工程建筑业是一个重要的物质生产部门，工程建设法的作用就是保护、巩固和发展社会主义的经济基础，最大限度地满足人们日益增长的物质和文化生活的需要，保障工程建筑业健康有序地发展。国家要发展，人类要生存，国家建设必不可少。工程建筑业要最大限度地满足各行各业最基本的需求，为人们创造良好的工作环境、生活环境、教学研究环境和生产环境。为此，工程建设法通过各种法律规范规定工程建设业的基本任务、基本原则、基本方针，加强工程建设业的管理，充分发挥其效能，为国民经济各部门提供必需的物质基础，为国家增加积累，为社会创造财富，推动社会主义各项事业的发展，促进社会主义现代化建设。[①]

1.1.4 建设法律关系

1. 建设法律关系的概念

法律关系是指由法律规范调整一定社会关系而形成的权利与义务关系。建设法律关系是指由建设法律规范所确认和调整的，在建设管理和建设协作过程中所产生的权利、义务关系。建设法律关系是由建设法律关系主体、建设法律关系客体、建设法律关系内容三要素构成。建设活动面广、内容繁杂，建设法律关系具有综合性、复杂性等特点。

---

① 何佰洲. 工程建设法规与案例. 2版. 北京：中国建筑工业出版社，2004.

2. 建设法律关系的三要素

建设法律关系是由建设法律关系主体、建设法律关系客体、建设法律关系内容三要素构成。

建设法律关系主体，是指建设法律关系中一定权利的享有者和义务的承担者，主要有国家机关、社会组织、自然人。全国人民代表大会及其常务委员会是建设法律的制定机关；地方人民代表大会及其常务委员会是地方建设法规的制定机关；国务院是建设法规的制定机关；建设部是建设规章的制定机关和建设活动的执法机关；水利部、交通部、铁道部等是相关建设活动规章的制定机关和相关建设活动的执法机关；财政部、中国人民银行、国家统计局、国家审计局是建设活动的监督机关。社会组织主要是工程建设的投资者和工程建设的承担者。工程建设的投资者就是建设单位，工程建设的承担者包括城市规划编制单位、建设工程勘察设计企业、建筑业企业、房地产开发企业、工程监理企业、工程造价咨询单位等。自然人也是建设法律关系的主体之一。

建设法律关系客体，是指建设法律关系主体享有的权利和义务所共同指向的事物，一般是行为、财、物、智力成果。行为是法律关系主体为达到一定目的所进行的活动，建设法律关系客体的行为包括建设执法、勘察设计、建筑安装、工程监理等活动；财包括货币和有价证券，建设法律关系客体的财主要是建设资金；物是指可以被人们控制和支配的以物质形态表现出来具有一定价值的物体，建设法律关系客体的物是建设材料、建设设备、建设产品等；智力成果是人们脑力劳动产生的成果，建设法律关系客体的智力成果如设计图纸等。

建设法律关系的内容，即建设法律主体之间的权利和义务。

建设法律关系的内容是建设法律关系主体的具体要求，决定着建设法律关系的性质。建设权利是指建设法律关系主体根据建设法律要求和自身业务活动的需要有权进行各种建设活动的资格。权利主体可要求其他主体作出一定行为或抑制一定行为，以实现自己的权利。建设义务是指建设法律关系主体必须按法律规定或约定承担应负的责任，义务主体如果不履行或不适当履行就要受到制裁。

3. 建设法律关系的产生、变更和消灭

建设法律关系的产生，是指建设法律关系的主体之间形成了一定的权利和义务关系。

建设法律关系的变更是指建设法律关系的三个要素发生变化。主体变更可以是建设法律关系主体数目增多或减少，也可以是主体本身的改变。客体变更是指建设法律关系中权利义务所指向的事物发生变化，包括法律关系范围和性质的变更。建设法律关系主体与客体的变更，必然导致相应的权利和义务的变更，即内容的变更。

建设法律关系的消灭是指建设法律关系主体之间的权利义务不复存在，彼此丧失了约束力。包括自然消灭、协议消灭、违约消灭。建设法律关系的产生、变更和消灭是由法律事实引起的。法律事实是指能够引起建设法律关系产生、变更和消灭的客观现象和事实。建设法律事实按是否包含当事人的意志分为两类，即事件和行为。事件是指不以当事人意志为转移而产生的自然现象，如地震、台风、水灾、火灾等自然现象和战争、暴乱、政府禁令等社会现象，都可成为建设法律关系产生、变更或消灭的原因。行为是指人有意识的活动，包括积极的作为或消极的不作为，两者都会引起建设法律关系的产生、变更或消灭；行为有合法行为和违法行为。建设活动中的民事法律行为、行政行为、立法行为、司法行为及违法行为都可成为建设法律关系产生、变更或消灭的原因。

1.1.5 建设法规的法律地位

这里所指的法律地位，是指建设法规在整个法律体系中所处的位置，建设法规应属于哪一个部门法及其所处的层次。

建设法规调整的三种社会关系中，对于建设活动中的行政管理关系，主要用行政手段加以调整；对于建设活动中的经济协作关系，则采用行政、经济、民事各种手段相结合的方式加以调整；对于建设活动中的民事关系，则主要采用民事手段来加以调整。这表明，建设法规调整的社会关系是多方面的，而其运用的调整手段也是综合的，很难将其明确划归某一法律部门。但就其主要法律规范的性质来看，它主要还是应属于行政法和经济法的范畴。

需要指出的是，建设活动还会涉及许许多多的事物与相关的社会关系。如工程建设与环境保护、文物保护、自然风景保护的关系，工程建设与土地、水源、矿产、森林等自然资源的关系，工程建设与地震、洪涝等自然灾害的关系，工程建设与招投标活动、标准化设计的关系等。在我国，已颁布了大量有关环境和自然资源保护、自然灾害的防御等方面的法律、法规。它们所调整的范围很广，当然不属于建设法规，但它们又都与工程建设有关，人们在从事工程建设活动时都必须严格遵守它们的相关规定，所以称之为与工程建设相关的法律。这些相关的法律所属的法律部门则更是多种多样的。

1.2 建设法规立法

1.2.1 建设法规立法的主体

立法有广义、狭义两种理解。广义上的立法概念与法律制定的涵义是相同的，泛指一切有权的国家机关依法制定各种规范性法律文件的活动，既包括国家最高权力机关及其常设机关制定宪法和法律的活动，也包括地方权力机关制定其他规范性法律文件的活动，还包括国务院和地方行政机关制定行政法规和其他规范性法律文件的活动。狭义上的立法是国家立法权意义上的概念，仅指享有国家立法权的国家机关的立法活动，即国家的最高权力机关及其常设机关依法制定、修改和废止宪法和法律的活动。根据1999年3月15日第九届全国人民代表大会第二次会议修订的《宪法》和2000年3月15日第九届全国人民代表大会第三次会议通过的《中华人民共和国立法法》的规定，建设法规按立法权限可分5个层次：全国人民代表大会和全国人民代表大会常务委员会制定的建设法律；国务院制定的建设法规；建设部或国务院有关部门制定的建设规章；省、自治区、直辖市人大及其常委会制定的地方建设法规；省、自治区、直辖市和较大的市的人民政府制定的地方建设规章。

1.2.2 建设法规立法的基本原则

建设法规立法的基本原则，是指建设立法时所必须遵循的基本准则及要求。现阶段，我国建设法规立法时必须遵循的基本原则如下。

1. 遵循市场经济规律原则

市场经济，是指市场对资源配置起基础性作用的经济体制。社会主义市场经济，是指与社会主义基本制度相结合的，市场在国家宏观调控下对资源配置起基础性作用的经济体制。第八届全国人大第一次会议通过的《中华人民共和国宪法修正案》规定"国家实行社会主义市场经济"，这不仅是宪法的基本原则，也是建设法规的立法原则。

遵循市场经济规律，反映在建设法规立法中，就是要建立健全以市场为主体的法律体系。建设法规要规定各种建设市场主体的法律地位，对他们在建设活动中的权利和义务作出明确的规定。这些主体包括建设行政主管部门、勘察规划设计单位、建设监理单位、建设施工单位、房地产开发经营部门、土地管理部门、标准化部门、城市市政公用事业单位、环境保护部门、建设材料供应部门及其他从事建设活动的相关人员等。

遵循市场经济规律，要求建设法规的立法确立建设市场体系具有统一性和开放性。建设立法应当确立规划与设计市场、建设监理市场、工程承包的招投标市场、建设资金市场等多元化的建设活动大市场；同时，建设工程管理、房地产管理、市政公用事业管理等应当能够保障建设市场健康、有序、协调、统一地发展。

遵循市场经济规律，要求建设法规的立法确立以间接手段为主的宏观调控体系。建设法规主要运用行政手段实现对建设行为的调整，这种调整不应当是直接干预性的。建设主体在具体的建设行为中都享有独立性和自主性，国家对其行为实施的调控只是间接性的。

遵循市场经济规律，要求建设法规立法本身具有完备性。要把建设行为纳入法制轨道，必须要先使建设法自身完备。只有如此，才能有效地规范建设市场主体行为，维护建设市场活动秩序。

2. 法制统一原则

所有法律有着内在统一的联系，并在此基础上构成一国法律体系。建设法规体系是我国法律体系中的一个组成部分。组成本体系的每一个法律都必须符合宪法的精神与要求。该法律体系与其他体系也不应冲突。对于基本法的有关规定，建设行政法规和部门规章及地方性建设法规、规章都必须遵循，而且与地位同等的法律、法规所确立的有关内容应相互协调。建设法规系统内部高层次的法律、法规对低层次的法规、规章具有制约性和指导性。地位相等的建设法规和规章在内容规定上不应相互矛盾。这就是建设法规的立法所必须遵循的法制统一原则。

建设法规的立法坚持法制统一原则的基本要求，不仅是对立法本身所应提出的规范化、科学化的要求，更主要的是便于实际操作，不致因法律制度自相矛盾而导致建设法规无所适用。

3. 责权利相一致的原则

责权利相一致是对建设行为主体的权利和义务或责任在建设立法上提出的一项基本要求。具体表现为两个方面。

① 建设法规主体享有的权利和履行的义务是统一的。任何一个主体享有建设法规规定的权利，同时必须履行法规所规定的义务。

② 建设行政主管部门行使行政管理权既是其权利，也是其责任或义务。权利和义务彼此结合。[①]

[①] 朱宏亮. 建设法规. 2版. 武汉：武汉理工大学出版社，2003.

4. 遵循科学技术规律，确保建设工程安全与质量的原则

建设工程安全与质量是整个建设活动的核心，是关系到生命安全、财产安全的重大问题。建设工程的安全是指建设工程对人身的安全和对财产的安全。建设工程质量是指国家规定和合同约定的对建设工程的适用、安全、经济、美观等一系列指标的要求。建设工程的质量与安全管理必须纳入法制化的轨道，建立健全建设技术法规，确保建设活动符合建设技术法规有关安全、质量等各项指标的要求，确保建设工程不能引起人身伤亡和财产损失。

建设法规的立法应大力推动建设领域的科学技术研究，提倡采用先进技术、先进设备、先进工艺、新型建筑材料和现代管理方式，努力提高建设活动的精细度和劳动生产率，鼓励节约能源和环境保护，走可持续发展的建设之路。

5. 民主立法原则

民主立法原则是指行政机关依照法律规定进行建设立法时，应通过各种方式听取各方面的意见，保证民众广泛地参与行政立法。民主立法原则要求：立法草案应提前公布，以便于广泛征求广大民众对特定行政立法事项的意见，并将听取意见作为立法的必经环节和法定程序；要及时向人民群众公布对立法意见的处理结果；应设置专门的立法咨询机关和咨询程序，对特别重要的行政立法进行专门咨询，并作为必经程序；对违反民主立法原则的立法应视为无效。例如，2003 年 6 月 8 日国务院颁布的《物业管理条例》，在出台前就向全社会征求意见，体现民意，体现立法的民主。[①]

1.3 建设法规体系

1.3.1 建设法规体系的概念

建设法规体系，是指把已经制定和需要制定的建设法律、建设行政法规和建设部门规章衔接起来，形成一个相互联系、相互补充、相互协调的完整统一的框架结构。

就广义的建设法规体系而言，体系中还包括地方性建设法规和建设规章。

1.3.2 建设法规体系的构成

所谓法规体系的构成，就是指法规体系采取的结构形式。建设法规体系是由很多不同层次的法规组成的，它的结构形式一般有宝塔型和梯型两种。

我国建设法规体系采用的是梯型结构。

目前，根据《中华人民共和国立法法》有关立法权限的规定，我国建设法规体系由 5 个层次组成。

1. 建设法律

指由全国人民代表大会及其常委会制定颁行的属于国务院建设行政主管部门主管业务范围的各项法律。主要内容是建设领域的基本方针、政策，涉及建设领域的根本性、长远性和

[①] 刘文锋. 建设法规概论. 北京：高等教育出版社，2004.

重大的问题,是建设领域法律体系的最高层次,它们是建设法规体系的核心和基础。

例如,《中华人民共和国建筑法》、《中华人民共和国招标投标法》、《中华人民共和国合同法》、《中华人民共和国城市规划法》和《中华人民共和国房地产管理法》。

2. 建设行政法规

建设行政法规是指国务院依法制定并颁布的建设领域行政法规的总称。建设行政法规是建设法律制度中的第二层次,一般是对建设法律条款的进一步细化,以便于法律的实施。例如,2003年11月24日国务院颁布了《建设工程安全生产管理条例》,2003年6月8日国务院颁布了《物业管理条例》,2002年3月24日国务院修改了《住房公积金管理条例》,2001年6月13日国务院颁布了《城市房屋拆迁管理条例》,2000年9月25日国务院颁布了《建设工程勘察设计管理条例》,2000年1月30日国务院颁布了《建设工程质量管理条例》等。

3. 建设部门规章

建设部门规章,是指建设部或国务院有关部门根据国务院规定的职责范围,依法制定并颁布的建设领域的各项规章。规章一方面将法律、行政法规的规定进一步具体化,以便其更好地贯彻执行;另一方面规章作为法律、法规的补充,为有关政府部门的行为提供依据。部门规章对全国有关行政管理部门具有约束力,但其效力低于行政法规。2003年3月8日七部委联合发布了《工程建设项目施工招标投标办法》,2003年2月13日建设部和对外贸易经济合作部联合颁布了《外商投资城市规划服务企业管理规定》,2002年12月4日建设部颁布了《建设工程勘察质量管理办法》等。

4. 地方性建设法规

指由省、自治区、直辖市人民代表大会及其常委会制定颁行的或经其批准颁行的由下级人大或常委会制定的建设方面的法规。地方性法规在其所管辖的行政区内具有法律效力,如《山东省实施〈中华人民共和国土地管理法〉办法》、《山东省水污染防治条例》、《泰山风景名胜区保护管理条例》、《山东省城市房地产交易管理条例》、《山东省城市房地产开发经营管理条例》、《山东省城市房屋拆迁管理条例》、《山东省建设工程招标投标管理条例》等。

5. 地方建设规章

指由省、自治区、直辖市人民政府制定颁行的或经其批准颁行的由其所辖城市人民政府制定的建设方面的规章。如《山东省关于提高建筑工程质量的若干规定》、《山东省建设工程设计招标投标暂行规定》、《山东省建设工程施工招标投标暂行规定》、《山东省关于外国建筑企业承包建设工程施工管理的暂行规定》。

其中,建设法律的法律效力最高,层次越往下的法规的法律效力越低。法律效力低的建设法规不得与比其法律效力高的建设法规相抵触;否则,其相应规定将被视为无效。

1.3.3 我国建设法规体系的现状与规划

新中国成立初期,建设立法基本上是个空白,为了适应经济建设和发展的需要,国务院(初期为政务院)及其相关行政主管部门制定颁行了许多有关建设程序、设计、施工及成本管理等方面的有关规定,但未形成完整的体系,更无一部建设法律。改革开放以来,尤其是中央确立经济体制由计划经济向社会主义市场经济转变的发展战略以后,随着国家法制建设的加强,建设法规逐步成为国家整个法律体系的重要组成部分,其立法的系统性、迫切性也成为国家法制建设中必须解决的重大问题。1989年建设部组织了建设法规体系的研究、论证工作，并于1991年制定出《建设法律体系规划方案》，使我国建设立法走上了系统化、科学化的健康发展之路。我国建设法规体系采用了梯型结构形式，所以在我国将没有一部《中华人民共和国建设法》这样的基本法律，而由城市规划法、市政公用事业法、村镇建设法、风景名胜区法、工程勘察设计法、建筑法、城市房地产管理法、住宅法等8部关于专项业务的法律构成我国建设法规体系的顶层，并由城市规划法实施条例等38部行政法规对这些法律加以细化和补充。

需要指出的是，与建设活动关系密切的相关法律、行政法规和部门规章，虽不属于建设法规体系，但其有些规定对调整相关的建设活动有着十分重要的作用，对此，我们必须予以密切关注。

1.4 建设法规的实施

建设法规的实施，指国家机关及其公务员、社会团体、公民实践建设法律规范的活动，包括建设法规的执法、司法和守法三个方面。建设法规的司法又包括行政司法和专门机关司法两方面。

1.4.1 建设行政执法

建设行政执法，指建设行政主管部门和被授权或被委托的单位，依法对各项建设活动和建设行为进行检查监督，并对违法行为执行行政处罚的行为。具体包括以下内容。

① 建设行政决定。指执法者依法对相对人的权利和义务作出单方面的处理。包括行政许可、行政命令和行政奖励。

② 建设行政检查。指建设行政执法者依法对相对人是否守法的事实进行单方面的强制性了解。主要包括实地检查和书面检查两种。

③ 建设行政处罚。指建设行政主管部门或其他权力机关对相对人实行惩戒或制裁的行为。主要包括财产处罚、行为处罚和告诫处罚三种。

④ 建设行政强制执行。指在相对人不履行行政机关所规定的义务时，特定的行政机关依法对其采取强制手段，迫使其履行义务。

1.4.2 建设行政司法

建设行政司法，指建设行政机关依据法定的权限和法定的程序进行行政调解、行政复议和行政仲裁，以解决相应争议的行政行为。

① 行政调解。指在行政机关的主持下，以法律为依据，以自愿为原则，通过说服、教育等方法，促使双方当事人通过协商互谅达成协议。

② 行政复议。指在相对人不服行政执法决定时，依法向指定的部门提出重新处理申请。

③ 行政仲裁。指国家行政机关以第三者身份对特定的民事、经济的劳动争议进行调解并作出判断和裁决。

1.4.3 专门机关司法

指国家司法机关,主要指人民法院依照诉讼程序对建设活动中的争议与违法建设行为作出的审理判决活动。

1.4.4 建设法规的遵守

指从事建设活动的所有单位和个人,必须按照建设法规的要求实施建设行为,不得违反。[①]

案例分析

案例 1

上诉人(原审被告):四川省某县某建筑工程公司。
被上诉人(原审原告):四川省某县某镇砖厂。
被上诉人(原审被告):四川省某县某建筑工程队。

一、基本案情

1989年建筑队与某县邮电局联系承建邮电楼工程,因该队是四级建筑队无资格建设。1989年12月23日建筑公司同邮电局签订了承建该邮电楼工程合同,合同约定"不得转让搞第二次承包",签约后建筑公司在该县建设银行开设了账户收拨管理承包费用。1990年1月15日、22日,建筑公司同建筑队签订了"联营协议和实施细则",细则中规定:"由建筑公司对某县邮电局总承包,将该工程交给建筑队全面组织实施";"建筑公司与建设单位进行有关事项的洽谈,对建设单位办理工程款的拨收手续,并按工程进度和建筑队购买材料情况分拨给建筑队";"建筑队负责材料的采购、提运、保管使用"等职责。该工程动工后,建筑公司向建设单位出具了"委托杨某为我公司派驻邮电楼工程工地负责人"的委托书。在杨某组织施工期间,于1990年1月4日建筑队派在该工地的管理人员雷某代表工地同原告签订了购机砖《合同书》,盖了建筑队的公章。原告从1990年3月起先后供给工地机砖222 500块,计22 200元,被告尚欠18 924.50元。邮电楼工程完工交付使用后,所欠贷款仍未付,原告多次找杨某付款,杨某以应找建筑公司给付或者待邮电楼工程承包合同纠纷解决后再付,原告未找建筑公司给付。1993年3月原告起诉建筑公司。一审法院审理中追加建筑队为被告参加诉讼。

原告认为:邮电楼工程承包合同是建筑公司与某县邮电局签订的,建筑队队长只是工地负责人,建筑队不是该工程承包方。原告请求依法判决由建筑公司承担所欠货款及逾期利息,并承担原告追收款的差旅费损失300元和本案诉讼费用。

被告建筑公司辩称:邮电楼工程虽是我公司与某县邮电局签订的承建合同,实际是我公司与建筑队协作型联营修建,根据所签《建筑安装工程联营协议书》和《邮电楼工程联营施工实施细则》(下称联营协议和实施细则)规定,由建筑队对工程具体实施。在具体实施中

[①] 朱宏亮. 建设法规. 2版. 武汉:武汉理工大学出版社,2003.

是建筑队与原告产生购销关系所形成的债务纠纷。从购销关系形成至今原告都在找建筑队，现在原告起诉我公司承担该债务是完全没有道理的，此债务应由建筑队承担。

被告建筑队辩称：所欠原告货款 18 924.50 元属实。邮电楼工程是建筑公司承包修建，经费也是建筑公司管理，建筑队是建筑公司委托的工地负责人和施工单位，帮助建筑公司履行承包合同。所购材料已全部用于该工程，建筑队向建筑公司上交了管理费，"联营协议和施工细则"是建筑队同建筑公司的问题，与原告无关，本案债务应由建筑公司承担。

二、案件审理

一审人民法院基于上述事实认为：原告供给邮电楼工程工地的砖系承包方建筑公司委派的工地负责人建筑队联系购买，且已用于该工地，所欠货款属实，故原告要求建筑公司承担给付的主张合法，予以支持；由于原告对该欠款未及时找建筑公司清结，所以要求建筑公司承担逾期付款利息的主张不予支持；建筑公司是邮电楼工程的承包修建方，同建筑队所签订的"联营协议和实施细则"是承包方的内部民事行为，是建筑公司为履行承包合同采取的方法，建筑队是建筑公司为履行承包合同所委托的实施者，不是建筑公司承包权利、义务的转移或免除。因此"联营协议和实施细则"对外不产生法律效力，建筑公司提出不是本案的被告和不承担给付责任的主张不符合法律规定，不予支持。建筑队是购买原告货物的行为人，负有实际责任，且是受建筑公司委托承建工程的实施者，因此所提出不承担责任的主张不符合实际，不予支持。

根据《中华人民共和国民法通则》第八十四条第二款、第一百零六条第一款、第六十三条第一款、第六十五条第三款之规定，某县人民法院于 1993 年 5 月 7 日作出判决：

1. 由建筑公司承担给付所欠原告的砖款 18 924.50 元，建筑队承担连带责任；
2. 案件受理费 750 元，其他诉讼费 300 元，由建筑公司承担，建筑队承担连带责任。

一审判决后，被告建筑公司不服，以该公司"不是本案责任人"为由，向四川省某地区中级人民法院提出上诉。

上诉人诉称：一审判决认定的事实不清，责任不明，是非不分，适用法律针对对象错误，导致错判，请求撤销原判。理由是："我公司是在建筑队负责经济为主，我公司以技术为主，在各自独立经营、各自承担债务前提下，针对邮电楼工程与建筑队签订的'联营协议和实施细则'。施工期间，我公司已按约定如数将工程款拨给了建筑队，并未出具过委托书委托建筑队购机砖，且工程竣工后杨某已与某县邮电局结算，建筑队已取得价款，双方联营已结束。与原告签订机砖购销合同是建筑队的行为，理应由建筑队承担民事责任，与我公司无关。"

被上诉人建筑队辩称：建筑队是工地负责人，没有享受承包人的权利，不该承担连带责任，应由上诉人清偿债务。

被上诉人砖厂未作答辩。

二审法院认为，原审人民法院对本案事实的认定和债务人主体的确认错误，应予改判。其理由是：建筑队与建筑公司均是独立的企业法人，所签联营协议后协作型联营，各自的民事行为应各自负责。本案系购销关系，它与建筑公司的工程建设承包合同是两个不同的法律关系；购买机砖的行为是建筑队所为，因购砖合同书是砖厂与建筑队签订，合同上的购方虽标明"邮电工地"，但盖的印章则是建筑队的公章和法定代表人杨某的私章，而"工地"应是标的物送达地，不能作为诉讼主体，更不能作为债务主体；同时建筑队已付了部分货款，所欠货款该队出具了欠据；卷内出现的委托书是在诉讼中由杨某从邮电局复制而来，该委托书只适用于建筑公司、邮电局和杨某之间因邮电工程所产生的民事行为，对砖厂不发生法律效力。砖厂在与建筑队签订购砖合同时未见有建筑公司给建筑队的购砖委托书，杨某也未以建筑公司授权人名义签订合同。故本案的债务主体应是建筑队，纠纷的责任应由建筑队负责，所欠机砖款应由建筑队偿付，与建筑公司无关。

二审法院根据上述事实和理由，依照《中华人民共和国民事诉讼法》第一百五十三条第三项的规定判决如下：

1. 撤销某县人民法院（1993）某法经初字第09号民事判决。

2. 由建筑队给付砖厂所欠砖款18 924.50元，此款在接到本判决书次日起30日内交付。逾期不付，从逾期支付之日起计算利息，并加20%罚息予以偿付。

3. 一审和二审诉讼费各1 050元，由建筑队负担。

三、案例评析

本案的实质在于确认购方主体，以确定债务承担人。由于在签订和履行购销机砖合同期间，建筑队与建筑公司签有承建邮电楼工程（使用机砖工程）联营协议，杨某既是建筑队法定代表人又是建筑公司委托上述工程工地的负责人，致使普通购砖合同中购方主体复杂化。本案判决认为购砖合同属于购销合同，与建筑工程承包合同是两个法律关系，对于购销合同建筑队应当独立承担法律责任。

对于建筑工程承包合同，如果建设单位某县邮电局与建筑队有纠纷，由于建筑队不具有合同主体资格（因其不具有相应的资质等级），因此不能独立承担责任，这时某县邮电局应当起诉建筑公司。

必须指出的是，《建筑法》第二十六条第二款规定，禁止建筑施工企业以任何形式允许其他单位或者个人使用本企业的资质证书、营业执照，以本企业的名义承揽工程。本案中某建筑公司与某建筑工程队签订所谓"联营协议和实施细则"，允许某建筑工程队以其名义承揽工程的行为，违反法律禁止性规定，依法应当承担法律责任。

1. 《建筑法》第六十六条规定："建筑施工企业转让、出借资质证书或者以其他方式允许他人以本企业的名义承揽工程的，责令改正，没收违法所得，并处罚款，可以责令停业整顿，降低资质等级；情节严重的，吊销资质证书。对因该项承揽工程不符合规定的质量标准造成的损失，建筑施工企业与使用本企业名义的单位或者个人承担连带赔偿责任。"

2. 《建设工程质量管理条例》第六十二条规定："违反本条例规定，勘察、设计、施工、工程监理单位允许其他单位或者个人以本单位名义承揽工程的，责令改正，没收违法所得，对勘察、设计单位和工程监理单位处合同约定的勘察费、设计费和监理酬金1倍以上2倍以下的罚款；对施工单位处工程合同价款2%以上4%以下的罚款；可以责令停业整顿，降低资质等级；情节严重的，吊销资质证书。"

案例2

原告：某房地产开发有限公司（以下简称甲方）

被告：某建筑集团第六分公司（以下简称乙方）

一、基本案情

1998年4月，甲方与自称是某建筑集团第六分公司的乙方签订《建设工程施工合同》，约定：经甲方同意，技措费及赶工费用按实际发生进入结算价款。1999年1月双方又签订《终止协议》，该协议约定："技错费及赶工费另行协商，如不能达成协议，此纠纷交由某仲裁委员会仲裁。"2001年5月乙方根据《终止协议》中的仲裁条款就技措费、赶工费问题向协议约定的仲裁委员会申请仲裁。甲方则在仲裁庭首次开庭前向法院申请确认该仲裁条款无效。甲方认为：乙方在签订《建设工程施工合同》及《终止协议》时并未依法注册成立，因此根本不具有签订仲裁条款的主体资格。乙方辩称：1999年9月某建筑集团申请成立了第六分公司；而且早在1994年，某建筑集团就为乙方出具了授权其在该地区承揽工程的委托书，因此上述《建设工程施工合同》及《终止协议》有效，仲裁条款当然有效。

二、案件审理

法院认为，仲裁条款应由具有民事行为能力的民事主体签订。乙方与甲方签订仲裁条款时，尚未取得工商管理部门的工商登记，无缔约的民事行为能力，故法院裁定乙方与甲方签订的仲裁条款应属无效。

三、案例评析

本案的争议焦点为，未依法注册登记的公司分支机构签订的仲裁条款是否产生法律效力。根据《仲裁法》第17条的规定，无民事行为能力人或限制民事行为能力人订立的仲裁协议无效。在本案中，被告在签订《建设工程施工合同》及《终止协议》时尚未依法注册登记。根据《公司登记管理条例》第四十条的规定："公司设立分公司的，应当向分公司所在地的市、县公司登记机关申请登记；核准登记的，发给营业执照。"因此，依法办理工商登记是公司分支机构取得民事主体资格的必要条件；未注册登记的公司分支机构，不具有合法的民事主体资格，即不具有民事权利能力及民事行为能力，其签订的仲裁条款当属无效。

此外，尽管某建筑集团曾为乙方出具授权委托书，但由于当时被告并未注册登记，不具有民事主体资格，因此这种代理行为不具有法律效力。

案例实训

原告：某建筑公司

被告：某房地产公司

一、基本案情

1997年原告与被告签订建筑安装工程施工合同，约定由原告承包被告某项目一期和二期工程。一期工程如期于1998年9月竣工并交付使用。工程质量经建筑工程质量监督站评定为优良等级，后又经省建设厅评定为省优良样板工程。而此项工程，被告欠工程尾款75万元。二期工程由原告施工，工程进度按合同约定进行，至收尾阶段，被告欠工程尾款560万元。另按合同约定，被告还应付两项工程逾期付款违约金46万元，逾期付款利息100万元。被告拖欠巨额工程款，原告为维护企业的合法权益，在多次与被告交涉未果的情况下，于1999年诉至人民法院。

二、问题思考

你认为这个案件应如何审理？它违反了哪些法律、法规？请对案例进行评析。

本章小结

建设法规是指国家立法机关或其授权的行政机关制定的旨在调整国家及其有关机构、企事业单位、社会团体、公民之间在建设活动中或建设行政管理活动中发生的各种社会关系的法律、法规的统称。建设法规的调整对象，是在建设活动中所发生的各种社会关系，它包括建设活动中所发生的行政管理关系、经济协作关系及其相关的民事关系。建设法规体系，是指把已经制定和需要制定的建设法律、建设行政法规和建设部门规章衔接起来，形成一个相互联系、相互补充、相互协调的完整统一的框架结构。我国建设法规体系由5个层次组成：建设法律、建设行政法规、建设部门规章、地方性建设法规和地方建设规章。

本章的重点是建设法规的概念和调整对象，建设法律关系，建设法规的基本原则，建设法规体系的概念，建设法规体系的构成。

本章的难点是建设法规体系的概念和建设法规体系的构成。

思考题

1. 什么是建设法规？建设法规调整的社会关系有哪些？
2. 建设法律关系的三要素是什么？
3. 何谓建设法规体系？我国建设法规体系是如何构成的？
4. 什么是与工程建设相关的法律？当前我国与工程建设相关的法律都有哪些？
5. 现阶段我国建设立法的基本原则有哪些？
6. 建设法规的实施包括哪几个方面？
7. 谈谈你对建设法律法规体系的认识。

第 2 章　工程建设程序法规

本章导读

本章介绍我国工程建设程序的概念及阶段和环节的划分，并重点介绍工程建设前期阶段、准备阶段、实施阶段的工作内容。2.1 节介绍工程建设程序概述，2.2 节介绍工程建设程序阶段的划分，2.3 节介绍工程建设前期阶段及准备阶段的内容，2.4 节介绍工程建设实施阶段及保修阶段的内容。

2.1　概述

2.1.1　工程建设的概念

工程建设是指土木建筑工程、线路管道和设备安装工程、建筑装修装饰工程等工程项目的新建、扩建和改建，是形成固定资产的基本生产过程及与之相关的其他建设工作的总称。

土木建筑工程，包括矿山、铁路、公路、道路、隧道、桥梁、堤坝、电站、码头、飞机场、运动场、房屋（如厂房、剧院、旅馆、商店、学校和住宅）等工程。

线路管道和设备安装工程，包括电力、通信线路、石油、燃气、给水、排水、供热等管道系统和各类机械设备、装置的安装工程。

其他工程建设工作，包括建设单位及其主管部门的投资决策活动以及征用土地、工程勘察设计、工程监理等。这些工作是工程建设必不可少的内容。

建筑活动，是指从事土木建筑工程、线路管道和设备安装工程的新建、扩建、改建及建筑装饰装修活动。

工程建设为国民经济的发展和人民生活的改善提供重要的物质技术基础，并对众多产业的振兴发挥促进作用，因此它在国民经济中占有相当重要的地位；国家也十分重视运用法律手段，通过制定和实施工程建设管理法规，加强对工程建设的管理。

2.1.2　工程建设程序的概念

工程建设程序是在认识工程建设客观规律基础上总结提出的、工程建设全过程中各项工作都必须遵守的先后次序。它也是工程建设各个环节相互衔接的顺序。

工程建设是社会化生产，它有着产品体积庞大、建造场所固定、建设周期长、占用资源多的特点。在建设过程中，工作量极大，牵涉面很广，内外协作关系复杂，且存在着活动空间有限和后续工作无法提前进行的矛盾。因此，工程建设就必然存在着一个分阶段、按步骤，各项工作按序进行的客观规律。这种规律是不可违反的，如人为将工程建设的顺序颠倒，就会造成严重的资源浪费和经济损失。所以，世界各国对这一规律都十分重视，都对之进行了认真探索研究，不少国家还将研究成果以法律的形式固定下来，强制人们在从事工程建设活动时遵守，我国也制定颁布了不少有关工程建设程序方面的法规。当然，随着社会的发展和对工程建设认识的不断加深，我们又会总结出更加科学、合理的工程建设程序。

2.1.3 我国工程建设程序的立法现状

当前，我国工程建设程序方面的法规多是部门规章和规范性文件，主要有：1978年国家计划委员会、建设委员会、财政部联合颁发的《关于基本建设程序的若干规定》，以及随着经济体制的改革和决策科学化、管理规范化要求的提出，由各主管部门先后发布的《关于简化基本建设项目审批手续的通知》(1982年)、《关于颁发建设项目进行可行性研究的试行管理办法的通知》(1983年)、《关于编制建设前期工作计划的通知》(1984年)、《关于建设项目经济评价工作的暂行规定》(1987年)、《关于大型和限额以上固定资产投资项目建议书审批问题的通知》(1988年)、《工程建设项目实施阶段程序管理暂行规定》(1994年)、《工程建设项目报建管理办法》(1994年)等规范性文件。

另外，在《中华人民共和国土地法》、《中华人民共和国城市规划法》、《中华人民共和国建筑法》等法律中，也有关于工程建设程序的一些规定。

2.2 工程建设程序阶段的划分

根据我国现行工程建设程序法规的规定，我国工程建设程序如表2-1所示。

表2-1 我国工程建设程序

工程建设程序的阶段划分	各阶段的环节划分
(1) 工程建设前期阶段（决策分析阶段）	① 投资意向
	② 投资机会分析
	③ 项目建议书
	④ 可行性研究
	⑤ 审批立项
(2) 工程建设准备阶段	① 规划
	② 获取土地使用权
	③ 拆迁
	④ 报建
	⑤ 工程发包与承包
(3) 工程建设实施阶段	① 工程勘察设计
	② 设计文件审批
	③ 施工准备
	④ 工程施工
	⑤ 生产准备
(4) 工程竣工验收与保修阶段	① 竣工验收
	② 工程保修
(5) 工程终结阶段	① 生产运营
	② 投资后评价

从表 2-1 中可知，我国工程建设程序共分 5 个阶段，每个阶段又各包含若干环节。各阶段、各环节的工作应按规定顺序进行。当然，工程项目的性质不同，规模不一，同一阶段内各环节的工作会有一些交叉，有些环节还可省略，在具体执行时，可根据本行业、本项目的特点，在遵守工程建设程序的大前提下，灵活开展各项工作。

2.3 工程建设前期阶段及准备阶段的内容

2.3.1 工程建设前期阶段的内容

工程建设前期阶段即决策分析阶段，这一阶段主要是对工程项目投资的合理性进行考察和对工程项目进行选择。对投资者来讲，这是进行战略决策，它将从根本上决定其投资效益，因此是十分重要的。这个阶段包含投资意向、投资机会分析、项目建议书、可行性研究、审批立项几个环节。

1. 投资意向

投资意向是投资主体发现社会存在合适的投资机会所产生的投资愿望。它是工程建设活动的起点，也是工程建设得以进行的必备条件。

2. 投资机会分析

投资机会分析是投资主体对投资机会所进行的初步考察和分析，在认为机会合适、有良好的预后效益时，则可进行进一步的行动。

3. 项目建议书

项目建议书是投资机会分析结果文字化后所形成的书面文件，以方便投资决策者分析、抉择。项目建议书应对拟建工程的必要性、客观可行性和获利的可能性逐一进行论述。

大中型和限额以上项目的投资项目建议书，由行业归口主管部门初审后，再由国家计委审批。小型项目的项目建议书，按隶属关系，由主管部门或地方计委审批。

4. 可行性研究

可行性研究是指项目建议书被批准后，对拟建项目在技术上是否可行、经济上是否合理等内容所进行的分析论证。广义的可行性研究还包括投资机会分析。

可行性研究应对项目所涉及的社会、经济、技术问题进行深入的调查研究，对各种各样的建设方案和技术方案进行发掘并加以比较、优化，对项目建成后的经济效益、社会效益进行科学的预测及评价，提出该项目建设是否可行的结论性意见。对可行性研究的具体内容和所应达到的深度，有关法规都有明确的规定。

可行性研究报告必须经有资格的咨询机构评估确认后，才能作为投资决策的依据。

5. 审批立项

审批立项是有关部门对可行性研究报告的审查批准程序，审查通过后即予以立项，正式进入工程项目的建设准备阶段。

《关于建设项目进行可行性研究的试行管理办法》对审批权项作了具体规定。

大中型建设项目的可行性研究报告由各主管部，各省、市、自治区或全国性工业公司负责预审，报国务院审批。

小型项目的可行性研究报告，按隶属关系由各主管部，各省、市、自治区或全国性专业公司审批。

2.3.2 工程建设准备阶段的内容

工程建设准备是为勘察、设计、施工创造条件所做的建设现场、建设队伍、建设设备等方面的准备工作。

这一阶段包括规划、获取土地使用权、拆迁、报建、工程发包与承包等主要环节。

1. 规划

在规划区内建设的工程，必须符合城市规划或村庄、集镇规划的要求。其工程选址和布局，必须取得城市规划行政主管部门或村、镇规划主管部门的同意、批准；在城市规划区内进行工程建设的，要依法先后领取城市规划行政主管部门核发的"选址意见书"、"建设用地规划许可证"、"建设工程规划许可证"，方能进行获取土地使用权、设计、施工等相关建设活动。

2. 获取土地使用权

我国的《土地管理法》规定：农村和城市郊区的土地（除法律规定属国家所有者外）属于农民集体所有，其余的土地都归国家所有。工程建设用地都必须通过国家对土地使用权的出让或划拨而取得，需在农民集体所有的土地上进行工程建设的，也必须先由国家征用农民土地，然后再将土地使用权出让或划拨给建设单位或个人。

通过国家出让而取得土地使用权的，应向国家支付出让金，并与市、县人民政府土地管理部门签订书面出让合同，然后按合同规定的年限与要求进行工程建设。

由国家划拨取得土地使用权的，虽不向国家支付出让金，但在城市要承担拆迁费用，在农村和郊区要承担土地原使用者的补偿费和安置补助费，其标准由各省、直辖市、自治区规定。

3. 拆迁

在城市进行工程建设，一般都要对建设用地上的原有房屋和附属物进行拆迁。国务院颁发的《城市房屋拆迁管理条例》规定，任何单位和个人需要拆迁房屋的，都必须持国家规定的批准文件、拆迁计划和拆迁方案，向县级以上人民政府房屋拆迁主管部门提出申请，经批准并取得房屋拆迁许可证后，方可拆迁。拆迁人和被拆迁人应签订书面协议，被拆迁人必须服从城市建设的需要，在规定的搬迁期限内完成搬迁，拆迁人对被拆迁人（被拆房屋及附属物的所有人、代管人及国家授权的管理人）依法给予补偿，并对被拆迁房屋的使用人进行安置。对违章建筑、超过批准期限的临时建筑的被拆迁人和使用人，则不予补偿和安置。

4. 报建

建设项目被批准立项后，建设单位或其代理机构必须持工程项目立项批准文件、银行出具的资信证明、建设用地的批准文件等资料，向当地建设行政主管部门或其授权机构进行报建。凡未报建的工程项目，不得办理招标手续和发放施工许可证，设计、施工单位不得承接该项目的设计、施工任务。

5. 工程发包与承包

建设单位或其代理机构在上述准备工作完成后，须对拟建工程进行发包，以择优选定工程勘察设计单位、施工单位或总承包单位。工程发包与承包有招标投标和直接发包两种方式。为鼓励公平竞争，建立公正的竞争秩序，国家提倡招标投标方式，并对许多工程强制进行招标投标，详细内容见第 8 章。

2.4 工程建设实施阶段及工程竣工验收与保修阶段的内容

2.4.1 工程建设实施阶段的内容

1. 工程勘察设计

设计是工程项目建设的重要环节，设计文件是制订建设计划、组织工程施工和控制建设投资的依据。它对实现投资者的意愿起关键作用。设计与勘察是密不可分的，设计必须在进行工程勘察，取得足够的地质、水文等基础资料之后才能进行。

另外，勘察工作也服务于工程建设的全过程，在工程选址、可行性研究、工程施工等各阶段，也必须进行必要的勘察。

工程设计包括的阶段及各阶段的内容和要求，有关法规都有具体的规定，详细内容见第 6 章。

2. 施工准备

施工准备包括施工单位在技术、物资方面的准备和建设单位取得开工许可两方面内容。

(1) 施工单位技术、物资方面的准备

工程施工涉及的因素很多，过程也十分复杂，所以施工单位在接到施工图后，必须做好细致的施工准备工作，以确保工程顺利建成。它包括熟悉、审查图纸，编制施工组织设计，向下属单位进行计划、技术、质量、安全、经济责任的交底，下达施工任务书，准备工程施工所需的设备、材料等活动。

(2) 取得开工许可

建设单位具备以下条件，方可按国家有关规定向工程所在地县级以上人民政府建设行政主管部门申领施工许可证：

① 已经办好该工程用地批准手续；
② 在城市规划区的工程，已取得规划许可证；
③ 需要拆迁的，拆迁进度满足施工要求；
④ 施工企业已确定；
⑤ 有满足施工需要的施工图纸和技术资料；
⑥ 有保证工程质量和安全的具体措施；
⑦ 建设资金已落实并满足有关法律、法规规定的其他条件。

未取得施工许可证的建设单位不得擅自组织开工。已取得施工许可证的，应自批准之日起三个月内组织开工，因故不能按期开工的，可向发证机关申请延期，延期以两次为限，每次不超过三个月。既不按期开工，又不申请延期或超过延期时限的，已批准的施工许可证自行作废。

3. 工程施工

工程施工是施工队伍具体配置各种施工要素，将工程设计物化为建筑产品的过程，也是投入劳动量最大，所费时间较长的工作。其管理水平的高低、工作质量的好坏对建设项目的质量和所产生的效益起着十分重要的作用。

工程施工管理具体包括施工调度、施工安全、文明施工、环境保护等几方面的内容。

施工调度是进行施工管理，掌握施工情况，及时处理施工中存在的问题，严格控制工程的施工质量、进度和成本的重要环节。施工单位的各级管理机构均应配备专职调度人员，建立和健全各级调度机构。

施工安全是指施工活动中，对职工身体健康与安全、机械设备使用的安全及物资的安全等应有保障制度和所采取的措施。根据相关规定，施工单位必须执行国家有关安全生产和劳动保护的法规，建立安全生产责任制，加强规范化管理，进行安全交底、安全教育和安全宣传，严格执行安全技术方案，定期检修、维修各种安全设施，做好施工现场的安全保卫工作，建立和执行防火管理制度，切实保障工程施工的安全。

文明施工是指施工单位应推行现代管理方法，科学组织施工，保证施工活动整洁、有序、合理地进行。具体内容有：按施工总平面布置图设置各项临时设施，施工现场设置明显标牌，主要管理人员要佩带身份标志；机械操作人员要持证上岗；施工现场的用电线路、用电设施的安装使用和现场水源、道路的设置要符合规范要求等。

环境保护是指施工单位必须遵守国家有关环境保护的法律、法规，采取措施控制各种粉尘、废气、噪声等对环境的污染和危害。如不能控制在规定的范围内，则应事先报请有关部门批准。

4. 生产准备

生产准备是指工程施工临近结束时，为保证建设项目能及时投产使用所进行的准备活动。如招收和培训必要的生产人员，组织人员参加设备安装调试和工程验收，组建生产管理机构，制定规章制度，收集生产技术资料和样品，落实原材料、外协产品、燃料、水、电的来源及其他配合条件等。建设单位要根据建设项目或主要单项工程的生产技术特点，及时组成专门班子或机构，有计划地做好这一工作。

2.4.2 工程竣工验收与保修阶段的内容

1. 工程竣工验收

工程项目按设计文件规定的内容和标准全部建成，并按规定将工程内外全部清理完毕后称为竣工。国家计委颁发的《建设项目（工程）竣工验收办法》规定，凡新建、扩建、改建的基本建设项目（工程）和技术改造项目，按批准的设计文件所规定的内容建成，符合验收标准的必须及时组织验收，办理固定资产移交手续。根据《建筑法》及国务院《建设工程质量管理条例》等相关法规规定，交付竣工验收的工程，必须具备下列条件：

① 完成建设工程设计和合同约定的各项内容；
② 有完整的技术档案和施工管理资料；
③ 有工程使用的主要建筑材料、建筑构配件和设备的进场试验报告；
④ 有勘察、设计、施工、工程监理等单位分别签署的质量合格文件；
⑤ 有施工单位签署的工程保证书。

竣工验收的依据是已批准的可行性研究报告、初步设计或扩大初步设计、施工图和设备技术说明书,以及现行施工技术验收的规范和主管部门(公司)有关审批、修改、调整的文件等。

工程验收合格后,方可交付使用。此时承发包双方应尽快办理固定资产移交手续和工程结算,将所有工程款项结算清楚。

2. 工程保修

根据《建筑法》及《建设工程质量管理条例》等相关法规的规定,工程竣工验收交付使用后,在保修期限内,承包单位要对工程中出现的质量缺陷承担保修与赔偿责任。保修范围和保修期限见第5章。

2.5 工程终结阶段的内容

建设项目投资后评价是工程竣工投产、生产运营一段时间后,对项目的立项决策、设计施工、竣工投产、生产运营等全过程进行系统评价的一种技术经济活动。它是工程建设管理的一项重要内容,也是工程建设程序的最后一个环节。它可使投资主体达到总结经验、吸取教训、改进工作、不断提高项目决策水平和投资效益的目的。目前我国的投资后评价一般分建设单位的自我评价、项目所属行业(地区)主管部门的评价及各级计划部门(或主要投资主体)的评价三个层次进行。[①]

案例分析

一、基本案情

1995年4月22日,某水泥厂与某建设公司订立《建设工程施工合同》及《合同总纲》,双方约定:由某建设公司承建某水泥厂第一条生产线主厂房及烧成车间等配套工程的土建项目。开工日期为1995年5月15日。建筑材料由某水泥厂提供,某建设公司垫资150万元人民币,在合同订立15日内汇入某水泥厂账户。某建设公司付给某水泥厂10万元保证金,进场后再付10万元押图费,待图纸归还某水泥厂后再予退还等。

合同订立后,某建设公司于同年5月前后付给某水泥厂103万元,某水泥厂退还13万元,实际占用90万元。其中10万元为押图费,80万元为垫资款,比约定的垫资款少付70万元。同年5月某建设公司进场施工。5月24日—10月26日某建设公司向某水泥厂借款173 539.05元。后因某建设公司未按约支付全部垫资款及工程质量存在问题,双方产生纠纷;某建设公司于同年7月停止施工。已完成的工程为:窑头基础混凝土、烟囱、窑尾、增温塔。

某水泥厂于同年11月向人民法院起诉。一审法院在审理中委托省建设工程质量安全监督总站对已建工程进行鉴定。结论为:窑头基础混凝土和烟囱不合格应于拆除。另查明,已建工程总造价为2 759 391.30元。窑头基础混凝土造价84 022.92元,烟囱造价20 667.36元,两项工程拆除费用为52 779.51元;某水泥厂投入工程建设的钢筋、水泥等建筑材料折合人民币70 738.96元;合格工程定额利润为5 404.95元;砂石由某建设公司提供。还查明:某水泥厂在与某建设公司订立合同和工程施工时,尚未取得建设用地规划许可证和建设工程规划许可证。

---

① 朱宏亮. 建设法规. 2版. 武汉:武汉理工大学出版社,2003.

二、案件审理

一审法院审理认为,某水泥厂与某建设公司1995年4月22日签订施工合同及合同总纲时,建设工程的初步设计与概算未得到批准,某水泥厂也未到建设行政主管部门办理报建手续,故不具备1983年国务院《建筑安装工程承包合同条例》第五条第一款、1994年建设部《工程建设项目报建管理办法》,以及1991年国家工商总局、建设部《建筑市场管理规定》第八条、第十二条第一款规定的发包条件。此外,订立该合同时,某水泥厂未进行招投标,违反了某省人大常委会1995年1月25日施行的《某省建设工程招投标管理条例》第二条第一款的规定,故合同无效。同时,该工程开工之前,某水泥厂未取得规划管理部门颁发的《建设工程规划许可证》,未得到建设行政部门发给的《施工许可证》,违反了《中华人民共和国规划法》第三十二条、1992年建设部《建筑工程施工现场管理规定》第五条第二款的规定,故开工亦不合法。因此,某水泥厂与某建设公司应互相返还对方财产,并按过错承担因合同无效而造成的损失。导致本案合同无效的主要过错是某水泥厂不具备发包条件而发包,某建设公司未审查发包方的条件而与之签约,也有一定的过错。因合同无效造成的损失,某水泥厂与某建设公司按7:3的比例分担。因此,某水泥厂应返还某建设公司的所有款项1 030 000元,扣除某建设公司借支、退还、差款等费用173 499.86元,某水泥厂应返还某建设公司856 500.44元。某水泥厂占用某建设公司856 500.44元的同期同类贷款利息,应视为合同无效造成的损失,某水泥厂与某建设公司分别承担70%和30%。施工现场上尚未使用的钢材、水泥、砖应返还某水泥厂。未使用的砂、石归某建设公司所有。鉴于窑头基础混凝土和整个烟囱不合格应予拆除,某水泥厂应付给某建设公司工程款168 732.39元,拆除窑头基础混凝土及烟囱的费用52 779.51元及该两项工程中某水泥厂投入的水泥、钢材、砖的损失45 405.95元,应由某建设公司承担。一审法院据此判决如下:

1. 某水泥厂与某建设公司于1995年4月22日订立的施工合同和合同总纲无效。

2. 某水泥厂应返还某建设公司垫资等款项856 500.44元,支付某建设公司工程款168 732.39元。窑头基础混凝土和烟囱由某水泥厂组织拆除,拆除费用52 779.51元和某水泥厂的材料损失费用45 405.95元由某建设公司向某水泥厂支付。上述费用相抵,则某水泥厂应在本判决生效后20日内向某建设公司支付927 047.37元。

3. 某水泥厂占用某建设公司856 500.44元资金的同期同类贷款利息从1995年5月9日开始计算,某水泥厂应将其中的70%付给某建设公司,限于本判决生效后20日内付清。

4. 施工现场上未使用的水泥、钢材、砖返还归某水泥厂所有,砂石返还归某建设公司所有。

5. 驳回某水泥厂的其他请求。

案件受理费23 010元,诉讼保全费1 060元,鉴定费9 000元,共计33 070元,由某建设公司负担9 921元,某水泥厂负担23 149元。

某水泥厂不服一审判决,上诉称:双方签订的合同有效;原审判决将已返还给某建设公司的13万元重复认定,并且对建材计算调差费不当;在判决中未责令某建设公司返还施工图纸亦属不当,请求予以改判纠正。

某建设公司答辩:承认已收到某水泥厂退还的13万元,原审判决确属重复认定,应予纠正,请求维持原审判决的其余部分。

二审法院经审理认为:某水泥厂在与某建设公司订立《建设工程施工合同》及《合同总

纲》时，尚未取得建设用地规划许可证和建设工程规划许可证，并且违反有关规定，在合同中设立垫资施工的条款，因此上述合同应属无效。原判认定事实和适用法律基本正确。但将某水泥厂已返还给某建设公司13万元重复认定，且未判决某建设公司返还施工图纸及计算未实际发生的建材调差费等，均属不当，应予纠正。上诉人的部分上诉请求有理，最高法院予以支持，判决如下：

1. 维持原审判决的第1、4、5项。
2. 撤销原审判决第2、3项。
3. 某水泥厂退还某建设公司垫贷款626 460.95元人民币，并承担该款自1995年5月9日至本判决生效之日止的中国人民银行同期同类贷款利息的70%。
4. 某水泥厂支付某建设公司工程款275 939.30元人民币，扣除不合格工程造价104 690.28元、材料款70 738.96元、定额利润5 405.72元、拆除费52 779.51元，实际应支付42 324.83元人民币。
5. 某建设公司返还某水泥厂施工图纸（以收据为准），某水泥厂返还某建设公司押图费100 000元人民币。

上述第3、4、5项判决，限于本判决生效之日起15日内履行完毕。二审案件受理费23 010元人民币由某水泥厂、某建设公司各半负担。

三、案例评析

《建筑法》正式确立了建筑工程施工许可制度。《建筑法》第七条规定："建筑工程开工前，建设单位应当按照国家有关规定向工程所在地县级以上人民政府建设行政主管部门申请领取施工许可证；但是，国务院建设行政主管部门确定的限额以下的小型工程除外。按照国务院规定的权限和程序批准开工报告的建筑工程，不再领取施工许可证。"因此，依法领取施工许可证是工程建设项目必须遵守的强制性规定，也是工程建设行为合法的必要条件。如果违反了这一法律强制性规定，施工合同将是无效的。此外，根据《建筑法》第八条的规定，取得施工许可证的前提是取得土地使用证、规划许可证。因此，工程建设项目施工必须"三证"齐全，即必须同时具备土地使用证、规划许可证、施工许可证。

本案发生在《建筑法》实施前，但由于发包人某水泥厂没有依法取得建设用地规划许可证和建设工程规划许可证，属于违法建设，其签订的工程施工合同应属无效合同。同时，尽管法律规定领取施工许可证是建设单位的责任，但施工单位不经审查而签订了合同，也要承担一定的过错责任。

案例实训

被告：某建筑公司
原告：某房地产公司

一、基本案情

2002年原告与被告签订建筑安装工程施工合同，约定由原告承包被告某项目一期和二期工程。一期工程如期于2003年9月竣工并交付使用。工程质量经建筑工程质量监督站评定为优良等级，后又经省建设厅评定为省优良样板工程。二期工程由原告施工，并于2003年10月开工，工程进度按合同约定进行，由于某房地产公司急待入住，在没有经过正式验收的情况下，于2004年10月就提前使用了二期工程。在使用了8个月之后，二期工程内承重墙体裂缝较多，屋面漏水严重。

原告为维护企业的合法权益，在多次与被告交涉要求被告处理工程质量问题，被告申称上述工程质量问题是由于原告提前使用造成的，不予处理。由于问题没有得到解决，原告于 2005 年 10 月诉至人民法院。

二、问题思考

你认为这个案件应如何审理？它违反了哪些法律、法规？请对案例进行评析。

本章小结

工程建设是指土木建筑工程、线路管道和设备安装工程、建筑装修装饰工程等工程项目的新建、扩建和改建，是形成固定资产的基本生产过程及与之相关的其他建设工作的总称。

工程建设程序是在认识工程建设客观规律基础上总结提出的、工程建设全过程中各项工作都必须遵守的先后次序。它也是工程建设各个环节相互衔接的顺序。

本章的重点是工程建设前期阶段及准备阶段的内容，工程建设实施阶段及工程竣工验收与保修阶段的内容。

本章的难点是工程建设前期阶段及准备阶段的内容，工程建设实施阶段及工程竣工验收与保修阶段的内容。

思考题

1. 何谓工程建设程序？我国工程建设程序分为哪几个阶段？
2. 工程建设前期阶段包含哪几个环节？各环节的工作内容是什么？
3. 我国关于土地所有权和土地使用权是如何规定的？
4. 工程建设准备阶段分为哪几个环节？哪些环节是必须经过的？
5. 工程建设实施阶段的主要环节及内容是什么？
6. 什么是工程的竣工验收？其依据有哪些？

第 3 章　城乡规划法规

本章导读

本章介绍城乡规划法的概念及我国城乡规划法的立法概况、制定和实施城乡规划时所应遵循的原则，并重点介绍保证城乡规划法实施的法律规定。3.1 节介绍城乡规划法概述，3.2 节介绍城乡规划法的制定和实施，3.3 节介绍城乡新区开发和旧区改建，3.4 节介绍城市规划法实施的步骤与法律责任，3.5 节介绍风景名胜区、历史文化名城及村镇规划管理。

3.1　城乡规划法概述

3.1.1　城乡规划法的概念

城乡规划法，是指国家权力机关或其授权的行政机关制定的，调整城乡规划活动中发生的各种社会关系的法律规范的总称。

1956 年，原国家建委颁发了我国第一个城市规划方面的管理法规《城市规划编制办法》，使城市规划工作开始走上了法制的轨道。为了指导城市规划的编制工作，保证城市规划的质量，1980 年 12 月，原国家建委颁发了《城市规划编制审批暂行办法》和《城市规划定额指标暂行规定》，对城市规划的编制和审批程序、编制城市规划的具体要求、城市规划的定额指标等作了详细的规定。1984 年 1 月 5 日国务院颁发了城市规划方面的第一个行政法规《城市规划条例》，为我国的城市规划和管理工作提供了法律依据和保障。1986 年 9 月，城乡建设环境保护部在《城市规划条例》的基础上，开始起草《中华人民共和国城市规划法》（以下简称《城市规划法》），经过多次论证，1987 年 9 月上报国务院审查，于 1989 年 12 月 26 日，经第七届全国人民代表大会常务委员会第十一次会议通过，成为我国城市建设领域的第一部法律。《城市规划法》的颁布、实施，标志着我国城市规划工作进入了法制化的新阶段。

为了更好地贯彻和实施《城市规划法》，建设部先后发布了一系列城市规划方面的部门规章，主要有：1991 年 8 月 23 日建设部与国家计委联合颁布的《建设项目选址规划管理办法》，2005 年 12 月 31 日建设部以部令第 146 号颁布的《城市规划编制办法》，1992 年 12 月 4 日建设部以部令第 22 号颁布的《城市国有土地使用权出让和转让规划管理办法》，2001 年 1 月 23 日建设部颁布的《城市规划编制单位资质管理规定》，2002 年 8 月 30 日建设部颁布的《城市规划强制性内容暂行规定》。为了适应经济建设的需要，我国对原有的《城市规划法》进行了修订，更名为《中华人民共和国城乡规划法》（以下简称《城乡规划法》），《城乡规划法》已由中华人民共和国第十届全国人民代表大会常务委员会第三十次会议于 2007 年 10 月 28 日通过，自 2008 年 1 月 1 日起施行。

3.1.2 城乡规划法规的立法概况及适用范围

我国现行的城乡规划法规包括第十届全国人民代表大会常务委员会第三十次会议于2007年10月28日通过的《城乡规划法》及与之配套的《建设项目选址规划管理办法》、《城市规划编制办法》、《开发区规划管理办法》、《城市国有土地使用权出让和转让规划管理办法》、《城镇体系规划编制审批办法》等建设部门规章及各地的地方性建设法规等。

城乡规划法规的适用范围包括地域适用范围和人的适用范围两方面。

1. 地域适用范围

城乡规划法规的地域适用范围是规划区，在规划区内进行建设活动，必须遵守本法。本法所称规划区，是指城市、镇和村庄的建成区以及因城乡建设和发展需要，必须实行规划控制的区域。规划区的具体范围由有关人民政府在组织编制的城市总体规划、镇总体规划、乡规划和村庄规划中，根据城乡经济社会发展水平和统筹城乡发展的需要划定。

2. 人的适用范围

城乡规划法规对人的适用范围是，凡与城乡规划的编制、审批、管理活动有关的单位和个人，都适用于该法。具体包括：①负责城乡规划的编制、审批和管理的各级人民政府、城乡规划行政主管部门和其他相关部门及其有关人员；②具体从事城乡规划编制工作的生产、科研、教学、设计单位及其有关人员；③凡在城乡规划区内进行建设活动的建设单位、设计单位、施工单位、其他相关单位及其上述单位的有关人员。

3.1.3 城乡规划

1. 城乡规划

城乡规划是指人民政府为了实现一定时期内本地区的经济和社会发展目标，事先依法制定的用以确定城乡的性质、规模和发展方向，城乡土地的合理利用，城乡的空间布局和城乡设施的科学配置的综合部署和统一规划。

随着社会的进步和经济的发展，城乡在国民经济和社会发展中的作用越来越大。而城乡的建设与发展是一项庞大的系统工程，它涉及城乡的政治、经济、文化、社会各个领域，并与人民大众的日常工作、生活息息相关。因此，对城乡的发展与建设必须事先进行充分的研究和论证，作出科学、合理的预测及切实可行的规划。国内外的实践经验证明，要把城乡建设好、管理好，首先就必须规划好。可以说，城乡规划是城市建设和管理的基本依据。制定一个好的城乡规划并切实保证它的实施是综合发挥城乡经济效益、社会效益和环境效益，实现城乡经济和社会发展目标的重要保证之一。

2. 历史文化名城保护规划

历史文化名城是指历史上的政治、经济文化中心或发生重大历史事件的重要城市。

历史文化名城是人类悠久历史和灿烂文化的结晶，对学习和借鉴历史、陶冶情操、增加一个国家的民族自豪感和发展旅游事业都有着重要历史意义和现实意义。世界各国都十分注重历史文化名城的保护。如意大利的威尼斯完全保存了历史风貌；法国巴黎旧城区基本保存了原有的布局；美国按独立战争前的样子，恢复和保护了威廉斯堡18世纪风光的古城镇；日本在1971年专门发布了《关于古都历史风土保存的特别措施法》；前苏联在1949年公布了历史名城的名单，对它们进行特殊的监督和保护。

我国是一个历史悠久的文明古国，先人们给我们留下了许多历史文化名城，这是中华民族极其宝贵的物质财富和精神财富。把历史文化名城保护好、规划好、建设好，使它们延续下去，造福于民族、造福于后代，是城乡规划工作中十分重要的任务。所以，对于历史文化名城要制定特殊的历史文化名城保护规划，并将其纳入城乡总体规划之中。

3.2 城乡规划的制定和实施

3.2.1 城乡规划的种类

根据城乡规划法的规定，城乡规划包括城镇体系规划、城市规划、镇规划、乡规划和村庄规划。城市规划、镇规划分为总体规划和详细规划。详细规划分为控制性详细规划和修建性详细规划。

1. 总体规划

（1）总体规划的内容

总体规划是从宏观上控制城乡土地利用和空间布局，引导城乡合理发展的总体部署。

城市总体规划、镇总体规划的内容应当包括：城市、镇的发展布局，功能分区，用地布局，综合交通体系，禁止、限制和适宜建设的地域范围，各类专项规划等。

规划区范围、规划区内建设用地规模、基础设施和公共服务设施用地、水源地和水系、基本农田和绿化用地、环境保护、自然与历史文化遗产保护及防灾减灾等内容，应当作为城市总体规划、镇总体规划的强制性内容。

乡规划、村庄规划的内容应当包括：规划区范围，住宅、道路、供水、排水、供电、垃圾收集、畜禽养殖场所等农村生产、生活服务设施、公益事业等各项建设的用地布局、建设要求，以及对耕地等自然资源和历史文化遗产保护、防灾减灾等的具体安排。乡规划还应当包括本行政区域内的村庄发展布局。

（2）总体规划考虑的期限

城市总体规划、镇总体规划的规划期限一般为12年。城市总体规划还应当对城市更长远的发展作出预测性安排。

2. 详细规划

详细规划是以城乡总体规划为依据，对城乡近期建设区域内各项建设作出的具体规划。它包括：规划地段各项建设的具体用地范围，建筑密度和高度等控制指标，总平面布置、工程管线综合规划和竖向规划。

详细规划可根据需要编制成控制性详细规划和修建性详细规划两种。

3.2.2 制定和实施城乡规划时所应遵循的原则

1. 制定和实施城乡规划的原则

《城乡规划法》规定，在制定和实施城乡规划时，必须遵循以下原则。

（1）遵循城乡统筹、先规划后建设的原则

制定和实施城乡规划，应当遵循城乡统筹、合理布局、节约土地、集约发展和先规划后建设的原则。

（2）防止污染和其他公害的原则

《城乡规划法》第四条规定："制定和实施城乡规划，应当遵循城乡统筹、合理布局、节约土地、集约发展和先规划后建设的原则，改善生态环境，促进资源、能源节约和综合利用，保护耕地等自然资源和历史文化遗产，保持地方特色、民族特色和传统风貌，防止污染和其他公害，并符合区域人口发展、国防建设、防灾减灾和公共卫生、公共安全的需要。"这条原则要求各级人民政府在制定和实施城乡规划时，禁止在城乡主导风向的上风向和水源地的上游地区安排产生有毒、有害废弃物的项目，或者在市区居民稠密的地区安排易燃、易爆等可能产生公害的项目。

（3）保护生态环境、历史文化遗产和地方、民族特色的原则

制定和实施城乡规划时，应注意保护和改善城乡生态环境、加强城乡绿化和市容环境卫生的建设，同时还应注意保护历史文化遗产、城乡传统风貌、地方特色和自然景观。民族自治地区的城乡规划，还应保护民族传统和地方特色，以促进社会主义物质文明和精神文明建设的共同发展。

（4）符合区域人口发展、国防建设、防灾减灾的原则

制定和实施城乡规划时，既要有利于生产，又要符合区域人口发展，还要考虑促进商品、人员的流通，繁荣经济，促进科学技术、文化教育事业的发展和国防建设的需要。同时，制定和实施城乡规划还应满足城市防火、防爆、治安、交通管理和人防建设的要求，在可能发生自然灾害的城市，还应满足抗震、防洪、防泥石流等灾害的要求。对于可能发生强烈地震和严重洪水灾害的地区，还必须在规划中采取相应的抗震、防洪措施，以保护社会和人们的生命、财产安全。

（5）合理布局、节约用地、集约发展的原则

社会要进步，城乡要发展，而土地资源十分有限，且也很难增长。这对矛盾是始终存在的，在我国则尤为尖锐。因此，在制定和实施城乡规划时，必须珍惜每一寸土地，应当尽量利用荒地、劣地，少占菜地良田，尽量节约土地资源，使每一寸土地都得到合理利用，这也是保证我国的经济及社会可持续发展的重要组成部分。

2. 历史文化名城保护规划编制的原则

历史文化名城保护规划是城市总体规划的一部分，其编制时除应满足上述城市规划的原则外，还应遵循以下原则。

（1）全面分析、因地制宜的原则

历史文化名城应保护城市的文物古迹和历史地段，保护和延续古城风貌特点，继承和发扬城市的传统文化。编制历史文化名城保护规划时应分析城市历史演变及性质、规模、现状

特点,并根据历史文化遗存的性质、形态、分布等具体情况,发掘与继承城市传统文化内涵,因地制宜地确定保护原则和工作重点。

(2) 保护与建设相协调的原则

编制保护规划既要采取规划措施,对城市历史文化遗存进行保护,又要注意满足城市经济、社会发展和改善人民生活和工作环境的需要,使保护和建设协调发展。

(3) 突出保护重点的原则

编制保护规划应突出保护重点,即保护文物古迹、风景名胜及其环境;对于具有传统风貌的商业、手工业、居住及其他性质的街区,需要保护整体环境的文物古迹、革命纪念建筑集中的地区,或在城市发展史上有历史、科学、艺术价值的近代建筑群等,要划定为"历史文化保护区"予以重点保护。特别要注意对濒临破坏的历史实物遗存的抢救和保护,不使其继续遭破坏;对已不存在的"文物古迹"一般不提倡重建。

3.2.3 城乡规划编制的审批权限

1. 城镇体系规划的编制权限

《城乡规划法》第十二条规定:"国务院城乡规划主管部门会同国务院有关部门组织编制全国城镇体系规划,用于指导省域城镇体系规划、城市总体规划的编制。全国城镇体系规划由国务院城乡规划主管部门报国务院审批。"

《城乡规划法》第十三条规定:"省、自治区人民政府组织编制省域城镇体系规划,报国务院审批。"即建设部负责组织编制全国城镇体系规划;省、自治区、直辖市负责组织编制省、自治区、直辖市的城镇体系规划。

2. 城乡总体规划的编制权限

《城乡规划法》第十四条规定:"城市人民政府组织编制城市总体规划。直辖市的城市总体规划由直辖市人民政府报国务院审批。省、自治区人民政府所在地的城市及国务院确定的城市的总体规划,由省、自治区人民政府审查同意后,报国务院审批。其他城市的总体规划,由城市人民政府报省、自治区人民政府审批。"

《城乡规划法》第十五条规定:"县人民政府组织编制县人民政府所在地镇的总体规划,报上一级人民政府审批。其他镇的总体规划由镇人民政府组织编制,报上一级人民政府审批。"

3.3 城市新区开发和旧区改建

3.3.1 城市新区开发

1. 城市新区开发的概念

城市新区开发是指按照城市总体规划的部署,在城市建成区以外的一定区域,进行集中成片、综合配套的开发建设活动。新区开发的主要类型有新市区的开发建设、经济技术开发区的建设、卫星城镇的开发建设和新工矿区的开发建设。

城市新区的开发建设主要是为了解决城市建成区由于人口密度和建筑密度过高、基础设施负载过重造成的种种弊端或为了完整保存古城的传统风貌，在建成区外围进行集中成片的开发建设，以达到疏解旧区人口、调整旧区用地结构、完善旧区环境的目的。经济技术开发区的建设是随着我国经济体制改革和对外开放形式的发展而出现的一种开发建设形式，其目的是为了创造良好的投资环境，以吸引外资，引进先进技术和进行横向经济联合。经济技术开发区的建设主要集中在沿海城市及一些对外开放条件较好的城市。卫星城镇的开发建设主要是为了有效地控制大城市市区的人口和用地规模，按照总体规划要求，将市区需要搬迁的项目或新建的大、中型项目安排到周围的小城镇去，有计划、有重点地开发建设这些小城镇，以逐步形成以大城市为中心的、比较完善的城镇体系。新工矿区的开发建设是指国家或地方政府根据矿产资源开发和加工的需要，在城市郊区或矿产资源区等建设大、中型工矿企业，并逐步形成相对独立的工矿区，在统一规划的指导下，进行配套建设。1995年6月1日建设部发布了第43号令《开发区规划管理办法》，这是新区开发的主要法律依据。

2. 城市新区开发的原则

（1）量力而行的原则

城市新区开发是一项浩大的系统工程，城市人民政府应当根据本地区经济发展水平和经济实力，确定适当的开发规模；并应尽量依托现有市区，合理利用现有设施，达到投资少、效益高的目的。

（2）统一规划、统一组织的原则

城市新区开发涉及城市的各个方面。城市人民政府应当统一组织制定新区开发规划，统一部署建设项目，合理配置城市的基础设施、公共设施；并应当按照合理的程序和社会化的要求进行建设，不应自成体系、各行其是，以避免重复建设、相互干扰，影响城市功能的协调。

（3）方便宜行的原则

城市新区无论是经济技术开发区，还是卫星城镇，必须根据当地的自然条件，选择在方便宜行的地方，既要保证与所依托的城市市区有方便的通信和交通联系，又要注意其相对独立性，以保证达到旧区带动新区、新区缓解老区的目的。

3. 新区开发的主要内容

城市新区的开发，必须预先编制城市规划，在统一规划的指导下，按照合理的程序和社会化原则，由城市建设行政主管部门统一组织基础设施和公共服务设施的建设。任何建设单位所需要的配套外部市政、公共设施，都必须纳入城市的系统，不得自成体系，各行其道，以免重复建设，相互干扰，影响城市功能的协调和造成浪费。

城市新区开发和各项建设的选址、定点是合理布局的关键，必须不妨碍城市的发展，不危害城市的安全，不污染和破坏城市环境，不影响城市各项功能的协调。这就要求：第一，应当保证有可靠的水源、能源、交通、防灾等建设条件，并避开有开采价值的地下矿藏、有保护价值的地下文物古迹及工程地质条件不宜修建的地段；第二，居住区应当优先安排在自然环境良好的地段，其相邻地段的土地利用不得妨碍居住区的安全、卫生与安宁；第三，工业项目应当考虑专业化和协作的要求，合理、统筹安排，防止产生有毒、有害废弃物的工业和其他建设项目对城市大气和水体的污染，并避开文物古迹和风景名胜保护区；第四，生产和储存易燃、易爆、剧毒物的工厂和仓库，产生放射危害的设施及严重影响环境卫生的建设项目，应当避开居民密集的地区，以免损害居民健康，影响城市安全；第五，城市对外交通货运设施、供电高压走廊及重要军事设施等，应避开居民密集地区，以妨碍城市的发展，造成城市有关功能的相互干扰。

经济技术开发区，应当尽量依托现有市区，充分考虑利用城市现有设施的可能性，从实际出发确定适度开发规模和程序，有计划、分期分批进行建设，形成良好的投资环境，提高开发效益。

大城市的规模应当得到必要的控制，要防止市区人口和用地的过度膨胀，要有计划、有重点地开发建设卫星城镇，并适当提高卫星城镇的建设标准和设施水平，吸引市区的工业和人口向外疏散。

国家和地方应当尽量依托现有中、小城市安排建设大、中型工业项目，由城市人民政府统一组织制定城市规划，协调发展目标，统一建设部署，兼顾生产和生活的需求，使城市建设和工业生产的发展相适应。

独立开发建设的新工矿区，应当按照逐步形成工矿城镇的要求制定城市规划，注意产业结构的合理配置，力求男女人口平衡，形成比较完善的经济结构和社会结构。

3.3.2 城市旧区改建

1. 城市旧区改建的概念

城市旧区改建是指按照统一规划，对现有城区进行有计划、有步骤的改造，使之适应城市经济、社会发展整体需要的建设活动。城市旧区是城市在长期发展的演变过程中逐步形成的居民集聚区。城市旧区的形成显示了各个不同历史阶段发展的轨迹，也积累了历史遗留下来的种种矛盾和弊端。我国不少城市的旧区也都或多或少地存在布局混乱、房屋破旧、居住拥挤、交通阻塞、环境污染、市政和公用设施短缺等问题，不能适应城市经济、社会发展和改革、开放的需要。这就要求按照统一的规划，保护好历史文化遗产和传统风貌，充分考虑现有城市的实际情况和存在的主要矛盾，有计划、有步骤、有重点地进行改建。

2. 城市旧区改建的原则

（1）加强维护、逐步改善的原则

城市旧区改建应当遵循加强维护、合理利用、调整布局、逐步改善的原则，统一规划，分期实施。城市旧区改建的重点是对危房、棚户区，市政公用设施简陋、交通阻塞、环境污染严重的地区进行综合整治，有条件的地方应当集中成片改建。

（2）旧区改建与城市产业结构调整和工业企业技术改造相结合的原则

城市旧区的改造应当同产业结构的调整及工业企业的技术改造相结合，调整用地结构，改善、优化城市布局，按规划迁出严重危害、污染环境的项目，利用调整出来的用地扩展公用服务设施，增加居住用地、城市绿化和文化体育活动场地，改善市容环境。

（3）旧区改建与保护历史文物、名胜古迹相结合的原则

旧区改造要充分注意保持和体现传统风貌、民族特点和地方特色，保护具有重要历史意义、革命纪念意义、文化艺术价值和科学价值的文物古迹和风景名胜，有选择地保持一定数量代表城市传统风貌的街区、建筑物和构筑物，划出保护区和建设控制区。城市人民政府要

3.4 城市规划实施的步骤与法律责任

3.4.1 城市规划

城市规划是指城市人民政府为了实现一定时期内本市的经济和社会发展目标,事先依法制定的用以确定城市的性质、规模和发展方向,城市土地的合理利用,城市的空间布局和城市设施的科学配置的综合部署和统一规划。

城市规划经法定程序批准生效后,即具有了法律效力,城市规划区内的任何土地利用及各项建设活动,都必须符合城市规划设计,满足城市规划的要求,使生效的城市规划得以实现,这就是城市规划的实施。

为保证城市规划的实施,城市规划一经批准,就应向全社会公布,以便广大人民群众了解城市规划的具体内容,以之作为各项建设活动的准则,自觉按照城市规划的要求进行建设活动,并对各类违背城市规划的违法行为及时举报,进行监督。

此外,相关法规还规定了在工程建设的不同阶段,建设单位必须向城市规划管理部门申领选址意见书、建设用地规划许可证、建设工程规划许可证等文件后,方可进行有关建设活动的制度,从制度上保证了每项建设工程都必须接受城市规划管理部门的审核检查,从而保证城市规划的全面实施。

3.4.2 选址意见书制度

1. 选址意见书的概念

选址意见书是指建设工程(主要是新建的大、中型工业与民用项目)在立项过程中,由城市规划行政主管部门出具的该建设项目是否符合城市规划要求的意见书。依据《城乡规划法》的规定,按照国家规定需要有关部门批准或者核准的建设项目,以划拨方式提供国有土地使用权的,建设单位在报送有关部门批准或者核准前,应当向城乡规划主管部门申请核发选址意见书。其他建设项目不需要申请选址意见书。

2. 选址意见书的内容

选址意见书一般包括建设项目基本情况和对建设项目选址的意见两部分。

① 建设项目基本情况。包括建设项目的名称、性质、用地与建设规模,供水、能源的需求量、运输方式与运输量,废水、废气、废渣的排放方式和排放量等。

② 建设项目选址意见。包括建设项目建在拟建地址与城市规划布局是否协调;与城市交通、通信、能源、市政、防灾规划是否衔接与协调;该建设项目对城市环境可能造成的污染,与城市生活居住及公共设施规划、城市环境保护规划和风景名胜、文物古迹保护规划是否协调等。

3. 选址意见书的核发权限

选址意见书按建设项目审批部门的不同,分别由各级规划行政主管部门核发。

① 国家审批的大中型和限额以上的建设项目，由项目所在地县、市人民政府城市规划行政主管部门提出审查意见，报省、自治区、直辖市、计划单列市人民政府城市规划行政主管部门核发选址意见书，并报国务院城市规划行政主管部门备案。

② 中央各部门、公司审批的小型和限额以下的建设项目，其选址意见书由项目所在地县、市人民政府城市规划行政主管部门核发。

③ 省、自治区建设项目由项目所在地县、市人民政府城市规划行政主管部门提出审查意见，报省、自治区人民政府城市规划行政主管部门核发。

④ 其他建设项目，需经哪级人民政府规划行政主管部门审批的，其选址意见书就由该级人民政府城市规划行政主管部门核发。

3.4.3 建设用地规划许可证制度

1. 建设用地规划许可证的概念

建设用地规划许可证是城乡规划行政主管部门依据城市规划的要求和建设项目用地的实际需要，向提出用地申请的建设单位或个人核发的确定建设用地的位置、面积、界限的证件。

《城乡规划法》规定："建设单位在取得建设用地规划许可证后，方可向县级以上地方人民政府土地主管部门申请用地，经县级以上人民政府审批后，由土地主管部门划拨土地。"

2. 建设用地规划许可证的核发程序

① 用地申请。由建设单位或个人持国家批准建设项目的有关文件，向城市规划行政主管部门提出用地申请。

② 现场踏勘、征求意见。城市规划行政主管部门在受理申请后，应会同有关部门与建设单位一起到选址现场进行调查、踏勘。同时，还应征求环境保护、消防安全、文物保护、土地管理等部门的意见。

③ 提供设计条件。在用地申请初审通过后，城市规划行政主管部门将向建设单位或个人提供建设用地地址与范围的红线图，并提出规划设计条件和要求。

④ 审查总平面图、核定用地面积。建设单位根据城市规划行政主管部门提供的设计条件完成总平面图设计后，应将总平面图及其相关文件报送城市规划行政主管部门以审查其用地性质、规模和布局方式、运输方式等是否符合城市规划的要求及合理用地、节约用地的原则，并根据城市规划设计用地定额指标和该地块具体情况，核审用地面积。

⑤ 核发建设用地规划许可证。经审查合格后，城市规划行政主管部门即向建设单位或个人核发建设用地规划许可证。

3. 临时建设用地许可证

临时建设用地是指由于建设工程施工、堆料或其他原因，需临时使用的土地。建设单位须持上级主管部门批准的申请临时用地文件，向城市规划行政主管部门提出临时用地申请，经审核批准后，可取得临时建设用地许可证，其有效期限一般不超过两年。

3.4.4 建设工程规划许可证制度

1. 建设工程规划许可

建设工程规划许可证是城乡规划行政主管部门向建设单位或个人核发的确认其建设工程符合城市规划要求的证件。它也是申请工程开工的必备证件。《城乡规划法》规定:"在城市、镇规划区内以划拨方式提供国有土地使用权的建设项目,经有关部门批准、核准、备案后,建设单位应当向城市、县人民政府城乡规划主管部门提出建设用地规划许可申请,由城市、县人民政府城乡规划主管部门依据控制性详细规划核定建设用地的位置、面积、允许建设的范围,核发建设用地规划许可证。"

2. 建设工程规划许可证的核发程序

建设工程规划许可证的核发程序如下。

① 领证申请。建设单位或个人应持设计任务书、建设用地规划许可证、土地使用权证等有关批准文件向城市规划行政主管部门提出核发建设工程规划许可证申请。

② 初步审查。城市规划行政主管部门受理申请后,应对建设工程的性质、规模、布局等是否符合城市规划要求进行审查,并应征求环境保护、环境卫生、交通、通信等部门及相关行政主管部门的意见。

③ 核发规划设计要点通知书。城市规划行政主管部门根据审查结果和工程所在地段详细规划的要求,向建设单位或个人核发规划设计要点通知书,提出规划设计要求。

④ 核发设计方案通知书。建设单位或个人根据规划设计要点通知书完成方案设计后,应将设计方案(应不少于2个)有关图纸、文件报送城市规划行政主管部门。城市规划行政主管部门在对各个方案的总平面布置、交通组织情况、工程周围环境关系和个体设计体量、层次、造型等进行审查比较,确定设计方案后,将核发设计方案通知书,并提出规划修改意见。

⑤ 核发建设工程规划许可证。建设单位或个人根据设计方案通知书的要求完成施工图设计后,应将注明勘察设计证号的总平面图,以及个体建筑设计的平面图、立面图、剖面图、基础图、地下室平面图、剖面图等施工图,送城市规划行政主管部门审查。经审查批准后,将核发建设工程规划许可证。

3. 建设工程审批后的管理

建设工程审核批准后,城市规划行政主管部门要加强监督检查工作,主要包括验线、现场检查。

① 验线。建筑单位应当按照建设工程规划许可证的要求放线,并经城市规划行政主管部门验线后方可施工。

② 现场检查。它是指城市规划管理工作人员进入有关单位或施工现场,了解建设工程的位置、施工等情况是否符合规划设计条件。在检查中,任何单位和个人都不得阻挠城市规划管理人员进入现场或者拒绝提供与规划管理有关的情况。城市规划行政管理人员有为被检查者保守技术秘密或者业务秘密的义务。

县级以上地方人民政府城乡规划主管部门按照国务院规定对建设工程是否符合规划条件予以核实。未经核实或者经核实不符合规划条件的,建设单位不得组织竣工验收。

建设单位应当在竣工验收后6个月内向城乡规划主管部门报送有关竣工验收资料。

4. 临时建设的管理

临时建设是指企事业单位或者个人因生产、生活的需要临时搭建的结构简易并在规定期限内必须拆除的建设工程或者设施。临时建设应当办理临时建设工程许可证。临时建设期限由各地规划行政主管部门根据实际情况确定，一般不得超过两年。《城乡规划法》明确规定："在城市、镇规划区内进行临时建设的，应当经城市、县人民政府城乡规划主管部门批准。临时建设影响近期建设规划或者控制性详细规划的实施以及交通、市容、安全等的，不得批准。临时建设应当在批准的使用期限内自行拆除。临时建设和临时用地规划管理的具体办法，由省、自治区、直辖市人民政府制定。"

3.4.5 违法责任

《城乡规划法》明确规定了违反城乡规划法所应承担的法律责任。

① 对依法应当编制城乡规划而未组织编制，或者未按法定程序编制、审批、修改城乡规划的，由上级人民政府责令改正，通报批评；对有关人民政府负责人和其他直接责任人员依法给予处分。

② 城乡规划组织编制机关委托不具有相应资质等级的单位编制城乡规划的，由上级人民政府责令改正，通报批评；对有关人民政府负责人和其他直接责任人员依法给予处分。

③ 镇人民政府或者县级以上人民政府城乡规划主管部门有下列行为之一的，由本级人民政府、上级人民政府城乡规划主管部门或者监察机关依据职权责令改正，通报批评；对直接负责的主管人员和其他直接责任人员依法给予处分：

- 未依法组织编制城市的控制性详细规划、县人民政府所在地镇的控制性详细规划的；
- 超越职权或者对不符合法定条件的申请人核发选址意见书、建设用地规划许可证、建设工程规划许可证、乡村建设规划许可证的；
- 对符合法定条件的申请人未在法定期限内核发选址意见书、建设用地规划许可证、建设工程规划许可证、乡村建设规划许可证的；
- 未依法对经审定的修建性详细规划、建设工程设计方案的总平面图予以公布的；
- 同意修改修建性详细规划、建设工程设计方案的总平面图前未采取听证会等形式听取利害关系人的意见的；
- 发现未依法取得规划许可或者违反规划许可的规定在规划区内进行建设的行为，而不予查处或者接到举报后不依法处理的。

④ 县级以上人民政府有关部门有下列行为之一的，由本级人民政府或者上级人民政府有关部门责令改正，通报批评；对直接负责的主管人员和其他直接责任人员依法给予处分：

- 对未依法取得选址意见书的建设项目核发建设项目批准文件的；
- 未依法在国有土地使用权出让合同中确定规划条件或者改变国有土地使用权出让合同中依法确定的规划条件的；
- 对未依法取得建设用地规划许可证的建设单位划拨国有土地使用权的。

⑤ 城乡规划编制单位有下列行为之一的，由所在地城市、县人民政府城乡规划主管部门责令限期改正，处合同约定的规划编制费一倍以上二倍以下的罚款；情节严重的，责令停

业整顿，由原发证机关降低资质等级或者吊销资质证书；造成损失的，依法承担赔偿责任：
- 超越资质等级许可的范围承揽城乡规划编制工作的；
- 违反国家有关标准编制城乡规划的。

未依法取得资质证书承揽城乡规划编制工作的，由县级以上地方人民政府城乡规划主管部门责令停止违法行为，依照前款规定处以罚款；造成损失的，依法承担赔偿责任。

以欺骗手段取得资质证书承揽城乡规划编制工作的，由原发证机关吊销资质证书，依照本条第一款规定处以罚款；造成损失的，依法承担赔偿责任。

⑥ 城乡规划编制单位取得资质证书后，不再符合相应的资质条件的，由原发证机关责令限期改正；逾期不改正的，降低资质等级或者吊销资质证书。

⑦ 未取得建设工程规划许可证或者未按照建设工程规划许可证的规定进行建设的，由县级以上地方人民政府城乡规划主管部门责令停止建设；尚可采取改正措施消除对规划实施的影响的，限期改正，处建设工程造价 5% 以上 10% 以下的罚款；无法采取改正措施消除影响的，限期拆除，不能拆除的，没收实物或者违法收入，可以并处建设工程造价 10% 以下的罚款。

⑧ 在乡、村庄规划区内未依法取得乡村建设规划许可证或者未按照乡村建设规划许可证的规定进行建设的，由乡、镇人民政府责令停止建设、限期改正；逾期不改正的，可以拆除。

⑨ 建设单位或者个人有下列行为之一的，由所在地城市、县人民政府城乡规划主管部门责令限期拆除，可以并处临时建设工程造价一倍以下的罚款：
- 未经批准进行临时建设的；
- 未按照批准内容进行临时建设的；
- 临时建筑物、构筑物超过批准期限不拆除的。

⑩ 建设单位未在建设工程竣工验收后 6 个月内向城乡规划主管部门报送有关竣工验收资料的，由所在地城市、县人民政府城乡规划主管部门责令限期补报；逾期不补报的，处一万元以上五万元以下的罚款。

⑪ 城乡规划主管部门作出责令停止建设或者限期拆除的决定后，当事人不停止建设或者逾期不拆除的，建设工程所在地县级以上地方人民政府可以责成有关部门采取查封施工现场、强制拆除等措施。

⑫ 违反本法规定，构成犯罪的，依法追究刑事责任。

3.5 风景名胜区、历史文化名城及村镇规划管理

除城市建设由《城乡规划法》规划调整以外，我国还颁行了《风景名胜区条例》和《村庄和集镇规划建设管理条例》两部行政法规及相应的部门规章和地方性法规，对风景名胜区和历史文化名城的规划与保护及村镇建设行为进行严格管理。

3.5.1 风景名胜区的规划管理

1. 风景名胜区的概念

风景名胜区是指依法审定的具有观赏、文化或科学价值，自然景物、人文景物比较

集中，环境优美，具有一定规模和范围，可供人们游览、休息或进行科学、文化活动的地区。我国的风景名胜区分为国家重点、省、市（县）三级，分别由同级人民政府审定公布。

2. 风景名胜区规划的管理

风景名胜区的规划，在所属人民政府的领导下，由主管部门负责组织编制。风景名胜区内的一切景物和自然环境，必须严格保护，不得破坏和随意改变。在风景名胜区及其外围保护地带内的各项建设，都应当与景物相协调，不得建设破坏景观、污染环境、妨碍游览的设施。在游人集中的游览区内，不得建设宾馆、招待所及休养、疗养机构。风景名胜区及其外围保护地带内的林木，不分权属都应按照规划进行抚育管理，不得砍伐。确需进行更新、抚育性砍伐的，须经地方主管部门批准。

3.5.2 历史文化名城的规划管理

1. 历史文化名城和文物的概念

历史文化名城是指我国古代政治、经济、文化的中心或者近代革命运动和重大历史事件发生所在地的重要城市。

文物是指遗存在社会上或埋藏在地下的历史文化遗物。它包括的内容很多，从建设规划角度理解，我们注重的文物主要是指革命遗址、纪念建筑物、古文化遗址、古墓葬、古建筑、古窟寺、石刻等。

2. 历史文化名城的规划内容

历史文化名城反映了城市的特定性质，应当在城市规划中体现出来，使历史文化名城和文物的价值进一步得到开发和利用。历史文化名城和文物保护应当突出保护重点，即：保护文物古迹、风景名胜及其环境；对于具有传统风貌的商业、手工业、居住及其他性质的街区，需要保护整体环境的文物古迹、革命纪念建筑集中连片的地区，或在城市发展史上有历史、科学、艺术价值的近代建筑群等，要划定为"历史文化保护区"予以重点保护。特别要注意对面临破坏的历史实物遗存的抢救和保护，使其不再继续遭到破坏。

编制历史文化名城保护规划应包括下列内容：

(1) 城市历史演变、建制沿革、城址兴废变迁；

(2) 城市现存地上和地下文物古迹、历史街区、风景名胜、古树名木、革命纪念地、近代代表性建筑，以及有历史价值的水系、地貌遗迹等；

(3) 城市特有的传统文化、手工艺、传统产业及民族精华等；

(4) 现存历史文化遗产及其环境遭受破坏威胁的状况；

(5) 历史文化名城保护规划的审批。

① 单独编制的国家级历史文化名城保护规划，其中的总体规划是由国务院审批的，先由国务院城市规划行政主管部门审查通过后，再报国务院审批；其他的则由其所在地的省、自治区人民政府审批，并报国务院城市规划行政主管部门和文化保护行政主管部门备案。

② 省级历史文化名城的保护规划，由其所在地的省、自治区、直辖市人民政府审批。

3.5.3 村庄、集镇建设的规划管理

1. 村庄、集镇的概念

村庄,是指农村村民居住和从事各种生产的聚居点。集镇,是指乡、民族乡人民政府所在地和经县级人民政府确认由集市发展而成的作为农村一定区域经济、文化和生活服务中心的非建制镇。

村庄、集镇的建成区和因村庄、集镇建设及发展需要实行规划控制的区域,即为村庄、集镇的规划区。

2. 村庄、集镇规划的管理

村庄、集镇规划分为村庄、集镇总体规划和村庄、集镇建设规划两类,皆由乡级人民政府负责组织编制,报县级人民政府批准。报批前,村庄建设规划须经村民会议讨论同意,而村庄总体规划和两类集镇规划,都须经乡级人民代表大会审查同意。

村庄、集镇规划期限,由省、自治区、直辖市人民政府根据本地区实际情况规定。

案例分析

案例 1

原告:霍某

被告:天津市某区规划土地管理办公室

第三人:陈某

一、基本案情

2008年1月9日天津市某区规划土地管理办公室应陈某的申请,根据《中华人民共和国城乡规划法》第四十条的规定,发给陈某建设工程规划许可证,同意其将坐落在天津市某区某胡同3号宅内的私有房屋原东房5间改建为北房3间,并在东间南墙向南对接1间。霍某得知陈某取得许可证后,认为该许可证实施侵犯了自己的合法权益,向天津市某区人民法院提起行政诉讼,请求撤销被告发给陈某的建设工程规划许可证。

原告诉称:我与陈某及胡某3户同住一院落,陈某的北房5间、东房4间,连接其东房南山墙有1间共用过道房。原告有北房两间位于陈某的北房以南,东房以西,坐落在院落中央。现陈某经天津市某区规划土地管理办公室批准,拆除旧东房及过道房,转向改建北房两间,并将其北房东间南墙向南接通1间,形成三角状,向南接连的1间占用了该院的共用过道房,将通道挤移至南邻房右墙处。陈某将房改建后超出了其合法的土地使用范围并影响原告正常出入,请求撤销天津市某区规划土地管理办公室颁发给陈某的建设工程规划许可证。被告辩称:(1)发给第三人陈某建设工程规划许可证,有陈某的申请,有修建房屋位置地形地貌示意图及陈某与相邻人霍某签订的调整该房屋坐落方向的协议书,陈某的申请符合法律规定。(2)陈某按许可证内容调整房屋后,虽将过道房占用,但已留出约3 m的通道,不影响其他人通行。(3)陈某拆除房屋建筑面积为69.69 m²,改建后的建筑面积为58.64 m²,未超出原建筑面积,建房调整坐落朝向也在第三人申请前由原告霍某认可。该房调整也不影响该地区总体规划。

据此认为,发给第三人陈某建设工程规划许可证事实清楚,证据充分,适用法律正确,

程序合法。请求法院判决予以维持。

二、案件审理

法院经审理查明：第三人陈某共有房产11间，坐落在天津市某区某胡同3号，其中北房5间，西房1间，东房5间。原告霍某所有北房3间坐落在陈某北房以南，霍某北房右墙距陈某北房前墙6.73 m，距陈某西房南墙0.8 m，霍某北房东山墙距陈某东房前墙为4.20 m，陈某东房北端山墙距其北房前墙2.75 m，南端山墙距前邻右墙0.43 m，该东房南端的次间为过道房，东房后墙与北房东山墙在两条直线上。霍、陈、胡3家房屋构成一个院落，经过道房出入通行。该院土地使用面积除霍某及胡某所占建筑范围外，其余均由陈某使用。2008年1月5日，陈某与霍某达成协议：将东房5间拆除，改建北房与霍某北房东墙山并山起建，同月陈某向被告申请许可证，内容为：将东房全部拆除，改建北房3间，并在该北房东端的1间南墙向南对接1间，陈某改建后的北房与霍某同排，对接1间占用了原过道房，新通道南移，宽度约3 m。上述事实有如下证据为证：

① 第三人陈某的房产所有证；
② 第三人陈某的国有土地使用证；
③ 第三人陈某与原告霍某的协议书；
④ 第三人陈某的私房建设申请表，修建房屋位置地形地貌示意图；
⑤ 被告所核发的建设工程规划许可证；
⑥ 现场勘验笔录。

法院认为，根据《中华人民共和国城乡规划法》第四十条规定："在城市、镇规划区内进行建筑物、构筑物、道路、管线和其他工程建设的，建设单位或者个人应当向城市、县人民政府城乡规划主管部门或者省、自治区、直辖市人民政府确定的镇人民政府申请办理建设工程规划许可证。"被告在核发建设工程规划许可证之前，审核了第三人陈某的房产所有证和国有土地使用证及陈某与霍某的协议，审查了陈某的申请表和修建房屋位置和地形地段示意图。被告以上审核审查程序并无遗漏，第三人陈某改建房屋后所使用的土地未超出陈某已经取得使用权的土地范围。改建后房屋虽将原有的过道房占用，但已留出供通行宽约3 m的通道，比原有通道畅通，为相邻人通行提供了较以前更为优越的便利。而且改建住房对原告霍某的房屋不会造成损害，雨水排泄仍按原自然流向不变，也不影响原告住房的通风和采光。因此，被告依据《中华人民共和国城乡规划法》第四十条的规定颁发给第三人陈某建设工程规划许可证，事实清楚，证据充分，程序合法，适用法律正确。在诉讼期间，原告霍某以起诉前不知道建设工程规划许可证内容，也不知道第三人陈某改建后不影响相邻人利益为由，向法院提出申请撤回起诉。

根据《中华人民共和国行政诉讼法》第五十一条规定，作出如下裁定：准予原告霍某撤回起诉。本案诉讼受理费70元，减半收取，由原告霍某负担。

三、案例评析

本案是建设方申请规划许可证过程中，相关人对规划许可提出异议的一种情况。《行政诉讼法》第二条规定："公民、法人或者其他组织认为行政机关和行政机关工作人员的具体行政行为侵犯其合法权益，有权依照本法向人民法院提起诉讼。"这一条规定表明，在具体行政行为是否侵犯原告的合法权益问题上，行政诉讼法确立的是主观标准，即只要自己认为侵犯了自己的合法权益就可以提起诉讼。

本案是原告与规划行政部门的诉讼，但其诉讼结果直接关系到建设方能否取得规划许可证，进而能否取得施工许可证，与建设方有直接关系。本案启示我们，建设方在决定进行工程建设的时候，应当确保自己的建设行为没有侵犯他人的合法权益。关于这方面的法律规定，除《民法通则》有关相邻权的规定外，《建筑法》第五条第一款还规定："从事建筑活动应当遵守法律、法规，不得损害社会公共利益和他人的合法权益。"

案例2

原告：王某

被告：连云港市规划管理局（下称规划局）

一、基本案情

2007年10月，王某前邻韩某在未经市政规划部门批准的情况下采取分层施工的方法，沿王家两层小楼前20米处建房，损害了王家的采光、通风权益。为此，王某曾多次要求连云港市规划管理局依法处理。2008年1月，韩在原建筑基础上加盖二层时，王某出面阻止并砸坏了一根新建水泥柱，韩诉至法院要求恢复原状、赔偿损失。受诉法院经审理判令王赔偿人民币16.24元，并驳回了韩某恢复原状的诉讼请求。2008年2月1日，王某再次前往连云港市规划局连云区规划管理办公室，反映韩某非法加盖二层楼房问题并要求处理。规划局于2月6日作出并向韩某送达了《关于韩某违法建筑的处罚决定》，要求韩某拆除第二层，但未向原告王某送达。韩某收到该处罚决定后未自动履行，规划局也因未在法定期限三个月内申请人民法院强制执行，而使该行政决定对韩某违法建筑的处罚落空。

原告王某于2008年5月9日以规划局不履行规划管理职责为由向连云港市连云区人民法院提起行政诉讼，请求人民法院判决被告连云港市规划局履行法定职责，作出具体行政行为，对韩某违法建筑予以拆除，以保护原告的合法权利。被告辩称：原告曾来规划局反映前邻韩某非法加盖二层楼问题，但被告已经于2008年2月6日下发了2008（144）号《关于韩某违法建筑的处罚决定》，并于同日将该决定送达韩某。后原告没有主动查问，被告认为韩家已经自动履行处罚决定，两家矛盾已经解决。2008年5月11日，被告接到原告的起诉状后，申请法院强制执行2008（144）号文，但法院以超出申请执行的期限为由而不予强制执行。

二、案件审理

连云港市连云区人民法院经审理认为，被告规划局系地方人民政府城市规划行政主管部门，主管本行政区域内的城市规划管理工作，对本行政区域内的建筑行为依法负有管理职责。本案原告认为其前邻韩某未经批准擅自建筑楼房而严重影响其采光、通风的合法权益，请求被告依法处理是正确的，被告对原告的请求不仅应当作出明确的答复和处理，而且在违章建筑责任人不自觉履行处罚决定的情况下也应依职权在法定期限内申请人民法院强制执行，以确保原告的合法权益不受侵害。依照《中华人民共和国城乡规划法》第四十条、第六十四条及《中华人民共和国行政诉讼法》第二条、第十一条第一款第五项的规定，连云区人民法院于2008年5月18日作出判决：责成被告连云港市规划局在本判决生效后30日内对原告王某的请求作出具体行政行为。

一审判决送达后，本案原、被告在法定期限内均未提起上诉。

三、案例评析

本案中，连云港市规划管理部门虽然对韩某违法建筑的行为作出行政处罚决定并责令其拆除违法加盖的二楼，但规划部门既未认真督促韩某自觉履行，也未在规定期限内申请人民法院强制执行，从而实际上使该处罚决定归于无效。《中华人民共和国城乡规划法》第六十八条规定，"城乡规划主管部门作出责令停止建设或者限期拆除的决定后，当事人不停止建设或者逾期不拆除的，建设工程所在地县级以上地方人民政府可以责成有关部门采取查封施工现场、强制拆除等措施。"据此，对韩某违法建筑的行为作出具体行政行为以及依法申请人民法院强制执行均系规划管理部门的法定职责。《行政诉讼法》第五十四条规定被告不履行或者拖延履行法定职责的，人民法院应判决其在一定期限内履行。本案中，连云区人民法院责成被告连云港市规划局在本判决生效后30日内对原告王某的请求作出具体行政行为的判决是正确的。

案例 3

上诉人（原审原告）：刘某等48人（均为上海市永嘉路580弄居民）

被上诉人（原审被告）：上海市城市规划管理局

第三人：上海京剧院

一、基本案情

2008年1月8日，上海市规划局向京剧院核发了沪规建基（2008）15号建设工程（地下建筑部分）规划许可证，许可京剧院在上海市东平路9号建造艺术家公寓的地下部分。规划许可证载明以下内容。经审核，规划许可下列建筑工程（地下建筑部分），特发此通知。建设单位：京剧院；建设地址：某区东平路9号；建设工程项目：艺术家公寓；建筑物名称：艺术家公寓；桩基结构：灌注桩，规格：$\phi 600$ mm，根数：179；地下室结构：剪力墙，深度3.9 m，面积966 m^2。2008年3月28日，刘某等48位居民具状诉至法院，以永嘉新村属上海市近代优秀建筑，市规划局批准京剧院在该建设控制地带建造高层住宅，违反《上海市城市规划条例》的有关规定，且该建筑物现已建至地面以上，严重影响居民的生活环境等为由，请求撤销该许可。

二、案件审理

原审法院认为，市规划局根据京剧院所持上海市文化局及有关部门的批准文件，依据《中华人民共和国城乡规划法》第四十条，《上海市城市规划条例》第六条、第五十四条，《上海市城市规划管理技术规定》第六十一条的规定，向京剧院核发的沪规建基（2008）15号建设工程规划许可证合法。刘某等要求撤销该许可证的理由，均指艺术家公寓的地上建筑部分，故对其起诉请求，不予支持。遂于2008年4月28日根据《中华人民共和国行政诉讼法》第五十四条第一款之规定，作出判决：维持市规划局2008年1月8日核发给京剧院沪规建基（2008）15号建设工程（地下建筑部分）规划许可证的具体行政行为。案件受理费人民币100元，由刘某等48人负担。判决后，刘某等不服，上诉于上海市第一中级人民法院。

刘某等上诉称，他们现居住的永嘉新村是经市政府批准的上海市近代保护建筑之一，被上诉人市规划局批准京剧院在该保护地带内建造15层的高层建筑，违反了《上海市城市规划条例》第三十六条、《上海市优秀近代建筑保护管理办法》第十六条的规定。上海市文化局批准京剧院建造的是综合楼，而许可证则是建造艺术家公寓，故被上诉人市规划局审核有误。艺术家公寓是完整的建筑物，且现已建造了10层，原审法院对许可证予以片面理解，认为居民的起诉理由均指艺术家公寓地上建筑不当。被上诉人市规划局批准京剧院建造艺术家公寓违反法定程序。原审判决错误,请求撤销原判及被上诉人市规划局所核发的许可证。被上诉人市规划局辩称,许可证是指许可京剧院建造艺术家公寓的地下部分,地上部分建筑的许可证尚未核发,故许可证未侵犯居民的合法权益,第三人京剧院同意原审判决。

二审法院认为,被上诉人市规划局许可建设艺术家公寓地下建筑部分工程。上诉人刘某等居住的房屋与该地下建筑部分相邻,但上诉人所诉影响永嘉新村近代保护建筑居住环境等起诉理由与该地下建筑部分的许可证之间尚不存在实际的法律上的利害关系,且该许可建设地下建筑部分工程并非最终建设许可行为。上诉人的起诉不符合行政诉讼法规定的起诉条件。原审法院判决应属违反法定程序。至于艺术家公寓实际已进行了地面以上的建设一节,尚不属本案诉讼请求撤销沪规建基(2008)15号许可证的审理范围。上诉人的上诉请求,本院不予支持。据此,根据最高人民法院《贯彻执行〈中华人民共和国行政诉讼法〉若干问题的意见(试行)》第一百一十四条"人民法院审理行政案件,除依照行政诉讼法规定外,对本规定没有规定的,可以参照民事诉讼法的有关规定"以及最高人民法院《关于适用〈中华人民共和国民事诉讼法〉若干问题的意见》第一百八十六条"人民法院依照第二审程序审理的案件,认为依法不应由人民法院受理的,可以由第二审人民法院直接裁定撤销原判,驳回起诉"的规定,依法裁定如下:撤销上海市某区人民法院(2008)某行初字第12号行政判决,即维持被告上海市城市规划管理局2008年1月8日核发给第三人上海京剧院沪规建基(2008)15号建设工程(地下建筑部分)规划许可证的具体行政行为;驳回刘某等48人的起诉。

三、案例评析

根据《中华人民共和国城乡规划法》第四十条规定,在城市、镇规划区内进行建筑物、构筑物、道路、管线和其他工程建设的,建设单位或者个人应当向城市、县人民政府城乡规划主管部门或者省、自治区、直辖市人民政府确定的镇人民政府申请办理建设工程规划许可证。本案中,上海市京剧院未经取得规划许可证(地上建筑部分)建设艺术家公寓地上部分的行为,违反了《中华人民共和国城乡规划法》第四十条的规定,城市规划管理局应当依法对其进行处罚。

本案原告刘某等48人起诉被驳回的原因在于其诉讼请求不符合法律规定。根据《中华人民共和国城乡规划法》第六十四条的规定,对违法建筑物进行查处是城市规划行政主管部门的法定职责。本案原告应当先请求被告城市规划管理局依法履行其查处违法建筑的法定职责,然后根据以下情况提出不同的诉讼请求。

① 如果被告拒绝履行或者拖延履行的,原告可以以被告不作为向人民法院提起行政诉讼,人民法院依法应当受理。如果人民法院认定被告确实不履行或者拖延履行法定职责的,应当判决其在一定期限内履行法定职责。

② 如果原告不服被告因此而作出的具体行政行为,原告可以以该具体行政行为侵犯其合法权益为由向人民法院起诉,人民法院依法也应当受理。

案例实训

一、基本案情

2008年1月初,A省电子公司(以下简称电子公司)欲在某市主干道上修建一幢儿童乐园大楼,向B市城市管理委员会和C区城市管理委员会提出申请。市、区城管会分别签署了"原则同意,请规划局给予支持,审定方案,办理手续"的意见。电子公司将修建计划报送 B 市规划局审批。在计划尚未审批，没有取得建设工程规划许可证的情况下，于 1 月 6 日擅自动工修建儿童乐园大楼。2008 年 3 月 9 日，市规划局和市、区城管会的有关负责人到施工现场，责令其立即停工，并写出书面检查。电子公司于当日做出书面检查，表示愿意停止施工，接受处理，但是实际并未停止施工。

2008 年 3 月 20 日，市规划局根据《中华人民共和国城乡规划法》第四十条、第六十四条，《A 省关于〈中华人民共和国城乡规划法实施办法〉》第二十三条、第二十四条的规定，作出违法建筑拆除决定书，限定电子公司在 2008 年 4 月 7 日前自行拆除未完工的违法修建的儿童乐园大楼。电子公司不服，向 A 省城乡建设环境保护厅申请复议。A 省城乡建设环境保护厅于 2008 年 4 月 19 日作出维持市城市规划局的违法建筑拆除决定。在复议期间，电子公司仍继续施工，致使建筑面积为 1730 m² 的六层大楼基本完工。电子公司对复议不服，即向 B 市中级人民法院提出行政诉讼，请求法院撤销市规划局限期拆除房屋的决定。

二、案件审理

B 市中级人民法院审理后认为：电子公司新建儿童乐园大楼虽经城管部门原则同意，并向市规划局申请办理有关建设规划手续，但在尚未取得建设工程规划许可证的情况下即动工修建，违反了《中华人民共和国城乡规划法》第四十条"在城市、镇规划区内进行建筑物、构筑物、道路、管线和其他工程建设的，建设单位或者个人应当向城市、县人民政府城乡规划主管部门或者省、自治区、直辖市人民政府确定的镇人民政府申请办理建设工程规划许可证"的规定，属违法建筑。B 市城市规划局据此作出限期拆除违法建筑的处罚决定并无不当。鉴于该违法建筑位于 B 市主干道一侧，属城市规划区的重要地区，未经规划部门批准即擅自动工修建永久性建筑物，其行为本身就严重影响了该区域的整体规划，且电子公司在市规划局制止及作出处罚决定后仍继续施工，依照《A 省关于〈中华人民共和国城市规划法〉实施办法》和《B 市城市建设规划管理办法》的规定，属从重处罚情节，故电子公司以该建筑物不属严重影响城市规划的情节为由，请求变更市规划局的拆除大楼的决定为罚款保留房屋的意见不予支持。依照《中华人民共和国行政诉讼法》第五十四条第一项的规定，该院于 2008 年 5 月 10 日判决，维持 B 市城市规划局做出的违法建筑拆除决定。

第一审宣判后，电子公司不服，以"原判认定的事实不清，适用法律有错误"为由，向 A 省高级人民法院提出上诉，请求撤销原判，改判为罚款保留房屋，并补办修建手续。市规划局提出答辩认为，第一审判决认定事实清楚，适用法律、法规正确，符合法定程序，应依法维持。

A 省高级人民法院在二审期间，2008 年 5 月 20 日，上诉人 A 省电子公司主动提出："服从和执行 B 市中级人民法院的一审判决，申请撤回上诉。"A 省高级人民法院经审查认为：上诉人无证修建儿童乐园大楼属严重违法建筑的事实存在，被上诉人作出拆除该违法房屋建筑的处罚合法。上诉人自愿申请撤回上诉，依照行政诉讼法第五十一条的规定，于 2008 年 5 月 25 日做出裁定：准许上诉人 A 省电子公司撤回上诉。双方当事人按 B 市中级人民法院的一审判决执行。

至 2008 年 6 月 1 日，A 省电子公司违法修建的儿童乐园大楼已全部拆除。

三、问题思考

你认为这个案件审理正确吗？它违反了哪些法律、法规？请对案例进行评析。

本章小结

城市规划是指城市人民政府为了实现一定时期内本市的经济和社会发展目标,事先依法制定的用以确定城市的性质、规模和发展方向,城市土地的合理利用,城市的空间布局和城市设施的科学配置的综合部署和统一规划。

城乡规划法,是指国家权力机关或其授权的行政机关制定的,调整城乡规划活动中发生的各种社会关系的法律规范的总称。

制定和实施城乡规划的原则为:遵循城乡统筹、先规划后建设的原则;防止污染和其他公害的原则;保护生态环境、历史文化遗产和地方、民族特色的原则;符合区域人口发展、国防建设、防灾减灾的原则;合理布局、节约用地、集约发展的原则。

本章的重点是制定和实施城乡规划的原则,城市规划的实施与管理。

本章的难点是城市规划的实施的步骤与法律责任。

思考题

1. 简述城市规划的概念。
2. 简述城乡规划法的概念。
3. 在我国,制定和实施城乡规划的原则有哪些?
4. 城乡市规划分哪几类?它们的编制权限和审批权限是如何规定的?
5. 什么是选址意见书?选址意见书的核发权限是怎样规定的?
6. 何谓建设用地规划许可证?取得建设用地规划许可证要经过哪些程序?
7. 何谓建设工程规划许可证?取得建设工程规划许可证要经过哪些程序?
8. 违反城市规划法将承担哪些具体责任?
9. 何谓风景名胜区及村庄、集镇?它们的规划都是由谁负责组织编制的?
10. 历史文化名城保护规划应包括哪些内容?

第4章 土地管理法规制度

本章导读

本章介绍土地管理法的基本概念,以及土地的利用与保护、建设用地等相关内容。4.1节介绍土地管理法概述,4.2节介绍土地的利用与保护,4.3节介绍建设用地,4.4节介绍违反土地管理法规的责任与处理。

4.1 土地管理法概述

4.1.1 土地管理法基本概念

1. 土地

土地是地球陆地表层,是人类赖以生存和发展的活动场所,它具有固定性、不可替代性和有限性的特征。所以,世界各国都把它视为最为重要的自然资源,尽量合理开发利用,不断提高其经济价值和社会价值。

根据土地的用途,我国将土地分为三类:农用地、建设用地和未利用土地。农用地是指直接用于农业生产的用地,包括耕地、林地、草地、农田水利用地、养殖水面等;建设用地是指建造建筑物、构筑物的土地,包括城乡住宅和公共设施用地、工矿用地、交通水利设施用地、旅游用地、军事设施用地等;未利用土地是指农用地和建设用地以外的土地。

2. 土地管理法

土地管理法是调整人们在开发、利用和保护土地过程中所形成的权利、义务关系的法律规范的总称。它是我国经济法律体系中重要的法律部分。

我国是一个人口大国,地少人多,人均占有土地仅为13亩,不及世界人均占有土地面积的1/3。我国国土中山地多、平原少,据初步统计,山地高原、丘陵面积约占69%,平地、盆地只占31%。尤其是我国还有近一半的国土面积还是戈壁荒漠,即为崇山峻岭或高原缺氧地区,生存条件恶劣,生态环境十分脆弱,难以承受人类生存所必须进行的相关活动。为此,我国90%以上的人口都集中在另一半国土之上,使得人多地少的矛盾更为突出。已有不少地区人均耕地面积已不足联合国规定的人类生存所需的最低耕地面积值(1亩)。而随着人口的增加,人地矛盾将更加尖锐。为了加强土地管理,保护有限的土地资源,切实保护耕地,合理利用和开发土地,促进社会经济的持续稳定发展,我国已先后颁行了一系列土地管理的法律、法规。现行的土地管理法律、法规主要有:《中华人民共和国土地管理法》(1986年6月六届全国人大常委会第16次会议通过,1988年2月七届全国人大常委会第5次会议和1998年8月九届全国人大常委会第4次会议两次重新修订,以下简称《土地管理法》);《中华人民共和国土地管理法实施条例》(1998年12月27日国务院颁布,以下简称

《实施条例》》；《基本农田保护条例》（1994年7月国务院发布）及国家土地管理局发布的《划拨土地使用权管理暂行办法》（1992年3月）、《土地监察暂行规定》（1995年6月）、《土地权属争议处理暂行办法》（1995年12月）、《土地利用总体规划编制审批规定》（1997年10月）、《确定土地所有权和使用权的若干规定》（1995年3月）等。国家计委和国家土地管理局还于1996年9月联合发布了《建设用地计划管理办法》。这些法律、法规的颁行，使我国的土地管理纳入了法制轨道。

4.1.2 土地所有权

1. 土地所有权的概念

土地所有权是土地所有者依法对其所有的土地行使占有、使用、收益和处分的权利。我国实行的是土地的社会主义公有制，全部土地分属国家（即全民）和劳动群众集体所有，只有国家和劳动群众才享有对土地的所有权。

2. 国家土地所有权

根据《土地管理法》规定，国家对下述范围内的土地享有所有权：

① 城市市区的土地；
② 农村和城市郊区中依法没收、征收、征购、收归国有的土地；
③ 依据《森林法》、《草原法》、《渔业法》等相关法律规定不属于集体所有的林地、草地、荒地、滩涂及其他土地；
④ 国家依法征用的土地；
⑤ 农村集体经济组织全部转为城镇居民的，原属于其成员集体所有的土地；
⑥ 因国家组织移民、自然灾害等原因，农民集体迁移后不再使用的原属于迁移农民集体所有的土地。

国有土地的所有权由国务院代表国家行使，其他任何单位和个人都不得侵占、买卖或以其他形式非法转让国有土地。

国有土地范围大、数量多，国家不可能也没必要将所有土地都归自己使用。所以，《土地管理法》进一步规定，国有土地除国家自己使用外，其使用权还可以通过出让、划拨等方式转让给其他单位或个人。

3. 集体土地所有权

在我国，享有集体土地所有权的只能是农民集体，它可分为村农民集体所有和乡（镇）农民集体所有。属于村农民集体所有的，由村集体经济组织或村民委员会（村民小组）经营、管理；属于乡（镇）农民集体所有的，由乡（镇）集体经济组织经营、管理。

《土地管理法》及有关法规规定，农民集体享有所有权的土地范围是：农村和城市郊区中除法律规定属于国家所有以外的全部土地；农村的宅基地和自留地、自留山；乡（镇）或村在集体所有的土地上修建并管理的道路、水利设施用地等。

农村集体经济组织可以对其所有的土地行使占有、使用、收益和处分的权利，也可依法转让、抵押和租赁，但它不得自行将土地非法转让为乡（镇）村建设以外的建设用地。

4. 土地所有权的确定和确认

《实施条例》规定，国家依法实行土地登记发证制度，依法登记的土地所有权受法律保护，任何单位和个人都不得侵犯，并对各种情况下土地所有权的划分和确定都作出了具体规定。

农民集体所有的土地，由县级以上人民政府登记造册（处于设区的市辖区内农民集体所有的土地，由市人民政府登记造册），核发集体土地所有权证书，确认其所有权。

土地所有权发生争议的，不能依法证明争议的土地是属于农民集体所有的，则属于国家所有。

当公共利益需要时，如修桥、修路、建水库、机场等，国家可以征用集体所有土地，将其变为国有，但必须依法给予补偿。

4.1.3 土地使用权

1. 土地使用权的概念

土地使用权是指土地使用人根据法律、合同的规定，在法律允许的范围内，对国家或集体所有的土地所享有的占有、使用、一定收益和在限定范围内进行处分的权利。它是从土地所有权中分离出来的一项权利，具体表现为土地使用人对土地可依法行使利用、出租、转让、抵押等权利。

2. 土地使用权的取得

《土地管理法》规定，国有土地和农民集体所有的土地可以依法确定给单位或个人使用。

土地使用者可以通过国家依法出让、划拨，或通过其他土地使用权人依法转让、继承、获取地上建筑物所有权等方式取得国有土地的使用权。国有土地也可由单位或个人承包，用以进行种植业、林业、畜牧业、渔业生产。

农民集体所有的土地使用权可依法通过承包、转让、继承等方式取得。集体经济组织的成员可承包本单位所有的土地，进行种植业、林业、畜牧业、渔业生产，承包经营期限为30年，其土地承包经营权受法律保护。农民集体所有的土地要承包给本集体经济组织之外的单位或个人经营的，须经村民会议2/3以上成员或2/3以上村民代表的同意，并报乡（镇）人民政府批准。

农民还可依法取得宅基地、自留山、自留地的使用权。

3. 土地使用权的确定和确认

国家土地管理局于1995年3月发布的《确定土地所有权和使用权的若干规定》对国有土地使用权及集体土地使用权的范围和确定办法都作出了十分具体的规定。

《土地管理法》规定，单位和个人依法使用的国有土地，由县级以上人民政府登记造册，核发证书，确认其使用权；其中，中央国家机关使用的国有土地的发证机关，由国务院确定。农民集体所有的土地，依法用于非农业建设的由县级人民政府登记造册，核发集体土地使用权证书，确认其建设用地使用权。

林地、草原、水面、滩涂的使用权，分别依照《中华人民共和国森林法》、《中华人民共和国草原法》、《中华人民共和国渔业法》的有关规定办理。

未确定使用权的国有土地，由县级以上人民政府登记造册，负责保护管理。

4.2 土地的利用和保护

4.2.1 概述

1. 土地利用和保护的基本国策

土地是十分宝贵的资源和资产，我国土地及耕地的人均数量少，总体质量水平低，后备资源也不富裕。对于土地管理特别是耕地保护这个事关全国大局和中华民族子孙后代的问题，党中央、国务院给予了高度重视，经多次研究，确立了必须"十分珍视和合理利用每寸土地，切实保护耕地"的基本国策，并将之明确写入了《土地管理法》的条文中。

但一段时期以来，一些地方乱占耕地、违法批地、浪费土地的问题屡禁不止。一些城市片面追求规模，使得城市建设用地大大超标；一些地方政府盲目征用耕地、林地和宜农荒地兴建高尔夫球场、仿古城、游乐宫、高级别墅及寺庙、教堂、祠堂等建筑；农村多占宅基地；乡镇企业违法占用耕地；村镇非法转让土地进行房地产开发；对承包的耕地弃耕撂荒等现象还十分严重。造成土地资产流失，耕地面积锐减，不仅严重影响了粮食生产和农业发展，也影响了整个国民经济的发展。为此，党中央和国务院多次发文，要求各级政府和全国人民认真贯彻"十分珍视和合理利用每寸土地，切实保护耕地"这一基本国策，严格执行土地管理法，依法管好土地，以保证国民经济的可持续发展，造福于子孙后代。

2. 土地利用和保护的相关制度

为使土地得到科学合理的开发利用，并保护好每一寸土地，《土地管理法》中确立了相关制度。

（1）土地用途管制制度

各级人民政府都要依据国民经济和社会发展规划、国土整治和资源环境保护的要求、土地供给能力及各项建设对土地的需求，组织编制土地利用总体规划，规定土地用途，控制建设用地总量，严格限制农用地转为建设用地，对耕地实行特殊保护。使用土地的单位和个人都必须严格按照土地利用总体规划确定的用途使用土地。

（2）土地调查制度

县级以上人民政府土地行政主管部门会同同级有关部门对土地的权属、土地利用现状和土地的条件进行调查，并应根据土地调查成果、规划土地用途和国家制定的统一标准，评定土地等级。土地所有者或使用者应当配合调查，并提供有关资料。地方土地利用现状调查结果，经本级人民政府审核，报上一级人民政府批准；全国土地利用现状调查结果，报国务院批准。各级土地利用现状调查结果都应向社会公布。

（3）土地统计制度

县级以上人民政府土地行政主管部门和同级统计部门共同制定统计调查方案，依法进行土地统计，定期发布土地统计资料。土地所有者或使用者应提供有关资料，不得虚报、瞒报、拒报、迟报。

（4）土地监察制度

土地监察是指土地管理部门依法对单位和个人执行和遵守国家土地法律、法规情况进行监督检查及对土地违法者实施法律制裁的活动。国家土地管理局主管全国土地监察工作；县级以上地方人民政府土地管理部门主管本地土地监察工作；乡（镇）人民政府负责本行政区域内土地监察工作。土地监察工作的内容主要是对单位和个人下述行为的合法性进行监督检查：建设用地行为；建设用地审批行为；土地开发利用行为；土地权属变更和使用权出让行为；土地使用权转让、出租、抵押、终止行为；房地产转让行为及其他行为。

土地管理部门依照国家土地管理法律、法规独立行使土地监察职权，不受其他行政机关、社会团体和个人的干涉。

(5) 土地利用状况动态监测制度

国家建立全国土地管理信息系统，对土地利用状况进行动态监测。

4.2.2 土地利用总体规划

1. 土地利用总体规划的概念

土地利用总体规划是在综合考虑社会、经济发展需要，国土整治和资源与环境保护要求，土地使用现状及实际供给能力等各项因素的基础上所编制出的一定期限内土地利用的规划。它是国家对土地用途进行管制的依据。使用土地的单位和个人都必须严格按照土地利用总体规划确定的用途来使用土地。

土地利用总体规划按行政区划分为国家、省、地、县、乡5级，分别由各级人民政府负责编制。

土地利用总体规划的期限应与国民经济和社会发展规划相适应，一般为15年，同时还应展望土地利用远景目标和确定分阶段实施的土地利用目标。各级人民政府还应根据土地利用总体规划并结合国民经济和社会发展计划、国家产业政策、建设用地和土地利用实际状况编制土地利用年度计划，并严格执行，以确保土地利用总体规划的落实和施行。

2. 土地利用总体规划的编制

1) 土地利用总体规划的要求

地方各级人民政府必须依据上一级土地利用总体规划来编制本级土地利用总体规划，其建设用地总量不得超过上一级土地利用总体规划中所确定的控制指标。

省、自治区、直辖市人民政府编制的土地利用总体规划，应当确保本行政区域内耕地总量不减少。

县级和乡（镇）土地利用总体规划应当根据需要划定基本农田保护区、土地开垦区、建设用地区和禁止开垦区等，其中乡（镇）土地利用总体规划还应当根据土地使用条件，确定每一块土地的用途，并予以公告。

2) 土地利用总体规划编制的原则

土地利用总体规划编制时必须遵循下列原则：

① 严格保护基本农田，控制非农田建设占用农用地；
② 提高土地利用率；
③ 统筹安排各类、各区域用地；
④ 保护和改善生态环境，保障土地的可持续利用；
⑤ 占用耕地和开发复垦耕地相平衡。

3）土地利用总体规划的内容

各级土地利用总体规划的成果包括规划文件、规划图件和规划附件三部分，但内容有所不同。

国家、省、地级土地利用总体规划，应包括以下主要内容。

① 土地利用现状分析。分析土地利用自然与社会经济条件，土地资源数量、质量，土地利用动态变化规律，土地利用结构和分布状况，阐明土地利用特点和存在的问题。

② 土地供需分析。分析现在建设用地、农用地整理的情况；分析后备土地资源开发利用潜力，预测各类用地可供给量；分析研究国民经济和社会发展规划及各业发展规划对用地的需求，预测各类用地需求量；根据土地可供给量和各类用地需求量，分析土地供求趋势。

③ 确定规划目标。在分析土地利用现状、供需趋势基础上，提出土地利用远期和近期目标。

④ 土地利用结构和布局调整。根据规划目标、土地资源条件和区域生产力布局，确定各业用地规模、重点土地利用区的区域布局和重点建设项目布局。

⑤ 编制规划供选方案。根据土地利用调控措施和保证条件，拟订供选方案，并对每个供选方案实施的可行性进行分析评价，提出推荐方案。

⑥ 拟订实施规划的政策措施。

县级土地利民总体规划，应包括下述主要内容：

① 确定全县土地利用规划目标和任务；

② 合理调整土地利用结构和布局，制定全县各类用地指标，确定土地整理、复垦、开发、保护分阶段任务；

③ 划定土地利用区，确定各区土地利用管制规划；

④ 安排能源、交通、水利等重点建设项目用地；

⑤ 将全县土地利用指标落实到乡镇；

⑥ 拟订实施规划的措施。

乡级土地利用总体规划，则应在分析乡、镇区域内土地利用现状和问题的基础上，重点阐明落实上级规划指标和各类土地利用区的途径和措施。

4）土地利用总体规划的审批

土地利用总体规划实行分级审批制。

省级土地利用总体规划，报国务院批准。省会城市、人口在100万以上的城市及国务院指定城市的土地利用总体规划，经省、自治区人民政府审查同意后，报国务院批准。其他土地利用总体规划，皆由省级人民政府批准，其中乡级土地利用总体规划，可由省级人民政府授权其所在的设区的市或自治州人民政府审查批准。

土地利用总体规划一经批准，就必须严格执行。

5）土地利用总体规划的修改

经批准的土地利用总体规划需修改时，必须报原批准机关审批；未经批准前，不得擅自改变原规划确定的土地用途。

因能源、交通、水利等基础设施的建设，需改变土地利用总体规划的，属国务院批准的建设项目，根据国务院的批准文件修改土地利用总体规划；属省级人民政府批准的建设项目，可根据省级人民政府的批准文件，对原由省级人民政府审查批准的土地利用总体规划进行修改。

4.2.3 耕地保护

1. 基本农田保护制度

为保障人们的基本生活需求，促进农业生产和国民经济的发展，国家实行严格的基本农田保护制度。

1）基本农田及基本农田保护区

基本农田是指根据一定时期人口和国民经济对农产品的需求而确定的长期不得占用及基本农田保护区规划期内不得占用的耕地。长期不得占用的耕地为一级基本农田，规划期内不得占用的为二级基本农田。

基本农田保护区是指为对基本农田实行特殊保护而依照法定程序划定的区域。

各级人民政府必须制定基本农田保护区规划。全国基本农田保护区规划由国务院土地管理部门及农业行政主管部门会同其他有关部门编制，并报国务院批准。省、地、县的基本农田保护区规划由同级人民政府土地管理部门及农业行政主管部门会同其他有关部门根据上一级基本农田保护区规划进行编制，经本级人民政府审定后，报上一级人民政府批准。乡级基本农田保护区规划由乡级人民政府根据县级基本农田保护区规划进行编制，报县级人民政府批准。

2）基本农田保护区的范围

依法列入基本农田保护区的耕地有：

① 经国务院有关主管部门或县级以上人民政府批准确定的粮、棉、油生产基地内的耕地；
② 有良好的水利与水土保持设施的耕地，正在实施改造计划及可以改造的中、低产田；
③ 蔬菜生产基地；
④ 农业科研、教学试验田；
⑤ 国务院规定应当划入基本农田保护区的其他耕地。

各省、自治区、直辖市划定的基本农田应占本行政区域内耕地的80%以上。基本农田保护区以乡（镇）为单位进行划区定界。

2. 占用耕地补偿制度

为保护耕地，控制耕地总量的平衡，国家实行占用耕地补偿制度。非农业建设经批准后合法占用耕地的，必须按照依据省、自治区、直辖市人民政府制定的开垦耕地计划、"占多少，垦多少"的原则由占用耕地的单位负责开垦与所占用耕地的数量和质量相当的耕地。省、自治区、直辖市人民政府应监督占用耕地的单位按照计划开垦耕地或按照计划组织开垦耕地，并进行验收。没有条件开垦或开垦的耕地不符合要求的，应当按照省、自治区、直辖市的规定交纳耕地开垦费，专款用于开垦新的耕地。

3. 鼓励开垦荒地、整治土地，严禁毁损、废弃耕地

1）鼓励开发未利用的土地

国家鼓励单位和个人按照土地利用总体规划，在保护和改善生态环境、防止水土流失和土地荒漠化的前提下，开发未利用的土地。适宜开发为农业用地的，应当优先开发成农业用地。一次性开发未确定土地使用权的国有荒山、荒地、荒滩600公顷以下的，按省、自治区、直辖市规定的权限由县级以上人民政府批准；600公顷以上的，则由国务院审批。开发未确定使用权的国有荒山、荒地、荒滩从事种植业、林业、畜牧业、渔业生产的，经县级以上人民政府依法批准，可以确定给开发单位或个人长期使用，但使用期限最长不得超过50年。

但开垦未利用的土地，必须经过科学论证和评估，在土地利用总体规划的可开垦的区域内，经依法批准后进行。禁止毁坏森林、草原开垦耕地，禁止围湖造田和侵占江河滩地。对破坏生态环境开垦、围垦的土地，要有计划有步骤地退耕还林、还牧、还湖。

2）鼓励土地整治

国家鼓励土地整治，县、乡（镇）人民政府应当组织农村集体经济组织，按照土地利用总体规划，对田、水、路、林、村综合整理，提高耕地质量，增加有效耕地面积，改善农业生产条件和生态环境。地方各级人民政府应当采取措施，改造中、低产田，整治闲散地和废弃地。土地整治所新增耕地的60%可用以拆抵建设占用耕地的补偿指标。

政府和用地单位都应维护排灌工程设施，改良土壤，提高地力，防止土地荒漠化、盐渍化、水土流失和污染土地。

土地整理所需费用，按照谁受益谁负担的原则，由农村集体经济组织和土地使用者共同承担。

3）严禁毁损、废弃耕地

非农业建设必须节约使用土地，可以利用荒地的，不得占用耕地；可以利用劣地的，不得占用好地。严禁占用耕地建窑、建坟或擅自在耕地上建房、挖砂、采石、采矿、取土等。禁止占用基本农田发展林果业和挖塘养鱼。因挖损、塌陷、压占等造成土地破坏的，用地单位和个人应按照国家有关规定复垦；没有条件复垦或复垦不符合要求的，应交纳土地复垦费，专项用于土地复垦。复垦的土地应当优先用于农业。

已经办理审批手续的非农业建设用耕地，一年内不用又可以耕种和收获的，应由原耕种该幅耕地的集体或个人恢复耕种，也可由用地单位组织耕种；一年以上未动工建设的，应按省、自治区、直辖市的规定缴纳闲置费；连续两年未使用的，经原批准机关批准，由县级以上人民政府无偿收回用地单位的使用权，该幅土地原为农民集体所有的，交由原农业集体经济组织恢复耕种。

承包经营耕地连续两年弃耕抛荒的，原发包单位应终止承包合同，收回发包的耕地。

在城市规划区内，以出让方式取得土地使用权用于房地产开发而闲置的，依照《中华人民共和国城市房地产管理法》办理。该法规定，在超过出让合同约定的动工开发日期满一年而未动工开发的，可征收土地出让金20%以下的土地闲置费；满两年未动工开发的，可无偿收回土地使用权。但因不可抗力或政府、政府有关部门的行为或动工开发必需的前期工作造成动工开发延迟的除外。

4.3 建设用地

4.3.1 建设用地的概念

建设用地包括土地利用总体规划中已确定的建设用地和因经济及社会发展的需要，由规划中的非建设用地转成的建设用地。前者可称为规划内建设用地，后者则可称为规划外建设用地。

1. 规划内建设用地

土地利用总体规划内的建设用地，可用于进行工程项目建设。我国土地分属国家和农民集体所有，所以又有国家所有的建设用地和农民集体所有的建设用地。《土地管理法》及《实施条例》规定如下。

① 农民集体所有的建设用地只可用于村民住宅建设、乡镇企业建设和乡（镇）村公共设施及公益事业建设等与农业有关的乡村建设，不得出让、转让或出租给他人用于非农业建设。非农业建设确需占用农民集体所有的土地时，必须先由国家将所需土地征为国有，再依法交由用地者使用。

② 对于规划为建设用地，而现在实为农用地的土地，在土地利用总体规划确定的建设用地规模范围内，由原批准土地利用总体规划的机关审批，按土地利用年度计划，分批次将农用地批转为建设用地。在为实施城市规划而占用土地时，必须先由市、县人民政府按土地利用年度计划拟订农用地转用方案，补充耕地方案、征用土地方案，分批次上报给有批准权的人民政府，由其土地行政主管部门先行审查，提出意见，再经其批准后，方可实施。为实施村庄集镇规划而占用土地的，也需按上述规定报批，但报批方案中没有征用土地方案。在以批准的农用地转为建设用地的范围内，具体建设项目用地可由市、县人民政府批准。

③ 具体建设项目需占用国有城市建设用地的，其可行性论证中的用地事项，须交土地行政主管部门审查并出具预审报告；其可行性报告报批时，必须附具该预审报告。在项目批准后，建设单位需持有关批准文件，向市、县人民政府土地行政主管部门提出用地申请，由该土地行政主管部门审查通过后，再拟订供地方案，报市、县人民政府批准，然后由市、县人民政府向建设单位颁发建设用地批准书。

2. 规划外建设用地

土地利用总体规划中，除建设用地外，土地还分为农用地和未利用土地。将国有未利用土地转为建设用地，按各省、自治区、直辖市的相关规定办理，但国家重点建设项目、军事设施和跨省、自治区、直辖市的建设项目及国务院规定的其他建设项目用地，需报国务院批准。但将农用地转为建设用地，对于耕地稀缺的我国来说，就会严重影响国民经济的发展和社会的稳定，也与我国切实保护耕地的基本国策不符。因此，《土地管理法》对此作了严格的限制，也规定了严格的审批程序：

① 省、自治区、直辖市人民政府批准的道路、管线工程和大型基础设施建设项目、国务院批准的建设项目的用地，涉及农用地转为建设用地的，须经国务院批准；

② 其他建设项目的用地，涉及农用地转为建设用地的，由省、自治区、直辖市人民政府批准。

4.3.2 乡（镇）村建设的建设用地

1. 乡（镇）村建设用地的要求

乡镇企业、乡（镇）村公共设施、公益事业、农村村民住宅等乡（镇）村建设，应当按照村庄和集镇规划，合理布局、综合开发，配套建设，尽可能利用荒坡地、废弃地。农村村民一户只能拥有一处住宅基地,其面积不得超过省、自治区、直辖市规定的标准。农村村民建住宅,要尽量使用原有的住宅基地和村内空间地,有条件的地方,提倡将农村村民的住宅相对集中建成公寓式楼房。通过村镇改造,将适宜耕种的土地调整出来复垦、还耕。

乡镇企业的建设用地,必须严格控制。各省、自治区、直辖市可按乡镇企业的不同行业和经营规模,分别规定用地标准。乡(镇)村建设用地,应当符合乡(镇)村土地利用总体规划和土地利用年度计划,并依法办理审批手续。

2. 乡(镇)村建设用地的审批

农村集体经济组织使用乡(镇)村土地利用总体规划确定的建设用地兴办企业或以土地使用权入股、联营等方式与其他单位、个人共同兴办企业的,应持有关批准文件,向县级以上地方人民政府土地行政主管部门提出申请,按省、自治区、直辖市规定的批准权限和用地标准,由县级以上地方人民政府批准。

乡(镇)村公共设施、公益事业建设,需要使用土地的,经乡(镇)人民政府审核,向县级以上地方人民政府土地行政主管部门提出申请,按省、自治区、直辖市规定的批准权限,由县级以上地方人民政府批准。

农村村民住宅用地,经乡(镇)人民政府审核,由县级人民政府批准。农村村民出卖、出租住房后,再申请宅基地的,不予批准。

乡(镇)村建设用地中,如涉及占用农用地的,则需依照农用地转为建设用地的有关规定办理。

3. 土地使用权的收回

出现下述情况时,农村集体经济组织报经原批准用地的人民政府批准,可以收回土地使用权。

① 为乡(镇)村公共设施和公益事业建设需用土地的,可以收回土地使用权,但对土地使用人应给予适当补偿;

② 不按批准的用途使用土地的;

③ 因撤销、迁移等原因而停止使用土地的。

4.3.3 国家征用土地

随着国民经济的发展和社会进步的需要,一些原属于某些农民集体所有的土地要用于基础设施建设和社会公益事业。所以《土地管理法》规定,国家为公共利益需要,可以依法对集体所有的土地实行征用。为了防止滥征土地和保护农民集体的利益,《土地管理法》对征用土地的审批程序及补偿办法作出了具体规定。

1. 征用土地的审批

凡征用基本农田、或征用非基本农田的耕地超过35公顷的或征用其他土地超过70公顷的,都必须报经国务院批准。征用上述规定以外的其他土地的,由省、自治区、直辖市人民政府批准,并报国务院备案。

征用农用地的,必须依照《实施条例》的下述规定办理审批手续。

① 可行性论证时,由土地行政主管部门对其用地有关事项进行审查,并提出预审报告,该预审报告必须随可行性研究报告一同报批。

② 建设单位持建设项目的有关批准文件，向市、县人民政府土地行政主管部门提出建设用地申请，由市、县人民政府土地行政主管部门审查，拟订农用地转用方案、补充耕地方案、征用土地方案和供地方案（涉及国有农用地的，不拟订征用土地方案），经市、县人民政府审核同意后，逐级上报有批准权的人民政府批准。其中，补充耕地方案由批准农用地转用方案的人民政府在批准农用地转用方案时一并批准；供地方案由批准征用土地的人民政府在批准征用土地方案时一并批准（涉及国有农用地的，供地方案由批准农用地转用的人民政府在批准农用地转用方案时一并批准）。

③ 农用地转用方案、补充耕地方案、征用土地方案和供地方案经批准后，由市、县人民政府组织实施，向建设单位颁发建设用地批准书。有偿使用国有土地的，由市、县人民政府土地行政主管部门与土地使用者签订国有土地有偿使用合同；划拨使用国有土地的，由市、县人民政府土地行政主管部门向土地使用者核发国有土地划拨决定书。

④ 土地使用者应当依法申请土地登记。

建设项目确需使用土地利用总体规划确定的城市建设用地范围外的土地，涉及农民集体所有的未利用地的，只报批征用土地方案和供地方案。

抢险救灾等急需使用土地的，可以先行使用。其中，属于临时用地的，灾后应恢复原状并交还原土地使用者使用，不再办理用地审批手续；属于永久性建设用地的，建设单位应在灾情结束后6个月内申请补办建设用地审批手续。

2. 征用土地的实施

征用土地方案经依法批准后，由被征用土地所在的市、县人民政府组织实施，并将批准征地机关、批准文号、征用土地的用途、范围、面积及征地补偿标准、农业人员安置办法和办理征地补偿的期限等，在被征用土地所在的乡（镇）、村予以公告。

被征用土地的所有权人、使用权人应当在公告规定的期限内，持土地权属证书到公告指定的人民政府土地行政主管部门办理征地补偿登记。

市、县人民政府土地行政主管部门根据经批准的征用土地方案，会同有关部门拟订征地补偿、安置方案，在被征用土地所在的乡（镇）、村予以公告，听取被征用土地的农村集体经济组织和农民的意见。征地补偿、安置争议不影响征用土地方案的实施。

征用土地的各项费用应当自征地补偿、安置方案批准之日起3个月内全额支付。

3. 征用土地的补偿

《土地管理法》规定，征用土地的，用地单位应按照被征用土地的原用途给予补偿；并具体规定征用耕地的补偿费应包括土地补偿费、安置补助费及地上附着物和青苗的补偿费，其补偿标准如下。

① 土地补偿费。为该耕地被征用前三年平均年产值的6~10倍。

② 安置补助费。按需要安置的农业人口数计算，需要安置的农业人口数，等于被征用耕地的数量除以征地前被征用单位平均每人占有的耕地数。每一个需要安置的农业人口的安置补助费标准，为该耕地被征用前3年每亩平均年产值的4~6倍。但每公顷被征用耕地的安置补助费，最高不得超过被征用前3年平均年产值的15倍。

③ 地上附着物和青苗补偿费。补偿标准由省、自治区、直辖市规定。

④ 新菜地开发建设基金。征用的耕地为城市郊区的菜地时，用地单位还应按国家的有关规定缴纳新菜地开发建设基金。

征用其他土地的补偿费标准，由省、自治区、直辖市参照征用耕地的补偿标准另行规定。

按照上述标准支付的土地补偿费和安置补助费，尚不能使需要安置的农民保持原有生活水平的，经省、自治区、直辖市人民政府批准，可以增加安置补助费，但安置补助费和土地补偿费的总和，不得超过土地被征用前3年平均年产值的30倍。

征用土地的补偿费用，除属于个人的地上附着物和青苗的补偿费付给本人外，其余均由被征地单位统一管理、使用。法律规定，统一管理的征地补偿费用只能用于发展生产和安排多余劳动力的就业及作为不能就业人员的生活补助，不得移作他用。任何单位和个人都不得侵占、挪用被征用土地单位的征地补偿费用。被征地的农村集体经济组织应当将征用土地补偿费用的收支情况向本集体经济组织的成员公布，接受监督。市、县和乡（镇）人民政府也应加强对安置补助费使用情况监督。

4. 征用土地后的劳动力安置

因征用土地后造成的多余劳动力，由县以上土地管理部门组织被征地单位、用地单位和有关单位，通过扩大农副业生产和乡镇企业等途径，加以安置；安置不完的，可以安排符合条件的人员到用地单位或其他全民、集体所有制单位就业。需要安置的人员由农村集体经济组织安置的，安置补助费支付给农村集体经济组织，由农村集体经济组织管理和使用；由其他单位安置的，安置补助费支付给安置单位；不需要统一安置的，安置补助费发放给被安置人员个人或征得被安置人员同意后用于支付给被安置人员的保险费用。

被征地单位的土地被全部征用的，经省、自治区、直辖市人民政府审查批准，原有的农业户口可以转为非农业户口。原有的集体所有的财产和所得的土地补偿费、安置补助费，由县级以上地方人民政府与有关乡（镇）村商定处理办法。

大中型水利、水电工程建设征用土地的补偿费标准和移民安置办法，由国务院另行规定。

4.3.4 国有建设用地

国有建设用地包括属国家所有的建设用地和国家征用的原属于农民集体所有的土地。经批准的建设项目需要使用国有建设用地的，建设单位应持法律、行政法规规定的有关文件，向有批准权的县级以上人民政府土地行政主管部门提出建设用地申请，经土地行政主管部门审查，报本级人民政府批准，国有建设用地可通过有偿使用和划拨两种方式交由建设单位使用。

1. 国有建设用地使用权的划拨

国家从全社会利益出发，进行经济、文化、国防建设及兴办社会公共事业时，经县级以上人民政府的批准，建设单位可通过划拨的方式取得国有建设用地的使用权。《土地管理法》规定，具体可以划拨的建设用地为：

① 国家机关用地和军事用地；
② 城市基础设施用地和公益事业用地；
③ 国家重点扶持的能源、交通、水利等基础设施用地；
④ 法律、行政法规规定的其他用地。

国务院颁发的《实施条例》中对以划拨方式取得的国家建设用地的审批程序，作出了具体规定，建设单位必须按批准文件的规定使用土地。

2. 国有建设用地使用权的出让

除上述国家建设项目可通过划拨方式取得国家建设用地的使用权外，其他建设项目均须通过有偿使用的方式来取得国有建设用地的使用权，具体包括：国有土地使用权的出让；国有土地租赁；国有土地使用权作价出资或入股。这时，建设单位应按照国务院规定的标准和办法，缴纳土地使用权出让金等土地有偿使用费和其他费用后，方可使用土地。建设单位必须按土地使用权出让合同或其他有偿使用合同的约定使用土地；确需改变该幅土地建设用途的，应经有关人民政府土地行政主管部门同意，报原批准用地的人民政府批准。在城市规划区内改变土地用途的，在报批前，应先经有关城市规划行政主管部门同意。

3. 国家建设用土地使用权的收回

《土地管理法》规定，出现下列情况时，有关人民政府土地行政主管部门在报经原批准用地的人民政府或有批准权的人民政府批准后，可以将国有建设用地的使用权收回：

① 为公共利益需要使用土地的；

② 为实施城市规划进行旧城区改建，需要调整使用土地的；

③ 土地出让等有偿使用合同约定的使用期限届满，土地使用者未申请续期或申请续期未获批准的；

④ 因单位撤销、迁移等原因，停止使用原划拨的国有土地的；

⑤ 公路、铁路、机场、矿场等经核准报废的。

因①、②两项而收回国有土地使用权的，国家对土地使用权人应给予适当补偿。

4.3.5 临时用地

建设项目施工和地质勘察需要临时使用国有土地或农民集体所有土地的，由县级以上人民政府土地行政主管部门批准。其中，在城市规划区内的，还应先经有关城市规划行政主管部门同意。土地使用者应当根据土地权属，与有关土地行政主管部门或农村集体经济组织、村民委员会签订临时用地合同，并按合同的约定支付临时使用土地补偿费。

临时用地的使用者应按临时使用土地合同约定的用途使用土地，并不得修建永久性建筑。临时用地为耕地的，临时用地的使用者应自临时用地期满之日起1年内恢复种植条件。

临时使用土地期限一般不超过两年。

4.4 违反土地管理法的责任和处理

4.4.1 违反土地管理法的责任

违反土地管理法的责任有如下内容。

① 买卖或者以其他形式非法转让土地的，由县级以上人民政府土地行政主管部门没收违法所得，对违反土地利用总体规划擅自将农用地改为建设用地的，限期拆除在非法转让的土地上新建的建筑物和其他设施，恢复土地原状，对符合土地利用总体规划的，没收在非法

转让的土地上新建的建筑物和其他设施，可以并处非法所得50%以下的罚款；对直接负责的主管人员和其他直接负责人员，依法给予行政处分；构成犯罪的，依法追究刑事责任。

② 占用耕地建窑、建坟或者擅自在耕地上建房、挖砂、采石、采矿、取土等，破坏种植条件的，或者因开发土地造成土地荒漠化、盐渍化的，由县级以上人民政府土地行政主管部门责令限期改正或者治理，可以并处耕地开垦费2倍以下的罚款；构成犯罪的，依法追究刑事责任。

③ 拒不履行土地复垦义务的，由县级以上人民政府土地行政主管部门责令限期改正；逾期不改正的，责令缴纳复垦费，专项用于土地复垦，可以处以土地复垦费2倍以下的罚款。

④ 未经批准或者采取欺骗手段骗取批准，非法占用土地的，在土地利用总体规划确定的禁止开垦区内进行开垦的，由县级以上人民政府土地行政主管部门责令限期改正及退还非法占用的土地，对违反土地利用总体规划擅自将农用地改为建设用地的，限期拆除在非法占用的土地上新建的建筑物和其他设施，恢复土地原状，对符合土地利用总体规划的，没收在非法占用的土地上新建的建筑物和其他设施，可以并处非法占用土地30元/m^2以下的罚款；对非法占用土地单位的直接负责的主管人员和其他直接责任人员，依法给予行政处分；构成犯罪的，依法追究刑事责任。超过批准的数量占用土地，多占的土地以非法占用土地论处。

⑤ 农村村民未经批准或者采取欺骗手段骗取批准，非法占用土地建住宅的，由县级以上人民政府土地行政主管部门责令退还非法占用的土地，限期拆除在非法占用的土地上新建的房屋。超过省、自治区、直辖市规定的标准，多占的土地以非法占用土地论处。

⑥ 无权批准征用、使用土地的单位或者个人非法批准占用土地的，超越批准权限非法批准占用土地的，不按照土地利用总体规划确定的用途批准用地的，或者违反法律规定的程序批准占用、征用土地的，其批准文件无效，对非法批准征用、使用土地的直接负责的主管人员和其他直接责任人员，依法给予行政处分；构成犯罪的，依法追究刑事责任。

⑦ 侵占、挪用被征用土地单位的征地补偿费用和其他有关费用，构成犯罪的依法追究刑事责任；尚不构成犯罪的，依法给予行政处分。

⑧ 依法收回国有土地使用权，而当事人拒不交出土地的，临时使用土地期限已满拒不归还的，或者不按批准的用途使用国有土地的，由县级以上人民政府土地行政主管部门责令交还土地，并处以非法占用土地10元/m^2以上、30元/m^2以下的罚款。

⑨ 擅自将农民集体所有土地的使用权出让、转让或者出租用于非农业建设的，由县级以上人民政府土地主管部门责令限期改正，没收违法所得，并处以非法所得5%以上、20%以下的罚款。

⑩ 因建设项目施工和地质勘察需要，依法取得临时占用耕地使用权的使用人，在临时用地期满之日起1年内未能恢复临时用地的种植条件的，由县级以上人民政府土地行政主管部门责令限期改正，并可处耕地复垦费两倍以下的罚款。

⑪ 违反土地管理法律、法规规定，阻挠国家建设征用土地的，由县级以上人民政府土地行政主管部门责令交出土地；拒不交出土地的，申请人民法院强制执行。

⑫ 不按照本法规定办理土地变更登记的，由县级以上人民政府土地行政主管部门责令其限期办理。

⑬ 责令限期拆除在非法占用的土地上新建的建筑物和其他设施的，建设单位或者个人

必须立即停止施工,自行拆除;对继续施工的,作出处罚决定的机关有权制止。建设单位或者个人对责令期限拆除的行政处罚决定不服的,可以在接到责令限期拆除决定之日起15日内,向人民法院起诉;期满不起诉又不自行拆除的,由作出处罚决定的机关依法申请人民法院强制执行,费用由违法者承担。

⑭ 在临时使用的土地上修建永久性建筑物、构筑物的,由县级以上人民政府土地行政主管部门责令限期拆除;逾期不拆除的,由作出处罚决定的机关依法申请人民法院强制执行。

⑮ 对在土地利用总体规划制定前已建的不符合土地利用总体规划确定的用途的建筑物、构筑物重建、扩建的,由县级以上人民政府土地行政主管部门责令限期拆除;逾期不拆除的,由作出处罚决定的机关依法申请人民法院强制执行。

⑯ 土地行政主管部门的工作人员玩忽职守、滥用职权、徇私舞弊,构成犯罪的,依法追究其刑事责任;尚不构成犯罪的,依法给予行政处分。

4.4.2 违法案件的处理

1. 土地违法案件的处理机关

土地违法案件是指违反土地管理法律、法规,必须追究法律责任的案件。土地违法案件由县级以上地方政府土地管理部门依法处理。

县级土地管理部门处理本行政区域内的下列案件:

① 全民所有制单位、城市集体所有制单位和乡(镇)村集体非法占用土地的案件;

② 城镇非农业户口居民非法占用土地案件;

③ 买卖或以其他形式非法转让土地案件;

④ 非法批准占用土地案件;

⑤ 非法占用征地补偿费和安置补助费案件;

⑥ 临时使用土地期满不归还,或土地使用权被收回拒不交出土地的案件;

⑦ 违反法律规定,在耕地上挖土、挖砂、采石、采矿等,严重毁坏种植条件,或因开发土地,造成土地严重沙化,盐渍化、水土流失的案件;

⑧ 侵犯土地所有权或使用权案件;

⑨ 违反土地复垦规定的案件;

⑩ 其他违反土地管理法律、法规的案件;

⑪ 同级人民政府和上级土地管理部门交办的案件。

地、市、州、盟土地管理部门处理下列案件:

① 在本行政区域内有较大影响的案件;

② 同级人民政府和上级土地管理部门交办的案件。

省、自治区、直辖市土地管理部门处理下列案件:

① 在本行政区域内有重大影响的案件;

② 同级人民政府和国家土地管理部门交办的案件。

2. 土地违法案件的立案条件

根据1989年9月国家土地管理局发布的《土地违法案件处理暂行办法》的规定,符合下列条件的土地违法案件,土地管理部门应当立案:

① 有明确的行为人；
② 有违反土地管理法律、法规的事实；
③ 依照土地管理法律、法规，应当追究法律责任的；
④ 土地管理部门依法有权处理的。

符合以上立案条件的案件，须填写《土地违法案件立案呈批表》，经土地管理部门主管领导批准后立案。

3. 土地违法案件的处理方式

承办土地违法案件的人员在案件调查结束后，应根据事实和法律，提出《土地违法案件调查报告》，经领导集体审议，分情况予以处理。

① 认定举报不实或者证据不足，未发现违法事实的，立案予以撤销。重大案件的撤销，应报上一级土地管理部门备案。

② 认定违法事实清楚、证据确凿的，土地管理部门依法作出行政处罚决定，发出《土地违法案件行政处罚决定书》，送达当事人。

③ 认定侵犯土地所有权或者使用权的，土地管理部门依法作出处理决定，发出《土地侵权行为处理决定书》，送达当事人。

④ 认定当事人拒绝、阻碍土地管理人员依法执行职务的，应提请公安机关处理。

⑤ 认定国家工作人员违法，依法应给予行政处分的，须提出书面建议，并附调查报告和有关证据，移送当事人所在单位或者上级机关、行政监察机关处理。处理结果应抄送移送案件的机关。

⑥ 认定违法行为构成犯罪的，应将案件及时移送司法机关，依法追究刑事责任。

案例分析

案例 1[①]

一、基本案情

张某等163人原系东山村东新村民组村民。1982—1988年，市委组织部、市体委、省公安厅、市中级人民法院、市交通局汽车运输七场、省消防总队等8个单位与东山村东新村民组、东山村村民委员会、乡政府签订征地合同，被征土地54.67亩。征地单位依据征地合同的约定，共支付乡政府征地补偿费、安置补助费人民币1 626 466元，乡政府累计拨付东山村村民委员会885 185元。该村委会得此款后向被征土地村民发放安置补助费699 738元。后村民委员会修建水果批发市场又占用东山村东新村民组部分土地，支付该村村民土地补偿费人民币1 000 000元，村民先后共得款799 738元。此后，该村村民对乡政府及村民委员会发放的征地补偿费、安置补助费数额产生异议，认为其应得的征地补偿费、安置补助费被乡政府和村委会截留，未用于兴办公益事业和解决农民就业，侵犯了该村村民的合法利益。为此，张某等163人在向有关部门反映无结果的情况下，于1997年4月7日向省高级人民法院提起诉讼，请求判令乡政府及村民委员会返还被侵占的安置补助费。

二、案情审理

省高级人民法院经审理认为：当事人诉讼的安置补助费涉及的土地，尚未核发所有权证

---

① 建设部. 建设法规教程. 北京：中国建筑工业出版社，2002.

书。村民为土地承包合同的承包人,但未发放承包书,土地的所有权仍为农民集体所有,被征地产生的安置补助费权利享受人也应属于农民集体组织。张某等163人并非被征土地权利享受人,其个人无权代表农民集体组织主张权利,不享有法律规定的原告主体资格地位,据此裁定:驳回张某等163人的起诉。案件受理费50元,由张某等163人负担。

张某等163人不服一审法院裁定,向最高人民法院提起上诉称:其163人系被征土地产生的土地补偿费及安置补助费的权利人,一审法院裁定认定该笔安置补助费的所有权属于农民集体组织所有,其个人无权代表农民集体组织主张该项权利,不具备原告主体资格,认定事实及适用法律错误,请求二审法院撤销一审法院裁定,由人民法院受理并作出实体判决。乡政府及村民委员会答辩认为,一审法院裁定认定事实清楚,适用法律正确,应当予以维持。

最高人民法院经审理认为:国家建设征用土地上的附着物和青苗补偿费应当支付给个人,征地补偿费、安置补助费属于农民集体所有。本案乡政府、村民委员会对征地补偿费及安置补助费的安排和使用属于行使行政管理权的行为。张某等163人与乡政府、村民委员会管理使用因征地产生的征地补偿费及安置补助费引起的争议,不属于平等主体之间的民事纠纷,不应当由人民法院作为民事案件受理。张某等163人以其具备本案原告诉讼主体资格,人民法院应当受理为由,请求判令乡政府及村民委员会返还被侵占的安置补助费,理由不充分,最高人民法院不予支持。一审法院裁定认定事实清楚,适用法律正确,应予维持。依照《中华人民共和国民事诉讼法》第一百五十四条、第一百五十八条的规定,裁定如下:驳回上诉,维持原裁定。

三、案例评析

《土地管理法实施条例》第二十六条规定:"土地补偿费归农村集体经济组织所有;地上附着物及青苗补偿费归地上附着物及青苗的所有者所有。征用土地的安置补助费必须专款专用,不得挪作他用。需要安置的人员由农村集体经济组织安置的,安置补助费支付给农村集体经济组织,由农村集体经济组织管理和使用;由其他单位安置的,安置补助费支付给安置单位;不需要统一安置的,安置补助费发放给安置人员个人或者征得被安置人员同意后用于支付被安置人员的保险费用。市、县和乡(镇)人民政府应当加强对安置补助费使用情况的监督。"由此可见,国家征地所产生的土地补偿费、安置补助费属于农民集体经济组织所有。被征土地所产生的附着物和青苗补助费,属于附着物及青苗的所有者所有。1994年12月30日—1995年1月16日,最高人民法院曾就征地补偿费、安置补助费的权属如何认定,批复江西省高级人民法院,进一步明确:征地补偿费、安置补助费,属于农民集体组织所有,由该组织管理、经营,用于发展生产,安排就业,不得分给个人,挪作他用或平调。本案原东新村民组建制被撤销,仍保留村民委员会机构,安置补助费应归该农民集体经济组织所有。因此,一审法院裁定张某等163人非被征土地产生的安置补助费的权利人,适用法律正确。本法第49条赋予了农村集体经济组织对安置补偿费安排、使用、管理的权利,同时农村集体经济组织如何安排、使用、管理该笔费用,本法也作了相应的规定,这就是:农村集体经济组织应当就征地补偿费、安置补助费的收支状况向集体经济组织的成员公布,接受监督,禁止侵占、挪用。本案乡政府、村民委员会未就征地单位支付的1 626 466元征地补偿费、安置补助费的收支状况向东新村民组的村民公布,其行为违反上述法律规定。张某等163人与乡政府、村民委员会管理、使用因征地产生的征地补偿费及安置补助费引起的争议,不属于平等主体之间的民事纠纷,不应当由人民法院作为民事案件受理。一审法院以张某等163

人不具备本案原告诉讼主体资格为由，裁定驳回其起诉，认定事实清楚，适用法律正确。

案例 2

一、基本案情

某市第二中学位于市中心商业繁华地段。1999年3月，该校未经土地管理部门批准，拆掉临街的一栋简易食堂，利用原食堂的地基，修建了一栋占地400平方米的两层楼商业铺面，全部用于出租经商，所获收益全部用于教师福利。

1999年5月，市土地管理部门发现这一情况后，立即立案查处。经查，市第二中学拆旧房建新房只经市建委同意，未向土地管理部门办理划拨土地使用用途变更手续，商业铺面修好后用于出租，也未将出租商业铺面的租金中所含的土地收益上交给国家。为此，市土地管理局决定依照《城市国有土地使用权出让转让暂行条例》第46条的规定没收市第二中学的非法所得并处以罚款。但因没有收集到证据，没有下达行政处罚决定书。

不料，在搜集证据时遇到了阻碍。校方拒绝向市土地管理局提供房屋出租合同，又对承租方施压，不准他们向土地管理局提供证据，市土地管理局不能依法取得市第二中学违法出租土地的非法所得的准确数额，罚款金额计算不出。依据《行政处罚法》的规定，不能对市第二中学下达行政处罚决定书，因为一旦下达行政处罚书，对方向法院提起行政诉讼，市土地管理局因行政处罚所依据的证据不充分，可能会败诉。因此市土地管理局依法请市房地产价格评估，每平方米的月租金为55元。据此，市土地管理局对市第二中学下达了行政处罚决定书：责令市第二中学补办划拨土地使用权出租审批、登记手续；没收违法所得4万元，并处罚款2万。

市第二中学收到行政处罚书后，拒不执行，也没有依法向人民法院提起诉讼，市土地管理局依法申请人民法院强制执行。

二、案例评析

本案中，某市第二中学拆食堂而盖商业铺面，实际上构成了两种不同的违法行为，即非法改变土地用处和违法出租划拨土地使用权。《土地管理法》第五十六条规定："建设单位使用国有土地的，应当按照土地使用权出让等有偿使用合同的约定或者土地使用权划拨批准文件的规定使用土地；确需改变该幅土地建设用途的，应当经有关人民政府土地行政主管部门同意，报原批准用地的人民政府批准。其中，在城市规划区内改变土地用途的，在报批前，应当先经有关城市规划行政主管部门同意。"本案中，市第二中学未经批准，拆食堂而盖商业铺面，擅自改变土地用途，是非法占有国有划拨土地的行为。市土地管理局应依据《土地管理法》第七十六条的规定对市第二中学非法占用国有土地的行为给予处罚。但实际上，市土地管理局未对市第二中学非法占用土地的行为作出处理，这是市土地管理局行政执法的疏漏和错误，应依法更正。

划拨土地使用权的转让、出租和抵押须经市、县人民政府土地管理部门批准同意，补交土地出让金或上缴出租土地的土地收益，并提交相关的证明文件，如土地使用权证书、房地产所有权证书、出让、出租、抵押合同，向土地管理部门办理土地使用权出让、出租、抵押登记手续。土地使用权出让、出租、抵押，当事人不办理登记手续的，其行为无效，不受法律保护。土地管理部门将依法没收违法出让、出租、抵押划拨土地使用权的出让人、出租人、抵押人的非法所得，并根据情节处以罚款。

本案中，市第二中学非法占用划拨土地修建商业铺面并用于出租，其出租行为未经市人民政府批准，未补交土地出让金，也没有办理划拨土地出租登记手续，属违法出租划拨土地使用权的行为，情节严重，市土地管理局对该中学的处罚是正确的。

案例实训

一、基本案情

A省电子公司打算新建一座20 000 m² 的办公楼，于2004年10月初向A省国土资源管理厅申请：征用A省B市郊区的一块农用耕地。于2005年3月获得了A省国土资源管理厅的批准，2005年4月A省电子公司动土开工，进行办公楼的施工。2005年7月国家国土资源管理部检查时发现，A省电子公司办公楼工程的土地审批不符合规定，要求全面停建。A省电子公司不服，于2005年10月向A省高级法院提出了诉讼。

二、问题思考

你认为这个案件应如何审理？它违反了哪些法律、法规？请对案例进行评析。

本章小结

土地管理法是调整人们在开发、利用和保护土地过程中所形成的权利、义务关系的法律规范的总称。它是我国经济法律体系中重要的法律部分。土地所有权是土地所有者依法对其所有的土地行使占有、使用、收益和处分的权利。只有国家和劳动群众才享有对土地的所有权。

本章的重点是土地所有权与土地的利用和保护。

本章的难点是违反土地管理法的责任和处理。

思考题

1. 何为土地所有权？土地管理法对土地所有权是如何规定的？
2. 何为土地使用权？土地使用权如何取得？
3. 土地管理法中确立了哪些土地利用和保护的制度？
4. 什么是土地利用总体规划？其编制原则是什么？
5. 农用地转为建设用地的程序是如何规定的？
6. 国家征用土地要做哪些补偿？补偿费用如何使用？
7. 哪些行为是违反土地管理法的行为？其行为主体应承担什么责任？

第 5 章 建筑法法律制度

本章导读

本章介绍建筑法的概念及建筑法的调整对象和建筑法的基本原则，并重点介绍建筑许可制度、建筑工程招标投标的法律规定、工程建设监理制度的法律规定、建筑工程安全生产和质量管理的法律规定。5.1 节为建筑法概述，5.2 节介绍建筑许可制度，5.3 节介绍建筑工程发包与承包，5.4 节介绍建筑工程监理，5.5 节介绍建筑安全生产管理，5.6 节介绍建筑工程质量管理，5.7 节介绍相关的法律责任。

5.1 建筑法概述

5.1.1 建筑法的概念

广义的建筑法，是指调整建筑活动的法律规范的总称。狭义的建筑法是 1997 年 11 月 1 日第八届全国人民代表大会常委会第二十八次会议通过的《中华人民共和国建筑法》（以下简称《建筑法》），于 1998 年 3 月 1 日起实施（第十一届全国人民代表大会常务委员会第 20 次会议于 2011 年 4 月 22 日通过修改《建筑法》，现予公布，自 2011 年 7 月 1 日起施行）。它是我国第一次以法律的形式规范建筑活动的行为。它的公布，确立了我国建筑活动的基本法律制度，标志着我国建筑活动开始纳入依法管理的轨道；它的施行，对加强建筑活动的监督管理，维护建筑市场秩序，保障建筑工程的质量和安全，促进建筑业的健康发展，保护建筑活动当事人的合法权益，具有重要的意义。该法共计八章八十五条，包括总则、建筑许可、建筑工程发包与承包、建筑工程监理、建筑安全生产管理、建筑工程质量管理、法律责任及附则等内容。

目前，有关建筑法的法律、法规、规章主要有：1997 年 11 月 1 日第八届全国人民代表大会常委会第二十八次会议通过的《中华人民共和国建筑法》（已于 2011 年 4 月 22 日通过修改），1999 年 8 月 30 日第九届全国人民代表大会常委会第十一次会议通过的《中华人民共和国招标投标法》，2003 年 11 月 24 日国务院颁布的《建设工程安全生产管理条例》，2000 年 9 月 25 日国务院颁布的《建设工程勘察设计管理条例》，2000 年 1 月 30 日国务院颁布的《建设工程质量管理条例》，2001 年 11 月 2 日建设部颁布的《建设领域推广应用新技术管理规定》，2013 年 12 月 11 日建设部颁布的《建筑工程施工发包与承包计价管理办法》，2001 年 10 月 26 日建设部颁布的《建设部关于废止〈建设工程质量管理办法〉等部令的决定》，2006 年 12 月 11 日建设部颁布的《工程监理企业资质管理规定》，2001 年 7 月 1 日建设部颁布的《建设部关于废止〈国家优质工程奖评选与管理办法〉等的决定》，2001 年 7 月 4 日建设部颁布的《建设部关于修改〈城市建设档案管理规定〉的决定》，2001 年 6 月 1 日建设部颁布的《房屋建筑和市政基础设施工程施工招标投标管理办法》，2006 年 12 月 30 日建设部颁布的《建筑业企业资质管理规定》，2001年1月17日建设部颁布的《建设工程监理范围和规模标准规定》，2000年8月25日建设部颁布的《实施工程建设强制性标准监督规定》，2000年6月30日建设部颁布的《房屋建筑工程质量保修办法》，2007年1月11日建设部颁布的《工程建设项目招标代理机构资格认定办法》，2009年10月19日建设部颁布的《房屋建筑工程和市政基础设施工程竣工验收备案管理办法》，2005年11月10日建设部颁布的《民用建筑节能管理规定》，2006年12月25日建设部颁布的《造价工程师注册管理办法》，2006年2月22日建设部颁布的《工程造价咨询单位管理办法》，1999年10月15日建设部重发的《建筑工程施工许可管理办法》（已于2001年7月4日通过修改）等。

5.1.2 建筑法的立法目的

1. 加强对建筑活动的监督管理

建国以来特别是改革开放以来，我国建筑业迅猛发展，由于建筑活动的复杂性和重要性，加强对建筑活动的监督管理，规范建筑市场，已经十分必要。然而，我国长期以来一直没有一部统一的建筑法，只有一些部门规章和地方性法规、规章。因此，《建筑法》的首要目的，就是为了加强对建筑活动的监督管理。

对建筑活动的监督包括两个方面的内容：宏观的监督管理和微观的监督管理。宏观的监督管理主要是指从宏观的产业政策、行业标准上对建筑活动进行的组织、协调、控制、监督和惩治等措施。微观的监督管理主要是指有关部门对建筑项目的施工许可管理、从业者资质与资格认定管理、建设工程承包管理以及建筑安全生产管理和建设工程质量管理。

2. 维护建筑市场秩序

建立起一个统一的、开放的、竞争的、有序的建筑市场是建筑业发展的客观要求。随着我国改革开放和社会主义市场经济体制的建立，我国建筑业发生了重大的战略转变。建筑活动已由过去的封闭性、计划性向开放性、竞争性转变，施工企业从单纯生产向生产经营型、效益型转变，以招标、投标竞争机制为主线的建筑市场体系和市场机制正日益完善。然而，在我国建筑市场的形成和发展过程中，一些扰乱市场秩序、违反市场规则的行为时有发生，表现在以下几个方面：一是发包方的行为不规范，主要是一部分建设单位不遵守建设程序，不报建、不招标，搞私下交易，任意肢解工程，强行要求垫资承包，强行指定购买质次价高的材料设备，不合理压价和拖欠工程款等；二是承包方的行为不规范，主要是一些设计、施工单位无证或者越级承包设计、施工任务，层层转包，以及在施工中偷工减料；三是中介方的行为不规范，主要包括一些中介机构专业人员缺乏、服务水平低、机构功能不健全、内部管理混乱等。因此，制定《建筑法》，就要从根本上解决建筑市场的混乱状况，确立与社会主义市场经济相适应的建筑市场管理制度，以维护建筑市场的秩序。

3. 保证建筑工程质量和安全

由于建筑生产的特殊性和复杂性，建筑产品使用的长期性和固定性，建筑工程质量和安全对公众安全、社会财富、国民经济发展影响极为巨大。近几年来，由于建筑市场的竞争激烈，出现的问题主要表现在：一是设计不合理，如室内平面布置、设施等不满足使用功能的要求；二是施工质量差，如管道不畅、地面不平、墙体空鼓或开裂等，危及工程安全，甚至导致房屋倒塌；三是建筑材料功能不过关，如钢筋强度不够、水泥标号不足等；四是农民施工队伍大量涌入，施工事故频繁发生。因此，在建筑工程质量方面，近几年相继发生了一些重大质量事故，如2003年11月3日湖南衡阳特大火灾坍塌事故、2003年7月1日上海地铁事故、2001年5月2日重庆武隆县高切坡垮塌事故、2000年3月29日河南焦作天堂歌舞厅事故、1999年1月4日重庆綦江县大桥事故。同时，长期以来存在的渗、漏、堵、空、裂等工程质量问题，严重侵犯了消费者的合法权益，在社会上造成了不良的影响。在建筑安全生产方面，建筑安全事故频繁发生，全国每年施工死亡人数仅次于矿山，位于第二。因此，制定《建筑法》的一个重要目的，就是为了保证建筑工程质量和安全，促进建筑业的健康发展。

《建筑法》以切实保证建筑工程质量和安全为主要目的之一，作出了以下重要规定：一是要求建筑活动应当确保建筑工程的质量和安全，符合国家的建筑工程安全标准，严格遵守《建筑工程质量管理条例》，严格遵守《工程建设标准强制性条文》和建设工程技术法规；二是要求建筑工程的质量和安全应当贯穿建筑活动的全过程，进行全过程的监督管理；三是要求建筑活动的各个阶段、各个环节，如设计、施工、监理、竣工验收等阶段，都要保证质量和安全；四是要求明确建筑活动各有关方面在保证建筑工程质量和安全中的法律责任等。

4. 促进建筑业健康发展

建筑业是国民经济的重要物质生产部门，是国家重要支柱产业之一。党的十一届三中全会以来，随着国民经济的发展和改革的不断深化，我国的城市建设、村镇建设和住宅建设等的建设规模不断扩大，建筑业在国民经济和社会发展中的地位和作用越来越重要。据统计，20世纪90年代，我国固定资产总投资202 484.1亿元，平均年增长19.28%，2001年和2002年固定资产总投资分别是36 898亿元和43 202亿元，其中建筑业完成同期固定资产投资总额的60%以上。目前，全国建筑从业人员已达3 500多万人。可见，建筑活动已经成为国家最重要的经济活动之一，建筑活动的管理水平、效果、效益，直接影响到我国固定资产投资的效果和效益，从而影响到国民经济的健康发展。为了保障建筑业在国民经济和社会发展中的地位和作用，同时也是为了解决建筑业发展中存在的问题，迫切需要制定《建筑法》，以促进建筑业健康发展。

5.1.3 建筑法的调整对象和适用范围

《建筑法》第二条规定："在中华人民共和国境内从事建筑活动，实施对建筑活动的监督管理，应当遵守本法。本法所称建筑活动，是指各类房屋建筑及其附属设施的建造和与其配套的线路、管道、设备的安装活动。"《建筑法》的调整范围包含三层意思：一是调整的地域范围为中华人民共和国境内，但不包括香港、澳门、台湾地区；二是调整的主体是建设单位、勘察设计单位、施工企业、监理单位、建筑行政管理机关，同时也包括从事建筑活动的个人，如注册建筑师、注册结构师、注册建造师、注册监理师、注册造价师等；三是调整的行为是各类房屋建筑及其设施的新建、改建、扩建、维修、拆除、装饰装修活动，以及线路、管道、设备的安装活动。应当说明的是，《建筑法》虽然是调整各类房屋建筑的建筑活动，但《建筑法》所确定的基本制度，也是适用于其他专业（如铁路工程、民航工程、交通运输工程、水利工程等）的建筑活动的。为此，《建筑法》第八十一条规定："本法关于施工许可、建筑施工企业资质审查和建筑工程发包、承包、禁止转包，以及建筑工程监理、建筑工程安全和质量管理的规定，适用于其他专业建筑工程的建筑活动，具体办法由国务院规定。"还应当说明的是，有些工程不可能完全按照《建筑法》规定的要求去进行，如省、自治区、直辖市人民政府确定的小型房屋建筑工程；有些工程需要依照有关法律执行，如古建筑等的修缮；有些工程根本不适用《建筑法》的规定，如抢险救灾等工程；有些工程需要另行制定管理办法，如军用房屋建筑工程等。《建筑法》充分考虑到了这一点，《建筑法》第八十三条规定："省、自治区、直辖市人民政府确定的小型房屋建筑工程的建筑活动，参照本法执行。依法核定作为文物保护的纪念建筑物和古建筑等的修缮，依照文物保护法的有关规定执行。抢险救灾及其他临时性房屋建筑和农民自建低层住宅的建筑活动，不适用本法。"《建筑法》第八十四条规定："军用房屋建筑工程建筑活动的具体管理办法，由国务院、中央军事委员会依据本法制定。"

5.1.4 建筑法的基本原则

《建筑法》的基本原则，即《建筑法》的主旨和基本准则，是制定和实施《建筑法》的出发点，《建筑法》的基本原则贯穿于整个《建筑法》的条文中。《建筑法》的基本原则有三项。

1. 建筑活动应当确保工程质量和安全，符合国家的建筑工程安全标准

确保工程质量和安全是《建筑法》立法的主题之一。建设活动是一项向社会提供建筑产品、固定资产和社会基础设施的特殊社会活动，这些产品就是社会的物质财富，确保工程质量和安全就是确保全社会物质财富的价值。按照《标准化法》的规定，"国家标准、行业标准分为强制性标准和推荐性标准。保障人体健康、人身、财产安全的标准和法律、行政法规规定强制执行的标准是强制性标准。强制性标准，必须执行。"依照《建筑法》和《标准化法》的规定，凡是依法制定的有关建筑工程安全的国家标准和行业标准，属于强制性标准，必须严格按照执行。

2. 国家扶持建筑业的发展，支持建筑科学技术研究

国家扶持建筑业的发展，支持建筑科学技术研究，提高房屋建筑设计水平，鼓励节约能源和保护环境，提倡采用先进技术、先进设备、先进工艺、新型建筑材料和现代管理方式。

国家扶持建筑业的发展。八届全国人大第四次会议通过的《关于国民经济和社会发展的"九五"计划和 2010 年远景目标纲要》提出，要把建筑业作为国民经济的基础产业并大力振兴，以带动整个经济的增长。《建筑法》以法律的形式，确认了国家扶持建筑业发展的基本方针，为建筑业的持续、健康和快速地发展提供了法律保障。

国家支持建筑科学技术研究，提高房屋建筑设计水平，提倡采用先进技术、先进设备、先进工艺、新型建筑材料和现代管理方式。《建筑法》确立了国家支持建筑科学技术研究的原则，还需要政府及有关部门制定相应的具体政策并采取有效措施来加以落实。建筑企业也应当结合企业的实际情况，在建筑活动中努力采用新技术、新设备、新工艺、现代管理方式和人才培训，不断提高建筑科技水平和建筑技术的科技含量。

国家鼓励在建筑活动中节约能源，保护环境。节约能源是国家发展经济的一项长远战略方针，保护环境是我国的基本国策。鼓励节约能源和保护环境，就要在保证建筑安全、质量的前提下，尽量降低能耗，重视建筑的节能。应优先采用节能材料、设备，并应当淘汰和改造能耗高的建筑设备产品；应积极采用新型建材、重视节能的建筑材料产品的开发；应加强建筑节能标准化工作；应对节能产品、节能试点建筑给予税收优惠和贷款支持，大力推广和宣传，达到提高建筑功能、改善生活环境的目的。

3. 从事建筑活动应当遵守法律、法规，不得损害社会公共利益和他人的合法权益

建筑活动应当遵守法律，依法进行的建筑活动受法律保护。从事建筑活动除了要遵守专门适用于建筑活动的特别法即《建筑法》的规定外，还要遵守其他有关的法律、法规。例如，在建设用地方面，应当遵守《土地管理法》和《城市房地产管理法》及相关行政法规的规定；在城市规划区内进行建筑活动的，要遵守《城市规划法》及相关法规的规定；在环境保护方面，要遵守有关环境保护的法律、法规的规定；在建筑企业与职工的劳动关系方面，要遵守《劳动法》及相关法规的规定等。

进行建筑活动，不得损害社会公共利益和他人的合法权益。社会公共利益是指社会成员的共同利益，法律保护社会公共利益不受损害，建筑活动实施不得有损社会公共利益。进行建筑活动不得损害他人合法权益。例如，不得因自己的建筑活动影响相邻他人的正常通行、采光、排水等权益，不得因建筑噪声等影响他人的正常生活等。

5.2 建筑许可制度

建筑许可，是指建设行政主管部门或者其他有关行政主管部门准许、变更和终止公民、法人和其他组织从事建筑活动的具体行政行为。建筑许可的表现形式为施工许可证、批准证件（开工报告）、资质证书、执业资格证书等。实行建筑许可制度旨在有效保证建筑工程质量和安全，也是国际上的通行做法，如日本、韩国、英国、挪威、德国及我国台湾地区的建筑法，都明确地规定建筑许可制度。

《建筑法》规定的建筑许可包括施工许可与从业资格许可两种。实践证明，实行施工许可，既可以监督建设单位尽快建成拟建项目，防止闲置土地、影响社会公共利益；又能保证建设项目开工后能够顺利进行，避免由于不具备施工条件盲目上马，给参与建筑工程的单位造成不必要的损失；同时也有助于建设行政主管部门对在建项目实施有效的监督管理。实行从业资格制度，有利于确保从事建筑活动的单位和个人的素质，提高建筑工程的质量，确保建筑工程的安全和国家财产安全。

5.2.1 施工许可

1. 实施施工许可的范围

建筑工程施工许可制度，是建设行政主管部门根据建设单位的申请，依法对建筑工程是否具备施工条件进行审查，符合条件者，准许该建筑工程开始施工并颁发建筑许可证的一种制度。施工许可证是指建筑工程开始施工前建设单位向建筑行政主管部门申请的可以施工的证明。建筑工程开工前，建设单位应当按照国家有关规定向工程所在地县级以上人民政府建设行政主管部门申请领取施工许可证，但国务院建设行政主管部门确定的限额以下的小型工程除外。按照国务院规定的权限和程序批准开工报告的建筑工程，不再领取施工许可证。2001年7月4日建设部修改的《建筑工程施工许可管理办法》规定：工程投资额在30万元以下或者建筑面积在300平方米以下的建筑工程，可以不申请办理施工许可证。省、自治区、直辖市人民政府建设行政主管部门可以根据当地的实际情况，对限额进行调整，并报国务院建设行政主管部门备案。抢险救灾工程、临时性建筑工程、农民自建两层以下（含两层）住宅工程，不适用施工许可制度。军事房屋建筑工程施工许可的管理，按国务院、中央军事委员会制定的办法执行。

2. 申请领取施工许可证的条件

施工许可证的申请条件，是指申请领取施工许可证应当达到的要求。施工许可证申请条件的确定是为了保证建筑工程开工后，组织施工能够顺利进行。根据《建筑法》第八条规定，申请领取施工许可证，应当具备下列条件：

① 经办理该建筑工程用地批准手续；

② 在城市规划区的建筑工程，已经取得规划许可证；

③ 需要拆迁的，其拆迁进度符合施工要求；

④ 已经确定建筑施工企业；

⑤ 有满足施工需要的施工图纸及技术资料；

⑥ 有保证工程质量和安全的具体措施；

⑦ 建设资金已经落实；

⑧ 符合法律、行政法规规定的其他条件。

上述8个方面条件，是建设单位申领施工许可证所必须具备的必要条件，必须同时具备，缺一不可。

2001年7月4日建设部修改了《建筑工程施工许可管理办法》，对施工许可条件作出了进一步细化，《建筑工程施工许可管理办法》第四条规定，建设单位申请领取施工许可证，应当具备下列条件。

① 已经办理该建筑工程用地批准手续。

② 在城市规划区的建筑工程，已经取得建设工程规划许可证。

③ 施工场地已经基本具备施工条件，需要拆迁的，其拆迁进度符合施工要求。

④ 已经确定施工企业。若按照规定应该招标的工程没有招标，应该公开招标的工程没有公开招标，或者肢解发包工程，以及将工程发包给不具备相应资质条件的，则所确定的施工企业无效。

⑤ 具备满足施工需要的施工图纸及技术资料，且施工图设计文件已按规定进行了审查。

⑥ 有保证工程质量和安全的具体措施。施工企业编制的施工组织设计中具有根据建筑工程特点制定的相应质量、安全技术措施，专业性较强的工程项目编制具有专项质量、安全施工组织设计，并已按照规定办理了工程质量、安全监督手续。

⑦ 按照规定应该委托监理的工程已委托监理。

⑧ 建设资金已经落实。建设工期不足1年的，到位资金原则上不得少于工程合同价的50%；建设工期超过1年的，到位资金原则上不得少于工程合同价的30%。建设单位应当提供银行出具的到位资金证明，有条件的可以实行银行付款保函或者其他第三方担保。

⑨ 符合法律、行政法规规定的其他条件。

3. 施工许可证的颁发程序及其管理规定

（1）施工许可证的颁发程序

建设单位应当在建筑工程开工前，申请领取施工许可证。建设行政主管部门应当自收到申请之日起 15 日内，对符合条件的申请颁发施工许可证。施工许可证的颁发程序如下。

① 建设单位必须向有权颁发施工许可证的建设行政部门提出书面申请。

② 提出申请的时间是在建筑工程开工前。

③ 有权颁发施工许可证的建设行政部门是工程所在地县级以上人民政府建设行政主管部门。

④ 建设行政主管部门应当自收到申请之日起 15 日内，作出是否颁发施工许可证的决定，对符合条件的申请颁发施工许可证。对有权颁发施工许可证的建设行政部门不批准施工许可证的申请，或未在规定时间内颁发施工许可证的，建设单位可以根据《行政复议条例》第九条的规定，向复议机关申请行政复议，对行政复议决定不服的，可以向人民法院提起行政诉讼；建设单位也可以根据《行政诉讼法》第十一条的规定，直接向人民法院提起行政诉讼。

(2) 领取施工许可证的效力期限

领取施工许可证后，建设单位应当自领取施工许可证之日起 3 个月内开工。因故不能按期开工的，应当向发证机关申请延期；延期以两次为限，每次不超过 3 个月。既不开工又不申请延期或者超过延期时限的，施工许可证自行废止。也就是说，施工许可证的有效期最长可达 9 个月，如果超过 9 个月开工，施工许可证失去法律效力。

(3) 中止施工与恢复施工

中止施工，是指建筑工程开工后，在施工过程中因特殊情况的发生而中途停止施工的一种行为。恢复施工是指建筑工程中止施工后，造成中断施工的情况消除，继续进行施工的一种行为。在建的建筑工程因故中止施工的，建设单位应当自中止施工之日起一个月内，向发证机关报告，并按照规定做好建筑工程的维护管理工作。建筑工程恢复施工时，应当向发证机关报告；中止施工满一年的工程恢复施工前，建设单位应当报发证机关核验施工许可证。

此外，按照国务院有关规定批准开工报告的建筑工程，因故不能按期开工或者中止施工的，应当及时向批准机关报告情况。因故不能按期开工超过 6 个月的，应当重新办理开工报告的批准手续。

5.2.2 从业资格许可

从业资格许可的内容包括：建筑施工企业、勘察单位、设计单位和工程监理单位从事建筑活动应具备的条件；建筑施工企业、勘察单位、设计单位和工程监理单位应在许可范围内从事建筑活动；专业技术人员从事建筑活动，应依法取得执业资格证书。

1. 从业单位的基本条件

建筑活动不同于一般的经济活动，从业单位条件的高低直接影响建筑工程质量和建筑安全生产。因此，从事建筑活动的单位必须符合严格的资格条件。根据《建筑法》的规定，从事建筑活动的建筑施工企业、勘察单位、设计单位和工程监理单位，应当具备下列条件。

(1) 有符合国家规定的注册资本

注册资本反映的是企业法人的财产权，也是判断企业经济实力的依据之一。从事经营活动的企业组织，都必须具备基本的责任能力，能够承担与其经营活动相适应的财产义务，这既是法律权利与义务相一致、利益与风险相一致原则的反映，也是保护债权人利益的需要。因此，建筑施工企业、勘察单位、设计单位和工程监理单位的注册资本必须适应从事建筑活动的需要，不得低于最低限额。注册资本由国家规定，既可以由全国人大及其常委会通过制定法律来规定，也可以由国务院或国务院建设行政主管部门通过制定行政法规、部门规章等来规定。例如：施工总承包特级企业注册资本金3亿元以上；勘察综合类注册资本金不少于800万元人民币；工程设计行业资质甲级注册资本金不少于600万元人民币；监理企业资质甲级注册资本金不少于100万元；工程造价咨询单位资质甲级注册资本金不少于100万元。

（2）有与其从事的建筑活动相适应的具有法定执业资格的专业技术人员

建筑活动是一种专业性、技术性很强的活动，是涉及人生命和财产安全的特殊活动。因此，从事建筑活动的建筑施工企业、勘察单位、设计单位和工程监理单位必须有足够的专业技术人员，同时也要有经济、会计、统计等管理人员。从事建筑活动的专业技术人员还必须有法定执业资格，这种法定执业资格必须依法通过考试和注册，才能取得。如工程设计文件必须由注册建筑师签字才能生效。建筑工程的规模和复杂程度各不相同，因此建筑活动所要求的专业技术人员的级别和数量也不同，建筑施工企业、勘察单位、设计单位和工程监理单位必须有与其从事的建筑活动相适应的专业技术人员。

（3）有从事相关建筑活动所应有的技术装备

建筑活动具有专业性、技术性强的特点，没有相应的技术装备无法进行。如从事建筑施工活动，必须有相应的施工机械设备与质量检验测试手段；从事勘察设计活动，必须有相应的勘察仪器设备和设计机具仪器。因此，从事建筑活动的建筑施工企业、勘察单位、设计单位和工程监理单位必须有从事相关建筑活动所应有的技术装备。没有相应技术装备的单位，不得从事建筑活动。

（4）法律、行政法规规定的其他条件

建筑施工企业、勘察单位、设计单位和工程监理单位除了应具备从事建筑活动所必需的注册资本、专业技术人员和技术装备外，还须具备从事经营活动所应具备的其他条件。如按照《民法通则》第三十七条规定，法人应当有自己的名称、组织机构和场所。按照《公司法》规定，设立从事建筑活动的有限责任公司和股份有限公司，股东或发起人必须符合法定人数；股东或发起人共同制定公司章程（股份有限公司的章程还须经创立大会通过）；有公司名称，建立符合要求的组织机构；有固定的生产经营场所和必要的生产经营条件等。

2. 从业单位在许可范围内从事建筑活动

《建筑法》第十三条规定："从事建筑活动的建筑施工企业、勘察单位、设计单位和工程监理单位，按照其拥有的注册资本、专业技术人员、技术装备和已完成的建筑工程业绩等资质条件，划分为不同的资质等级，经资质审查合格，取得相应等级的资质证书后，方可在其资质等级许可的范围内从事建筑活动。"

资质审查，是指从事建筑活动的建筑施工企业、勘察单位、设计单位和工程监理单位，均须经过建设行政主管部门对其拥有的注册资本、专业技术人员、技术装备和已完成的建筑工程业绩、管理水平等进行审查，以确定其承担任务的范围，发给相应的资质证书，并须在其资质等级许可的范围内从事建筑活动。

资质审查制度是根据建筑活动的特点确立的一项重要的从业资格许可制度。建筑活动不同于工业生产活动，建筑活动耗资巨大，建设周期较长，生产场地经常移动，生产条件艰苦，社会影响广泛，与人民生命财产关系密切。因此，对从事建筑活动的单位，国家必须实行严格的从业许可制度。这也是目前世界上不少国家和地区所采取的通行做法，如日本、韩国、我国台湾等制定的建筑法均明确规定了这一制度。建筑法对在实践中行之有效的资质审查制度作出明确规定，对规范建筑市场秩序、保证建筑工程质量和建筑安全生产具有非常重要的意义。

根据2006年6月26日建设部发布的《建筑业企业资质管理规定》规定：建筑施工企业资质分施工总承包企业、专业承包企业和劳务分包三个序列。施工总承包企业资质分为特级、一级、二级、三级；专业承包企业资质分为一级、二级、三级和无级别；劳务分包企业资质分为一级、二级和无级别。2007年9月1日建设部发布的《建设工程勘察设计资质管理规定》规定：工程勘察资质分为工程勘察综合资质、工程勘察专业资质、工程勘察劳务资质。工程勘察综合资质只设甲级；工程勘察专业资质设甲级、乙级，根据工程性质和技术特点，部分专业可以设丙级；工程勘察劳务资质不分等级。取得工程勘察综合资质的企业，可以承接各专业（海洋工程勘察除外）、各等级工程勘察业务；取得工程勘察专业资质的企业，可以承接相应等级相应专业的工程勘察业务；取得工程勘察劳务资质的企业，可以承接岩土工程治理、工程钻探、凿井等工程勘察劳务业务。工程设计资质分为工程设计综合资质、工程设计行业资质、工程设计专业资质和工程设计专项资质。工程设计综合资质只设甲级；工程设计行业资质、工程设计专业资质、工程设计专项资质设甲级、乙级。根据工程性质和技术特点，个别行业、专业、专项资质可以设丙级，建筑工程专业资质可以设丁级。取得工程设计综合资质的企业，可以承接各行业、各等级的建设工程设计业务；取得工程设计行业资质的企业，可以承接相应行业相应等级的工程设计业务及本行业范围内同级别的相应专业、专项（设计施工一体化资质除外）工程设计业务；取得工程设计专业资质的企业，可以承接本专业相应等级的专业工程设计业务及同级别的相应专项工程设计业务（设计施工一体化资质除外）；取得工程设计专项资质的企业，可以承接本专项相应等级的专项工程设计业务。根据2006年2月22日建设部发布的《工程造价咨询单位管理办法》，规定工程造价咨询单位资质等级分为甲级、乙级。

3. 从业人员执业资格制度

从业人员执业资格制度，是指对具备一定专业学历、资历的从事建筑活动的专业技术人员，通过考试和注册确定其执业的技术资格，获得相应建筑工程文件签字权的一种制度。《建筑法》第十四条规定："从事建筑活动的专业技术人员，应当依法取得相应的执业资格证书，并在执业资格证书许可的范围内从事建筑活动。"

对从事建筑活动的专业技术人员实行执业资格制度非常必要。一是推进深化我国建筑工程管理体制改革的需要。我国对从事建筑活动的单位实行资质审查制度比较早。这种管理制度虽然从整体上管住了单位的资格，但对专业技术人员的个人技术资格缺乏定量的评定，专业技术人员的责、权、利不明确，常常出现高资质单位承接的任务，由低水平的专业技术人员来完成的现象，影响了建筑工程质量和投资效益的提高。实行专业技术人员执业资格制度有利于克服上述种种问题，保证建筑工程由具有相应资格的专业技术人员主持完成设计、施工、监理任务。二是促使我国工程建设领域与国际惯例接轨，适应对外开放的需要。当前世界大多数发达国家对从事涉及公众生命和财产安全的建筑活动的专业技术人员，都制定了严格的执业资格制度，如美国、英国、日本、加拿大等。随着我国对外开放的不断扩大，我国的专业技术人员走向世界，其他国家和地区的专业技术人员也希望进入中国建筑市场，建立专业技术人员执业资格制度有利于对等互认和加强管理。三是加速人才培养，提高专业技术人员业务水平和队伍素质的需要。执业资格制度有一套严格的考试、注册办法和继续教育的要求。这种激励机制有利于促进建筑工程质量、专业技术人员水平和从业能力的不断提高。

目前，我国对从事建筑活动的专业技术人员已建立起多种执业资格制度，如注册建筑师、注册城市规划师、注册结构工程师、注册土木工程师（岩土）、注册建造师、注册监理工程师和造价工程师等。详细执业资格和执业范围标准见第 6 章。

5.3 建筑工程发包与承包

5.3.1 发包与承包概述

1. 发包与承包的概念

建筑工程发包，是指建设单位或者招标代理单位通过招标方式或直接发包方式将建筑工程的全部或部分交由他人承包，并支付相应费用的行为。建筑工程承包，是指通过招标方式或直接发包方式取得建筑工程的全部或部分，取得相应费用并完成建筑工程的全部或部分的行为。

2. 发包单位

发包单位也称建设单位，是指投资建设该项建筑工程的主体（有时也称业主）。按照国家计委 1996 年 4 月发布的《关于实行建设项目法人责任制的暂行规定》，国有单位投资的经营性基本建设大中型建设项目，在建设阶段必须组建项目法人。项目法人可按《公司法》的规定设立有限责任公司（包括国有独资公司）和股份有限公司，由项目法人对项目的策划、资金筹措、建设实施、生产经营、债务偿还和资产保值增值，实行全过程负责。据此规定，由国有单位投资建设的经营性的房屋建筑工程（如用作生产经营设施的工商业用房、作为房地产项目的商品房等），由依法设立的项目法人作为建设单位，负责建设工程的发包。国有单位投资建设的非经营性的房屋建筑工程，应当由建设单位作为发包方负责工程的发包。一般说来，在承发包过程中，发包方与承包方的竞争地位是不相同的，发包单位出现了多种违法行为，为此，《建筑法》对发包单位的发包行为作出了相应的规定。

《建筑法》规定，建设单位应当将工程发包给具有相应资质等级的单位；建设单位不得将建筑工程肢解发包；建设单位应当依法对工程项目的勘察、设计、施工、工程监理及工程建设有关的重要设备、材料的采购进行招标；建筑工程发包单位不得迫使承包方以低于成本的价格竞标，不得任意压缩合理工期。

发包单位及其工作人员在建筑工程发包中不得收受贿赂、回扣或者索要其他好处。承包单位及其工作人员不得利用向发包单位及其工作人员行贿、提供回扣或者给予其他好处等不正当手段承揽工程。

此外，《反不正当竞争法》和《招标投标法》也对发包单位的发包行为作出了规定，发包单位在发包过程中，触犯刑律，依照《刑法》规定，追究刑事责任。

3. 承包单位

承包单位，是指通过投标或协议等途径签订建设工程合同，实施建设项目，承办工程建设、建设物资采购等相关活动的单位。承包单位的资质是评价该组织是否有能力和法律资格承担工程项目的重要条件，承包单位的资质水平对建设工程质量和建设项目是否顺利完成具有重要作用，因此，《建筑法》对承包单位的资质作出了相应的规定。

《建筑法》规定，承包建筑工程的单位应当持有依法取得的资质证书，并在其资质等级许可的业务范围内承揽工程；禁止建筑施工企业超越本企业资质等级许可的业务范围或者以任何形式用其他建筑施工企业的名义承揽工程；禁止建筑施工企业以任何形式允许其他单位或者个人使用本企业的资质证书、营业执照，以本企业的名义承揽工程。

4. 发包承包活动应当遵循的原则

《建筑法》对发包与承包的招标投标活动应当遵循的原则如下。

① 建筑工程发包与承包的招标投标活动，应当遵循公开、公正、公平竞争的原则，择优选择承包单位。

② 承包建筑工程的单位应当持有资质证书，并在其资质等级许可的业务范围内承揽工程。

③ 建筑工程造价通过法定程序产生。

④ 建筑工程的发包方式应依法招标发包，不适于招标发包的可以直接发包。

⑤ 公开招标时发包单位应当依照法定程序和方式，发布招标公告，提供载有招标工程的主要技术要求、主要的合同条款、评标的标准和方法以及开标、评标、定标的程序等内容的招标文件；开标应当在招标文件规定的时间、地点公开进行。开标后应当按照招标文件规定的评标标准和程序对标书进行评价、比较，在具备相应资质条件的投标者中，择优选定中标者。

⑥ 建筑工程招标的开标、评标、定标，由建设单位组织实施。

⑦ 建筑工程实行直接发包的，发包单位应当将建筑工程发包给具有相应资质条件的承包单位。

⑧ 发包过程中政府及其所属部门不得滥用行政权力，限定发包单位将招标发包的建筑工程发包给指定的承包单位。

⑨ 发包单位不得指定建筑用料的生产商和供应商。即按照合同约定，建筑材料、建筑构配件和设备由工程承包单位采购的，发包单位不得指定承包单位购入用于工程的建筑材料、建筑构配件和设备或者指定生产厂、供应商。

5.3.2 发包与承包

1. 发包

建筑工程发包的方式有两种形式，即招标发包与直接发包。建筑工程依法实行招标发包，对不适于招标发包的可以直接发包。建筑工程实行招标发包的，发包单位应当将建筑工程发包给依法中标的承包单位。《招标投标法》第三条规定了我国建筑工程强制招标发包的范围和具体招标投标程序。建筑工程实行公开招标的，发包单位应当依照法定程序和方式，发布招标公告，提供载有招标工程主要技术要求、合同条款、评标标准和方法及开标、评标、定标程序等内容的招标文件。开标应当在招标文件规定的时间、地点公开进行。开标后应当按照招标文件规定的评标标准和程序对标书进行评价、比较，在具备相应资质条件的投标者中，择优选定中标者。建筑工程招标的开标、评标、定标，由建设单位依法组织实施，并接受有关行政主管部门的监督。

建筑工程实行直接发包的，发包单位应当将建筑工程发包给具有相应资质条件的承包单位。一般说来，建筑工程采取公开招标或邀请招标的形式发包更有利于建设单位，直接发包主要适用于特殊工程，如保密工程、特殊专业、工程性质特殊、内容复杂等工程，在这种情况下，采用公开招标或邀请招标就存在诸多问题，可以采用直接发包的方式。

2. 承包

《建筑法》规定的承包方式包括：总承包、专项承包、联合承包与分包。建筑工程的发包单位可以将建筑工程的勘察、设计、施工、设备采购一并发包给一个工程总承包单位，也可以将建筑工程勘察、设计、施工、设备采购的一项或者多项发包给一个工程总承包单位；但是，不得将应当由一个承包单位完成的建筑工程肢解成若干部分发包给几个承包单位。肢解发包是指建设单位将应当由一个承包单位完成的建筑工程分解成若干部分发包给不同承包单位的行为。

大型建筑工程或者结构复杂的建筑工程，可以由两个以上的承包单位联合共同承包。共同承包的各方对承包合同的履行承担连带责任。两个以上不同资质等级的单位实行联合共同承包的，应当按照资质等级低的单位的业务许可范围承揽工程。

分包，是指建筑业企业将其所承包的房屋建筑和市政基础设施工程中的专业工程或者劳务作业发包给其他建筑业企业完成的活动。建筑工程总承包单位可以将承包工程中的部分工程发包给具有相应资质条件的分包单位；但除总承包合同中约定的分包外，必须经建设单位认可。施工总承包的，建筑工程主体结构的施工必须由总承包单位自行完成。建筑工程总承包单位按照总承包合同的约定对建设单位负责；分包单位按照分包合同的约定对总承包单位负责，总承包单位和分包单位就分包工程对建设单位承担连带责任。

转包，是指承包单位承包建设工程后，不履行合同的责任和义务，将其承包的全部建设工程转给他人或将其承包的全部建设工程肢解以后以分包的名义分别转给其他单位承包的行为。禁止承包单位将其承包的全部建筑工程转包给他人，禁止承包单位将其承包的全部建筑工程肢解以后以分包的名义分别转包给他人。分包工程发包人将工程分包后，未在施工现场设立项目管理机构和派驻相应人员，并未对该工程的施工活动进行组织管理的，视同转包行为。

违法分包，是指分包工程发包人将专业工程或者劳务作业分包给不具备相应资质条件的分包工程承包人的；施工总承包合同中未有约定，又未经建设单位认可，分包工程发包人将承包工程中的部分专业工程分包给他人的。禁止总承包单位将工程分包给不具备相应资质条件的单位；禁止将承包的工程进行违法分包；禁止分包单位将其承包的工程再分包。

禁止转让、出借企业资质证书或者以其他方式允许他人以本企业名义承揽工程。分包工程发包人没有将其承包的工程进行分包，在施工现场所设项目管理机构的项目经理、技术负责人、项目核算负责人、质量管理人员、安全管理人员不是工程承包人本单位人员的，视同允许他人以本企业名义承揽工程。

5.3.3 发包与承包的计价

建筑工程造价，是指由建筑工程的双方当事人依法约定的建筑工程所需要的总价款。工程造价的确定，是建筑工程承包合同中的重要内容，是发包、承包双方在招标过程中谈判的中心议题，是合同执行的重要依据。建筑工程造价应当按照国家有关规定，由发包单位与承包单位在合同中约定。公开招标发包的，招标人与中标人应当根据中标价订立合同。不实行招标投标的工程，在承包方编制的施工图预算的基础上，由发承包双方协商订立合同。发包单位应当按照合同的约定，及时拨付工程款项。

2001年11月5日建设部颁布了《建筑工程施工发包与承包计价管理办法》，对建筑工程施工发包与承包计价管理作出了明确规定。

建筑工程施工发包与承包价在政府宏观调控下，由市场竞争形成。工程发承包计价应当遵循公平、合法和诚实信用的原则。

工程发承包计价包括编制施工图预算、招标标底、投标报价、工程结算和签订合同价等活动。施工图预算、招标标底和投标报价由成本（直接费、间接费）、利润和税金构成。其编制可以采用以下计价方法。

（1）工料单价法

分部分项工程量的单价为直接费。直接费以人工、材料、机械的消耗量及其相应价格确定。间接费、利润、税金按照有关规定另行计算。

（2）综合单价法

分部分项工程量的单价为全费用单价。全费用单价综合计算完成分部分项工程所发生的直接费、间接费、利润、税金。

招标投标工程可以采用工程量清单方法编制招标标底和投标报价。2003年2月17日建设部和国家质量监督检验检疫总局颁发了《建设工程工程量清单基价规范》（GB 50500—2003）。工程量清单应当依据招标文件、施工设计图纸、施工现场条件和国家制定的统一工程量计算规则、分部分项工程项目划分、计量单位等进行编制。工程量清单应由分部分项工程量清单、措施项目清单、其他项目清单组成。分部分项工程项目清单一般是以综合单价表示的，综合单价是考虑风险因素，完成工程量清单中一个规定计量单位项目所需的人工费、材料费、机械使用费、管理费和利润的价格。措施项目清单是完成工程项目施工，发生于该工程施工前和施工过程中技术、生活、安全等方面的非工程实体项目计价清单。其他项目清单是根据建设工程具体情况确定的预留金、材料购置费、总承包服务费、零星工作项目费等的清单。工程量清单应由具有编制招标文件能力的招标人，或受其委托具有相应资质的中介机构进行编制。

5.3.4　发包与承包合同

建筑工程的发包单位与承包单位应当依法订立书面合同，明确双方的权利和义务。发包单位和承包单位应当全面履行合同约定的义务。不按照合同约定履行义务的，依法承担违约责任。

建筑工程承包合同为法定要式形式，即合同双方应当依法订立书面合同，《合同法》第二百七十条也明确规定："建设工程合同应当采用书面形式。"勘察、设计合同的内容包括：提交有关基础资料和文件（包括概预算）的期限、质量要求、费用及其他协作条件等条款。建设工程委托监理合同的主要内容包括：工程的地点、名称及规模，监理范围，双方的权利和义务，合同变更与终止，监理酬金的计取和支付方法，违约责任，争议的解决方式。施工合同的内容包括：工程范围、建设工期、中间交工工程的开工和竣工时间、工程质量、工程造价、技术资料交付时间、材料和设备供应责任、拨款和结算、竣工验收、质量保修范围和质量保证期、双方相互协作等条款。

实践中，国内工程承包一般采用国家颁布的有关示范文本。2013年4月3日国家工商局和建设部联合修订了《建设工程施工合同（示范文本）》，为建设单位和承包单位签订工程承包合同提供了示范文本，成为合同双方当事人签订工程承包合同的重要依据。2000年2月17日建设部、国家工商局颁布了《建设工程委托监理合同（示范文本）》（GF 2000—0202）。2000年3月1日建设部、国家工商行政管理局发布了《建设工程勘察合同》（示范文本订立合同），《建设工程勘察合同》分为《建设工程勘察合同（一）》（GF 2000—0203）和《建设工程勘察合同（二）》（GF 2000—0204）。2000年3月1日建设部、国家工商行政管理局发布了《建设工程设计合同》示范文本订立合同，《建设工程设计合同》分为《建设工程设计合同（一）》（GF 2000—0209）和《建设工程设计合同（二）》（GF 2000—0210）。2003年8月12日建设部、国家工商行政管理局发布了《建设工程施工专业分包合同（示范文本）》（GF 2003—0213）和《建设工程施工劳务分包合同（示范文本）》（GF 2003—0214）。在国际工程承包中，《FIDIC土木施工合同条件》是各国当事人签订工程承包合同的重要示范文本。

5.4 建筑工程监理

5.4.1 建筑工程监理的概念

建筑工程监理，是指按照一定条件，经过政府主管部门的批准，取得资格证书的工程建筑咨询、监理单位，受建设单位的委托，依照国家法律、行政法规、规范标准和合同条款，对建筑工程项目进行可行性研究、协助招标、评标、监督勘察、设计和施工的一种有偿服务。

我国工程监理起始于1983年利用世界银行贷款建设的鲁布革水电站引水工程。1988年7月25日建设部印发了《关于开展建设监理工作的通知》，提出要建立具有中国特色的建筑监理制度；1988年10月制定印发了《关于开展建设监理工作试点工作的若干意见》；1989年7月28日建设部颁布了《建设监理试行规定》；1992年1月18日建设部发布了《工程建设监理单位资质管理试行办法》；1992年6月4日建设部颁发了《监理工程师资格考试和注册实行办法》；1992年9月建设部、国家物价局联合印发了《关于发布工程建设监理费有关规定的通知》；1995年10月建设部、国家工商行政管理局联合印发了《工程建设监理合同（示范文本）》；1995年12月15日建设部、国家计委联合颁布了《工程建设监理规定》；1997年11月1日全国人大常委会颁布了《建筑法》；2000年1月30日国务院颁布了《建设工程质量管理条例》；2000年2月17日建设部、国家工商行政管理局印发了《建设工程委托监理合同（示范文本）》（GF 2000—0202）；2000年12月7日国家技术监督局和建设部联合颁布了《建设工程监理规范》（GB 50319—2000）（2013年5月13日重新颁布了新的《建设工程监理规范》（GB 50319—2013））；2001年1月17日建设部颁布了《建设工程监理范围和规模标准规定》；2001年8月29日建设部发布了《工程监理企业资质管理规定》（现废止）；2002年7月27日建设部颁布了《房屋建筑工程施工旁站监理管理办法（试行）》等；2005年12月31日建设部颁布了《注册监理工程师管理规定》；2006年12月11日建设部颁布了新的《工程监理企业资质管理规定》等。

5.4.2 建筑工程监理的范围

1997年11月1日颁布的《建筑法》第三十条规定:"国家推行建筑工程监理制度。国务院可以规定实行强制监理的建筑工程的范围。"2000年1月30日国务院发布的《建设工程质量管理条例》,对强制监理的范围作出规定:"下列建设工程必须实行监理:国家重点建设工程;大中型公用事业工程;成片开发建设的住宅小区工程;利用外国政府或者国际组织贷款、援助资金的工程;国家规定必须实行监理的其他工程。"2001年1月17日建设部颁布了《建设工程监理范围和规模标准规定》,进一步明确强制监理的范围和标准。

1. 国家重点建设工程

国家重点建设工程,是指依据《国家重点建设项目管理办法》所确定的对国民经济和社会发展有重大影响的骨干项目。

2. 大中型公用事业工程

大中型公用事业工程,是指项目总投资额在3 000万元以上的下列工程项目:供水、供电、供气、供热等市政工程项目;科技、教育、文化等项目;体育、旅游、商业等项目;卫生、社会福利等项目;其他公用事业项目。

3. 成片开发建设的住宅小区工程

成片开发建设的住宅小区工程,建筑面积在5×10^4 m^2以上的住宅建设工程必须实行监理;5×10^4 m^2以下的住宅建设工程,可以实行监理,具体范围和规模标准由省、自治区、直辖市人民政府建设行政主管部门规定。为了保证住宅质量,对高层住宅及地基、结构复杂的多层住宅应当实行监理。

4. 利用外国政府或者国际组织贷款、援助资金的工程

利用外国政府或者国际组织贷款、援助资金的工程项目包括:

① 使用世界银行、亚洲开发银行等国际组织贷款的项目;

② 使用国外政府及其机构贷款的项目;

③ 使用国际组织或者国外政府援助资金的项目。

5. 国家规定必须实行监理的其他工程

项目总投资额在3 000万元以上关系社会公共利益、公众安全的下列基础设施项目:

① 煤炭、石油、化工、天然气、电力、新能源等项目;

② 铁路、公路、管道、水运、民航及其他交通运输业等项目;

③ 邮政、电信枢纽、通信、信息网络等项目;

④ 防洪、灌溉、排涝、发电、引(供)水、滩涂治理、水资源保护、水土保持等水利建设项目;

⑤ 道路、桥梁、地铁和轻轨交通、污水排放及处理、垃圾处理、地下管道、公共停车场等城市基础设施项目;

⑥ 生态环境保护项目;

⑦ 其他基础设施项目。

此外,还包括学校、影剧院、体育场馆项目。

5.4.3 建设工程监理制度

1. 工程监理单位的资质许可制度

国家实行工程监理单位资质许可制度。2000年1月30日国务院颁布的《建设工程质量管理条例》第三十四条规定："工程监理单位应当在其资质等级许可的监理范围内，承担工程监理业务。禁止工程监理单位超越本单位资质等级许可的范围或者以其他工程监理单位的名义承担监理业务。禁止工程监理单位允许其他工程监理单位或者个人以本单位的名义承担监理业务。"

2006年12月11日建设部发布的《工程监理企业资质管理规定》规定，工程监理企业应当按照其拥有的注册资本、专业技术人员和工程监理业绩等资质条件申请资质，经审查合格，取得相应等级的资质证书后，方可在其资质等级许可的范围内从事工程监理活动。工程监理企业资质分为综合资质、专业资质和事务所资质。其中，专业资质按照工程性质和技术特点划分为若干工程类别。综合资质、事务所资质不分级别。专业资质分为甲级、乙级；其中，房屋建筑、水利水电、公路和市政公用专业资质可设立丙级。

2. 建设单位与监理单位的委托监理制度

实行监理的建筑工程，由建设单位委托具有相应资质条件的工程监理单位监理。工程监理单位应当依法取得相应等级的资质证书，在其资质等级许可的范围内承担监理业务。建设单位与监理单位是一种委托与被委托的关系，建设单位与其委托的工程监理单位应当订立书面委托监理合同。实施建筑工程监理前，建设单位应当将委托工程监理单位、监理的内容及监理权限，书面通知被监理的建筑施工企业。实践中，委托监理合同是采用建设部、国家工商局2000年2月17日联合印发的《建设工程委托监理合同（示范文本）》（CF 2000—0202）。《建设工程委托监理合同（示范文本）》包括建设工程委托监理合同、标准条件、专用条件三部分。标准条件共有四十九条，分为词语定义、适用范围和法规、监理人义务、委托人义务、监理人权利、委托人权利、监理人责任、委托人责任、合同生效、变更与终止、监理报酬、其他争议的解决12个部分。

3. 监理单位质量管理的义务

工程监理单位应当根据建设单位的委托，客观、公正地执行监理任务。工程监理单位与被监理工程的承包单位及建筑材料、建筑构配件和设备供应单位不得有隶属关系或者其他利害关系。工程监理单位不得转让工程监理业务。

工程监理单位应当选派具备相应资格的总监理工程师和监理工程师进驻施工现场。监理工程师应当按照工程监理范围的要求，采取旁站、巡视和平行检查等形式，对建设工程实施监理。

房屋建筑工程施工旁站监理，是指监理人员在房屋建筑工程施工阶段监理中，对关键部位、关键工序的施工质量实施全过程现场跟班的监督活动。房屋建筑工程的关键部位、关键工序，在基础工程方面包括：土方回填、混凝土灌注桩浇筑、地下连续墙、土钉墙、后浇带及其他结构的混凝土及防水混凝土浇筑，卷材防水层细部构造处理，钢结构安装。在主体结构工程方面包括：梁柱节点钢筋隐蔽过程、混凝土浇筑、预应力张拉、装配式结构安装、钢结构安装、网架结构安装、索膜安装。

旁站监理在总监理工程师的指导下，由现场监理人员负责具体实施。旁站监理人员的主

要职责如下:

① 检查施工企业现场质检人员到岗、特殊工种人员持证上岗及施工机械、建筑材料准备情况。

② 在现场跟班监督关键部位、关键工序的施工、执行施工方案及工程建设强制性标准情况。

③ 核查进场建筑材料、建筑构配件、设备和商品混凝土的质量检验报告等,并可在现场监督施工企业进行检验或者委托具有资格的第三方进行复验。

④ 做好旁站监理记录和监理日记,保存旁站监理原始资料。凡没有实施旁站监理或者没有旁站监理记录的,监理工程师或者总监理工程师不得在相应文件上签字。

4. 监理单位质量管理的权利

工程监理人员认为工程施工不符合工程设计要求、施工技术标准和合同约定的,有权要求建筑施工企业改正。未经监理工程师签字的建筑材料、建筑构配件和设备不得在工程上使用或者安装,施工单位不得进行下一道工序的施工。未经总监理工程师签字,建设单位不拨付工程款,不进行竣工验收。工程监理人员发现工程设计不符合建筑工程质量标准或者合同约定的质量要求,应当报告建设单位要求设计单位改正。

凡旁站监理人员和施工企业现场质检人员未在旁站监理记录上签字的,不得进行下一道工序施工。旁站监理人员实施旁站监理时,发现施工企业有违反工程建设强制性标准行为的,有权责令施工企业立即整改;发现其施工活动已经或者可能危及工程质量的,应当及时向监理工程师或者总监理工程师报告,总监理工程师可下达局部暂停施工指令或者采取其他应急措施。

在合同约定范围内,发现工程设计不符合国家颁布的建设工程质量标准或设计合同约定的质量标准的,监理人应当书面报告委托人并要求设计人更正;审批工程施工组织设计和技术方案,按照保质量、保工期和降低成本的原则,向承包人提出建议,并向委托人提出书面报告;主持工程建设有关协调单位的组织协调,重要协调事项应当事先向委托人报告。征得委托人同意,监理人有权发布开工令、停工令、复工令。监理人具有工程上使用的材料和施工质量的检验权。对于不符合设计要求和合同约定及国家质量标准的材料、构配件、设备,监理人有权通知承包人停止使用;对于不符合规范和质量标准的工序、分部分项工程和不安全施工作业,监理人有权通知承包人停工整改、返工,承包人得到监理机构复工令后才能复工。

5. 监理的民事责任

《建筑法》第三十五条第一款规定:"工程监理单位不按照委托监理合同的约定履行监理义务,对应当监督检查的项目不检查或者不按照规定检查,给建设单位造成损失的,应当承担相应的赔偿责任。"

《建筑法》第三十五条第二款规定:"工程监理单位与承包单位串通,为承包单位谋取非法利益,给建设单位造成损失的,应当与承包单位承担连带赔偿责任。"

《建设工程质量管理条例》第三十六条规定:"建筑工程监理应当依照法律、行政法规及有关的技术标准、设计文件和建筑工程承包合同,对承包单位在施工质量、建设工期和建设资金使用等方面,代表建设单位实施监督,并对施工质量承担监理责任。"

5.5 建设工程安全法律制度

5.5.1 建设工程安全管理概述

建筑生产的特点是产品固定、人员流动，且多为露天、高处作业，施工环境和作业条件差，不安全因素随着工程形象进度的变化而不断变化。建筑业属于事故多发行业之一，每年因施工死亡人数仅次于矿山业，在我国各行业中排第二位。因此，《中华人民共和国建筑法》、《中华人民共和国安全生产法》都对建筑安全生产管理作出规定，对强化建筑安全生产管理，保证建筑工程的安全性能，保障员工及其相邻居民的人身和财产安全，具有非常重要的意义。

1. 建设工程安全管理的概念与方针

（1）安全管理的概念

安全管理是指管理者运用行政、经济、法律、法规、技术等各种手段，发挥决策、教育、组织、监察、指挥等各种职能，对人、物、环境等各种被管理对象施加影响和控制，排除不安全因素，以达到安全目的的活动。

安全管理的中心问题是保护生产活动中劳动者的安全与健康，保证生产顺利进行。

（2）建设工程安全管理的概念

建设工程安全管理是指对建设活动过程中所涉及的安全进行的管理，包括建设行政主管部门对建设活动中的安全问题所进行的行业管理和从事建设活动的主体对自己建设活动的安全生产所进行的企业管理。

从事建设活动的主体所进行的安全生产管理包括建设单位对安全生产的管理，设计单位对安全生产的管理，施工单位对建设工程安全生产的管理等。

（3）建设工程安全管理与《中华人民共和国安全生产法》的关系

《中华人民共和国安全生产法》规定："在中华人民共和国领域内从事生产经营活动的单位的安全生产，适用本法；有关法律、行政法规对消防安全和道路交通安全、铁路交通安全、水上交通安全、民用航空安全另有规定的除外。"

所以，建设工程安全管理属于《中华人民共和国安全生产法》调整范围。

（4）建设工程安全管理方针

《中华人民共和国安全生产法》规定安全生产管理，坚持安全第一、预防为主的方针。同时，《中华人民共和国建筑法》（以下简称为《建筑法》）第三十六条规定："建筑工程安全生产管理必须坚持安全第一、预防为主的方针，建立健全安全生产的责任制度和群防群治制度。"确立了建筑工程安全管理必须坚持的方针。

所谓坚持安全第一、预防为主的方针，是指将建设工程安全管理放到第一位，采取有效措施控制不安全因素的发展与扩大，把可能发生的事故，消灭在萌芽状态。安全第一是从保护和发展生产力的角度，表明在生产范围内安全与生产的关系，肯定安全在建筑生产活动中的首要位置和重要性；预防为主是指在建筑生产活动中，针对建筑生产的特点，对生产要素采取管理措施，有效地控制不安全因素的发展与扩大，把可能发生的事故消灭在萌芽状态，以保证生产活动中人的安全与健康。安全第一，预防为主的方针，体现了国家对在建筑工程安全生产过程中"以人为本"，对保护劳动者权利、保护社会生产力、保护建筑生产的高度重视。

2. 安全生产管理体制

完善安全管理体制，建立健全安全管理制度、安全管理机构和安全生产责任制是安全管理的重要内容，也是实现安全生产目标管理的组织保证。我国的安全生产管理体制是"企业负责、行业管理、国家监察、群众监督、劳动者遵章守纪"。

企业负责，即工程建设企业应认真贯彻执行劳动保护和安全生产的政策、法令和规章制度，要对本企业的劳动保护和安全生产负责。

行业管理，即行业主管部门应根据"管生产必须管安全的原则"，管理本行业的安全生产工作，建立安全管理机构，配备安全技术干部，组织贯彻执行国家安全生产方针、政策、法规；制定行业的安全规章制度和安全规范标准；对本行业安全生产工作进行计划、组织、监督、检查和考核。建设部工程质量安全监督与行业发展司负责全国建筑行业的安全生产工作。

国家监察，即由劳动部门按照国务院要求实施国家劳动安全监察。国家监察是一种执法监察，主要是监察国家法规政策的执行情况，预防和纠正违反法规政策的偏差。它不干预企事业内部执行法规政策的方法、措施和步骤等具体事务，不能代替行业管理部门日常管理和安全检查。

群众（工会组织）监督，保护职工的安全健康是工会的职责，工会对危害职工安全健康的现象有抵制、纠正以至控告的权利。这是一种自下而上的群众监督。这种监督与国家安全监察和行政管理是相辅相成的。

劳动者遵章守纪，从发生原因来看，事故大都与职工的违章行为有直接关系。因此，劳动者在生产过程中应该自觉遵守安全生产规章制度和劳动纪律，严格执行安全技术操作规程，不违章操作。劳动者遵章守纪也是减少事故、实现安全生产的重要保证。

3. 建设工程安全管理基本制度

1)《中华人民共和国安全生产法》中明确的安全生产基本制度

《安全生产法》确定了我国安全生产的基本法律制度如下。

(1) 安全生产监督管理制度

《安全生产法》中提供了4种监督途径，即工会民主监督、社会舆论监督、公众举报监督和社区报告监督。通过这些监督途径，将使许多安全隐患及时得以发现，也将使许多安全管理工作中的不足得以改善。同时，《安全生产法》也明确了监督管理人员的权利和义务，这也将有利于监督工作的顺利进行。

(2) 生产经营单位安全保障制度

在《安全生产法》中明确了生产经营单位必须做好安全生产的保证工作，既要在安全生产条件上、技术上符合生产经营的要求，也要在组织管理上建立健全安全生产责任并将其有效落实。

(3) 从业人员安全生产权利义务制度

在《安全生产法》中，不仅在明确了从业人员为保证安全生产所应尽的义务，也明确了从业人员进行安全生产所享有的权利。这样，在正面强调从业人员应该为安全生产尽职尽责的同时,赋予从业人员的权利也从另一方面有效保障了安全生产管理工作的有效开展。

(4) 生产经营单位负责人安全责任制度

在《建筑法》中已经强调了安全生产责任制,这是从组织管理的角度采取的重要措施。在《安全生产法》中,更强调了单位负责人的安全责任。因为,一切安全管理,归根到底是对人的管理,只有生产经营单位的负责人真正认识到安全管理的重要性并认真落实安全管理的各项工作,安全管理工作才有可能真正有效进行。

(5) 安全生产责任追究制度

违法必究是我国法律的基本原则,任何单位或个人违反了我国的法律,都将受到法律的制裁。所以《安全生产法》中明确了对违反该法的单位和个人的法律责任,这一点与《建筑法》中规定的基本原则是一致的。

(6) 事故应急救援和处理制度

在安全事故中,经常伴随着生命财产的抢救,如果没有应急的救援措施和科学合理的处理制度,人民的生命财产安全和公民的正当权利将无法得到保障;同时,正确处理安全事故也可以起到警醒世人、教育员工的作用。所以,健全事故应急救援和处理制度是十分重要的。

2)《中华人民共和国建筑法》中明确的安全生产基本制度

(1) 安全生产责任制度

安全生产责任制度是建筑生产中最基本的安全管理制度,是所有安全规章制度的核心。安全生产责任制度是指将各种不同的安全责任落实到负责有安全管理责任的人员和具体岗位人员身上的一种制度。这一制度是安全第一、预防为主方针的具体体现,是建筑安全生产的基本制度。在建筑活动中,只有明确安全责任,分工负责,才能形成完整有效的安全管理体系,激发每个人的安全责任感,严格执行建筑工程安全的法律、法规和安全规程、技术规范,防患于未然,减少和杜绝建筑工程事故,为建筑工程的生产创造一个良好的环境。安全责任制的主要内容,一是从事建筑活动主体的负责人的责任制。比如,建筑施工企业的法定代表人要对本企业的安全负主要的安全责任。二是从事建筑活动主体的职能机构或职能处室负责人及其工作人员的安全生产责任制。比如,建筑企业根据需要设置的安全处室或者专职安全人员要对安全负责。三是岗位人员的安全生产责任制。岗位人员必须对安全负责;从事特种作业的安全人员必须进行培训,经过考试合格后方能上岗作业。

(2) 群防群治制度

群防群治制度是职工群众进行预防和治理安全的一种制度。这一制度也是"安全第一、预防为主"的具体体现,同时也是群众路线在安全工作中的具体体现,是企业进行民主管理的重要内容。这一制度要求建筑企业职工在施工中应当遵守有关生产的法律、法规和建筑行业安全规章、规程,不得违章作业;对于危及生命安全和身体健康的行为有权提出批评、检举和控告。

(3) 安全生产教育培训制度

安全生产教育培训制度是对广大建筑企业职工进行安全教育培训,提高安全意识,增加安全知识和技能的制度。安全生产,人人有责。只有通过对广大职工进行安全教育、培训,才能使广大职工真正认识到安全生产的重要性、必要性,才能使广大职工掌握更多更有效的安全生产的科学技术知识,牢固树立安全第一的思想,自觉遵守各项安全生产和规章制度。

分析许多建筑安全事故，一个重要的原因就是有关人员安全意识不强，安全技能不够，这些都是没有搞好安全教育培训工作的后果。

（4）安全生产检查制度

安全生产检查制度是上级管理部门或企业自身对安全生产状况进行定期或不定期检查的制度。通过检查可以发现问题，查出隐患，从而采取有效措施，堵塞漏洞，把事故消灭在发生之前，做到防患于未然，是"预防为主"的具体体现。通过检查，还可总结出好的经验加以推广，为进一步搞好安全工作打下基础。安全检查制度是安全生产的保障。

（5）伤亡事故处理报告制度

施工中发生事故时，建筑企业应当采取紧急措施减少人员伤亡和事故损失，并按照国家有关规定及时向有关部门报告的制度。事故处理必须遵循一定的程序，做到三不放过（事故原因不清不放过、事故责任者和群众没有受到教育不放过、没有防范措施不放过）。通过对事故的严格处理，可以总结出教训，为制定规程、规章提供第一手素材，做到亡羊补牢。

（6）安全责任追究制度

《建筑法》第七章法律责任中，规定建设单位、设计单位、施工单位、监理单位，由于没有履行职责造成人员伤亡和事故损失的，视情节给予相应处理。情节严重的，责令停业整顿，降低资质等级或吊销资质证书；构成犯罪的，依法追究刑事责任。

5.5.2 建设工程安全责任

1. 建设单位的安全责任

（1）建设单位应当向施工单位提供有关资料

《建设工程安全生产管理条例》第六条规定，建设单位应当向施工单位提供施工现场及毗邻区域内供水、排水、供电、供气、供热、通信、广播电视等地下管线资料，气象和水文观测资料，相邻建筑物和构筑物、地下工程的有关资料，并保证资料的真实、准确、完整。

建设单位因建设工程需要，向有关部门或者单位查询前款规定的资料时，有关部门或者单位应当及时提供。

（2）不得向有关单位提出影响安全生产的违法要求

《建设工程安全生产管理条例》第七条规定，建设单位不得对勘察、设计、施工、工程监理等单位提出不符合建设工程安全生产法律、法规和强制性标准规定的要求，不得压缩合同约定的工期。

（3）建设单位应当保证安全生产投入

《建设工程安全生产管理条例》第八条规定，建设单位在编制工程概算时，应当确定建设工程安全作业环境及安全施工措施所需费用。

（4）不得明示或暗示施工单位使用不符合安全施工要求的物资

《建设工程安全生产管理条例》第九条规定，建设单位不得明示或者暗示施工单位购买、租赁、使用不符合安全施工要求的安全防护用具、机械设备、施工机具及配件、消防设施和器材。

（5）办理施工许可证或开工报告时应当报送安全施工措施

《建设工程安全生产管理条例》第十条规定，建设单位在申请领取施工许可证时，应当提供建设工程有关安全施工措施的资料。

依法批准开工报告的建设工程，建设单位应当自开工报告批准之日起 15 日内，将保证安全施工的措施报送建设工程所在地的县级以上人民政府建设行政主管部门或者其他有关部门备案。

(6) 应当将拆除工程发包给具有相应资质的施工单位

《建设工程安全生产管理条例》第十一条规定，建设单位应当将拆除工程发包给具有相应资质等级的施工单位。

建设单位应当在拆除工程施工 15 日前，将下列资料报送建设工程所在地的县级以上地方人民政府主管部门或者其他有关部门备案：

① 施工单位资质等级证明；
② 拟拆除建筑物、构筑物及可能危及毗邻建筑的说明；
③ 拆除施工组织方案；
④ 堆放、清除废弃物的措施。

实施爆破作业的，还应当遵守国家有关民用爆炸物品管理的规定。根据《民用爆炸物品管理条例》第二十七条的规定，使用爆破器材的建设单位，必须经上级主管部门审查同意，并持说明使用爆破器材的地点、品名、数量、用途、四邻距离的文件和安全操作规程，向所在地县、市公安局申请领取《爆炸物品使用许可证》，方准使用。根据《民用爆炸物品管理条例》第三十条的规定，进行大型爆破作业，或在城镇与其他居民聚居的地方、风景名胜区和重要工程设施附近进行控制爆破作业，施工单位必须事先将爆破作业方案，报县、市以上主管部门批准，并征得所在地县、市公安局同意，方准爆破作业。

2. 勘察、设计单位的安全责任

(1) 勘察单位的安全责任

根据《建设工程安全生产管理条例》第十二条的规定，勘察单位的安全责任包括两方面。

① 勘察单位应当按照法律、法规和工程建设强制性标准进行勘察，提供的勘察文件应当真实、准确，满足建设工程安全生产的需要。
② 勘察单位在勘察作业时，应当严格按照操作规程，采取措施保证各类管线、设施和周边建筑物、构筑物的安全。

(2) 设计单位的安全责任

《建筑法》第三十七条对设计单位的安全责任有明确规定："建筑工程设计应符合按照国家规定制定的建筑安全规程和技术规范，保证工程的安全性能。"

根据《建设工程安全生产管理条例》第十三条的规定，设计单位的安全责任包括以下内容。

① 设计单位应当按照法律、法规和工程建设强制性标准进行设计，防止因设计不合理导致安全生产事故的发生。
② 设计单位应当考虑施工安全操作和防护的需要，对涉及施工安全的重点部位和环节在设计文件中注明，并对防范安全生产事故提出指导意见。
③ 采用新结构、新材料、新工艺的建设工程和特殊结构的建设工程，设计单位应当在设计中提出保障施工作业人员安全和预防生产安全事故的措施建议。

④ 设计单位和注册建筑师等注册执业人员应当对其设计负责。

建筑工程设计是建设工程的重要环节，工程设计质量的优劣直接影响建设活动和建筑产品的安全。为此，勘察单位应提供建设工程所需的全面、准确的地质、测量和水文等资料。这里所说的建筑工程设计，是指各类房屋建筑、构筑物及其附属设施、线路管道、设备等的设计活动。一般应根据建设工程项目的功能性要求，考虑投资、材料、环境、气候、水文地质结构等提供图纸等设计文件。

所谓保证工程的安全性能，是指设计单位应当按照建设工程安全标准进行设计，保证其符合按照国家制定的建筑安全规程和技术规范。建筑工程的安全性能，包括两层含义：在建造过程中的安全，主要指建造者的安全；建成后的使用安全，主要指建筑物的安全。所谓建筑安全规程，是指在建筑活动中为了消除导致人身伤亡或者造成设备、财产破坏及危害环境而由有关部门制定的具体技术要求和实施程序的统一规定。所谓建筑技术规范，是指由有关部门制定的对设计、施工等技术事项所作的统一规定，技术规范是标准的一种形式。需要说明的是，这里对于建筑安全规程和技术规范的制定提出了要求，即建筑安全规程和技术规范必须"按照国家规定"制定。所谓按照国家规定制定，是指制定建筑安全规程和技术规范时必须符合国家规定的原则，不得同国家规定相抵触；抵触的无效。这里国家规定包括全国人大及其常委会通过的法律、国务院制定的行政法规、行业部门制定的行政规章等。

3. 工程监理单位的安全责任

（1）安全技术措施及专项施工方案审查义务

《建设工程安全生产管理条例》第十四条第一款规定，工程监理单位应当审查施工组织设计中的安全技术措施或者专项施工方案是否符合工程建设强制性标准。

（2）安全生产事故隐患报告义务

《建设工程安全生产管理条例》第十四条第二款规定，工程监理单位在实施监理过程中，发现存在安全事故隐患的，应当要求施工单位整改；情况严重的，应当要求施工单位暂时停止施工，并及时报告建设单位。施工单位拒不整改或者不停止施工的，工程监理单位应当及时向有关主管部门报告。

（3）应当承担监理责任

工程监理单位和监理工程师应当按照法律、法规和工程建设强制性标准实施监理，并对建设工程安全生产承担监理责任。

4. 建设工程物资供应单位的安全责任

（1）机械设备和配件供应单位的安全责任

《建设工程安全生产管理条例》第十五条规定，为建设工程提供机械设备和配件的单位，应当按照安全施工的要求配备齐全有效的保险、限位等安全设施和装置。

（2）机械设备、施工机具和配件出租单位的安全责任

《建设工程安全生产管理条例》第十六条规定，出租的机械设备和施工工具及配件，应当具有生产（制造）许可证、产品合格证。

出租单位应当对出租的机械设备和施工工具及配件的安全性能进行检测，在签订租赁协议时，应当出具检测合格证明。

禁止出租检测不合格的机械设备和施工工具及配件。

（3）起重机械和自升式架设设施的安全管理

① 在施工现场安装、拆卸施工起重机械和整体提升脚手架、模板等自升式架设设施，必须由具有相应资质的单位承担。

② 安装、拆卸施工起重机械和整体提升脚手架、模板等自升式架设设施，应当编制拆装方案、指定安全施工措施，并由专业技术人员现场监督。

③ 施工起重机械和整体提升脚手架、模板等自升式架设设施安装完毕后，安装单位应当自检，出具自检合格证明，并向施工单位进行安全使用说明，办理验收手续并签字。

④ 施工起重机械和整体提升脚手架、模板等自升式架设设施的使用达到国家规定的检验检测期限的，必须经具有专业资质的检验检测机构检测。经检测不合格的，不得继续使用。

⑤ 检验检测机构对检测合格的施工起重机械和整体提升脚手架、模板等自升式架设设施，应当出具安全合格证明文件，并对检测结果负责。

5. 施工单位的安全责任

1) 施工单位应当具备的安全生产资质条件

《建设工程安全生产管理条例》第二十条规定，施工单位从事建设工程的新建、扩建和拆除等活动，应当具备国家规定的注册资本、专业技术人员、技术装备和安全生产等条件，依法取得相应等级的资质证书，并在其资质等级许可的范围内承揽工程。

2) 施工总承包单位与分包单位安全责任的划分

《建设工程安全生产管理条例》第二十四条规定，建设工程实行施工总承包的，由总承包单位对施工现场的安全生产负总责。

总承包单位应当自行完成建设工程主体结构的施工。

总承包单位依法将建设工程分包给其他单位的，分包合同中应当明确各自的安全生产方面的权利、义务。总承包单位和分包单位对分包工程的安全生产承担连带责任。

分包单位应当接受总承包单位的安全生产管理，分包单位不服从管理导致生产安全事故的，由分包单位承担主要责任。

3) 施工单位安全生产责任制度

《建设工程安全生产管理条例》第二十一条规定，施工单位主要负责人依法对本单位的安全生产工作全面负责。施工单位应当建立健全安全生产责任制度和安全生产教育培训制度，制定安全生产规章制度和操作规程，保证本单位安全生产条件所需资金的投入，对所承担建设工程进行定期和专项安全检查，并做好安全检查记录。

施工单位的项目负责人应当由取得相应执业资格的人员担任，对建设工程项目的安全施工负责，落实安全生产责任制度、安全生产规章制度和操作规程，确保安全生产费用的有效使用，并根据工程的特点组织制定安全施工措施，消除安全事故隐患，及时、如实报告生产安全事故。

4) 施工单位安全生产基本保障措施

(1) 安全生产费用应当专款专用

《建设工程安全生产管理条例》第二十二条规定，施工单位对列入建设工程概算的安全作业环境及安全施工措施所需费用，应当用于施工安全防护用具及设施的采购和更新、安全施工措施的落实、安全生产条件的改善，不得挪作他用。

(2) 安全生产管理机构及人员的设置

《建设工程安全生产管理条例》第二十三条规定，施工单位应当设立安全生产管理机构，配备专职安全生产管理人员。

专职安全生产管理人员负责对安全生产进行现场监督检查。发现安全事故隐患，应当及时向项目负责人和安全生产管理机构报告；对违章指挥、违章操作的，应当立即制止。

(3) 编制安全技术措施及专项施工方案的规定

《建设工程安全生产管理条例》第二十六条规定，施工单位应当在施工组织设计中编制安全技术措施和施工现场临时用电方案，对下列达到一定规模的危险性较大的分部分项工程编制专项施工方案，并附具安全验算结果，经施工单位技术负责人、总监理工程师签字后实施，由专职安全生产管理人员进行现场监督：

① 基坑支护与降水工程；
② 土方开挖工程；
③ 模板工程；
④ 起重吊装工程；
⑤ 脚手架工程；
⑥ 拆除、爆破工程；
⑦ 国务院建设行政主管部门或者其他有关部门规定的其他危险性较大的工程。

对上述工程中涉及深基坑、地下暗挖工程、高大模板工程的专项施工方案，施工单位还应当组织专家进行论证、审查。

施工单位还应当根据施工阶段和周围环境及季节、气候的变化，在施工现场采取相应的安全施工措施。施工现场暂时停止施工的，施工单位应当做好现场防护，所需费用由责任方承担，或按照合同约定执行。

(4) 对安全施工技术要求的交底

《建设工程安全生产管理条例》第二十七条规定，建设工程施工前，施工单位负责项目管理的技术人员应当对有关安全施工的技术要求向施工作业班组、作业人员作出详细说明，并由双方签字确认。

(5) 危险部位安全警示标志的设置

《建设工程安全生产管理条例》第二十八条第一款规定，施工单位应当在施工现场入口处、施工起重机械、临时用电设施、脚手架、出入通道口、楼梯口、电梯井口、孔洞口、桥梁口、隧道口、基坑边沿、爆破物及有害危险气体和液体存放处等危险部位，设置明显的安全警示标志。安全警示标志必须符合国家标准。

(6) 对施工现场生活区、作业环境的要求

《建设工程安全生产管理条例》第二十九条规定，施工单位应当将施工现场的办公、生活区与作业区分开设置，并保持安全距离；办公、生活区的选址应当符合安全性要求。职工的膳食、饮水、休息场所等应当符合卫生标准。施工单位不得在尚未竣工的建筑物内设置员工集体宿舍。

(7) 环境污染防护措施

《建设工程安全生产管理条例》第三十条规定，施工单位对因建设工程施工可能造成损害的毗邻建筑物、构筑物和地下管线等，应当采取专项保护措施。施工单位应当遵守有关环境保护法律、法规的规定，在施工现场采取措施，防止或减少粉尘、废气、废水、固体废

物、噪声、振动和施工照明对人和环境的危害和污染。

(8) 消防安全保障措施

消防安全是建设工程安全生产管理的重要组成部分，是施工单位现场安全生产管理的工作重点之一。《建设工程安全生产管理条例》第三十一条规定，施工单位应当在施工现场建立消防安全责任制度，确定消防安全责任人，制定用火、用电、使用易燃易爆材料等各项消防安全管理制度和操作规程，设置消防通道、消防水源，配备消防设施和灭火器材，并在施工现场入口处设置明显标志。

除了施工单位的消防安全责任外，《中华人民共和国消防法》还对建设单位、设计单位的消防安全责任作了具体规定，包括以下内容。

① 按照国家工程建筑消防技术标准需要进行消防设计的建筑工程，设计单位应当按照国家工程建筑消防技术标准进行设计，建设单位应当将建筑工程的消防设计图纸及有关资料报送公安消防机构审核；未经审核或者经审核不合格的，建设行政主管部门不得发给施工许可证，建设单位不得施工。

② 经公安消防机构审核的建筑工程消防设计需要变更的，应当报经原审核的公安消防机构核准；未经核准的，任何单位、个人不得变更。

③ 按照国家工程建筑消防技术标准进行消防设计的建筑工程竣工时，必须经公安消防机构进行消防验收；未经验收或者经验收不合格的，不得投入使用。

④ 建筑构件和建筑材料的防火性能必须符合国家标准或者行业标准。公共场所室内装修、装饰根据国家工程建筑消防技术标准的规定，应当使用不燃、难燃材料的，必须选用依照产品质量法的规定确定的检验机构检验合格的材料。

(9) 劳动安全管理规定

《建设工程安全生产管理条例》第三十二条规定，施工单位应当向作业人员提供安全防护用具和安全防护服装，并书面告知危险岗位的操作规程和违章操作的危害。

作业人员有权对施工现场的作业条件、作业程序和作业方式中存在的安全问题提出批评、检举和控告，有权拒绝违章指挥和强令冒险作业。

在施工中发生危及人身安全的紧急情况时，作业人员有权立即停止作业或者在采取必要的应急措施后撤离危险区域。

《建设工程安全生产管理条例》第三十三条规定，作业人员应当遵守安全施工的强制性标准、规章制度和操作规程，正确使用安全防护用具、机械设备等。

《建设工程安全生产管理条例》第三十八条规定，施工单位应当为施工现场从事危险作业的人员办理意外伤害保险。

意外伤害保险费由施工单位支付。实行施工总承包的，由总承包单位支付意外伤害保险费。意外伤害保险期限自建设工程开工之日起至竣工验收合格止。

(10) 安全防护用具及机械设备、施工机具的安全管理

《建设工程安全生产管理条例》第三十四条规定，施工单位采购、租赁的安全防护用具、机械设备、施工机具及配件，应当具有生产（制造）许可证、产品合格证，并在进入施工现场前进行查验。

施工现场的安全防护用具、机械设备、施工机具及配件必须由专人管理，定期进行检查、维修和保养，建立相应的资料档案，并按照国家有关规定及时报废。

《建设工程安全生产管理条例》第三十五条规定，施工单位在使用施工起重机械和整体提升脚手架、模板等自升式架设设施前，应当组织有关单位进行验收，也可以委托具有相应资质的检验检测机构进行验收；使用承租的机械设备和施工机具及配件的，由施工总承包单位、分包单位、出租单位和安装单位共同进行验收，验收合格的方可使用。

5）安全教育培训制度

（1）特种作业人员培训和持证上岗

《建设工程安全生产管理条例》第二十五条规定，垂直运输机械作业人员、安装拆卸工、爆破作业人员、起重信号工、登高架设作业人员等特种作业人员，必须按照国家有关规定经过专门的安全作业培训，并取得特种作业操作资格证书后，方可上岗作业。

（2）安全管理人员和作业人员的安全教育培训和考核

《建设工程安全生产管理条例》第三十六条规定，施工单位的主要负责人、项目负责人、专职安全生产管理人员应当经建设行政主管部门或者其他有关部门考核合格后方可任职。

施工单位应当对管理人员和作业人员每年至少进行一次安全生产教育培训，其教育培训情况记入个人工作档案。安全生产教育培训考核不合格的人员，不得上岗。

（3）作业人员进入新岗位、新工地或采用新技术时的上岗教育培训

《建设工程安全生产管理条例》第三十七条规定，作业人员进入新的岗位或者新的施工现场前，应当接受安全生产教育培训；未经教育培训或者教育培训考核不合格的人员，不得上岗作业。

施工单位在采用新技术、新工艺、新设备、新材料时，应当对作业人员进行相应的安全生产教育培训。

5.5.3 建设工程安全生产的行政监督管理

1. 建设工程安全生产的行政监督管理的分级管理

（1）建设工程安全生产的行政监督管理的概念

建设工程安全生产的行政监督管理，是指各级人民政府建设行政主管部门及其授权的建设工程安全生产监督机构，对建设工程安全生产所实施的行政监督管理。

（2）建设工程安全生产的行政监督的分级管理

我国现行对建设工程（含土木工程、建筑工程、线路管道和设备安装工程）安全生产的行政监督管理是分级进行的，建设行政主管部门因级别不同具有的管理职责也不完全相同。

国务院建设行政主管部门负责建设工程安全生产的统一监督管理，并依法接受国家安全生产综合管理部门的指导和监督。国务院铁道、交通、水利等有关部门按照国务院规定职责分工，负责有关专业建设工程安全生产的监督管理。

县级以上地方人民政府建设行政主管部门负责本行政区域内的建设工程安全生产管理。县级以上地方人民政府交通、水利等有关部门在各自的职责范围内，负责本行政区域内的专业建设工程安全生产的监督管理；县级以上地方人民政府建设行政主管部门和地方人民政府交通、水利等有关部门应当设立建设工程安全监督机构，负责建设工程安全生产的日常监督管理工作。

2. 国务院建设行政主管部门的职责

国务院建设行政主管部门主管全国建设工程安全生产的行业监督管理工作。其主要职责如下：

① 贯彻执行国家有关安全生产的法规和方针、政策，起草或者制定建筑安全生产管理的法规和标准。

② 统一监督管理全国工程建设方面的安全生产工作，完善建筑安全生产的组织保证体系。

③ 制定建筑安全生产管理的中、长期规划和近期目标，组织建筑安全生产技术的开发与推广应用。

④ 指导和监督检查省、自治区、直辖市人民政府建设行政主管部门开展建筑安全生产的行业监督管理工作。

⑤ 统计全国建筑职工因工伤亡人数，掌握并发布全国建筑安全生产动态。

⑥ 负责对申报资质等级一级企业和国家一、二级企业以及国家和部级先进建筑企业进行安全资格审查或者审批，行使安全生产否决权。

⑦ 组织全国建筑安全生产检查，总结交流建筑安全生产管理经验，并表彰先进。

⑧ 检查和监督工程建设重大事故的调查处理，组织或者参与工程建设特别重大事故的调查。

3. 县级以上地方人民政府建设行政主管部门的职责

县级以上地方人民政府建设行政主管部门负责本行政区域建筑安全生产的行业监督管理工作。其主要职责如下。

① 贯彻执行国家和地方有关安全生产的法规、标准和方针、政策，起草或者制定本行政区域建筑安全生产管理的实施细则或者实施办法。

② 制定本行政区域建筑安全生产管理的中、长期规划和近期目标，组织建筑安全生产技术的开发与推广应用。

③ 建立健全安全生产的监督管理体系，制定本行政区域建筑安全生产监督管理工作制度，组织落实各级领导分工负责的建筑安全生产责任制。

④ 负责本行政区域建筑职工因工伤亡的统计和上报工作，掌握和发布本行政区域建筑安全生产动态。

⑤ 负责对申报晋升企业资质等级、企业升级和报评先进企业的安全资格进行审查或者审批，行使安全生产否决权。

⑥ 组织或者参与本行政区域工程建设中人身伤亡事故的调查处理工作，并依照有关规定上报重大伤亡事故。

⑦ 组织开展本行政区域建筑安全生产检查，总结交流建筑安全生产管理经验，并表彰先进。

⑧ 监督检查施工现场、构配件生产车间等安全管理和防护措施，纠正违章指挥和违章作业。

⑨ 组织开展本行政区域建筑企业安全生产管理人员、作业人员的安全生产教育、培训、考核及发证工作，监督检查建筑企业对安全技术措施费的提取和使用。

⑩ 领导和管理建筑安全生产监督机构的工作。

4. 安全生产的 4 种监督方式

《安全生产法》中明确了 4 种监督方式。

① 工会民主监督。即工会有权对建设项目的安全设施与主体工程同时设计、同时施工、同时投入生产和使用的情况进行监督，提出意见。

② 社会舆论监督。即新闻、出版、广播、电影、电视等单位有对违反安全生产法律、法规的行为进行舆论监督的权利。

③ 公众举报监督。即任何单位或者个人对事故隐患或者安全生产违法行为，均有权向负有安全生产监督管理职责的部门报告或者举报。

④ 社区报告监督。即居民委员会、村民委员会发现其所在区域内的生产经营单位存在事故隐患或者安全生产违法行为时，有权向当地人民政府或者有关部门报告。

5. 安全监督检查人员职权

① 现场调查取证权。即安全生产监督检查人员可以进入生产经营单位进行现场调查，单位不得拒绝；有权向被检查单位调阅资料，向有关人员（负责人、管理人员、技术人员）了解情况。

② 现场处理权。即对安全生产违法作业当场纠正权；对现场检查出的隐患，责令限期改正、停产停业或停止使用的职权；责令紧急避险权和依法行政处罚权。

③ 查封、扣押行政强制措施权。其对象是安全设施、设备、器材、仪表等；依据是不符合国家或行业安全标准；条件是必须按程序办事、有足够证据、经部门负责人批准、通知被查单位负责人到场、登记记录等，并必须在 15 日内作出决定。

6. 安全监督检查人员义务

安全监督检查人员有如下义务：

① 审查、验收禁止收取费用；

② 禁止要求被审查、验收的单位购买指定产品；

③ 必须遵循忠于职守、坚持原则、秉公执法的执法原则；

④ 监督检查时须出示有效的监督执法证件；

⑤ 对检查单位的技术秘密、业务秘密尽到保密之义务。

7. 建筑安全生产监督机构的职责

建筑安全生产监督机构根据同级人民政府建设行政主管部门的授权，依据有关的法规、标准，对本行政区域内建筑安全生产实施监督管理。其职责如下。

① 贯彻执行党和国家的安全生产方针、政策和决议。

② 监察各工地对国家、建设部、省、市政府公布的安全法规、标准、规章制度、办法和安全技术措施的执行情况。

③ 总结、推广建筑施工安全科学管理、先进安全装置、措施等经验，并及时给以奖励。

④ 制止违章指挥和违章作业行为，对情节严重者按处罚条例给以经济处罚；对隐患严重的现场或机械、电气设备等，及时签发停工指令，并提出改进措施。

⑤ 参加建筑行业重大伤亡事故的调查处理，对造成死亡 1 人，重伤 3 人，直接经济损失 5 万元以上的重大事故主要负责者，有权向检察院、法院提出控诉，追究刑事责任。

⑥ 对建筑施工队伍负责人、安全检查员、特种作业人员，进行安全教育培训、考核发证工作。

⑦ 参加建筑施工企业新建、扩建、改建和挖潜、革新、改造工程项目设计和竣工验收工作，负责安全卫生设施"三同时"（安全卫生设施同时设计、同时验收、同时使用）的审查工作。

⑧ 及时召开安全施工或重大伤亡事故现场会议。

5.5.4 建设工程重大安全事故的处理

重大安全事故，是指因违反有关建设工程安全的法律、法规和强制性标准，造成人身伤亡或者重大经济损失的事故。

1. 建设工程安全事故的分类

根据《生产安全事故报告和调查处理条例》的规定，按照生产安全事故（以下简称"事故"）造成的人员伤亡或者直接经济损失，将事故分为以下等级。

① 特别重大事故：是指造成 30 人以上死亡，或者 100 人以上重伤（包括急性工业中毒，下同），或者 1 亿元以上直接经济损失的事故。

② 重大事故：是指造成 10 人以上 30 人以下死亡，或者 50 人以上 100 人以下重伤，或者 5 000 万元以上 1 亿元以下直接经济损失的事故。

③ 较大事故：是指造成 3 人以上 10 人以下死亡，或者 10 人以上 50 人以下重伤，或者 1 000 万元以上 5 000 万元以下直接经济损失的事故。

④ 一般事故：是指造成 3 人以下死亡，或者 10 人以下重伤，或者 1000 万元以下直接经济损失的事故。

2. 建设工程安全事故报告和调查处理

1）事故报告

事故报告应当及时、准确、完整，任何单位和个人对事故不得迟报、漏报、谎报或者瞒报。

事故发生后，事故现场有关人员应当立即向本单位负责人报告；单位负责人接到报告后，应当于 1 小时内向事故发生地县级以上人民政府安全生产监督管理部门和负有安全生产监督管理职责的有关部门报告。

情况紧急时，事故现场有关人员可以直接向事故发生地县级以上人民政府安全生产监督管理部门和负有安全生产监督管理职责的有关部门报告。

安全生产监督管理部门和负有安全生产监督管理职责的有关部门接到事故报告后，应当依照下列规定上报事故情况，并通知公安机关、劳动保障行政部门、工会和人民检察院：

① 特别重大事故、重大事故逐级上报至国务院安全生产监督管理部门和负有安全生产监督管理职责的有关部门；

② 较大事故逐级上报至省、自治区、直辖市人民政府安全生产监督管理部门和负有安全生产监督管理职责的有关部门；

③ 一般事故上报至设区的市级人民政府安全生产监督管理部门和负有安全生产监督管理职责的有关部门。

安全生产监督管理部门和负有安全生产监督管理职责的有关部门依照以上规定上报事故

情况，应当同时报告本级人民政府。国务院安全生产监督管理部门和负有安全生产监督管理职责的有关部门及省级人民政府接到发生特别重大事故、重大事故的报告后，应当立即报告国务院。必要时，安全生产监督管理部门和负有安全生产监督管理职责的有关部门可以越级上报事故情况。

安全生产监督管理部门和负有安全生产监督管理职责的有关部门逐级上报事故情况，每级上报的时间不得超过2小时。

报告事故应当包括下列内容：
① 事故发生单位概况；
② 事故发生的时间、地点及事故现场情况；
③ 事故的简要经过；
④ 事故已经造成或者可能造成的伤亡人数（包括下落不明的人数）和初步估计的直接经济损失；
⑤ 已经采取的措施；
⑥ 其他应当报告的情况。

事故发生单位负责人接到事故报告后，应当立即启动事故相应应急预案，或者采取有效措施，组织抢救，防止事故扩大，减少人员伤亡和财产损失。

事故发生地有关地方人民政府、安全生产监督管理部门和负有安全生产监督管理职责的有关部门接到事故报告后，其负责人应当立即赶赴事故现场，组织事故救援。

事故发生后，有关单位和人员应当妥善保护事故现场及相关证据，任何单位和个人不得破坏事故现场、毁灭相关证据。

因抢救人员、防止事故扩大及疏通交通等原因，需要移动事故现场物件的，应当做出标志，绘制现场简图并做出书面记录，妥善保存现场重要痕迹、物证。

事故发生地公安机关根据事故的情况，对涉嫌犯罪的，应当依法立案侦查，采取强制措施和侦查措施。犯罪嫌疑人逃匿的，公安机关应当迅速追捕归案。

安全生产监督管理部门和负有安全生产监督管理职责的有关部门应当建立值班制度，并向社会公布值班电话，受理事故报告和举报。

2）事故调查
（1）事故调查组
① 特别重大事故由国务院或者国务院授权有关部门组织事故调查组进行调查。
② 重大事故、较大事故、一般事故分别由事故发生地省级人民政府、设区的市级人民政府、县级人民政府负责调查。省级人民政府、设区的市级人民政府、县级人民政府可以直接组织事故调查组进行调查，也可以授权或者委托有关部门组织事故调查组进行调查。
③ 未造成人员伤亡的一般事故，县级人民政府也可以委托事故发生单位组织事故调查组进行调查。
④ 特别重大事故以下等级事故，事故发生地与事故发生单位不在同一个县级以上行政区域的，由事故发生地人民政府负责调查，事故发生单位所在地人民政府应当派人参加。
⑤ 事故调查组的组成应当遵循精简、效能的原则。根据事故的具体情况，事故调查组由有关人民政府、安全生产监督管理部门、负有安全生产监督管理职责的有关部门、监察机关、公安机关及工会派人组成，并应当邀请人民检察院派人参加。事故调查组可以聘请有关

专家参与调查。

⑥ 事故调查组成员应当具有事故调查所需要的知识和专长，并与所调查的事故没有直接利害关系。

⑦ 事故调查组组长由负责事故调查的人民政府指定。事故调查组组长主持事故调查组的工作。

⑧ 事故调查组有权向有关单位和个人了解与事故有关的情况，并要求其提供相关文件、资料，有关单位和个人不得拒绝。

（2）事故调查组的职责

事故调查组履行下列职责：

① 查明事故发生的经过、原因、人员伤亡情况及直接经济损失；

② 认定事故的性质和事故责任；

③ 提出对事故责任者的处理建议；

④ 总结事故教训，提出防范和整改措施；

⑤ 提交事故调查报告。

（3）事故调查的其他规定

事故发生单位的负责人和有关人员在事故调查期间不得擅离职守，并应当随时接受事故调查组的询问，如实提供有关情况。

事故调查中发现涉嫌犯罪的，事故调查组应当及时将有关材料或者其复印件移交司法机关处理。

事故调查中需要进行技术鉴定的，事故调查组应当委托具有国家规定资质的单位进行技术鉴定。必要时，事故调查组可以直接组织专家进行技术鉴定。技术鉴定所需时间不计入事故调查期限。

事故调查组成员在事故调查工作中应当诚信公正、恪尽职守，遵守事故调查组的纪律，保守事故调查的秘密。未经事故调查组组长允许，事故调查组成员不得擅自发布有关事故的信息。

事故调查组应当自事故发生之日起60日内提交事故调查报告；特殊情况下，经负责事故调查的人民政府批准，提交事故调查报告的期限可以适当延长，但延长的期限最长不超过60日。事故调查报告应当包括下列内容：

① 事故发生单位概况；

② 事故发生经过和事故救援情况；

③ 事故造成的人员伤亡和直接经济损失；

④ 事故发生的原因和事故性质；

⑤ 事故责任的认定及对事故责任者的处理建议；

⑥ 事故防范和整改措施。

事故调查报告应当附具有关证据材料。事故调查组成员应当在事故调查报告上签名。事故调查报告报送负责事故调查的人民政府后，事故调查工作即告结束。事故调查的有关资料应当归档保存。

3）事故处理

根据《生产安全事故报告和调查处理条例》的规定，事故处理应符合以下规定。

① 对于重大事故、较大事故、一般事故，负责事故调查的人民政府应当自收到事故调

查报告之日起15日内做出批复；特别重大事故，30日内做出批复，特殊情况下，批复时间可以适当延长，但延长的时间最长不超过30日。

② 有关机关应当按照人民政府的批复，依照法律、行政法规规定的权限和程序，对事故发生单位和有关人员进行行政处罚，对负有事故责任的国家工作人员进行处分。

③ 事故发生单位应当按照负责事故调查的人民政府的批复，对本单位负有事故责任的人员进行处理。负有事故责任的人员涉嫌犯罪的，依法追究刑事责任。

④ 事故发生单位应当认真吸取事故教训，落实防范和整改措施，防止事故再次发生。防范和整改措施的落实情况应当接受工会和职工的监督。安全生产监督管理部门和负有安全生产监督管理职责的有关部门应当对事故发生单位落实防范和整改措施的情况进行监督检查。

⑤ 事故处理的情况由负责事故调查的人民政府或者其授权的有关部门、机构向社会公布，依法应当保密的除外。

5.6 建筑工程质量管理

5.6.1 建筑工程质量管理概述

质量的概念应包括产品质量、工序质量、工作质量三个方面的含义。产品质量即产品的使用价值，是指产品能够满足国家建设和人民需要所具备的自然属性，一般包括产品的适用性、可靠性、安全性、经济性和使用寿命等。工序质量指的是生产过程能稳定地生产合格产品的能力。产品的生产过程就是质量特性形成的过程，控制产品质量，就必须控制产品质量形成过程中影响质量的诸因素。在生产过程中始终在起作用的因素有人、机器设备、材料、方法、环境5个方面。工作质量是指企业为达到工程（产品）质量标准所做的管理工作、组织工作和技术工作的效率和水平，它包括经营决策工作质量和现场执行工作质量。工作质量涉及企业所有部门的所有人员，体现在企业的一切生产经营活动之中，并通过经营效果、生产效率、工作效率和产品质量集中地表现出来。产品质量、工序质量和工作质量三者之间的关系是：产品质量是企业生产的最终成果，它取决于工序质量和工作质量；工作质量则是工序质量、产品质量和经济效果的保证和基础。

建筑工程质量是指在国家现行的有关法律、法规、技术标准、设计文件和合同中，对工程的安全、适用、经济、美观等特性的综合要求。

我国颁布了一系列关于建筑工程质量的法律、法规、规章等。1988年12月29日第七届全国人民代表大会通过了《中华人民共和国标准化法》，1990年4月9日建设部颁布了《建筑工程质量监督管理规定》，1991年3月26日建设部颁布了《建设部质量奖评审管理办法》，1991年5月7日国务院颁布了《中华人民共和国产品质量认证管理条例》，1992年12月30日建设部颁布了《工程建设国家标准管理办法》，1992年12月30日建设部颁布了《工程建设行业标准管理办法》，1993年11月1日建设部颁布了《建筑工程质量管理办法》，1997年11月1日第八届全国人民代表大会通过了《中华人民共和国建筑法》，2000年1月30日国务院颁布了《建筑工程质量管理条例》，2000年2月17日建设部颁布了《建筑工程施工图设计文件审查暂行办法》，2000年7月8日第九届全国人大常务委员会通过了修订的

《中华人民共和国产品质量法》，2000年4月7日建设部颁布了《房屋建筑工程和市政基础设施工程竣工验收备案管理暂行办法》，2000年6月30日建设部颁布了《房屋建筑工程质量保修办法》，2000年8月25日建设部颁布了《实施工程建设强制性标准监督规定》，2013年12月2日建设部颁布了《房屋建筑工程和市政基础设施工程验收规定》（建质〔2013〕171号），2000年4月20日建设部颁布了《2000版工程建设标准强制性条文（房屋建筑房屋部分）》，2002年8月30日建设部颁布了《2002版工程建设标准强制性条文（房屋建筑房屋部分）》。此外，2001年后，国家颁布了《房屋建筑工程制图统一标准》（GB/T 50001—2001）、《建筑结构可靠度设计统一标准》（GB 50068—2001）、《建筑工程施工质量验收统一标准》（GB 50300—2013）等一系列建设工程强制性标准，2003年8月5日建设部颁布了《工程质量监督工作导则》（建质〔2003〕162号）。

5.6.2 建筑工程质量的标准化制度

建筑工程勘察、设计、施工的质量必须符合国家有关建筑工程安全标准的要求，具体管理办法由国务院规定。有关建筑工程安全的国家标准不能适应确保建筑安全的要求时，应当及时修订。工程建设标准化是在建设领域有效地实行科学管理、强化政府宏观调控的基础和手段，对确保建设工程质量和安全、促进建设工程技术进步、提高建设工程经济效益和社会效益等都具有重要意义。有关建筑工程质量的标准化制度的详细内容见第9章。

5.6.3 建筑工程的质量责任制度

1. 建设单位的质量责任

建设单位的质量责任包括以下内容。

① 建设单位必须按照建设程序组织工程建设，应当先勘察、再设计、再施工，确保建设行为的依法性和科学性。

② 建设单位应当将工程发包给具有相应资质等级的单位。建设单位不得将建设工程肢解发包。所谓肢解发包，是指建设单位将应当由一个承包单位完成的建设工程分解成若干部分发包给不同的承包单位的行为。

③ 建设单位应当依法对工程建设项目的勘察、设计、施工、监理及与工程建设有关的重要设备、材料等的采购进行招标。建设单位应对由于其选择的设计、施工单位和其负责供应的设备等原因发生的质量问题承担相应责任。

④ 建设单位必须根据工程特点和技术要求，按有关规定选择相应资质等级的勘察设计、施工单位，并签订工程承包合同。工程承包合同中必须有质量条款，明确质量责任。建设单位必须向有关的勘察、设计、施工、工程监理等单位提供与建设工程有关的原始资料，原始资料必须真实、准确、齐全。

⑤ 建设单位不得以任何理由，要求建筑设计单位或者建筑施工企业在工程设计或者施工作业中，违反法律、行政法规和建筑工程质量、安全标准，降低工程质量。建设工程发包单位不得迫使承包方以低于成本的价格竞标，不得任意压缩合理工期。建设单位不得明示或者暗示设计单位或者施工单位违反工程建设强制性标准，降低建设工程质量。

⑥ 建设单位应当将施工图设计文件报县级以上人民政府建设行政主管部门或者其他有关部门审查,施工图设计文件未经审查批准的,不得使用。

⑦ 建设单位应根据工程特点,配备相应的质量管理人员,或委托工程建设监理单位进行管理。实行监理的建设工程,建设单位应当委托具有相应资质等级的工程监理单位进行监理,也可以委托具有工程监理相应资质等级并与被监理工程的施工承包单位没有隶属关系或者其他利害关系的该工程的设计单位进行监理。委托监理的建设单位应与工程建设监理单位签订监理合同,明确双方的责任、权利和义务。

⑧ 建设单位在领取施工许可证或者开工报告前,应当按照国家有关规定办理工程质量监督手续;组织设计和施工单位认真进行设计交底和图纸会审;施工中应按照国家现行的有关工程建设法律、法规和技术标准及合同规定,对工程质量进行检查;建设单位收到建设工程竣工报告后,应当组织设计、施工、工程监理等有关单位进行竣工验收。

⑨ 按照合同约定,由建设单位采购建筑材料、建筑构配件和设备的,建设单位应当保证建筑材料、建筑构配件和设备符合设计文件和合同要求。建设单位不得明示或者暗示施工单位使用不合格的建筑材料、建筑构配件和设备。建设单位按照工程承包合同中规定供应的设备等产品的质量,必须符合国家现行的有关法律、法规和技术标准的要求。

⑩ 涉及建筑主体和承重结构变动的装修工程,建设单位应当在施工前委托原设计单位或者具有相应资质等级的设计单位提出设计方案,没有设计方案的,不得施工。房屋建筑使用者在装修过程中,不得擅自变动房屋建筑主体和承重结构。

⑪ 建设单位应当严格按照国家有关档案管理的规定,及时收集、整理建设项目各环节的文件资料,建立健全建设项目档案,并在建设工程竣工验收后,及时向建设行政主管部门或者其他有关部门移交建设项目档案。

2. 勘察、设计单位的质量责任

勘察设计单位的质量责任包括以下内容。

① 从事建设工程勘察、设计的单位应当依法取得相应等级的资质证书,并在其资质等级许可的范围内承揽工程。禁止勘察、设计单位超越其资质等级许可的范围或者以其他勘察、设计单位的名义承揽工程;禁止勘察、设计单位允许其他单位或者个人以本单位的名义承揽工程;勘察、设计单位不得转包或者违法分包承揽的工程。

② 工程勘察、设计单位应按照国家有关的法律、法规、技术标准和勘察、设计合同的要求进行勘察工作,并建立健全科学有效的质量管理程序和质量责任制,明确单位的法定代表人、项目负责人(技术负责人)、审核人及与勘察作业有关人员的质量责任。

③ 勘察、设计单位必须按照工程强制性标准进行勘察、设计,并对其勘察、设计的质量负责。注册建筑师、注册结构工程师等注册执业人员应当在设计文件上签字,对设计文件负责。

④ 勘察单位提供的地质、测量、水文等勘察成果必须真实、准确、可靠,并对勘察成果质量负法律责任和相应的经济责任。工程勘察单位内部要实行技术、劳务分离,劳务工作逐步社会化,并由技术部门指导、监督劳务工作,确保野外工作质量,保证测量、记录和取样的正确性、真实性和可靠性。工程勘察单位要加强勘察仪器、设备及试验室的管理,现场钻探、取样的机具设备(特别是取样器)、岩土工程原位测试及工程测量仪器等应符合有关规范、规程的规定,进行定期检定或者校准,并逐步通过计量行政部门组织的计量认证。工

程勘察文件应反映工程地质、地形地貌、水文地质状况，评价准确，数据可靠。

⑤ 设计单位应当根据勘察成果文件进行建设工程设计。设计文件应符合国家现行的有关法律、法规、工程设计技术标准和合同的规定，设计文件应当符合国家规定的设计深度要求，应满足相应设计阶段的技术要求。施工图应配套，细部节点应交代清楚，标注说明应清晰、完整，并注明工程合理使用年限。设计单位在设计文件中选用的建筑材料、建筑构配件和设备，应当注明规格、型号、性能等技术指标，其质量要求必须符合国家规定的标准。除有特殊要求的建筑材料、专用设备、工艺生产线等外，设计单位不得指定生产厂、供应商。设计单位应当就审查合格的施工图设计文件向施工单位作出详细说明。

⑥ 工程勘察单位应参与建设工程质量事故的处理工作，并对因勘察原因造成的质量事故，提出相应的技术处理方案。设计单位应当参与建设工程质量事故分析，并对因设计造成的质量事故提出相应的技术处理方案。

⑦ 工程勘察、设计单位必须加强技术档案的管理工作。工程项目完成后，必须将全部资料，作为质量审查、监督依据的原始资料，分类编目，装订成册，归档保存。

3. 施工单位的质量责任

施工单位的质量责任包括以下内容。

① 施工单位应当依法取得相应等级的资质证书，并在其资质等级许可的范围内承揽工程。禁止施工单位允许其他单位或个人以本单位的名义承揽工程。施工单位不得转包或者违法分包工程。

② 建筑施工企业对工程的施工质量负责。施工单位应当建立质量责任制，确定工程项目的项目经理、技术负责人和施工管理负责人。建筑物在合理使用寿命内，必须确保地基基础工程和主体结构的质量。

③ 建筑施工企业必须按照国家工程安全标准、工程设计图纸和施工技术标准施工，不得偷工减料。工程设计的修改由原设计单位负责，建筑施工企业不得擅自修改工程设计。施工单位在施工过程中发现设计文件和图纸有差错的，应当及时提出意见和建议。

④ 施工单位必须建立、健全施工质量的检验制度，严格工序管理，做好隐蔽工程的质量检查和记录。隐蔽工程在隐蔽前，施工单位应当通知建设单位、监理单位和建设工程质量监督机构。

⑤ 施工单位应当建立、健全教育培训制度，加强对职工的教育培训，未经教育培训或者考核不合格的人员，不得上岗作业。

⑥ 施工单位对施工中出现的质量问题的建设工程或竣工验收不合格的建设工程，应当负责翻修。建筑工程竣工时，屋顶、墙面不得留有渗漏、开裂等质量缺陷，对已发现的质量缺陷，建筑施工企业应当修复。建筑工程竣工经验收合格后，方可交付使用，未经验收或者验收不合格的，不得交付使用。施工单位对施工中出现质量问题的建设工程或者竣工验收不合格的建设工程，应当负责返修。

⑦ 使用合格建筑材料的责任。建筑施工企业必须按照工程设计要求、施工技术标准和合同的约定，对建筑材料、建筑构配件、设备和商品混凝土进行检验，检验应当有书面记录和专人签字，未经检验或者检验不合格的，不得使用。

⑧ 施工人员对涉及结构安全的试块、试件及有关材料，应当在建设单位或者工程监理单位监督下现场取样，并送具有相应资质等级的质量检测单位进行检测。

⑨ 总承包单位与分包单位的质量责任。建筑工程实行总承包的，总承包单位应当对全部工程质量负责；建设工程勘察、设计、施工、设备采购的其中一项或者多项实行总承包的，总承包单位应当对其承包的建设工程或者采购的设备质量负责。总承包单位依法将建筑工程分包给其他单位的，分包单位应当按照分包合同的约定对其分包工程质量向总包单位负责，总承包单位应当对分包工程的质量与分包单位承担连带责任。分包单位应当接受总承包单位的质量管理。

4. 建筑材料、构配件生产及设备供应单位的质量责任

建筑材料、构配件生产及设备供应单位对其生产或供应的产品质量负责。建筑材料、构配件生产及设备的供需双方均应签订购销合同，并按合同条款进行质量验收。建筑材料、构配件生产及设备供应单位必须具备相应的生产条件、技术装备和质量保证体系，具备必要的检测人员和设备，严把产品看样、订货、储存、运输和核验的质量关。

建筑材料、构配件生产及设备供应单位不得生产国家明令淘汰的产品，不得伪造产地，不得伪造或冒用他人的厂名、厂址，不得伪造或冒用认证标志等质量标志，不得掺杂、掺假，不得以假充真、以次充好，不得以不合格产品冒充合格产品等。

建筑材料、构配件及设备质量应当符合下列要求：
① 符合国家或行业现行有关技术标准规定的合格标准和设计要求；
② 符合在建筑材料、构配件及设备或其包装上注明采用的标准，符合以建筑材料、构配件及设备说明、实物样品等方式表明的质量状况。

建筑材料、构配件及设备或者其包装上的标志应当符合下列要求：
① 有产品质量检验合格证明；
② 有中文标明的产品名称、生产厂家厂名和厂址；
③ 产品包装和商标样式应符合国家有关规定和标准要求；
④ 设备应有产品详细的使用说明书，电气设备还应附有线路图；
⑤ 实施生产许可证或使用产品质量认证标志的产品，应有许可证或质量认证的编号、批准日期和有效期限。

5.6.4 建筑工程的质量监督管理制度

1. 建设工程质量监督管理体制

国家实行建筑工程的质量监督管理制度。国务院建设行政主管部门对全国的建设工程质量实施统一监督管理，国务院铁路、交通、水利等有关部门按照国务院规定的职责分工，负责对全国有关专业建设工程质量的监督管理。县级以上地方人民政府建设行政主管部门对本行政区域内的建设工程质量实施监督管理，县级以上地方人民政府交通、水利等有关部门在各自的职责范围内，负责对本行政区域内的专业建设工程质量的监督管理。

国务院建设行政主管部门和国务院铁路、交通、水利等有关部门应当加强对有关建设工程质量的法律、法规和强制性标准执行情况的监督检查。国务院发展计划部门按照国务院规定的职责，组织稽查特派员，对国家出资的重大建设项目实施监督检查。国务院经济贸易主管部门按照国务院规定的职责，对国家重大技术改造项目实施监督检查。

2. 建设工程质量监督管理机构

从事房屋建筑工程和市政基础设施工程质量监督的机构，必须按照国家有关规定经国务院建设行政主管部门或者省、自治区、直辖市人民政府建设行政主管部门考核，经考核合格后，方可实施质量监督。

建筑工程质量监督工作由各省级建设主管部门委托的建筑工程质量监督站进行具体实施。建设工程质量监督机构是经省级以上建设行政主管部门或有关专业部门考核认定的独立法人，建设工程质量监督机构接受县级以上地方人民政府建设行政主管部门或有关专业部门的委托，依法对建设工程质量进行强制性监督，并对委托部门负责。

3. 建设工程质量监督

建设工程质量监督是建设行政主管部门或其委托的工程质量监督机构根据国家的法律、法规和工程建设强制性标准，对责任主体和有关机构履行质量责任的行为及工程实体质量进行监督检查，维护公众利益的行政执法行为。建设工程质量监督的主要内容包括以下内容。

（1）对责任主体和有关机构履行质量责任的行为的监督检查

监督机构对责任主体和有关机构质量行为进行监督的一般原则：

① 抽查责任主体和有关机构执行有关法律、法规及工程技术标准的情况；

② 抽查责任主体和有关机构质量管理体系的建立和实施情况；

③ 发现存在违法、违规行为的，按建设行政主管部门委托的权限对违法、违规事实进行调查取证、对责任单位、责任人提出处罚建议或按委托权限实施行政处罚。

监督机构应对建设单位的下列行为进行抽查：

① 施工前办理质量监督注册、施工图设计文件审查、施工许可（开工报告）手续情况；

② 按规定委托监理情况；

③ 组织图纸会审、设计交底、设计变更工作情况；

④ 组织工程质量验收情况；

⑤ 原设计有重大修改、变动的施工图设计文件重新报审情况；

⑥ 及时办理工程竣工验收备案手续情况。

监督机构应对勘察、设计单位的下列行为进行抽查：

① 参加地基验槽、基础、主体结构及有关重要部位工程质量验收和工程竣工验收情况；

② 签发设计修改变更、技术洽商通知情况；

③ 参加有关工程质量问题的处理情况。

监督机构应对施工单位的下列行为进行抽查：

① 施工单位资质、项目经理部管理人员的资格、配备及到位情况；主要专业工种操作上岗资格、配备及到位情况；

② 分包单位资质与对分包单位的管理情况；

③ 施工组织设计或施工方案审批及执行情况；

④ 施工现场施工操作技术规程及国家有关规范、标准的配置情况；

⑤ 工程技术标准及经审查批准的施工图设计文件的实施情况；

⑥ 检验批、分项、分部（子分部）、单位（子单位）工程质量的检验评定情况；

⑦ 质量问题的整改和质量事故的处理情况；

⑧ 技术资料的收集、整理情况。

监督机构应对监理单位的下列行为进行抽查：
① 监理单位资质、项目监理机构的人员资格、配备及到位情况；
② 监理规划、监理实施细则（关键部位和工序的确定及措施）的编制审批内容的执行情况；
③ 对材料、构配件、设备投入使用或安装前进行审查情况；
④ 对分包单位的资质进行核查情况；
⑤ 见证取样制度的实施情况；
⑥ 对重点部位、关键工序实施旁站监理情况；
⑦ 质量问题通知单签发及质量问题整改结果的复查情况；
⑧ 组织检验批、分项、分部（子分部）工程的质量验收、参与单位（子单位）工程质量的验收情况；
⑨ 监理资料收集整理情况。

监督机构应对工程质量检测单位的下列行为进行抽查：
① 是否超越核准的类别、业务范围承接任务；
② 检测业务基本管理制度情况；
③ 检测内容和方法的规范性程度；
④ 检测报告形成程序、数据及结论的符合性程度。

（2）对工程实体质量的监督检查

监督机构对工程实体质量监督的一般原则：
① 对工程实体质量的监督采取抽查施工作业面的施工质量与对关键部位重点监督相结合的方式；
② 重点检查结构质量、环境质量和重要使用功能，其中重点监督工程地基基础、主体结构和其他涉及结构安全的关键部位；
③ 抽查涉及结构安全和使用功能的主要材料、构配件和设备的出厂合格证、试验报告、见证取样送检资料及结构实体检测报告；
④ 抽查结构混凝土及承重砌体施工过程的质量控制情况；
⑤ 实体质量检查要辅以必要的监督检测、由监督人员根据结构部位的重要程度及施工现场质量情况进行随机抽检。

监督机构应对地基基础工程的验收进行监督，并对下列内容进行重点抽查：
① 桩基、地基处理的施工质量及检测报告、验收记录、验槽记录；
② 防水工程的材料和施工质量；
③ 地基基础子分部、分部工程的质量验收情况。

监督机构应对主体结构工程的验收进行监督，并对下列内容进行重点抽查：
① 对混凝土预制构件及预拌混凝土质量的监督检查；
② 钢结构、混凝土结构等重要部位及有特殊要求部位的质量及隐蔽验收；
③ 混凝土、钢筋及砌体等工程关键部位，必要时进行现场监督检测；
④ 主体结构子分部、分部工程的质量验收资料。

监督机构应根据实际情况对有关装饰装修、安装工程的下列部分内容进行抽查：
① 幕墙工程、外墙粘（挂）饰面工程、大型灯具等涉及安全和使用功能的重点部位施

工质量的监督抽查；
② 安装工程使用功能的检测及试运行记录；
③ 工程的观感质量；
④ 分部（子分部）工程的施工质量验收资料。

监督机构应根据实际情况对有关工程使用功能和室内环境质量的下列部分内容进行抽查：
① 有环保要求材料的检测资料；
② 室内环境质量检测报告；
③ 绝缘电阻、防雷接地及工作接地电阻的检测资料，必要时可进行现场测试；
④ 屋面、外墙和厕所、浴室等有防水要求的房间及卫生器具防渗漏试验的记录，必要时可进行现场抽查；
⑤ 各种承压管道系统水压试验的检测资料。

监督机构可对涉及结构安全、使用功能、关键部位的实体质量或材料进行监督检测，检测记录应列入质量监督报告。监督检测的项目和数量应根据工程的规模、结构形式、施工质量等因素确定。监督检测的项目宜包括：
① 承重结构混凝土强度；
② 受力钢筋数量、位置及混凝土保护层厚度；
③ 现浇楼板厚度；
④ 砌体结构承重墙柱的砌筑砂浆强度；
⑤ 安装工程中涉及安全及功能的重要项目；
⑥ 钢结构的重要连接部位；
⑦ 其他需要检测的项目。

（3）对工程竣工验收的监督检查

监督机构应对验收组成员组成及竣工验收方案进行监督，对工程实体质量进行抽测，对观感质量进行检查，对工程竣工验收文件进行审查。工程竣工验收文件审查的内容有：
① 施工单位出具的工程竣工报告，包括结构安全、室内环境质量和使用功能抽样检测资料等合格证明文件及施工过程中发现的质量问题整改报告等；
② 勘察、设计单位出具的工程质量检查报告；
③ 监理单位出具的工程质量评估报告。

监督机构应在工程竣工验收合格后7个工作日内，向备案机关提交工程质量监督报告。工程质量监督报告应包括以下内容：
① 工程概况和监督工作概况；
② 对责任主体和有关机构质量行为及执行工程建设强制性标准的检查情况；
③ 工程实体质量监督抽查（包括监督检测）情况；
④ 工程质量技术档案和施工管理资料抽查情况；
⑤ 工程质量问题的整改和质量事故处理情况；
⑥ 各方质量责任主体及相关有资格的人员的不良记录内容；
⑦ 工程质量竣工验收监督记录；
⑧ 对工程竣工验收备案的建议。

5.6.5 建筑工程质量体系认证

产品质量认证，是指依据产品标准和相应的技术要求，经认证机构确认并通过颁发认证证书和认证标志，来证明某一产品符合相应标准和相应技术要求的活动。产品质量认证制度实质上是一种提高商品信誉的标志，通过认证标志向社会和购买者提供产品的明示担保，证明经过产品质量认证的产品其质量可以信赖。经过多年的实践证明，企业质量体系认证制度的建立加强了建筑企业的基础管理工作，使其步入规范化、法制化的轨道；加强了工程项目的质量管理，提高了员工素质；加强了施工过程的控制，提高了工程质量。

《产品质量法》把质量体系认定制度分为两类：一类是企业质量体系认定制度，另一类是产品质量认证制度。我国对从事建筑活动的单位推行质量体系认证制度。从事建筑活动的单位根据自愿原则可以向国务院产品质量监督管理部门或者国务院产品质量监督管理部门授权部门认可的认证机构申请质量体系认证。经认证合格的，由认证机构颁发质量体系认证证书。

国际标准化组织（ISO）1986年发布了ISO 8402《质量——术语》，1987年发布了ISO 9000《质量管理和质量保证标准——选择和使用指南》、ISO 9001《质量体系——设计、开发、生产、安装和服务的质量保证模式》、ISO 9002《质量体系——生产、安装和服务的质量保证模式》、ISO 9003《质量体系——最终检验和试验的质量保证模式》、ISO 9004《质量管理和质量体系要素——指南》，以上5项国际标准通称为1987版ISO 9000系列国际标准。

1987年3月（ISO）正式发布ISO 9000系列标准后，世界各国和地区纷纷表示欢迎，并等同或等效采用该标准。我国于1992年发布了等同采用国际标准GB/T 19000—ISO 9000《质量管理和质量保证》系列标准。这一系列标准是为了帮助企业建立、完善质量体系，提高质量意识和质量保证能力，提高管理素质和市场经济条件下的竞争能力。我国等同采用ISO 9000系列标准制定的GB/T 19000系列标准由5个标准组成，即：GB/T 19000—ISO 9000《质量管理和质量保证——选择和使用指南》、GB/T 19001—ISO 9001《质量体系——设计/开发、生产、安装和服务的质量保证模式》、GB/T 19002—ISO 9002《质量体系——生产和安装的质量保证模式》、GB/T 19003—ISO 9003《质量体系——最终检验和试验的质量保证模式》、GB/T 19004—ISO 9004《质量管理和质量体系要素——指南》。我国的建筑业所涉及的设计、施工、监理等企事业单位，在建立企业内部质量管理体系时，一般情况下，应当在选择GB/T 19004—ISO 9004标准建立质量体系的基础上，根据用户的要求和企业产品的特点，选择GB/T19001—ISO 9001或GB/T 19002—ISO 9002或GB/T 19003—ISO 9003标准。具体地说，设计、科研、房地产开发、总承包（集团）公司等单位可以选择GB/T 19001—ISO 9001标准，市政、施工（土建、安装机械化施工、装饰）等企业可以选择GB/T 19002—ISO 9002标准，质检站、监理公司等单位可以选择GB/T 19003—ISO 9003标准。

1994年ISO发布了1994版ISO 8402、ISO 9000、ISO 9001、ISO 9002、ISO 9003、ISO 9004等6项国际标准，通称为1994版的ISO 9000族标准，这些标准分别取代了1987版的6项标准。

2000年12月15日ISO正式发布了2000版ISO 9000标准，2000版ISO 9000族标准的

结构将大为简化,由原来的 20 多个标准合并为 4 项基本标准:
ISO 9000:质量管理体系——基础和术语;
ISO 9001:质量管理体系——要求;
ISO 9004:质量管理体系——指南;
ISO 19011:质量和环境管理体系审核指南。

2000 年 12 月 28 日我国国家质量技术监督局发布了 2000 版 GB/T 19000 族《质量管理体系》标准,分别是:
GB/T 19000—2000:质量管理体系——基础和术语;
GB/T 19001—2000:质量管理体系——要求;
GB/T 19004—2000:质量管理体系——业绩改进指南。

目前建设部已与国家技术监督局联合制定颁布了建筑施工专业的《GB/T 19001—2000 标准质量管理体系专业应用指南》,工程勘察、工程设计专业及设计单位开展工程总承包的《应用指南》于 2002 年 3 月 18 日出台。

5.6.6 建筑工程竣工验收制度

1. 建筑工程竣工验收条件

交付竣工验收的建筑工程,必须符合规定的建筑工程质量标准,有完整的工程技术经济资料和经签署的工程保修书,并具备国家规定的其他竣工条件。建设单位收到建设竣工报告后,应当组织设计、施工、工程监理等有关单位进行竣工验收。

2000 年 1 月 30 日国务院颁布的《建设工程质量管理条例》规定,建设工程竣工验收应当具备下列条件:
① 完成建设工程设计和合同约定的各项内容;
② 有完整的技术档案和施工管理资料;
③ 有工程使用的主要建筑材料、建筑构配件和设备的进场试验报告;
④ 有勘察、设计、施工、工程监理等单位分别签署的质量合格文件;
⑤ 有施工单位签署的工程保修书。

建设工程经验收合格的,方可交付使用。

2000 年 6 月 30 日建设部颁布的《房屋建筑工程和市政基础设施工程验收暂行规定》对建筑工程竣工验收条件又作出了详细规定。工程符合下列要求方可进行竣工验收。
① 完成工程设计和合同约定的各项内容。
② 施工单位在工程完工后对工程质量进行了检查,确认工程质量符合有关法律、法规和工程建设强制性标准,符合设计文件及合同要求,并提出工程竣工报告。工程竣工报告应经项目经理和施工单位有关负责人审核签字。
③ 对于委托监理的工程项目,监理单位对工程进行了质量评估,具有完整的监理资料,并提出工程质量评估报告。工程质量评估报告应经总监理工程师和监理单位有关负责人审核签字。
④ 勘察、设计单位对勘察、设计文件及施工过程中由设计单位签署的设计变更通知书进行了检查,并提出质量检查报告。质量检查报告应经该项目勘察、设计负责人和勘察、设

计单位有关负责人审核签字。

⑤ 完整的技术档案和施工管理资料。
⑥ 具有工程使用的主要建筑材料、建筑构配件和设备的进场试验报告。
⑦ 建设单位已按合同约定支付工程款。
⑧ 具有施工单位签署的工程质量保修书。
⑨ 城乡规划行政主管部门对工程是否符合规划设计要求进行检查，并出具认可文件。
⑩ 有公安消防、环保等部门出具的认可文件或者准许使用文件。
⑪ 建设行政主管部门及其委托的工程质量监督机构等有关部门责令整改的问题全部整改完毕。

2. 工程竣工验收的程序

工程竣工验收应当按以下程序进行。

① 工程完工后，施工单位向建设单位提交工程竣工报告，申请工程竣工验收。实行监理的工程，工程竣工报告须经总监理工程师签署意见。

② 建设单位收到工程竣工报告后，对符合竣工验收要求的工程，组织勘察、设计、施工、监理等单位和其他有关方面的专家组成验收组，制定验收方案。

③ 建设单位应当在工程竣工验收 7 个工作日前将验收的时间、地点及验收组名单书面通知负责监督该工程质量的监督机构。

④ 建设单位组织工程竣工验收，具体包括以下内容：建设、勘察、设计、施工、监理单位分别汇报工程合同履约情况和工程建设各个环节执行法律、法规和工程建设强制性标准的情况；审阅建设、勘察、设计、施工、监理单位的工程档案资料；实地查验工程质量；对工程勘察、设计、施工、设备安装质量和各管理环节等方面作出全面评价，形成验收组人员签署的工程竣工验收意见。

当参与工程竣工验收的建设、勘察、设计、施工、监理等各方不能形成一致意见时，应当协商提出解决的方法，待意见一致后，重新组织工程竣工验收。工程竣工验收合格后，建设单位应当及时提出工程竣工验收报告。工程竣工验收报告主要包括：工程概况，建设单位执行基本建设程序情况，对工程勘察、设计、施工、监理等方面的评价，工程竣工验收时间、程序、内容和组织形式，工程竣工验收意见等内容。

3. 工程验收备案管理制度

国家实施工程竣工验收备案制度。2000 年 4 月 7 日建设部颁发了《房屋建筑工程和市政基础工程验收备案管理暂行办法》，规定建设单位应当自工程竣工验收合格之日起 15 日内，向工程所在地的县级以上地方人民政府建设行政主管部门备案。建设单位办理工程竣工验收备案应当提交下列文件。

① 工程竣工验收备案表。

② 工程竣工验收报告。竣工验收报告应当包括工程报建日期，施工许可证号，施工图设计文件审查意见，勘察、设计、施工、工程监理等单位分别签署的质量合格文件及验收人员签署的竣工验收原始文件，市政基础设施的有关质量检测和功能性试验资料及备案机关认为需要提供的有关资料。

③ 法律、行政法规规定应当由规划、公安消防、环保等部门出具的认可文件或者准许使用文件。

④ 施工单位签署的工程质量保修书。

⑤ 法规、规章规定必须提供的其他文件。商品住宅还应提交《住宅质量保证书》和《住宅使用说明书》。工程质量监督机构应当向备案机关提交工程质量监督报告，备案机关发现建设单位在竣工验收过程中有违反国家有关建设工程质量管理规定行为的，应当在收讫竣工验收备案文件15日内，责令停止使用，重新组织竣工验收。

5.6.7 建筑工程质量保修制度

房屋建筑工程质量保修，是指对房屋建筑工程竣工验收后在保修期限内出现的质量缺陷，予以修复。质量缺陷是指房屋建筑工程的质量不符合工程建设强制性标准及合同的约定。

1. 建筑工程质量保修的范围和期限

建筑工程实行质量保修制度。建筑工程的保修范围应当包括地基基础工程、主体结构工程、屋面防水工程和其他土建工程，以及电气管线、上下水管线的安装工程，供热、供冷系统工程等项目。保修的期限应当按照保证建筑物合理寿命年限内正常使用及维护使用者合法权益的原则确定。2000年1月30日国务院发布的《建设工程质量管理条例》，对最低保修期限作出规定，正常使用条件下，建设工程的最低保修期限为：

① 基础设施工程、房屋建筑的地基基础工程和主体结构工程，为设计文件规定的该工程的合理使用年限；

② 屋面防水工程、有防水要求的卫生间、房间和外墙面的防渗漏，为5年；

③ 供热与供冷系统，为两个采暖期、供冷期；

④ 电气管线、给排水管道、设备安装和装修工程，为两年，其他项目的保修期限由发包方与承包方约定。

2. 建筑工程质量保修责任

房屋建筑工程在保修范围和保修期限内出现质量缺陷，施工单位应当履行保修义务，并对造成的损失承担赔偿责任。房屋建筑工程在保修期限内出现质量缺陷，建设单位或者房屋建筑所有人应当向施工单位发出保修通知。施工单位接到保修通知后，应当到现场核查情况，在保修书约定的时间内予以保修。发生涉及结构安全或者严重影响使用功能的紧急抢修事故，施工单位接到保修通知后，应当立即到达现场抢修。发生涉及结构安全的质量缺陷，建设单位或者房屋建筑所有人应当立即向当地建设行政主管部门报告，采取安全防范措施，由原设计单位或者具有相应资质等级的设计单位提出保修方案，由施工单位实施保修，原工程质量监督机构负责监督，保修完成后，由建设单位或者房屋建筑所有人组织验收，涉及结构安全的，应当报当地建设行政主管部门备案。施工单位不按工程质量保修书约定保修的，建设单位可以另行委托其他单位保修，由原施工单位承担相应责任。

保修费用由质量缺陷的责任方承担，具体规定如下：

① 因施工单位未按国家有关规范、标准和设计要求施工而造成的质量缺陷，由施工单位负责返修并承担经济责任。

② 因设计原因造成的质量缺陷，由设计单位承担经济责任，由施工单位负责维修。其费用按有关规定通过建设单位向设计单位索赔，不足部分由建设单位负责。

③ 因建筑材料、构配件和设备质量不合格引起的质量缺陷，属于施工单位采购的或经其验收同意的，由施工单位承担经济责任，属于建设单位采购的，由建设单位承担经济责任。

④ 因使用单位使用不当造成的质量问题，由使用单位自行负责。

⑤ 因地震、洪水、台风等不可抗力造成的质量问题，施工单位、设计单位不承担经济责任。

在保修期内，因房屋建筑工程质量缺陷造成房屋所有人、使用人或第三方人身、财产损害的，房屋所有人、使用人或第三方可以向建设单位提出赔偿要求，建设单位向造成房屋建筑工程质量缺陷的责任方追偿。因保修不及时造成新的人身、财产损害，由造成拖延的责任方承担赔偿责任。

5.7 法律责任

5.7.1 建筑法律责任

法律责任，是指当事人由于违反法律规定的义务而应承担的法律后果。一般将法律责任分为民事责任、行政责任和刑事责任三种。民事责任是指民事违法行为人没有按照法律规定履行自己的义务所应承担的法律后果。行政法律责任是指当事人因为实施法律、法规、规章所禁止的行为而引起的行政上必须承担的法律后果。刑事责任是指因实施犯罪行为而应承担的国家司法机关依照刑事法律对其犯罪行为及其本人所作的否定性评价和谴责。建筑法律责任是指违反《建筑法》而承担的法律后果，包括刑事责任、民事责任和行政责任。

《建筑法》共有十一条规定了依法追究刑事责任的内容，主要体现在：第六十五条规定诈骗的刑事责任；第六十八条规定索贿、受贿、行贿构成犯罪的追究刑事责任；第六十九条规定降低工程质量标准的刑事责任；第七十一条规定安全事故的刑事责任；第七十二条建设单位违反建筑工程质量、安全标准、降低工程质量的刑事责任；第七十三条规定建筑设计单位质量事故的刑事责任；第七十四条规定施工企业质量事故的刑事责任；第七十七条和第七十九条规定有关主管部门滥用职权或玩忽职守、徇私舞弊的刑事责任；第七十八条规定政府及有关主管部门限定招标单位的刑事责任。

《建筑法》共有九条规定了依法承担民事责任的内容，主要体现在：第六十六条规定转让、出借资质证书的民事责任；第六十七条规定转包、非法分包的民事责任；第六十九条规定降低工程质量标准的民事责任；第七十条规定擅自改变建筑主体或者承重结构的民事责任；第七十三条规定建筑设计单位不按照建筑工程质量、安全标准进行设计的民事责任；第七十四条规定施工企业质量事故的民事责任；第七十五条规定施工企业不履行保修义务的民事责任；第七十九条规定有关主管部门滥用职权或玩忽职守、徇私舞弊的民事责任；第八十条规定建筑质量责任的赔偿责任。

《建筑法》共有三条规定了依法承担行政责任的内容，主要体现在：第六十八条规定索贿、受贿、行贿构成犯罪的行政责任；第七十七条规定有关主管部门人员滥用职权或玩忽职守、徇私舞弊颁发资质等级证书的行政责任；第七十九条规定有关主管部门的人员滥用职权或玩忽职守、徇私舞弊颁发施工许可证或违法竣工验收的行政责任。

建筑法律责任按照主体分类为：建设单位的法律责任；勘察、设计单位的法律责任；监理单位的法律责任；施工单位的法律责任；建设行政主管部门的法律责任及其他责任。

5.7.2 建设单位的法律责任

1. 违反建筑许可制度的法律责任

《建筑法》规定，未取得施工许可证或者开工报告未经批准擅自施工的，责令改正，对不符合开工条件的责令停止施工，可以处以罚款。《建设工程质量管理条例》规定，建设单位未取得施工许可证或者开工报告未经批准，擅自施工的，责令停止施工，限期改正，处工程合同价款1%以上2%以下的罚款。

2. 违反建筑发包制度的法律责任

《建筑法》规定，发包单位将工程发包给不具有相应资质条件的承包单位的，责令改正，处以罚款。《建设工程质量管理条例》规定，建设单位将建设工程发包给不具有相应资质等级的勘察、设计、施工单位或者委托给不具有相应资质等级的工程监理单位的，责令改正，处50万元以上100万元以下的罚款。

《建筑法》规定，将建筑工程肢解发包的，责令改正，处以罚款。《建设工程质量管理条例》规定，建设单位将建设工程肢解发包的，责令改正，处工程合同价款0.5%以上1%以下的罚款；对全部或者部分使用国有资金的项目，并可以暂停项目执行或者暂停资金拨付。

《建筑法》规定，在工程发包与承包中索贿、受贿、行贿，构成犯罪的，依法追究刑事责任；不构成犯罪的，分别处以罚款，没收贿赂的财物，对直接负责的主管人员和其他直接责任人员给予处分。

3. 违反安全生产、质量管理制度的法律责任

《建筑法》规定，建筑设计单位或者建筑施工企业违反建筑工程质量、安全标准，降低工程质量的，责令改正，可以处以罚款；构成犯罪的，依法追究刑事责任。

《建筑法》规定，涉及建筑主体或者承重结构变动的装修工程擅自施工的，责令改正，可以处以罚款；造成损失的，承担赔偿责任；构成犯罪的，依法追究刑事责任。《建设工程质量管理条例》规定，涉及建筑主体或者承重结构变动的装修工程，没有设计方案擅自施工的，责令改正，处50万元以上100万元以下的罚款；房屋建筑使用者在装修过程中擅自变动房屋建筑主体和承重结构的，责令改正，处5万元以上10万元以下的罚款；造成损失的，依法承担赔偿责任。

《建设工程质量管理条例》规定，建设单位有下列行为之一的，责令改正，处20万元以上50万元以下的罚款：

① 迫使承包方以低于成本的价格竞标的；
② 任意压缩合理工期的；
③ 明示或者暗示设计单位或者施工单位违反工程建设强制性标准，降低工程质量的；
④ 施工图设计文件未经审查或者审查不合格，擅自施工的；
⑤ 建设项目必须实行工程监理而未实行工程监理的；

⑥ 未按照国家规定办理工程质量监督手续的；
⑦ 明示或者暗示施工单位使用不合格的建筑材料、建筑构配件和设备的；
⑧ 未按照国家规定将竣工验收报告、有关认可文件或者准许使用文件报送备案的。

《建设工程质量管理条例》规定，建设单位有下列行为之一的，责令改正，处工程合同价款2%以上4%以下的罚款；造成损失的，依法承担赔偿责任：
① 未组织竣工验收，擅自交付使用的；
② 验收不合格，擅自交付使用的；
③ 对不合格的建设工程按照合格工程验收的；
④ 违反《建设工程质量管理条例》规定，建设工程竣工验收后，建设单位未向建设行政主管部门或者其他有关部门移交建设项目档案的，责令改正，处1万元以上10万以下的罚款。

《建设工程安全生产管理条例》规定，违反本条例的规定，建设单位未提供建设工程安全生产作业环境及安全施工措施所需费用的，责令限期改正；逾期未改正的，责令该建设工程停止施工。建设单位未将保证安全施工的措施或者拆除工程的有关资料报送有关部门备案的，责令限期改正，给予警告。

《建设工程安全生产管理条例》规定，违反本条例的规定，建设单位有下列行为之一的，责令限期改正，处20万元以上50万元以下的罚款；造成重大安全事故，构成犯罪的，对直接责任人员，依照刑法有关规定追究刑事责任；造成损失的，依法承担赔偿责任：
① 对勘察、设计、施工、工程监理等单位提出不符合安全生产法律、法规和强制性标准规定的要求的；
② 要求施工单位压缩合同约定的工期的；
③ 将拆除工程发包给不具有相应资质等级的施工单位的。

5.7.3 勘察、设计单位的法律责任

1. 违反资质管理制度的法律责任

《建筑法》规定，超越本单位资质等级承揽工程的，责令停止违法行为，处以罚款，可以责令停业整顿，降低资质等级；情节严重的，吊销资质证书；有违法所得的，予以没收。未取得资质证书承揽工程的，予以取缔，并处罚款；有违法所得的，予以没收。以欺骗手段取得资质证书的，吊销资质证书，处以罚款；构成犯罪的，依法追究刑事责任。《建设工程质量管理条例》规定，勘察、设计单位超越本单位资质等级承揽工程的，责令停止违法行为，对勘察、设计单位处合同约定的勘察费、设计费1倍以上2倍以下的罚款，情节严重的，吊销资质证书；有违法所得的，予以没收。未取得资质证书承揽工程的，予以取缔，依照本条规定处以罚款；有违法所得的，予以没收。以欺骗手段取得资质证书承揽工程的，吊销资质证书，依照本条规定处以罚款；有违法所得的，予以没收。勘察、设计单位允许其他单位或者个人以本单位名义承揽工程的，责令改正，没收违法所得，对勘察、设计单位处以合同约定的勘察费、设计费1倍以上2倍以下的罚款，可以责令停业整顿，降低资质等级；情节严重的，吊销资质证书。

2. 违法转包、分包的法律责任

《建设工程质量管理条例》规定，承包单位将承包的工程转包或者违法分包的，责令改正，没收违法所得，对勘察、设计单位处合同约定的勘察费、设计费25%以上50%以下的罚款；可以责令停业整顿，降低资质等级；情节严重的，吊销资质证书。

3. 违反安全生产、质量管理制度的法律责任

《建筑法》规定，建筑设计单位不按照建筑工程质量、安全标准进行设计的，责令改正，处以罚款；造成工程质量事故的，责令停业整顿，降低资质等级或者吊销资质证书，没收违法所得，并处罚款；造成损失的，承担赔偿责任；构成犯罪的，依法追究刑事责任。《建设工程质量管理条例》规定，有下列行为之一的，责令改正，处10万元以上30万元以下的罚款：

① 勘察单位未按照工程建设强制性标准进行勘察的；

② 设计单位未根据勘察成果文件进行工程设计的；

③ 设计单位指定建筑材料、建筑构配件的生产厂、供应单位的；

④ 设计单位未按照工程建设强制性标准进行设计的。

造成工程质量事故的，责令停业整顿，降低资质等级；情节严重的，吊销资质证书；造成损失的，依法承担赔偿责任。

《建设工程安全生产管理条例》规定，违反本条例的规定，勘察单位、设计单位有下列行为之一的，责令限期改正，处10万元以上30万元以下的罚款；情节严重的，责令停业整顿，降低资质等级，直至吊销资质证书；造成重大安全事故，构成犯罪的，对直接责任人员依照刑法有关规定追究刑事责任；造成损失的，依法承担赔偿责任：

① 未按照法律、法规和工程建设强制性标准进行勘察、设计的；

② 采用新结构、新材料、新工艺的建设工程和特殊结构的建设工程，设计单位未在设计中提出保障施工作业人员安全和预防生产安全事故的措施建议的。

5.7.4 施工单位的法律责任

1. 违反资质管理制度的法律责任

《建筑法》规定，超越本单位资质等级承揽工程的，责令停止违法行为，处以罚款，可以责令停业整顿，降低资质等级；情节严重的，吊销资质证书；有违法所得的，予以没收。未取得资质证书承揽工程的，予以取缔，并处罚款；有违法所得的，予以没收。以欺骗手段取得资质证书的，吊销资质证书，处以罚款；构成犯罪的，依法追究刑事责任。《建设工程质量管理条例》规定，施工单位超越本单位资质等级承揽工程的，责令停止违法行为，对施工单位处工程合同价款2%以上4%以下的罚款，可以责令停业整顿，降低资质等级；情节严重的，吊销资质证书；有违法所得的，予以没收。未取得资质证书承揽工程的，予以取缔，依照本条规定处以罚款；有违法所得的，予以没收。以欺骗手段取得资质证书承揽工程的，吊销资质证书，依照本条规定处以罚款；有违法所得的，予以没收。

《建筑法》规定，建筑施工企业转让、出借资质证书或者以其他方式允许他人以本企业的名义承揽工程的，责令改正，没收违法所得，并处罚款，可以责令停业整顿，降低资质等级；情节严重的，吊销资质证书。对因该项承揽工程不符合规定的质量标准造成的损失，建筑施工企业与使用本企业名义的单位或者个人承担连带赔偿责任。《建设工程质量管理条例》规定，施工单位允许其他单位或者个人以本单位名义承揽工程的，责令改正，没收违法所得，对施工单位处工程合同价款2%以上4%以下的罚款；可以责令停业整顿，降低资质等级；情节严重的，吊销资质证书。

2. 违法转包、分包的法律责任

《建筑法》规定，承包单位将承包的工程转包的，或者违反本法规定进行分包的，责令改正，没收违法所得，并处罚款，可以责令停业整顿，降低资质等级；情节严重的，吊销资质证书。承包单位违反有关规定，对因转包工程或者违法分包的工程不符合规定的质量标准造成的损失，与接受转包或者分包的单位承担连带赔偿责任。《建设工程质量管理条例》规定，承包单位将承包的工程转包或者违法分包的，责令改正，没收违法所得，对施工单位处工程合同价款0.5%以上1%以下的罚款；可以责令停业整顿，降低资质等级；情节严重的，吊销资质证书。

3. 违反安全生产、质量管理制度的法律责任

《建筑法》规定，建筑施工企业在施工中偷工减料的，使用不合格的建筑材料、建筑构配件和设备的，或者有其他不按照工程设计图纸或者施工技术标准施工的行为的，责令改正，处以罚款；情节严重的，责令停业整顿，降低资质等级或者吊销资质证书；造成建筑工程质量不符合规定质量标准的，负责返工、修理，并赔偿因此造成的损失；构成犯罪的，依法追究刑事责任。《建设工程质量管理条例》规定，施工单位在施工中偷工减料的，使用不合格的建筑材料、建筑构配件和设备的，或者有不按照工程设计图纸或者施工技术标准施工的其他行为的，责令改正，处工程合同价款2%以上4%以下的罚款；造成建筑工程质量不符合规定的质量标准的，负责返工、修理，并赔偿因此造成的损失；情节严重的，责令停业整顿，降低资质等级或者吊销资质证书。施工单位未对建筑材料、建筑构配件、设备和商品混凝土进行检验，或者未对涉及结构安全的试块、试件及有关材料取样检测的，责令改正，处10万元以上20万元以下的罚款；情节严重的，责令停业整顿，降低资质等级或者吊销资质证书；造成损失的，依法承担赔偿责任。

《建筑法》规定，对建筑安全事故隐患不采取措施予以消除的，责令改正，可以处以罚款；情节严重的，责令停业整顿，降低资质等级或者吊销资质证书；构成犯罪的，依法追究刑事责任。建筑施工企业的管理人员违章指挥、强令职工冒险作业，因而发生重大伤亡事故或者造成其他严重后果的，依法追究刑事责任。《建设工程质量管理条例》规定，发生重大工程质量事故隐瞒不报、谎报或者拖延报告期限的，对直接负责责任人员依法给予行政处分。

《建筑法》规定，施工单位与监理单位或建设单位串通、弄虚作假、降低工程质量的，责令改正，处以罚款，降低资质等级或者吊销资质证书；有违法所得的，予以没收；造成损失的，承担连带赔偿责任；构成犯罪的，依法追究刑事责任。

《建筑法》规定，建筑施工企业不履行保修义务或者拖延履行保修义务的，责令改正，可以处以罚款，并对在保修期内因屋顶、墙面渗漏、开裂等质量缺陷造成的损失，承担赔偿责任。

《建设工程质量管理条例》规定，施工单位不履行保修义务或者拖延履行保修义务的，责令改正，处 10 万元以上 20 万元以下的罚款，并对在保修期内因质量缺陷造成的损失承担赔偿责任。

《建设工程安全生产管理条例》规定，违反本条例的规定，施工单位有下列行为之一的，责令限期改正；逾期未改正的，责令停业整顿，依照《中华人民共和国安全生产法》的有关规定处以罚款；造成重大安全事故，构成犯罪的，对直接责任人员依照刑法有关规定追究刑事责任：

① 未设立安全生产管理机构、配备专职安全生产管理人员或者分部分项工程施工时无专职安全生产管理人员现场监督的；

② 施工单位的主要负责人、项目负责人、专职安全生产管理人员、作业人员或者特种作业人员，未经安全教育培训或者经考核不合格即从事相关工作的；

③ 未在施工现场的危险部位设置明显的安全警示标志，或者未按照国家有关规定在施工现场设置消防通道、消防水源、配备消防设施和灭火器材的；

④ 未向作业人员提供安全防护用具和安全防护服装的；

⑤ 未按照规定在施工起重机械和整体提升脚手架、模板等自升式架设设施验收合格后登记的；

⑥ 使用国家明令淘汰、禁止使用的危及施工安全的工艺、设备、材料的。

《建设工程安全生产管理条例》规定，违反本条例的规定，施工单位挪用列入建设工程概算的安全生产作业环境及安全施工措施所需费用的，责令限期改正，处以挪用费用 20％以上 50％以下的罚款；造成损失的，依法承担赔偿责任。

《建设工程安全生产管理条例》规定，违反本条例的规定，施工单位有下列行为之一的，责令限期改正；逾期未改正的，责令停业整顿，并处 5 万元以上 10 万元以下的罚款；造成重大安全事故，构成犯罪的，对直接责任人员依照刑法有关规定追究刑事责任：

① 施工前未对有关安全施工的技术要求作出详细说明的；

② 未根据不同施工阶段和周围环境及季节、气候的变化，在施工现场采取相应的安全施工措施，或者在城市市区内的建设工程的施工现场未实行封闭围挡的；

③ 在尚未竣工的建筑物内设置员工集体宿舍的；

④ 施工现场临时搭建的建筑物不符合安全使用要求的；

⑤ 未对因建设工程施工可能造成损害的毗邻建筑物、构筑物和地下管线等采取专项防护措施的。

施工单位有以上规定④、⑤两项行为，造成损失的，依法承担赔偿责任。

《建设工程安全生产管理条例》规定，违反本条例的规定，施工单位有下列行为之一的，责令限期改正；逾期未改正的，责令停业整顿，并处 10 万元以上 30 万元以下的罚款；情节严重的，降低资质等级，直至吊销资质证书；造成重大安全事故，构成犯罪的，对直接责任人员依照刑法有关规定追究刑事责任；造成损失的，依法承担赔偿责任：

① 安全防护用具、机械设备、施工机具及配件在进入施工现场前未经查验或者查验不合格即投入使用的；

② 使用未经验收或者验收不合格的施工起重机械和整体提升脚手架、模板等自升式架设设施的；

③ 委托不具有相应资质的单位承担施工现场安装、拆卸施工起重机械和整体提升脚手

架、模板等自升式架设设施的；

④ 在施工组织设计中未编制安全技术措施、施工现场临时用电方案或者专项施工方案的。

《建设工程安全生产管理条例》规定，违反本条例的规定，施工单位的主要负责人、项目负责人未履行安全生产管理职责的，责令限期改正；逾期未改正的，责令施工单位停业整顿；造成重大安全事故、重大伤亡事故或者其他严重后果，构成犯罪的，依照刑法有关规定追究刑事责任。作业人员不服管理、违反规章制度和操作规程冒险作业造成重大伤亡事故或者其他严重后果，构成犯罪的，依照刑法有关规定追究刑事责任。施工单位的主要负责人、项目负责人有前款违法行为，尚不够刑事处罚的，处 2 万元以上 20 万元以下的罚款或者按照管理权限给予撤职处分；自刑罚执行完毕或者受处分之日起，5 年内不得担任任何施工单位的主要负责人、项目负责人。

《建设工程安全生产管理条例》规定，施工单位取得资质证书后，降低安全生产条件的，责令限期改正；经整改仍未达到与其资质等级相适应的安全生产条件的，责令停业整顿，降低其资质等级直至吊销资质证书。

《建设工程安全生产管理条例》规定，违反本条例的规定，为建设工程提供机械设备和配件的单位，未按照安全施工的要求配备齐全有效的保险、限位等安全设施和装置的，责令限期改正，处合同价款 1 倍以上 3 倍以下的罚款；造成损失的，依法承担赔偿责任。

《建设工程安全生产管理条例》规定，违反本条例的规定，出租单位出租未经安全性能检测或者经检测不合格的机械设备和施工机具及配件的，责令停业整顿，并处 5 万元以上 10 万元以下的罚款；造成损失的，依法承担赔偿责任。

《建设工程安全生产管理条例》规定，违反本条例的规定，施工起重机械和整体提升脚手架、模板等自升式架设设施安装、拆卸单位有下列行为之一的，责令限期改正，处 5 万元以上 10 万元以下的罚款；情节严重的，责令停业整顿，降低资质等级，直至吊销资质证书；造成损失的，依法承担赔偿责任：

① 未编制拆装方案、制定安全施工措施的；
② 未由专业技术人员现场监督的；
③ 未出具自检合格证明或者出具虚假证明的；
④ 未向施工单位进行安全使用说明，办理移交手续的。

施工起重机械和整体提升脚手架、模板等自升式架设设施安装、拆卸单位有以上规定的①、③两项行为，经有关部门或者单位职工提出后，对事故隐患仍不采取措施，因而发生重大伤亡事故或者造成其他严重后果，构成犯罪的，对直接责任人员依照刑法有关规定追究刑事责任。

5.7.5 监理单位的法律责任

1. 违反资质管理制度的法律责任

《建筑法》规定，超越本单位资质等级承揽工程的，责令停止违法行为，处以罚款，可以责令停业整顿，降低资质等级；情节严重的，吊销资质证书；有违法所得的，予以没收。

未取得资质证书承揽工程的,予以取缔,并处罚款;有违法所得的,予以没收。以欺骗手段取得资质证书的,吊销资质证书,处以罚款;构成犯罪的,依法追究刑事责任。《建设工程质量管理条例》规定,工程监理单位超越本单位资质等级承揽工程的,责令停止违法行为,对工程监理单位处合同约定的监理酬金1倍以上2倍以下的罚款;可以责令停业整顿,降低资质等级;情节严重的,吊销资质证书;有违法所得的,予以没收。未取得资质证书承揽工程的,予以取缔,依照本条规定处以罚款;有违法所得的,予以没收。以欺骗手段取得资质证书承揽工程的,吊销资质证书,依照本条规定处以罚款;有违法所得的,予以没收。工程监理单位允许其他单位或者个人以本单位名义承揽工程的,责令改正,没收违法所得,对工程监理单位处合同约定的监理酬金1倍以上2倍以下的罚款;可以责令停业整顿,降低资质等级;情节严重的,吊销资质证书。

2. 违法转包、分包的法律责任

《建筑法》规定,工程监理单位转让监理业务的,责令改正,没收违法所得,可以责令停业整顿,降低资质等级;情节严重的,吊销资质证书。《建设工程质量管理条例》规定,工程监理单位转让工程监理业务的,责令改正,没收违法所得,处合同约定的监理酬金25%以上50%以下的罚款;可以责令停业整顿,降低资质等级,情节严重的,吊销资质证书。

3. 违反安全生产、质量管理制度的法律责任

《建筑法》规定,工程监理单位与建设单位或者建筑施工企业串通,弄虚作假、降低工程质量的,责令改正,处以罚款,降低资质等级或者吊销资质证书;有违法所得的,予以没收;造成损失的,承担连带赔偿责任;构成犯罪的,依法追究刑事责任。《建设工程质量管理条例》规定,工程监理单位有下列行为之一的,责令改正,处50万元以上100万元以下的罚款,降低资质等级或者吊销资质证书;有违法所得的,予以没收;造成损失的,承担连带赔偿责任:

① 与建设单位或者施工单位串通,弄虚作假、降低工程质量的;
② 将不合格的建设工程、建筑材料、建筑构配件和设备按照合格签字的。

《建设工程质量管理条例》规定,工程监理单位与被监理工程的施工承包单位及建筑材料、建筑构配件和设备供应单位有隶属关系或者其他利害关系承担该项建设工程的监理业务的,责令改正,处5万元以上10万元以下的罚款,降低资质等级或者吊销资质证书;有违法所得的,予以没收。

《建设工程安全生产管理条例》规定,违反本条例的规定,工程监理单位有下列行为之一的,责令限期改正;逾期未改正的,责令停业整顿,并处10万元以上30万元以下的罚款;情节严重的,降低资质等级,直至吊销资质证书;造成重大安全事故,构成犯罪的,对直接责任人员,依照刑法有关规定追究刑事责任;造成损失的,依法承担赔偿责任:

① 未对施工组织设计中的安全技术措施或者专项施工方案进行审查的;
② 发现安全事故隐患未及时要求施工单位整改或者暂时停止施工的;
③ 施工单位拒不整改或者不停止施工,未及时向有关主管部门报告的;
④ 未依照法律、法规和工程建设强制性标准实施监理的。

5.7.6 建设行政主管部门的法律责任

《建筑法》规定，对不具备相应资质等级条件的单位颁发该等级资质证书的，由其上级机关责令收回所发的资质证书，对直接负责的主管人员和其他直接责任人员给予行政处分；构成犯罪的，依法追究刑事责任。

《建筑法》规定，政府及其所属部门的工作人员违反本法规定，限定发包单位将招标发包的工程发包给指定的承包单位的，由上级机关责令改正；构成犯罪的，依法追究刑事责任。

《建筑法》规定，负责颁发建筑工程施工许可证的部门及其工作人员对不符合施工条件的建筑工程颁发施工许可证的，负责工程质量监督检查或者竣工验收的部门及其工作人员对不合格的建筑工程出具质量合格文件或者按合格工程验收的，由上级机关责令改正，对责任人员给予行政处分；构成犯罪的，依法追究刑事责任；造成损失的，由该部门承担相应的赔偿责任。

《建设工程质量管理条例》规定，违反本条例规定，供水、供电、供气、公安消防等部门或者单位明示或者暗示建设单位或者施工单位购买其指定的生产供应单位生产的建筑材料、建筑构配件和设备的，责令改正。

《建设工程安全生产管理条例》规定，违反本条例的规定，县级以上人民政府建设行政主管部门或者其他有关行政管理部门的工作人员，有下列行为之一的，给予降级或者撤职的行政处分；构成犯罪的，依照刑法有关规定追究刑事责任：

① 对不具备安全生产条件的施工单位颁发资质证书的；
② 对没有安全施工措施的建设工程颁发施工许可证的；
③ 发现违法行为不予查处的；
④ 不依法履行监督管理职责的其他行为。

5.7.7 其他法律责任

《建筑法》规定，在建筑物的合理使用寿命内，因建筑工程质量不合格受到损害的，有权向责任者要求赔偿。

《建设工程质量管理条例》规定，注册建筑师、注册结构工程师、注册监理工程师等注册执业人员因过错造成质量事故的，责令停止执业1年；造成重大质量事故的，吊销执业资格证书，5年以内不予注册；情节特别恶劣的，终身不予注册。

《建设工程质量管理条例》规定，建设、勘察、设计、施工、工程监理单位的工作人员因调动工作、退休等原因离开该单位后，被发现在该单位工作期间违反国家有关建设工程质量管理规定，造成重大工程质量事故的，仍应当依法追究法律责任。

《建设工程质量管理条例》规定，给予单位罚款处罚的，对单位直接负责的主管人员和其他直接责任人员处以单位罚款数额5%以上10%以下的罚款。

《建筑法》规定，在工程中行贿的承包单位，可以责令停业，降低资质等级或吊销资质证书。行贿人员构成犯罪的，依法追究刑事责任；不构成犯罪的，分别处以罚款，没收行贿的财物，对直接负责的主管人员和其他直接责任人员给予处分。

《建设工程安全生产管理条例》规定，注册执业人员未执行法律、法规和工程建设强制性标准的，责令停止执业3个月以上1年以下；情节严重的，吊销执业资格证书，5年内不予注册；造成重大安全事故的，终身不予注册；构成犯罪的，依照刑法有关规定追究刑事责任。①

案例分析

案例1

原告：甲电讯公司
第一被告：丙建筑设计院
第二被告：乙建筑承包公司

一、基本案情

甲电讯公司因建办公楼与乙建筑承包公司签订了工程总承包合同。其后，经甲同意，乙分别与丙建筑设计院和丁建筑工程公司签订了工程勘察设计合同和工程施工合同。勘察设计合同约定由丙对甲的办公楼及其附属工程提供设计服务，并按勘察设计合同的约定交付有关的设计文件和资料。施工合同约定由丁根据丙提供的设计图纸进行施工，工程竣工时依据国家有关验收规定及设计图纸进行质量验收。合同签订后，丙按时将设计文件和有关资料交付给丁，丁依据设计图纸进行施工。工程竣工后，甲会同有关质量监督部门对工程进行验收，发现工程存在严重质量问题，是由于设计不符合规范所致。原来丙未对现场进行仔细勘察即自行进行设计导致设计不合理，给甲带来了重大损失。丙以与甲没有合同关系为由拒绝承担责任，乙又以自己不是设计人为由推卸责任，甲遂以丙为被告向法院起诉。

二、案例审理

法院受理后，追加乙为共同被告，判决乙与丙对工程建设质量问题承担连带责任。

三、案例评析

本案中，甲是发包人，乙是总承包人，丙和丁是分包人。《建筑法》第二十九条规定："建筑工程总承包单位可以将承包工程中的部分工程发包给具有相应资质条件的分包单位；但是，除总承包合同中约定的分包外，必须经建设单位认可。施工总承包的，建筑工程主体结构的施工必须由总承包单位自行完成。建筑工程总承包单位按照总承包合同的约定对建设单位负责；分包单位按照分包合同的约定对总承包单位负责。总承包单位和分包单位就分包工程对建设单位承担连带责任。禁止总承包单位将工程分包给不具备相应资质条件的单位。禁止分包单位将其承包的工程再分包。"

对工程质量问题，乙作为总承包人应承担责任，而丙和丁也应该依法分别向发包人甲承担责任。总承包人以不是自己勘察设计和建筑安装的理由企图不对发包人承担责任，以及分包人以与发包人没有合同关系为由不向发包人承担责任，都是没有法律依据的。所以本案判决乙和丙共同承担连带责任是正确的。

本案必须说明的是，《建筑法》第二十八条规定："禁止承包单位将其承包的全部建

---

① 刘文锋. 建设法规概论. 北京：高等教育出版社，2004.

筑工程转包给他人，禁止承包单位将其承包的全部建筑工程肢解以后以分包的名义分别转包给他人。"本案中乙作为总承包人不自行施工，而将工程全部转包他人，虽经发包人同意，但违反法律禁止性规定，其与丙和丁所签订的两个分包合同均是无效合同。建设行政主管部门应依照《建筑法》和《建设工程质量管理条例》的有关规定，对其进行行政处罚。

案例2

原告：北京市某物资公司

被告：王某

一、基本案情

1995年10月17日，王某与北京市某物资公司签订了拆迁安置居民回迁购房合同书，根据此合同，王某原租住公房属于拆迁范围，王某属于拆迁安置对象，某物资公司对广外南街回迁楼建设完毕以后，安置王某广外南街小区53号楼601号3居室楼房1套。合同签订后，1998年10月，某物资公司如约将回迁楼建设完毕并交付使用。王某在没有办理回迁入住手续的情况下，私自进入广外南街小区53号楼601号房，在向某物资公司的房屋物业公司缴纳了装修押金1 000元后，于1999年3月对该房进行了装修。装修过程中，雇用没有装修资质的装修人员对房屋内部结构进行拆改，将多处钢筋混凝土结构承重墙砸毁，并将结构柱主钢筋大量截断。其间，某物资公司曾多次向王某发出停工通知，并委托宣武区房屋安全鉴定站对此房屋进行了鉴定，结论为：房屋墙体被拆改、移位，已对房屋承重结构造成破坏，应恢复原状。王某对此均未理睬。1999年4月，某物资公司向某区人民法院提起诉讼，要求王某立即搬出强占的房屋，停止毁坏住宅楼主体结构的行为，排除妨碍，消除危险，承担对所破坏房屋由专业施工单位进行修复的费用47 439.04元、鉴定费240元及加固设计费10 000元。

二、案件审理

一审法院经审理认为，根据建设部《建筑装饰装修管理规定》，凡涉及拆改主体结构和明显加大荷载的，房屋所有人、使用人必须向房屋所在地的房地产行政主管部门提出申请，并由房屋安全鉴定单位对装饰装修方案的使用进行审定。经批准后向建设行政主管部门办理报建手续，领取施工许可证。原有房屋装饰装修需要拆改结构的，装饰装修设计必须保证房屋的整体性、抗震性和结构安全性，并由有资质的装饰装修单位进行施工。北京市《关于加强对城镇居民住宅装饰装修改造管理的通知》规定：凡居民对住宅进行装饰、装修的，不得破坏建筑物结构，不得私自拆改各种住宅配套设施。本案中王某在没有办理房屋入住手续的情况下，私自进入房屋，并违反上述规定，未经有关部门批准，在装修过程中对房屋的主体结构及其他设施进行拆改，经某物资公司多次制止后仍不停止，给整幢房屋造成严重安全隐患（诉讼过程中，中国建筑科学研究院工程抗震研究所作出了广外南街小区53号楼加固报告，并提供了加固方案及加固工程造价计算书），应承担民事责任。关于加固费用，中国建筑科学研究院工程抗震研究所是建筑业的权威机关，出具的加固报告及费用具有权威性，对所需33 746元的加固费用本院予以确认；对于恢复费用，因被告对原告提供的预算费用表示异议，且该费用未经有关部门审核，因此，恢复原状的费用以恢复后实际支出费用为准，乙故判决如下：

1. 自本判决生效后3日内，被告王某将本区广外南街小区53号楼601号住房腾空，交原告某物资公司；

2. 自本判决生效后3日内，被告王某给付原告某物资公司对本区广外南街小区53号楼601号住房的鉴定费240元、加固设计费10 000元、加固费33 746元，并由原告某物资公司负责加固施工；

3. 自加固工程完成后30日内，由被告王某负责对拆改的本区广外南街小区53号楼601号住房门厅隔断墙恢复原状。

三、案例评析

本案发生在《建筑法》和《建设工程质量管理条例》颁布实施之前。审理法院参照部门规章《建筑装饰装修管理规定》（建设部令第46号）对其进行了判决。

《建筑法》第四十九条规定："涉及建筑主体和承重结构变动的装修工程，建设单位应当在施工前委托原设计单位或者具有相应资质条件的设计单位提出设计方案；没有设计方案的，不得施工。"

《建筑法》第七十条规定："违反本法规定，涉及建筑主体或者承重结构变动的装修工程擅自施工的，责令改正，处以罚款；造成损失的，承担赔偿责任；构成犯罪的，依法追究刑事责任。"

《建设工程质量管理条例》第十五条规定："涉及建筑主体和承重结构变动的装修工程，建设单位应当在施工前委托原设计单位或者具有相应资质等级的设计单位提出设计方案；没有设计方案的，不得施工。房屋建筑使用者在装修过程中，不得擅自变动房屋建筑主体和承重结构。"

《建设工程质量管理条例》第六十九条规定："违反本条例规定，涉及建筑主体或者承重结构变动的装修工程，没有设计方案擅自施工的，责令改正，处50万元以上100万元以下的罚款；房屋建筑使用者在装修过程中擅自变动房屋建筑主体和承重结构的，责令改正，处5万元以上10万元以下的罚款。有前款所列行为，造成损失的，依法承担赔偿责任。"

根据上述法律规定，在房屋建筑装饰装修过程中，不论是建设单位还是房屋建筑使用者都必须严格遵守法律强制性规定。本案中，王某作为房屋建筑使用人，擅自变动建筑主体和承重结构，是严重的违法行为，不仅要依法承担赔偿责任，还应当受到建设行政管理部门的行政处罚。①

案例实训

原告：某大学

被告：某建筑公司

一、基本案情

2004年4月，某大学为建设学生公寓，与某建筑公司签订了一份建设工程合同。合同约定：工程采用固定总价合同形式，主体工程和内外承重砖一律使用国家标准砌块，每层加水泥圈梁；某大学可预付工程款（合同价款的10%）；工程的全部费用于验收合格后一次付清；交付使用后，如果在6个月内发生严重质量问题，由承包人负责修复等。1年后，学生

---

① 建设部. 建设法规教程. 北京：中国建筑工业出版社，2002.

公寓如期完工，在某大学和某建筑公司共同进行竣工验收时，某大学发现工程3~5层的内承重墙体裂缝较多，要求某建筑公司修复后再验收，某建筑公司认为不影响使用而拒绝修复。因为很多新生急待入住，某大学接收了宿舍楼。在使用了8个月之后，公寓楼5层的内承重墙倒塌，致使1人死亡，3人受伤，其中1人致残。受害者与某大学要求某建筑公司赔偿损失，并修复倒塌工程。某建筑公司以使用不当且已过保修期为由拒绝赔偿。无奈之下，受害者与某大学诉至法院，请法院主持公道。

二、案件审理

法院在审理期间对工程事故原因进行了鉴定，鉴定结论为某建筑公司偷工减料致宿舍楼内承重墙倒塌。因此，法院对某建筑公司以保修期已过为由拒绝赔偿的主张不予支持，判决某建筑公司应当向受害者承担损害赔偿责任，并负责修复倒塌的部分工程。

三、问题思考

你认为这个案件审理正确吗？它违反了哪些法律、法规？请对案例进行评析。

本章小结

广义的建筑法，是指调整建筑活动的法律规范的总称。狭义的建筑法是1997年11月1日第八届全国人民代表大会常委会第二十八次会议通过的《中华人民共和国建筑法》，于1998年3月1日起实施。基本原则是：建筑活动应当确保工程质量和安全，符合国家的建筑工程安全标准；国家扶持建筑业的发展，支持建筑科学技术研究；从事建筑活动应当遵守法律、法规，不得损害社会公共利益和他人的合法权益。建筑工程发包，是指建设单位或者招标代理单位通过招标方式或直接发包方式将建筑工程的全部或部分交由他人承包，并支付相应费用的行为。建筑工程承包，是指通过招标方式或直接发包方式取得建筑工程的全部或部分，取得相应费用并完成建筑工程的全部或部分的行为。建筑安全生产管理是指建设行政主管部门、建筑安全监督管理机构、建筑施工企业及有关单位对建筑生产过程中的安全工作，进行的计划、组织、指挥、控制、监督等一系列管理活动。建筑工程质量是指在国家现行的有关法律、法规、技术标准、设计文件和合同中，对工程的安全、适用、经济、美观等特性的综合要求。

本章的重点是建筑许可制度、建筑工程招标投标的法律规定、工程建设监理制度的法律规定、建筑工程安全生产和质量管理的法律规定。

本章的难点是建筑工程招标投标的法律规定。

思考题

1. 《中华人民共和国建筑法》的调整对象是什么？
2. 申请领取施工许可的条件和程序是什么？
3. 建筑工程招标投标的基本原则是什么？
4. 如何确定建筑工程承包合同价款？
5. 建筑工程监理的范围是什么？
6. 建筑工程监理的民事责任是什么？
7. 简述建筑工程安全生产活动应当遵循的原则。

8. 简述建筑工程现场安全生产管理的主要内容。
9. 简述建筑工程质量责任制的主要内容。
10. 简述建筑工程质量监督管理的主要内容。
11. 简述建筑工程竣工验收的主要内容。
12. 分别简述勘察、设计单位、监理单位、施工单位违法行为应承担的法律责任。

第6章 工程建设执业资格法规

本章导读

本章介绍工程建设执业资格制度的概念及我国工程建设执业资格制度的基本情况，并重点介绍了有关单位、专业技术人员及关键岗位执业资格管理的具体内容。6.1节介绍工程建设执业资格制度概述，6.2节介绍工程建设从业单位资质管理，6.3节介绍工程建设专业技术人员执业资格管理，6.4节介绍工程施工现场人员执业资格管理。

6.1 概述

6.1.1 工程建设执业资格制度的概念

工程建设执业资格制度是指事先依法取得相应资质或资格的单位和个人，才允许其在法律所规定的范围内从事一定建筑活动的制度。

工程建设对社会生活和经济建设的重要性是不言而喻的，而随着技术的进步和生活质量的提高，社会对建设工程的技术水准和质量要求越来越高，使得工程建设过程日趋复杂，已远非一般人员所能胜任，而只能由掌握一定工程建设专业知识和具有一定工程建设实践经验的技术人员及其所组建成的单位来承担。正因为如此，世界上绝大多数国家都对从事建设活动的主体的资格作了严格的限定。我国也不例外，很早就实行了严格的单位执业资格认证制度。对各种建筑企事业单位的资质等级标准和允许执业范围作出了明确的规定。这对提高我国工程建设水平、保障公民的生命财产安全起到了重要的作用。但随着改革开放的深入和市场经济的建立，单纯实行执业单位资质管理的不足也日益显现出来：一是只管住了单位资质，而对具体执业人员没有要求，就会出现高资质单位承接任务，而由低素质、低水平的人员来完成的问题，使工程建设的质量和水平难以保证；二是一些高水平的专业人员，由于其所在单位资质较低的限制，使其聪明才智和业务能力难以发挥；三是工程建设的相应责任，只能落实到单位，对具体执业人员的责任都难以追究，一有问题就是集体负责，表面上是大家共同负责，实际上却是大家都不负责。另外，大多数发达国家和地区都实行了工程建设执业人员资格注册制度，这已形成建筑行业管理的国际惯例，如我们不实行这一制度，就会影响我们与国际建筑界的交流与合作；同时，也会成为我国进入国际市场的障碍。为此，我国目前正在加速工程建设个人执业资格制度的建立。对此，《建筑法》明确规定："从事建筑活动的专业技术人员，应当依法取得相应的执业资格证书，并在执业资格证书许可的范围内从事建筑活动。"在现阶段，我国工程建设执业资格制度是单位执业资质和个人执业资格并存的模式。

6.1.2 工程建设执业资格法规的立法现状

1998年3月1日正式施行的《中华人民共和国建筑法》中明确规定了我国工程建设实行执业单位资质管理和执业人员资格管理制度。除此之外，还颁发了大量行政法规、部门规章及规范性文件，对相关管理办法作出具体规定，现行的主要有国务院颁行的《中华人民共和国注册建筑师条例》（1995年）、《中华人民共和国注册建筑师条例实施细则》（2008年）、《监理工程师资格考试和注册试行办法》（1992年）、《工程造价咨询单位管理办法》（2006年）、《建筑施工企业项目经理资质管理办法》（1995年）、《房地产估价师注册管理办法》（1998年、2001年修订）、《注册结构工程师执业资格制度暂行规定》（1997年）、《造价工程师注册管理办法》（2006年）、《工程造价咨询单位管理办法》（2006年）、《房地产开发企业资质管理规定》（2000年）、《城乡规划编制单位资质管理规定》（2007年）、《建筑业企业资质管理规定》（2006年）、《建设工程勘察设计企业资质管理规定》（2007年）、《工程监理企业资质管理规定》（2006年）、《建筑业企业资质等级标准》（2007年）、《工程勘察资质分级标准》（2001年）、《工程设计资质分级标准》（2001年）等。

6.2 工程建设从业单位资质管理

6.2.1 工程建设从业单位的划分

根据我国现行法规，我国从事工程建设活动的单位分为房地产开发企业、工程总承包企业、工程勘察设计企业、工程监理企业和建筑业企业。

1. 房地产开发企业

房地产开发企业是指在城市及村镇从事土地开发、房屋及基础设施和配套设备开发经营业务，具有企业法人资格的经济实体。房地产开发企业有专营和兼营两类。专营企业是指以房地产开发经营为主的企业；兼营企业是指以其他经营项目为主，兼有房地产开发经营业务的企业。

2. 工程总承包企业

工程总承包企业，是指对工程从立项到交付使用的全过程进行承包的企业。工程总承包企业可以实行工程建设全过程的总承包，也可进行分阶段的承包；可独立进行总承包，也可与其他单位联合总承包。工程总承包是国际上非常重视和推崇的工程承包模式，目前我国工程总承包还在研究推广过程中，其相应的法律法规也正在制定和完善之中。

3. 工程勘察设计企业

工程勘察设计企业是指依法取得资格，从事工程勘察、工程设计活动的企业。新中国成立以来，我国勘察设计单位一直属于事业单位，每年的勘察设计任务和单位的开支都由国家下达和拨付。从1984年起，国家决定勘察设计单位要逐步实现企业化后，至今绝大部分勘察设计单位已转制为企业，但在2001年以前的法规中，仍称之为工程勘察设计单位。

工程勘察分为岩土工程、水文地质勘察和工程测量共三个专业。其中岩土工程包括岩土工程勘测、岩土工程设计、岩土工程测试和检测、岩土工程咨询和监理、岩土工程治理。

工程设计按专业分为煤炭、化工石化医药、石油天然气、电力、冶金、军工、机械、商物粮（原商业、物资、粮食）、核工业、电子通信、广电、轻纺、建材、铁道、公路、水运、民航、市政公用、海洋、水利、农林、建筑21个行业。

4. 工程监理企业

工程监理企业，是指取得监理资质证书，具有法人资格的企业。它必须与所有政府机构及事业单位脱钩，进行自主经营、自负盈亏、自担责任。按照工程性质和技术特点，工程监理企业又划分为房屋建筑工程、冶炼工程、矿山工程、化工及石油工程、水利水电工程、林业及生态工程、铁路工程、公路工程、港口与航道工程、航天航空工程、通信工程、市政公用工程、机电安装工程等14类。每一个工程监理企业可以同时申请一类或多类工程监理资质。

5. 建筑业企业

建筑业企业是指从事土木工程，建筑工程，线路、管道及设备安装工程，装修工程等新建、扩建、改建活动的企业。它又分为施工总承包企业、专业承包企业和劳务分包企业三类。

施工总承包企业是指从事工程施工阶段总承包活动的企业。它可对工程实行施工总承包或者对主体工程实行施工承包。对其所承包的工程，可全部自行施工，也可将主体工程以外的其他工程及劳务作业分包给具有相应专业承包资质或劳务分包资质的其他建筑业企业。根据专业范围，施工总承包企业又分为房屋建筑工程、公路工程、铁路工程、电力工程、矿山工程、冶炼工程、化工石油工程、市政公用工程、通信工程、机电安装工程等12类。一个施工总承包企业在获得一类工程施工资质作为本企业的主项资质的同时，还可再申请其他工程种类的施工总承包资质或专业承包资质，但其他工程种类的资质级别不得高于主项资质的级别。

专业承包企业是指从事工程施工中的专业分包活动的企业。对其承接的专业工程，它可全部自行施工，也可将劳务作业分包给具有相应劳务分包资质的劳务分包企业，但不得进行工程施工总承包活动，根据专业范围，专业承包企业又分为地基与基础工程、土石方工程、建筑装修装饰工程、建筑幕墙工程、预拌商品混凝土、混凝土预制构件、园林古建筑工程、钢结构工程、高耸构筑物工程、电梯安装工程、消防设施工程、建筑防水工程、防腐保温工程、附着升降脚手架工程、金属门窗工程、预应力工程、起重设备安装工程、机电设备安装工程、爆破与拆除工程、建筑智能化工程、环保工程、电信工程、电子工程、桥梁工程、隧道工程、公路路面工程、公路路基工程、公路交通工程、铁路电务工程、铁路铺轨架梁工程、铁路电气化工程、机场场道工程、机场空管工程及航站楼弱电系统工程、机场目视助航工程、港口与海岸工程、港口装卸设备安装工程、航道工程、通航建筑工程、通航设备安装工程、水上交通管制工程、水工建筑物基础处理工程、水工金属结构制作与安装工程、水利水电机电设备安装工程、河湖治理工程、堤防工程、水工大坝工程、水工隧道工程、火电设备安装工程、送变电工程、核工程、炉窑工程、冶炼机电设备安装工程、化工石油设备管道安装工程、管道工程、无损检测工程、海洋石油工程、城市轨道交通工程、城市及道路照明工程、体育场地设施工程、特种专业工程等共60类。其中特种专业工程是指没有列入各类专业工程的其他工程,如建筑物纠偏和平移、结构补强、特殊设备的起重吊装、特种防雷技术等。

劳务分包企业是指从事工程施工活动中劳务作业的企业。它只能进行劳务分包,不得从事工程施工总承包及专业分包活动。根据其作业范围,劳务分包企业又分为木工作业、砌筑作业、混凝土作业、脚手架作业、模板作业、焊接作业、水暖电安装作业、钣金作业、架线作业等13类。

专业承包企业、劳务分包企业在获得一类主项资质的同时,还可在各自资质序列内申请类别相近的其他资质。

6.2.2 工程建设从业单位的资质等级及其标准

1. 工程建设从业单位的资质等级

根据现行法规,我国各类工程建设从业单位资质等级的划分情况如下。

① 房地产开发企业。分为一、二、三、四共四级。

② 工程总承包企业。分为一、二、三共三级。

③ 工程勘察企业。工程勘察企业的资质等级按综合类、专业类、劳务类分别设置。其综合类资质只设甲级一个级别;专业类资质原则上只设甲、乙两个级别,确有必要并在报建设部批准后方可设置丙级;劳务类资质不分级别。

④ 工程设计企业。工程设计企业的资质等级按综合类资质、行业类资质及专项资质分别设置。其综合资质只设甲级。行业资质设甲、乙、丙三个级别,其中除建筑工程、市政公用、水利和公路行业所设工程设计丙级资质可独立进入工程设计市场外,其他行业工程设计丙级资质的对象仅为企业内部所属的非独立法人设计单位,不得进入工程设计市场。工程设计专项资质则根据专业发展的需要,由相关行业部门或授权的行业协会提出,并经由建设部批准,一般都设为甲、乙两级。

⑤ 工程施工总承包企业。各类施工总承包企业资质等级的划分不尽相同,其中大多数划分为特、一、二、三共四级;港口与航道工程、冶炼工程、化工石油工程只划分为特、一、二共三级;而通信工程分为一、二、三共三级;机电安装工程则只分为一、二共两级。

⑥ 专业承包企业。60类专业承包企业在资质等级设置上共有4种类型:分为一、二、三共三级;分为一、二两级;分为二、三两级;不分等级。其中分为一、二、三级的为多,共有38类。分为一、二两级的有:电梯安装工程、附着升降脚手架工程、桥梁工程、隧道工程、铁路铺轨工程、机场场道工程、机场空管工程及航站楼弱电系统工程、机场目视助航工程、港口装卸设备安装工程、通航设备安装工程、核工程、炉窑工程、冶炼机电设备安装工程、海洋石油工程等14类。分为二、三两级的有:预拌商品混凝土、混凝土预制构件、建筑防水工程、预应力工程等四类。不分资质等级的有公路交通工程、水上交通管制工程、城市轨道交通工程、特种专业工程等共四类。

⑦ 劳务分包企业。劳务分包企业资质等级的划分较简单。除木工作业、砌筑作业、钢筋作业、脚手架作业、模板作业、焊接作业部分分为一、二两级外,其他抹灰作业、石制作、油漆作业、混凝土作业水暖电安装作业、钣金作业、架线作业都不分等级。

⑧ 工程监理企业。每类工程监理企业都分为甲、乙、丙共三级。

2. 工程建设从业单位资质等级划分标准

工程建设从业单位的资质等级划分标准，是从其拥有的注册资本、专业技术人员数量和等级、技术装备和已完成的建筑工程的业绩等方面来加以规定的。每一类从业单位的资质等级标准，都由相应的法规作出了具体规定。如《建筑业企业资质等级标准》中规定，各级房屋建筑工程施工总承包企业的标准如下。

1）特级企业

申请特级资质，必须具备以下条件。

(1) 企业资信能力

① 企业注册资本金3亿元以上；

② 企业净资产3.6亿元以上；

③ 企业近三年上缴建筑业营业税均在5 000万元以上；

④ 企业银行授信额度近三年均在5亿元以上。

(2) 企业主要管理人员和专业技术人员要求

① 企业经理具有10年以上从事工程管理工作经历；

② 技术负责人具有15年以上从事工程技术管理工作经历，且具有工程序列高级职称及一级注册建造师或注册工程师执业资格；主持完成过两项以上施工总承包一级资质要求的代表工程的技术工作或甲级设计资质要求的代表工程或合同额2亿元以上的工程总承包项目；

③ 财务负责人具有高级会计师职称及注册会计师资格；

④ 企业具有注册一级建造师（一级项目经理）50人以上；

⑤ 企业具有本类别相关的行业工程设计甲级资质标准要求的专业技术人员。

(3) 科技进步水平

① 企业具有省部级（或相当于省部级水平）及以上的企业技术中心；

② 企业近三年科技活动经费支出平均达到营业额的0.5%以上；

③ 企业具有国家级工法3项以上；近五年具有与工程建设相关的，能够推动企业技术进步的专利3项以上，累计有效专利8项以上，其中至少有一项发明专利；

④ 企业近十年获得过国家级科技进步奖项或主编过工程建设国家或行业标准；

⑤ 企业已建立内部局域网或管理信息平台，实现了内部办公、信息发布、数据交换的网络化，已建立并开通了企业外部网站，使用了综合项目管理信息系统和人事管理系统、工程设计相关软件，实现了档案管理和设计文档管理。

(4) 代表工程业绩

以房屋建筑工程为例，房屋建筑工程施工总承包企业特级资质标准的代表工程业绩，为近5年承担过下列5项工程总承包或施工总承包项目中的3项，工程质量合格：①高度100米以上的建筑物；②28层以上的房屋建筑工程；③单体建筑面积5万平方米以上房屋建筑工程；④钢筋混凝土结构单跨30米以上的建筑工程或钢结构单跨36米以上房屋建筑工程；⑤单项建安合同额2亿元以上的房屋建筑工程。

2）一级企业

① 企业近五年承担过下列6项中的4项以上工程的施工总承包或主体工程承包，工程

质量合格：
- 25层以上的房屋建筑工程；
- 高度100 m以上的构筑物或建筑物；
- 单体建筑面积3×10^4 m²以上的房屋建筑工程；
- 单跨跨度30 m以上的房屋建筑工程；
- 建筑面积10×10^4 m²以上的住宅小区或建筑群体；
- 单项建安合同额1亿元以上的房屋建筑工程。

② 企业经理具有10年以上从事工程管理工作的经历或具有高级职称；总工程师具有10年以上从事建筑施工技术管理工作经历并具有本专业高级职称；总会计师具有高级会计师职称；总经济师具有高级职称。

企业有职称的工程技术和经济管理人员不少于300人，其中工程技术人员不少于200人；工程技术人员中，具有高级职称的人员不少于10人，具有中级职称的人员不少于60人。

企业具有一级资质项目经理不少于12人。

③ 企业注册资本金5 000万元以上，企业净资产6 000万元以上。

④ 企业近三年最高年工程结算收入2亿元以上。

⑤ 企业具有与承包工程范围相适应的施工机械和质量检测设备。

3）二级企业

① 企业近五年承担过下列6项中的4项以上工程的施工总承包或主体工程承包，工程质量合格：
- 12层以上的房屋建筑工程；
- 高度50 m以上的构筑物或建筑物；
- 单体建筑面积1×10^4 m²以上的房屋建筑工程；
- 单跨跨度21 m以上的房屋建筑工程；
- 建筑面积5×10^4 m²以上的住宅小区或建筑群体；
- 单项建安合同额3 000万元以上的房屋建筑工程。

② 企业项目经理具有8年以上从事工程管理工作经历或具有中级以上职称；技术负责人具有8年以上从事建筑施工技术管理工作经历并具有本专业高级职称；财务负责人具有中级以上会计师职称。

企业有职称的工程技术和经济管理人员不少于150人，其中工程技术人员不少于100人；工程技术人员中，具有高级职称的人员不少于2人，具有中级职称的人员不少于20人。

企业具有二级资质以上项目经理不少于12人。

③ 企业注册资本金2 000万元以上，企业净资产2 500万以上。

④ 企业近三年最高年工程结算收入8 000万元以上。

⑤ 企业具有与承包工程范围相适应的施工机械和质量检测设备。

4）三级企业

① 企业近五年承担过下列5项中的3项以上工程的施工总承包或主体工程承包，工程质量合格：
- 6层以上的房屋建筑工程；

- 高度 25 m 以上的构筑物或建筑物；
- 单体建筑面积 5 000 m² 以上的房屋建筑工程；
- 单跨跨度 15 m 以上的房屋建筑工程；
- 单项建安合同额 500 万元以上的房屋建筑工程。

② 企业经理具有 5 年以上从事工程管理工作经历；技术负责人具有 5 年以上从事建筑施工技术管理工作经历并具有本专业中级以上职称；财务负责人具有初级以上会计职称。

企业有职称的工程技术和经济管理人员不少于 50 人，其中工程技术和经济管理人员不少于 30 人；工程技术人员中，具有中级以上职称的人员不少于 10 人。

企业具有三级资质以上的项目经理不少于 10 人。

③ 企业注册资本金 600 万元以上，企业净资产 700 万元以上。

④ 企业近三年最高年工程结算收入 2 400 万元以上。

⑤ 企业具有与承包工程范围相适应的施工机械设备和质量检测设备。

6.2.3 工程建设从业单位资质管理办法

1. 工程建设从业单位资质的审批

工程建设从业单位需提交规定的证明文件，向资质主管部门提出申请，经审查合格后，可获相应资质，并核发资质等级证书。各类工程建设从业单位资质审批办法如下。

（1）房地产开发企业

其资质等级实行分级审批。一级房地产开发企业由各省、自治区、直辖市人民政府建设行政主管部门初审，报建设部审批；二级以下企业的审批办法由各省、自治区、直辖市人民政府建设行政主管部门制定。新开办的房地产开发企业，应在领取营业执照 30 日内，到房地产开发主管部门备案，并领取《暂定资质证书》，其有效期为 1 年，期满前一个月内向房地产开发主管部门申请核定正式资质等级。企业发生分立、合并，应当在上级主管部门批准后 30 日内，向原资质审批部门办理资质等级注销手续，并重新申请资质等级。

（2）工程总承包企业

一级工程总承包企业由建设部审批。二、三级工程总承包企业，属于国务院有关部门的，由国务院有关部门审批，并向企业所在地的省、自治区、直辖市人民政府建设行政主管部门备案；属于地方的，由省、自治区、直辖市人民政府建设行政主管部门审批。新开办的工程总承包企业先暂定资质等级，两年后由该企业提出申请，原资质审批部门再核定其正式等级。

（3）工程勘察设计单位

申请工程勘察甲级资质、建筑工程设计甲级资质及其他工程设计甲、乙级资质，应先向企业工商注册所在地省级人民政府建设行政主管部门提出申请，在省级人民政府建设行政主管部门对其申请资料和相关条件进行审查核实后，再报国务院建设行政主管部门审批。国务院建设行政主管部门审批前，应委托有关行业组织或专家委员会初审，申请铁路、交通、水利、信息产业、民航等行业的相关资质的，则由国务院相关部门初审。

申请工程勘察乙级资质或劳务资质、建筑工程设计乙级资质和其他建设工程勘察、设计丙级及丙级以下资质的，应先向企业工商注册所在地县级以上地方人民政府建设行政主管部门提出申请，由省级人民政府建设行政主管部门审批，并报国务院建设行政主管部门备案。具体程序由各省级人民政府建设行政主管部门规定。

新设立的建设工程勘察、设计企业，应在进行工商注册登记后，方可提出资质申请。其资质等级为暂定级，最高不超过乙级，暂定期为两年，期满前两个月内，可申请正式资质等级。企业因改制、分立或合并而组建成新的工程勘察企业时，其资质等级将根据其实际条件核定。

（4）建筑业企业

申请建筑业企业资质的，都应先向企业工商注册所在地县级以上人民政府建设行政主管部门提出申请，中央管理的企业，则直接向国务院建设行政主管部门提出申请。其中申请施工总承包特级、一级和专业承包一级企业资质的，在经省级人民政府建设行政主管部门审核同意后，报国务院建设行政主管部门审批。申请铁道、交通、水利、信息产业、民航等行业相关资质的，省级人民政府建设行政主管部门应会同相应行业省级主管行政部门一起审核，同意后报国务院相关行业主管部门进行初审，再由国务院建设行政主管部门审批。

申请施工总承包和专业承包二级及二级以下企业资质的，由企业工商注册所在地省级人民政府建设行政主管部门负责审批。其中，申请交通、水利、信息产业等行业相关资质的，由省级人民政府建设行政主管部门在征得同级相关行业主管部门初审同意后进行审批。

劳务分包企业资质由企业工商注册所在地省级人民政府建设行政主管部门审批。

新设立的建筑业企业，其资质等级按最低等级核定，并设一年的暂定期。因改制、分立、合并而新组建的建筑业企业，其资质等级按实际条件核定。

（5）工程监理企业

申请工程监理企业资质的，应先向企业工商注册所在地的省、自治区、直辖市人民政府建设行政主管部门提出申请，中央管理的企业则直接向国务院建设行政主管部门提出申请。

申请甲级工程监理资质的，先由省级人民政府建设行政主管部门审核，再由国务院建设行政主管部门组织专家评审，最后由国务院建设行政主管部门审批。其中申请铁道、交通、水利、信息产业、民航等行业相关资质的，由省级人民政府建设行政主管部门会同同级相关行业主管部门进行审核，同意后报国务院建设行政主管部门，由其送国务院相关行业主管部门初审后，再进行审批。

申请乙级或丙级工程监理资质的，由企业工商注册所在地省级人民政府建设行政主管部门审批。其中，申请交通、水利、通信等行业相关资质的，省级人民政府建设行政主管部门在审批前应征得同级相关行业主管部门的初审同意。新设立的工程监理企业，其资质等级按最低等级核定，并设一年的暂定期。

因改制、分立、合并而新组建的企业，则按其所具备的实际条件核定相应资质等级。

上述各类工程建设从业单位在取得相应资质后，资质管理部门要定期或不定期的对其进行检查，并按有关规定对其资质进行升、降级的动态管理。

2. 各级工程建设从业单位的业务范围

根据各级工程建设从业单位所具备的能力和水平，有关法规对各类从业单位所允许从事的业务范围都作出了具体规定，并严格禁止越级承包业务和无资质等级资格的单位从事建筑活动。

(1) 房地产开发企业

一级房地产开发企业承担房地产项目的建设规模不受限制，并可以在全国范围内承揽房地产开发项目。

二级及二级以下的房地产开发企业只可承担建筑面积 25 万平方米以下的开发建设项目，承担业务的具体范围由省、自治区、直辖市人民政府建设行政主管部门确定。

(2) 工程总承包企业

一级工程总承包企业可以承担本专业及与其资质相适应的其他专业的大型建设项目的总承包。

二级工程总承包企业可以承担本专业及与其资质相适应的其他专业的中型建设项目的总承包。

三级工程总承包企业可以承担普通中、小型工业与民用建设项目的总承包。

一、二级工程总承包企业还可跨省、自治区、直辖市独立承包工程。大、中、小建设项目的标准，有关法规另有规定。

(3) 工程勘察企业

综合类企业可承担工程勘察所有专业的业务，范围和地区不受限制。专业类甲级企业可在本专业范围内承担工程勘察业务，其范围和地区不受限制；专业类乙级企业可承担本专业范围内中、小型工程项目的工程勘察业务，其地区不受限制；专业类丙级企业只可在本省（自治区、直辖市）所辖行政区域内承担本专业范围内小型工程项目的工程勘察业务。

劳务类企业只可承担岩土工程治理、工程钻探、凿井等工程勘察劳务工程，但地区不受限制。

工程项目大、中、小型的划分标准在建设部颁发的《工程勘察资质分级标准》中都有详细规定。

(4) 工程设计企业

取得工程设计综合资质的企业，其承担工程设计业务范围不受限制。

取得某行业工程设计甲级资质的企业在相应行业内承担工程设计任务的范围和地区都不受限制；而乙级企业只可承担相应行业的中、小型建设项目的工程设计任务，但不受地区限制；丙级企业则只可在本省和本自治区、直辖市所辖行政区域内承担相应行业小型建设项目的工程设计任务。具有甲、乙级资质的企业，还可承担相应咨询业务和除特殊规定外的相应专项工程设计任务。

取得工程设计专项甲级资质的企业可承担大、中、小型专项工程设计项目，且不受地区限制；专项设计乙级企业则只可承担中、小型专项工程设计项目，其地区也不受限制。专项甲、乙级企业都可承担相应的咨询业务。

各行业建设项目大、中、小型的划分标准及专业设置在建设部颁发的《工程设计资质标准》中都有详细规定。

(5) 施工总承包企业

各类施工总承包企业的专业范围差别很大，《建筑业企业资质等级标准》中对其业务范围都作了非常具体的规定，这里只举例介绍房屋建设工程施工总承包企业的承包工程范围。（下面的专业承包企业及劳务分包企业的业务范围也只举例说明）

特级企业：可承担各类房屋建筑工程的施工。

一级企业：可承担单项建安合同额不超过企业注册资本金 5 倍的下列房屋建筑工程的施工：

① 40 层及以下、各类跨度的房屋建筑工程；

② 高度 240 m 及以下的构筑物；

③ 建筑面积 20×10^4 m^2 及以下的住宅小区或建筑群体。

二级企业：可承担单项建安合同额不超过企业注册资本金 5 倍的下列房屋建筑工程的施工：

① 28 层及以下、单跨跨度 36 m 及以下的房屋建筑工程；

② 高度 120 m 及以下的构筑物；

③ 建筑面积 12×10^4 m^2 及以下的住宅小区或建筑群体。

三级企业：可承担单项建安合同额不超过企业注册资本金 5 倍的下列房屋建筑工程的施工：

① 14 层及以下、单跨跨度 24 m 及以下的房屋建筑工程；

② 高度 70 m 及以下的构筑物；

③ 建筑面积 6×10^4 m^2 及以下的住宅小区或建筑群体。

上面所指的房屋建筑工程是指工业、民用与公共建筑（建筑物、构筑物）工程。工程内容包括地基与基础工程，土石方工程，结构工程，屋面工程，内、外部的装修装饰工程，上下水、供暖、电器、卫生洁具、通风、照明、消防、防雷等安装工程。

(6) 专业承包企业

在各类专业承包企业中，地基与基础工程专业承包企业承包工程的范围为：

一级企业，可承担各类地基与基础工程的施工；

二级企业，可承担工程造价 1 000 万元及以下各类地基与基础工程的施工；

三级企业，可承担工程造价 300 万元及以下各类地基与基础工程的施工。

(7) 劳务分包企业

劳务分包企业的业务范围主要与其注册资本有关，如脚手架作业分包企业的作业范围为：

一级企业，可承担各类工程的脚手架（不含附着升降脚手架）搭设作业分包业务，但单项业务合同额不超过企业注册资本金的 5 倍；

二级企业，可承担 20 层或高度 60 m 以下各类工程的脚手架（不含附着升降脚手架）作业分包业务，但单项业务合同额不超过企业注册资本金的 5 倍。

(8) 工程监理企业

甲级工程监理企业可以监理一、二、三等工程；乙级工程监理企业可以监理二、三等工程；丙级监理企业只可监理三等工程。各类工程的等级标准在建设部颁发的《工程监理企业资质管理规定》中都有明确规定。

6.2.4 外国建筑企业在我国从事建设活动的资质管理

为加强对外国建筑企业进入我国建筑市场的管理，依据 WTO 国民待遇及透明度原则，我国建设部与对外贸易经济合作部联合颁发了外商投资建设工程设计企业管理规定》及《外商投资建筑业企业管理规定》，对外商投资的工程设计企业及建筑业企业的资质管理作出了明确的规定。至于外国建筑企业到我国来直接承接工程设计或工程承包的资质管理规定，由于1994年建设部颁发的《在中国境内承包工程的外国企业资质管理暂行办法》已废止，而新的法规尚未颁行，所以暂无明确的法律规定。

1. 外商投资建设工程设计企业的资质管理

1) 一般规定

外商投资建设工程设计企业（以下简称"外商投资设计企业"），是指根据我国法律、法规的规定，在我国境内投资设立的外资建设工程设计企业、中外合资经营建设工程设计企业及中外合作经营建设工程设计企业。他们都是中国的法人。我国香港、澳门、台湾地区的投资者在内地投资设立建设工程设计企业的，也参照外商投资的规定执行。

外商投资设计企业的资质管理由国务院建设行政主管部门负责进行。外商投资设计企业设立时，除应取得对外贸易经济行政主管部门的批准证书，并在国家工商行政管理总局或其授权的地方工商行政管理局注册登记外，还必须取得建设行政主管部门颁发的建设工程设计企业资质证书，申请建设工程设计甲级及其他建设工程设计甲、乙级资质的，由国务院建设行政主管部门审批；申请建筑工程设计乙级和其他建设工程设计丙级及丙级以下的资质的，由省级建设行政主管部门审批，并报国务院建设行政主管部门备案。

2) 特殊规定

外商投资设计企业的申请程序、资质标准、业务范围除应满足前述国内工程设计企业的相关规定外，还应满足一些特殊要求。

(1) 资质申请文件

外商投资设计企业在申请设计资质时，除申报表、外商投资企业批准证书、企业法人营业执照外，还必须提供外方投资者所在国和地区的从事建设工程设计的企业注册登记证明、银行资质证明和外国服务提供者所在国或地区的个人执业资格证明及相关机构出具的业绩、信誉证明。其提交的文件资料必须使用中文，如证明文件是外文的，应提供相应的中文译本。

(2) 取得资质的条件

外商投资设计企业的外方投资者及外国服务提供者应当是在其本国或地区从事建设工程设计的企业或注册建造师、注册工程师。

外商投资设计企业中，取得中国注册建筑师或注册工程师的人数还必须满足一定的要求。具体规定是：外资设计企业中，取得中国注册建筑师、注册工程师资格的外国服务提供者人数应各不少于资质等级标准中所规定的注册执业人员总数的1/4，具有相关专业设计经历的外国服务提供者人数应不少于资质等级标准中规定的技术骨干总人数的1/4，并且这些人员每年在我国境内累计居住的时间不得少于6个月；在中外合资经营、中外合作经营设计企业中，上述人数比例的要求则各为1/8，其他要求则完全一样。

此外还规定，中外合资经营、中外合作经营设计企业中，中方合营者的出资总额不得低于注册资本金的25%。

2. 外商投资建筑业企业的资质管理

1) 一般规定

外商投资建筑业企业，是指根据我国法律、法规的规定，在我国境内投资设立的外资建筑业企业、中外合资经营建筑业企业及中外合作经营建筑业企业。他们都是中国的法人。我国香港、澳门、台湾地区的投资者在内地投资设立建筑业企业的，也参照外商投资的规定执行。

外商投资建筑业企业的资质管理由国务院建设行政主管部门负责进行。外商投资的建筑业企业设立时，除应取得对外贸易经济行政主管部门的批准证书，并在国家工商行政管理总局或其授权的地方工商行政管理局注册登记外，还必须取得建设行政主管部门颁发的建筑业企业资质证书，申请施工总承包特级、一级和专业承包一级的，由国务院建设行政主管部门审批；申请施工总承包及专业承包二级和二级以下及劳务分包资质的，由省级建设行政主管部门审批，并报国务院建设行政主管部门备案。

2) 特殊规定

(1) 资质申请文件

外商投资设计企业在申请设计资质时，除申报表、外商投资企业批准证书、企业法人营业执照外，还必须提供银行资信证明和经注册会计师或会计师事务所审计的投资方最近三年的资产负债表和损益表以及投资方拟派出的董事长、董事会成员、企业财务负责人、经营负责人、工程技术负责人等任职证明和任职文件等资料。投资方所提交的文件资料必须使用中文，如证明文件是外文的，应提供相应的中文译本。

(2) 承包工程的范围

外商投资建筑业企业的资质管理，除应满足我国有关法律、法规的规定外，在其承包工程的范围方面还有特别限制。我国只允许其承包下列范围内的工程。

① 全部由外国投资或赠款的工程。

② 由国际金融机构资助并根据贷款协议条款规定进行国际招标的工程。

③ 外方投资达到或超过50%的中外联合建设项目工程。

④ 外方投资未达50%，因技术困难，中国建筑业企业不能独立完成，经省级人民政府建设行政主管部门批准可由外商投资建筑业企业承包的中外联合建设项目工程。

⑤ 中方投资的、因技术困难中国建筑业企业不能独立完成的，经省级人民政府建设行政主管部门批准，可由中外建筑业企业联合承包。此时，外商投资建筑业企业必须联合具有相应资质的中国建筑业企业来共同承包此工程，而不得独立进行工程承包。

6.3 工程建设专业技术人员执业资格管理

在技术要求较高的行业实行专业技术人员执业资格制度，在发达国家已有100多年的历史，现已成为国际惯例。所谓执业资格制度，就是对具有一定专业学历的技术人员，要求其参加相关考试以获取执业资格，在按规定进行注册后方可实际执业的管理制度的统称。在针对某一具体执业资格时，一般就称为"注册××师"制度。自20世纪80年代中期开始，我国也先后在律师、会计、教师、建筑、医生、资产评估等行业开始实行执业资格制度。其中建筑行业是从1992年实行注册监理工程师制度的。按计划将实行注册建筑师、注册结构工程师、注册监理工程师、注册造价工程师、注册房地产估价师、注册规划师、注册建造师、注册风景园林师制度。前七种制度的相应法规已制定颁行，并已正式实施，后者的法规正在制定之中，与工程建设有关的还有注册咨询工程师、注册土木工程师（岩土）、注册土木工程师（港口与航道工程）等注册工程师制度。其中，与结构工程专业学生执业有关的主要是注册结构工程师、注册监理工程师和注册建造师制度。

6.3.1 注册结构工程师制度

1. 注册结构工程师的概念

注册结构工程师是指取得注册结构工程师执业资格证书和注册证书，从事房屋结构、桥梁结构及塔架结构等工程设计及相关业务的专业技术人员。

世界各国对注册结构工程师设置的级别不一样，根据我国《注册结构工程师执业资格制度暂行规定》，注册结构工程师分为一、二两级。一级注册结构工程师执业的范围不受工程规模及工程复杂程度的限制；而二级注册结构工程师则要受一定限制，具体限制范围由建设部另行规定。

2. 注册结构工程师执业资格管理机构

注册结构工程师的考试与注册，由全国和省、自治区、直辖市的注册结构工程师管理委员会负责进行，并由建设部、人事部和省、自治区、直辖市人民政府建设行政主管部门、人事行政主管部门进行指导、监督和管理。

3. 注册结构工程师执业资格的考试

注册结构工程师的考试分为基础考试和专业考试两部分。基础考试的目的是测试考生是否基本掌握进入结构工程设计实践所必须具备的基础及专业理论知识，参加考试的人员必须是大学本科毕业并达到规定年限。通过基础考试后，从事结构工程设计或相关业务满一定年限的人员，方可申请参加专业考试，其目的是测试考生是否已具备按国家法律和设计规范进行结构工程设计，以保证工程安全可靠和经济合理的能力。考试采取全国统一大纲、统一命题、统一组织的方法，原则上每年举行一次。参考人员资格、具体考试内容和考试方法由建设部与人事部规定。目前，基础部分考试的科目有数学、数值方法、化学、物理、理论力学、结构力学、流体力学、土力学、工程测量、建筑材料、电工学、计算机基础、结构设计、结构试验、建筑施工与管理、工程经济、职业法规等18门。专业考试为钢筋混凝土结构，钢结构，砌体结构与木结构，桥梁结构，地基与基础，高层建筑、高耸结构与横向作用（以上6科中任选4科）及设计概念、建筑经济与设计业务管理，共6科。二级注册结构工程师专业考试内容较一级注册结构工程师要简单一些。

4. 注册结构工程师的注册

取得注册结构工程师执业资格者，要从事结构工程设计业务的，必须先行注册。有下列情形之一的，将不能获准注册：

① 不具备完全民事行为能力的；

② 因受刑事处罚，自处罚完毕之日起至申请之日止不满5年的；

③ 因在结构工程设计或相关业务中犯有错误受到行政处罚或撤职以上处分，自处罚决定之日起至申请注册之日止不满2年的；

④ 受吊销注册结构工程师证书处罚，自处罚决定之日起至申请之日止不满5年的；

⑤ 建设部和国务院有关部门规定不予注册的其他情形的。

目前，结构工程师的注册申请只能由其所在单位代为进行，我国尚不能接受个人申请。

注册后其有效期为 2 年，届时需要继续注册的，应在期满前 30 日内办理注册手续。

注册结构工程师注册后，发生下列情形之一，注册结构工程师管理委员会将撤销其注册，并收回注册证书：

① 完全丧失民事行为能力的；
② 受刑事处罚的；
③ 因在工程设计或相关业务中造成工程事故，受到行政处罚或撤职以上行政处分的；
④ 自行停止注册结构工程师业务满 2 年的。

注册被撤销后，可按规定要求重新申请注册。

5. 注册结构工程师的执业

（1）执业范围

注册结构工程师可从事结构工程设计；结构工程设计技术咨询；建筑物、构筑物、工程设施等调查和鉴定；对本人主持设计的项目进行施工指导和监督及建设部和国务院有关部门规定的其他业务。

（2）执业要求及责任

目前，我国尚不允许注册结构工程师个人单独执业，所以注册结构工程师必须加入一个勘察设计单位后才能执业，并由单位统一接受设计业务和统一收费。注册结构工程师因结构设计质量造成经济损失时，其赔偿责任先由勘察设计单位承担，然后再向注册结构工程师追偿。建设部正在制定具体的执业管理和处罚办法。

6. 注册结构工程师的权利与义务

（1）权利

《注册结构工程师执业资格制度暂行规定》中规定，国家规定的一定跨度、高度等以上的结构工程设计，应由注册结构工程师主持设计；只有注册结构工程师才有权以注册结构工程师的名义执行注册结构工程师的业务；任何单位和个人修改注册结构工程师的设计图纸，应当征得该注册结构工程师的同意，但因本人丧失民事行为能力、本人下落不明等特殊情况不能征得该注册结构工程师同意的除外。

（2）义务

注册结构工程师必须遵守法律、法规和职业道德，维护社会公共利益；保证工程设计的质量，并在其负责的设计图纸上签字盖章；保守在执业中知悉的单位和个人的秘密；不得同时受聘于两个以上勘察设计单位执行业务，也不得准许他人以本人名义执行业务；还要按规定接受必要的继续教育，定期进行业务和法规的培训，并作为重新注册的依据。

6.3.2 注册监理工程师制度

1. 注册监理工程师概念

注册监理工程师是指经全国统一考试合格并经注册的工程建设监理人员。世界上大多数国家并未设立单独的注册监理工程师制度，其工程监理资格是与其他执业资格联系在一起的。例如，日本《建筑师法》中就规定，取得建筑师资格的可同时执行工程监理的业务；美国建筑师的业务中也包括工程监理。我国根据国情的需要，于 1992 年开始建立注册监理工程师制度，规定监理工程师为岗位职务，并按专业设置相应岗位。

2. 注册监理工程师执业资格管理机构

注册监理工程师的资格考试，由全国及各省、自治区、直辖市和国务院有关部门的监理工程师资格考试委员会负责制定考试大纲，确定考试与合格标准，监督和指导各地、各部门资格考试委员会负责考试报名和参考资格审查、组织考试及评卷等工作。各级资格考试委员会为非常设机构，于每次考试前6个月组成并开始工作。

监理工程师的注册管理工作由国务院建设行政主管部门统一管理。各省、自治区、直辖市及国务院有关部门具体管理并承办本行政区域或本部门内监理工程师的注册工作。

3. 注册监理工程师执业资格考试

(1) 报名条件。报名参加注册监理工程师执业资格考试的人员必须具有工程技术或工程经济专业大专或大专以上的学历，并具有高级专业技术职务或取得中级专业技术职务后从事工程设计、施工管理或工程监理等工程实践满3年，还要获得所在单位的推荐。

(2) 考试科目。主要有《工程建设监理基本理论和相关法规》、《工程建设合同管理》、《工程建设质量、投资、进度控制》、《工程建设监理案例分析》。具有工程技术或工程经济专业高级专业技术职称，毕业年限及从事工程设计、施工管理和工程监理工作满足规定要求的，可免试《工程建设合同管理》和《工程建设质量、投资、进度控制》两科。

(3) 考试方式。采取全国统一大纲、统一命题、统一组织的办法。每年举行一次。考场一般设在省会城市，经人事部、建设部批准也可在其他城市设置。

4. 注册监理工程师的注册

(1) 一般规定。注册监理工程师实行注册执业管理制度。取得资格证书的人员，经过注册方能以注册监理工程师的名义执业。注册监理工程师依据其所学专业、工作经历、工程业绩，按照《工程监理企业资质管理规定》划分的工程类别，按专业注册。每人最多可以申请两个专业注册。取得资格证书的人员申请注册，由省、自治区、直辖市人民政府建设主管部门初审，国务院建设主管部门审批。注册证书和执业印章是注册监理工程师的执业凭证，由注册监理工程师本人保管、使用。注册证书和执业印章的有效期为3年。

(2) 注册管理。初始注册者，可自资格证书签发之日起3年内提出申请。逾期未申请者，须符合继续教育的要求后方可申请初始注册。

申请初始注册，应当具备以下条件：①经全国注册监理工程师执业资格统一考试合格，取得资格证书；②受聘于一个相关单位；③达到继续教育要求；④没有《工程监理企业资质管理规定》第十三条所列情形。

初始注册需要提交下列材料：①申请人的注册申请表；②申请人的资格证书和身份证复印件；③申请人与聘用单位签订的聘用劳动合同复印件；④所学专业、工作经历、工程业绩、工程类中级及中级以上职称证书等有关证明材料；⑤逾期初始注册的，应当提供达到继续教育要求的证明材料。

注册监理工程师每一注册有效期为3年，注册有效期满需继续执业的，应当在注册有效期满30日前，按照《工程监理企业资质管理规定》第七条规定的程序申请延续注册，延续注册有效期3年。延续注册需要提交下列材料：①申请人延续注册申请表；②申请人与聘用单位签订的聘用劳动合同复印件；③申请人注册有效期内达到继续教育要求的证明材料。

申请人有下列情形之一的，不予初始注册、延续注册或者变更注册：①不具有完全民事行为能力的；②刑事处罚尚未执行完毕或者因从事工程监理或者相关业务受到刑事处罚，自刑事处罚执行完毕之日起至申请注册之日止不满2年的;③未达到监理工程师继续教育要求的;④在两个或者两个以上单位申请注册的;⑤以虚假的职称证书参加考试并取得资格证书的;⑥年龄超过65周岁的;⑦法律、法规规定不予注册的其他情形。

注册监理工程师有下列情形之一的,其注册证书和执业印章失效:①聘用单位破产的;②聘用单位被吊销营业执照的;③聘用单位被吊销相应资质证书的;④已与聘用单位解除劳动关系的;⑤注册有效期满且未延续注册的;⑥年龄超过65周岁的;⑦死亡或者丧失行为能力的;⑧其他导致注册失效的情形。

5. 注册监理工程师的执业

取得资格证书的人员,应当受聘于一个具有建设工程勘察、设计、施工、监理、招标代理、造价咨询等一项或者多项资质的单位,经注册后方可从事相应的执业活动。从事工程监理执业活动的,应当受聘并注册于一个具有工程监理资质的单位。

注册监理工程师可以从事工程监理、工程经济与技术咨询、工程招标与采购咨询、工程项目管理服务及国务院有关部门规定的其他业务。工程监理活动中形成的监理文件由注册监理工程师按照规定签字盖章后方可生效。修改经注册监理工程师签字盖章的工程监理文件,应当由该注册监理工程师进行;因特殊情况,该注册监理工程师不能进行修改的,应当由其他注册监理工程师修改,并签字、加盖执业印章,对修改部分承担责任。

6. 注册监理工程师的权利和义务

注册监理工程师享有下列权利:①使用注册监理工程师称谓;②在规定范围内从事执业活动;③依据本人能力从事相应的执业活动;④保管和使用本人的注册证书和执业印章;⑤对本人执业活动进行解释和辩护;⑥接受继续教育;⑦获得相应的劳动报酬;⑧对侵犯本人权利的行为进行申诉。

注册监理工程师应当履行下列义务:①遵守法律、法规和有关管理规定;②履行管理职责,执行技术标准、规范和规程;③保证执业活动成果的质量,并承担相应责任;④接受继续教育,努力提高执业水准;⑤在本人执业活动所形成的工程监理文件上签字、加盖执业印章;⑥保守在执业中知悉的国家秘密和他人的商业、技术秘密;⑦不得涂改、倒卖、出租、出借或者以其他形式非法转让注册证书或者执业印章;⑧不得同时在两个或者两个以上单位受聘或者执业;⑨在规定的执业范围和聘用单位业务范围内从事执业活动;⑩协助注册管理机构完成相关工作。

6.3.3 注册建造师制度

1. 注册建造师概念

注册建造师是指经全国统一考试合格并核准注册的从事建设工程项目总承包及施工管理的专业技术人员。注册建造师分为一、二两级,英文分别译为 Construstor 和 Associate-construstor。由于各行业的工程都具有各自的特点,对从事建造活动的专业技术人员的专业知识和技能有着各自特殊要求,因此,建造师将按专业进行划分。目前,确定的专业有:房屋建筑工程、公路工程、铁路工程、港口与航道工程、水利水电工程、电力工程、矿山工程、冶炼工程、石油化工工程、市政公用工程、通信工程、机电安装工程、建筑装饰装修工程、机场航站楼工程等14个。只有通过某个专业特定科目的考试后,才能取得相应专业的建造师资格。

2. 注册建造师管理机构

注册建造师制度的实施由人事部及建设部共同负责。

建设部负责一级建造师执业资格考试大纲和命题、培训工作，人事部则负责考试科目设置、考试大纲和考试试题的审定工作及资格考试的考务工作。一级建造师的执业注册，则由建设部或其授权机构负责，人事部则负有检查、监督的责任。

二级建造师的全国统一考试大纲由建设部拟订，人事部负责审定后，再由各省、自治区、直辖市的建设行政主管部门及人事主管部门负责命题并组织考试。二级建造师的执业注册办法，则由各省、自治区、直辖市的建设行政主管部门自行制定。

3. 建造师执业资格考试

（1）参考人员条件

参加一级建造师执业资格考试的人员，应遵守法律、法规，同时还必须具有工程类或工程经济类大学专科以上学历，其参加工作及施工管理工作还必须满一定年限，具体是：大专工作满6年，其中施工管理满4年；本科工作满4年，其中施工管理满3年；双学士学位或研究生班毕业工作满3年，其中施工管理满2年；取得硕士学位的工作满2年，其中施工管理满1年；取得博士学位的只要求从事施工管理工作满1年。

凡遵纪守法且具有工程类或工程经济类中专以上学历，从事施工管理工作满2年，都可报名参加二级建造师执业资格考试。

（2）考试内容

一级建造师执业资格考试，分综合知识与能力和专业知识与能力两部分。按现行考试大纲，综合知识与能力部分包括建设工程技术与经济、建设工程项目管理、建设工程法规及相关知识等内容，而专业知识与能力部分则因专业不同而不同，如房屋建筑工程专业就有专业相关的法律和技术标准、建筑工程技术、建筑工程项目管理等内容。

（3）考试时间与地点

一级建造师执业资格考试原则上每年统一举行一次，由各省、自治区、直辖市人事行政主管部门及建设行政主管部门在本地区组织进行。

二级建造师执业资格考试时间、地点由各省人事及建设行政主管部门决定。

4. 建造师的注册与执业

参加建造师执业资格考试合格并取得建造师执业资格证书的人员可申请注册，对于无犯罪记录，身体健康，能坚持建造师岗位工作，经其所在单位考核合格者，可准予注册登记，有效期为三年。

经核准注册登记的人员，方可以建造师的名义执业，一级建造师可担任特级、一级建筑业企业业务范围内建设工程项目施工的项目经理，二级建造师则只许担任二级及二级以下建筑业企业业务范围内建设工程项目施工的项目经理。一、二级建造师还可以从事其他施工活动的管理工作及法律、法规规定的其他业务工作。

6.3.4 注册造价工程师

造价工程师是指经全国造价工程师执业资格统一考试合格，并取得造价工程师注册证，从事建设工程造价活动的人员。1996年8月26日人事部与建设部联合颁布了《造价工程师执行资格制度暂行规定》，对注册造价师的考试、注册管理、权利义务关系作出了具体规定。2006年11月12日建设部以第150号令颁布了《注册造价工程师管理办法》。

1. 注册造价工程师执业资格的取得

（1）报考的条件

造价工程师执业资格考试实行全国统一大纲、统一命题、统一组织的办法，原则上每年举行一次。凡中华人民共和国公民，遵纪守法并具备以下条件之一者，均可申请参加造价工程师执业资格考试。①工程造价专业大专毕业后，从事工程造价业务工作满5年。工程或工程经济类大专毕业后，从事工程造价业务工作满6年。②工程造价专业本科毕业后，从事工程造价业务工作满4年。工程或工程经济类本科毕业后，从事工程造价业务工作满5年。③获上述专业第二学士学位或研究生班毕业和获硕士学位后，从事工程造价业务工作满3年。④获上述专业博士学位后，从事工程造价业务工作满2年。通过造价工程师执业资格考试的合格者，由省、自治区、直辖市人事（职改）部门颁布人事部统一印制、人事部和建设部共同用印的造价工程师执业资格证书，该证书全国范围有效。

（2）考试内容

造价工程师执业资格考试科目有《工程造价管理基础现论与相关法规》、《工程造价计价与控制》、《建设工程技术与计量》、《工程造价案例分析》等内容。

（3）考试时间与地点

造价工程师执业资格考试原则上每年统一举行一次，由各省、自治区、直辖市人事行政主管部门及建设行政主管部门在本地区组织进行。

（4）造价工程师的初始注册

经全国造价工程师执业资格统一考试合格取得资格证书的人员，可自资格证书签发之日起1年内申请初始注册。逾期未申请者，须符合继续教育的要求后方可申请初始注册。初始注册的有效期为4年。申请造价工程师初始注册应当提交下列材料：①初始注册申请表；②执业资格证件和身份证件复印件；③与聘用单位签订的劳动合同复印件；④与聘用单位签订的劳动合同复印件；⑤工程造价岗位工作证明；⑥取得资格证书的人员，自资格证书签发之日起1年后申请初始注册的，应当提供继续教育合格证明；⑦受聘于具有工程造价咨询资质的中介机构的，应当提供聘用单位为其交纳的社会基本养老保险凭证、人事代理合同复印件，或者劳动、人事部门颁发的离退休证复印件；⑧外国人、台港澳人员应当提供相应的外国人就业许可证书、台港澳人员就业证书复印件。

（5）注册造价工程师的继续注册

注册造价工程师注册有效期满需继续执业的，应当在注册有效期满30日前，按照本办法第八条规定的程序申请延续注册。延续注册的有效期为4年。造价工程师申请续期注册，应当提交下列材料：①延续注册申请表；②注册证书；③与聘用单位签订的劳动合同复印件；④前一个注册期内的工作业绩证明；⑤继续教育合格证明。

有下列情形之一的，不予注册：①不具有完全民事行为能力的；②申请在两个或者两个以上单位注册的；③未达到造价工程师继续教育合格标准的；④前一个注册期内工作业绩达不到规定标准或未办理暂停执业手续而脱离工程造价业务岗位的；⑤受刑事处罚，刑事处罚尚未执行完毕；⑥因工程造价业务活动受刑事处罚，自刑事处罚执行完毕之日起至申请注册之日止不满 5 年的；⑦因前项规定以外原因受刑事处罚，自处罚决定之日起至申请注册之日止不满 3 年的；⑧被吊销注册证书，自被处罚决定之日起至申请注册之日止不满 3 年的；⑨以欺骗、贿赂等不正当手段获准注册被撤销，自被撤销注册之日起至申请注册之日止不满 3 年的；⑩法律、法规规定不予注册的其他情形。

2. 注册造价工程师的执业

（1）注册造价工程师的执业范围

造价工程师执业范围包括：①建设项目建议书、可行性研究投资估算的编制和审核，项目经济评价，工程概、预、结算、竣工结（决）算的编制和审核；②工程量清单、标底（或者控制价）、投标报价的编制和审核，工程合同价款的签订及变更、调整、工程款支付与工程索赔费用的计算；③建设项目管理过程中设计方案的优化、限额设计等工程造价分析与控制，工程保险理赔的核查；④工程经济纠纷的鉴定。

（2）注册造价工程师的权利和义务

造价工程师享有下列权利：①使用注册造价工程师名称；②依法独立执行工程造价业务；③在本人执业活动中形成的工程造价成果文件上签字并加盖执业印章；④发起设立工程造价咨询企业；⑤保管和使用本人的注册证书和执业印章；⑥参加继续教育。

造价工程师履行下列义务：①遵守法律、法规、有关管理规定，恪守职业道德；②保证执业活动成果的质量；③接受继续教育，提高执业水平；④执行工程造价计价标准和计价方法；⑤与当事人有利害关系的，应当主动回避；⑥保守在执业中知悉的国家秘密和他人的商业、技术秘密。

6.4 工程施工现场人员执业资格管理

为使工程施工管理达到较高水平、高质量、高效益、按规定工期全面完成施工任务，就必须有一支懂技术、善经营、会管理的高素质的管理队伍及一批具有一定专业知识和熟练操作技能的技术工人。为此，我国目前实行了项目经理责任制和关键岗位持证上岗制度，并已实行注册营造师制度，对相关人员的资质进行严格管理。

6.4.1 项目经理的资质管理

1. 项目经理的概念

项目经理是指受企业法定代表人委托，对工程项目施工过程进行全面管理的项目负责人，也是建筑施工企业法定代表人在工程项目上的代表人。建设部颁发的《建筑施工企业项目经理资质管理办法》规定，二级以上的工程施工总承包企业和四级以上的工程施工承包企业都必须实行项目经理持证上岗制。应该说，项目经理只是一个工作岗位而不是专业技术资格，他应由具有一定专业技术执业资格的人员来担任，但由于我国施工技术人员的执业资格制度迟迟未能设立，所以才参照专业技术人员资质要求设定了项目经理资质管理。现在我国注册建造师制度正在建立，一旦其得到全面实施推行，项目经理资质管理办法也将做彻底修改。

2. 项目经理的资质及其承担工程范围

大、中型工程项目施工的项目经理必须由取得建造师注册证书的人员担任；但取得建造师注册证书的人员是否担任工程项目施工的项目经理，由企业自主决定。

在全面实施建造师执业资格制度后仍然要坚持落实项目经理岗位责任制。项目经理岗位是保证工程项目建设质量、安全、工期的重要岗位，要充分发挥有关行业协会的作用，加强项目经理培训，不断提高项目经理队伍素质。要加强对建筑业企业项目经理市场行为的监督管理，对发生重大工程质量安全事故或市场违法违规行为的项目经理，必须依法予以严肃处理。

在行使项目经理职责时，一级注册建造师可以担任《建筑业企业资质等级标准》中规定的特级、一级建筑业企业资质的建设工程项目施工的项目经理；二级注册建造师可以担任二级建筑业企业资质的建设工程项目施工的项目经理。

6.4.2 关键岗位从业资格管理

1. 关键岗位持证上岗制

所谓关键岗位，是指建筑业、房地产业、市政公用事业等企事业单位中关系着工程质量、产品质量、服务质量、经济效益、生产安全和人民财产安全的重要岗位。如施工项目经理、施工机械操作人员、房地产估价员、房地产经纪人等，这些岗位对工程质量、效益及生产安全都有十分密切的联系，所以必须保证这些岗位上工作人员必须具有较高的素质和相应的技能。为此，我国实行了建设企事业单位关键岗位持证上岗的制度。规定凡需在关键岗位上工作的人员，必须经过有关部门或机构的培训和考试，并通过业绩考核后，才能领取相应的岗位合格证书。未取得岗位合格证的人员，一律不得在关键岗位上工作。同时，在各建设企事业的资质等级评定标准中，对持证上岗方面的要求也作出了明确规定，凡达不到规定要求的，将被降低资质等级并不得参加企业升级和先进企事业单位评选。这一制度的建立，对确保工程建设质量和人民生命财产安全，起到了重要作用。

2. 关键岗位持证上岗制管理机构

（1）主管部门

国务院建设行政主管部门主管全国建设企事业单位关键岗位持证上岗工作。省、自治区、直辖市建设行政主管部门负责本行政区域内建设企事业单位关键岗位持证上岗工作。国务院有关部门负责本部门建设企事业单位关键岗位持证上岗工作。

（2）发证机关

省、自治区、直辖市建设行政主管部门为本地区岗位合格证的发证机关。国务院各有关部门可以为本部门所属的建设企事业单位颁发岗位合格证，也可委托建设企事业单位所在地的发证机关代其审查和颁发岗位合格证。上述发证机关应设立资格考核机构，负责组织岗位资格培训、考试及资格考核。

3. 岗位合格证的申请与复检

（1）岗位合格证的申请

由申请人向本单位提出申请，再由其单位将有关材料统一报送所对应的发证机关审查，在考核机构对申请人的文化程度、工作能力、岗位实习、工作经历及培训考试和职业道德等情况进行审查合格后,核发岗位合格证书。该证书在全国同行业、同专业、同类型的建设企事业单位中有效。

(2) 岗位合格证的复检

持证人员岗位合格证的复检,由发证机关随企业资质晋升、审查定期进行。持证人调离本岗位工作的,原单位应在其岗位合格证上注明,当其新任职岗位与原岗位性质相同时,岗位合格证继续有效。当脱离原岗位并改变任职性质五年以上的,岗位合格证失效;在五年以下三年以上的,要由原单位进行适应性培训后方可重新上岗。[①]

案例分析

一、基本案情

陕西省子洲县子洲中学教学楼工程由榆林市榆阳区规划设计院设计(项目负责人宋某),延安市建筑工程总公司施工(项目经理杜某),于1998年7月6日开工,1999年10月31日竣工验收,2000年4月4日正式投入使用。该工程为5层外廊式砖混结构,建筑面积3 535 m^2,楼层为预应力多孔板混凝土梁结构。6月5日,校方发现部分大梁及五层多功能厅、阶梯挑梁出现不同程度的裂缝,最宽处达1.5 mm左右。经省质量安全监督总站组织省设计院、省检测中心专家对事故进行全面分析鉴定,并经建设部建筑管理司质量技术处、勘察设计司技术质量处负责同志现场察看,一致认为,造成质量事故的主要原因是:施工图设计文件未严格按该地区6度抗震设防的规定进行设计,结构体系不合理,整体性差,构造措施不符合要求;施工单位施工的混凝土梁不能满足设计混凝土强度等级的要求,梁的质量不均匀,离差太大。

二、事故处理

事故发生后,陕西省建设厅、榆林地区建设局、子洲县建设局等有关部门非常重视,采取了一系列有效措施保证师生的安全,并对事故进行了认真的调查处理。2001年8月3日,陕西省建设厅就这起事故的处理情况发出了《关于子洲中学教学楼质量事故的通报》,对有关责任单位和责任人做出了严肃处理。

根据《中华人民共和国建筑法》、国务院《建设工程质量管理条例》及陕西省建筑市场、建设工程质量管理的有关规定,对子洲中学教学楼质量事故有关责任单位和责任人处理如下。

1. 对事故主要责任方榆林市榆阳区规划设计院责令停业整顿,整顿经榆林市建设局验收合格后,方可承接新的设计任务。收回该项目设计负责人宋某二级注册建筑师资格证书,5年内不得承担设计任务。

2. 对事故次要责任方延安市建筑工程总公司黄牌警告,收回项目经理杜某三级项目经理资格证书,1年内不得担任施工项目经理。

3. 对未认真履行建设单位职责、向延安市建筑工程总公司介绍不符合条件的联营单位,并对事故负有一定责任的子洲中学,由子洲县委、县政府调查处理。

4. 对既无施工企业资质又无企业法人营业执照的子洲县东关建筑队,由子洲县政府依法处理。

[①] 朱宏亮. 建设法规. 2版. 武汉:武汉理工大学出版社,2003.

5. 对在质量监督过程中把关不严的子洲县质监站予以通报批评。

6. 事故造成的经济损失，待加固结束后由榆林市建设局根据各方责任大小另行处理。

三、案例评析

建设行政管理部门及有关部门应当从这次质量事故中认真吸取教训，本着对国家、对人民生命财产高度负责的精神，认真贯彻《建设工程质量管理条例》，加强建筑市场管理，落实建筑市场主体各方质量责任制，严格执行工程建设强制性标准，依法查处工程质量事故，防止重大质量事故的发生。

案例实训

一、基本案情

奉贤县贝港桥，位于奉贤县南桥镇新建西路的贝港河上，该桥东西方向共三孔，两个边孔跨径各为16 m，采用非预应力预制梁，中孔跨径为20 m，采用预应力预制梁，全长52.54 m，桥宽16 m。该工程1995年5月4日开工，同年10月16日桥梁部分竣工，因桥接坡未完成，在桥梁坍塌时，尚未验收使用。1995年12月26日下午4时15分，贝港桥两个桥墩突然下沉，致使整个桥面中间部位下沉后呈V形。经过调查，事故原因查明，造成这起桥梁下沉坍塌事故的主要原因是两个桥墩的钻孔灌注桩施工质量低劣，桩身质量差，长度不足，桩尖没有达到设计要求的持力层，由于承载力不足，造成桥梁突然下沉。

二、事故责任及处理

1. 古华市政建设工程公司按工程承包合同承担桥梁下部结构施工，该公司承接任务后，转包给陈某私人承包施工。施工时偷工减料，弄虚作假，施工质量低劣。在施工过程中，施工单位未按规定桩基施工完成后应及时报质监站核验桩基质量，直至桥基和下盖梁完成后即1995年8月10日，才通知奉贤县质监站核验检查质量，奉贤县质监站于8月11日到位检查时指出了贝港桥存在的包括钻孔灌注桩成桩后无质量检查报告等5个问题，并要求弄清情况后，再进行下一步施工。施工单位对质监站指出的质量问题，既未进行检测，也未予答复而继续施工。同时该公司为市政三级资质企业，按规定仅能承担跨度为15 m以下的桥梁，却未办报批手续，属擅自越级施工。因此，该施工企业应对这起事故负主要责任。为此，对其做出降低一级资质，赔偿事故直接经济损失80％的决定。

2. 奉贤县市政管理所是该工程的建设单位，在工程开工前，将本工程的桥基进行了设计修改，其修改设计未提交原设计单位同意，却转给了无桥梁设计资质的奉贤建筑设计所出图；在发包工程时，未对施工企业进行资质审核；违反规定，将工程发包给不具备相应资质的施工单位施工。在施工中现场管理形同虚设，质量管理严重失控，对质监站提出的整改意见，没有督促施工单位落实，而让其继续施工，因此对这起事故负重要责任。对该单位给予通报批评，赔偿事故直接经济损失20％。

3. 古华市政建设公司法定代表人管理不严，违反规定擅自越级承包施工，将工程交给公司以外私人承包施工，负有领导责任，给予行政撤职处分。该公司技术负责人质量管理不严，未落实桩基质量验收措施，负有技术把关不严之责，给予行政记过处分。该工程承包方陈某，在施工中偷工减料，弄虚作假，致使工程质量低劣，对酿成这起重大事故应负直接责任，由司法部门立案侦查，追究刑事责任。县市政管理所法人代表管理不严，违反规定，将工程发包给无桥梁设计资质的非桥梁设计单位修改设计，将工程发包给无相应资质企业施工，对现场管理人员缺乏教育，质量管理失控，负有领导之责，给予行政撤职处分。现场项目负责人对施工企业监督检查不严，质量管理失控，工作失职，给予留用察看一年处分。

三、问题思考

你认为这个案件审理正确吗？它违反了哪些法律、法规？请对案例进行评析。

本章小结

工程建设执业资格制度是指事先依法取得相应资质或资格的单位和个人，才允许其在法律所规定的范围内从事一定建筑活动的制度。

《建筑法》明确规定："从事建筑活动的专业技术人员，应当依法取得相应的执业资格证书，并在执业资格证书许可的范围内从事建筑活动。"

建筑业企业可分为施工总承包企业、专业承包企业和劳务分包企业三类。

思考题

1. 什么是执业资格制度？我国执业资格制度包括哪几方面？
2. 我国对从事工程建设活动的单位是如何划分的？它们的资质等级又是怎么划分的？
3. 各级勘察设计机构的业务范围是如何规定的？
4. 外商投资建筑业企业在我国承包工程的范围有哪些特殊限制？
5. 我国在建筑行业将实行哪几种执业人员的执业资格制度？现已实行的有哪些？
6. 什么是注册结构工程师？它分为几级？
7. 一级注册结构工程师的资格如何取得？
8. 注册结构工程师的注册条件有哪些？
9. 什么是项目经理？它的资质分为几级？项目经理的资质是如何认定的？
10. 何谓关键岗位持证上岗制？怎样申请岗位合格证？其有效期是如何规定的？

第7章 城市房地产管理法律制度

本章导读

本章介绍房地产管理法的概念和立法现状，并重点介绍房地产管理法的基本原则、调整对象和适用范围、房地产开发用地法律制度、住宅建设与物业管理、房地产权属登记制度及房地产管理中的法律责任。7.1节介绍房地产管理法的概述，7.2节介绍房地产开发用地，7.3节介绍房地产开发，7.4节介绍房地产交易，7.5节介绍城市房屋拆迁，7.6节介绍住宅建设与物业管理，7.7节介绍房地产权属登记管理，7.8节介绍房地产管理中的法律责任。

7.1 房地产管理法概述

7.1.1 房地产管理法的概念

广义的房地产管理法，是指调整在房地产开发、经营和各种服务活动中形成的一定社会关系的法律规范的总称。狭义的房地产管理法，是指2007年8月30日第十届全国人民代表大会常务委员会第二十九次会议通过的《中华人民共和国城市房地产管理法》（简称《城市房地产管理法》）。《城市房地产管理法》共七章，七十三条。第一章为总则，论述了立法目的、适用范围、立法基本原则及房地产管理体制等；第二章为房地产开发用地，论述了土地使用权的出让制度和土地使用权的划拨制度；第三章为房地产开发，论述了房地产开发的基本原则、开发土地的期限、房地产开发项目的设计、施工及竣工、房地产开发企业的设立等；第四章为房地产交易，论述了房地产交易的一般规定、房地产转让、房地产抵押、房屋租赁和中介服务机构等；第五章为房地产权属登记制管理；第六章为法律责任；第七章为附则。《城市房地产管理法》于2007年8月30日起施行。

7.1.2 房地产管理法的立法目的

1. 加强对房地产的管理

房地产业，是指从事房地产开发、经营、管理和服务活动的产业，它不仅是经济发展的基础性、先导性产业，而且是国家财富的重要组成部分。现代西方国家将之与汽车、钢铁相并而称，共同构成国民经济的三大支柱产业。房地产业的发展，不仅为城市经济发展提供了基本物质基础和前提，改善了城市居民的生活条件，而且为国家提供了一项重要财源。由于房地产业在国民经济和社会发展中的重要地位和作用，客观上要求用法律对其加以规范、引导、推动和保障。因此，制定《城市房地产管理法》的首要目的就是要加强对房地产的管理。

2. 维护房地产市场秩序

房地产市场秩序，是指人们在从事房地产市场活动中应当遵循的准则。近几年来，随着房地产业的迅猛发展，同时也出现了一些亟待解决的问题。如建设用地供应总量失控、国家土地资源流失、房地产开发投资结构不合理及房地产市场行为不规范等。要解决这些问题，国家可以通过行政手段、经济手段、法律手段来加强管理和维护房地产市场秩序。而法律手段较之于行政手段、经济手段，更具有严肃性、稳定性和权威性；而且国家采用行政手段和经济手段维护房地产市场秩序，都必须依法行政、依法管理。所以，只有加强房地产立法，才能更为有效地维护房地产市场秩序。

3. 保障房地产权利人的合法利益

房地产权利人，是指在房地产法律关系中，依法享受权利并承担相应义务的自然人、法人及其他社会组织和国家。一般情况下，国家作为一个政治实体，不能成为房地产权利人，只有在特定情况下才能成为房地产权利人，如国家以国有土地所有者的身份，将国有土地使用权出让给土地使用者时，才能成为房地产权利人。保障房地产权利人的合法权益，就是国家确认房地产权利人的一切合法房地产权益，不允许任何组织和个人加以侵犯，凡不合法的房地产权益不受国家法律的保护。房地产权利人对他人侵犯房地产权益的行为，可要求得到国家法律的保护，追究侵权行为人的法律责任，对他们实行法律制裁。

4. 促进房地产业的健康发展

促进房地产业的健康发展，是房地产立法的根本目的，也是国家加强对房地产的管理，维护房地产市场秩序，保障房地产权利人的合法权益的必然结果。促进房地产业的健康发展，就是要在国家宏观调控管理之下，使我国房地产业持续、快速、稳定、有序地向前发展，使其真正成为我国经济发展的基础性、先导性产业。

7.1.3 房地产管理法的调整对象和适用范围

1. 调整对象

房地产管理法的调整对象，是指人们在房地产开发、经营、管理和服务活动中所形成的一定的社会关系。房地产管理法作为一个综合法律部门，按其所调整的社会关系来划分，房地产管理法的调整对象可分为房地产民事关系、房地产行政管理关系、房地产经济关系。房地产民事关系是指平等主体之间依法形成的权利义务关系，如土地使用权出让法律关系、房地产租赁法律关系、房地产转让法律关系、房地产抵押法律关系等。房地产行政管理关系是指政府及其职能部门之间及其房地产开发公司等房地产主体之间，因行政管理依法形成的权利义务关系，如土地征用法律关系、房地产开发项目的审批法律关系等。房地产经济关系是指国家行政机关与从事房地产活动的法人、社会组织和公民之间因宏观调控依法形成的权利义务关系，如房地产开发的规划和计划法律关系、房地产价格管理法律关系等。

2. 适用范围

房地产管理法适用范围，是指房地产管理法所调整的空间范围。在中华人民共和国城市规划区国有土地范围内取得房地产开发用地的土地使用权，从事房屋开发、房地产交易及实施房地产管理，应当遵守房地产管理法的规定，因此其适用范围限定在我国城市规划区。按照《城市规划法》第三条的规定："本法所称城市规划区，是指城市市区、近郊区以及城市行政区域内因城市建设和发展需要实行规划控制的区域。城市规划区的具体范围，由城市人民政府在编制的城市总体规划中依法划定。"房地产管理法是调整城市规划区国有土地范围内取得房地产开发用地的土地使用权，从事房地产开发、房地产交易及实施房地产管理。

房地产开发，是指在依法取得国有土地使用权的土地上进行基础设施、房屋建设的行为。房地产开发具体包括新城区的房地产开发和旧城区的拆迁改造两种形式。新城区的房地产开发，是为城市的新建、扩展和改造提供新的建设地段，为城市各项建设事业顺利开展提供基础条件。新城区的房地产开发一般需要经过征用土地和基础设施建设来实现。征用土地，就是将城市近郊区的农村集体所有的土地通过依法征用转变为国家所有的城市土地。基础设施建设，是城市各项建设的前期工程，主要内容包括：道路、上下水、煤气、电力和通信等设施的建设。基础设施建设的特点是：挖填土方量大，施工层次分明，地下隐蔽工程多，配套性强。城市旧城区由于人口集中，交通、住房拥挤，房屋陈旧，设施落后等原因，严重阻碍着城市整体功能的正常发挥。因此，需要通过房地产开发予以改造，以适应城市现代化生产和生活的需要。旧城区房地产开发的重要环节是拆迁和改造。旧城区的土地属于国家所有，不需要通过征用土地这个环节，但需要服从城市的总体规划，进行必要的拆迁工作。对旧城区房地产开发时的拆迁对象，应按照国家有关规定，在待开发地区房屋竣工交付使用后，予以原地或异地安置或货币补偿。

房地产交易包括房地产转让、房地产抵押和房屋租赁。房地产转让，是指房地产权利人通过买卖、赠与或者其他合法方式（包括交换、继承等）将其房地产转移给他人的行为。房地产抵押，是指抵押人将其合法的房地产以不转移占有的方式向抵押权人提供债务担保的行为，债务人不履行债务时，抵押权人有权依法以抵押的房地产拍卖所得的价款优先受偿。房地产抵押是抵押担保中的一种最普遍、最重要的形式，设定房地产抵押的目的是保证债权人债权的实现，维护交易安全，稳定经济秩序，促进资金的融通。房地产抵押的抵押权人为债权人，抵押人可以为债务人，也可以为第三人。房屋租赁，是指房屋所有权人作为出租人将其房屋出租给承租人使用，由承租人向出租人支付租金的行为。房屋租赁的目的是不断地满足社会生产和居民生活的需要。

7.1.4 房地产管理法的基本原则[①]

房地产管理法的基本原则是房地产管理法的主要宗旨和基本准则，它是制定和实施该法的出发点。其基本原则包括：节约用地、保护耕地原则；国有土地有偿、有限期使用原则；扶持发展居民住宅建设，逐步改善居民居住条件原则；保护房地产权利人合法权益和房地产权利人必须守法原则；依法纳税原则。

1. 节约用地、保护耕地原则

土地是人类最珍贵的自然资源，是人们赖以生产、生活、繁衍生息、发展开拓的根基，是国家最宝贵的物质财富，是一切财富的源泉之一。土地由于面积的有限性、不可再生性等属性，要使人类永续生存，必须节约、合理用地。我国宪法规定："一切使用土地的组织和

---

① 刘文锋. 建设法规概论. 北京：高等教育出版社，2004.

个人必须合理利用土地。"我国是人均耕地数量少、耕地总体质量差、耕地退化严重、耕地资源贫乏的国家,耕地是关系到近14亿人民生计的根本问题。因此,合理利用土地,切实保护耕地是我国的一项基本国策,也是房地产开发的一项基本原则。

2. 国有土地有偿、有限期使用原则

我国《宪法》和《土地管理法》均规定土地的社会主义公有制和土地有偿使用制度。中华人民共和国实行土地的社会主义公有制,即全民所有制和劳动群众集体所有制。国家依法实行国有土地有偿使用制度,但是国家在法律规定的范围内划拨国有土地使用权的除外。

国有土地有偿原则是指土地使用者在取得土地使用权时必须交付一定的代价;土地使用权再转让时,也必须按照有偿的原则依法进行。具体表现在:房地产开发用地时,必须交付土地出让金;出让土地再次转让时,必须交付土地转让金;征用集体土地或旧城改造时,必须缴纳土地补偿费用和安置费用;"三资企业"依法缴纳土地使用费或场地使用费;划拨土地除免缴情形外,依法缴纳土地使用税;划拨土地再转让时,依法补交出让金或上缴土地收益;企业内国有土地作价入股;村民宅基地、村镇企业有偿使用集体土地等行为。

3. 扶持发展居民住宅建设,逐步改善居民居住条件原则

住宅是城市居民的基本生活资料。发展居民的住宅建设,逐步改善居民的居住条件,对于促进城市经济发展,维护社会安定,具有重要意义。国家采取税收优惠措施、贷款优惠措施、住宅建设用地优惠措施及房改政策等扶持发展居民住宅建设,逐步改善居民的居住条件。在税收上,《土地增值税暂行条例》第八条规定,对于建设普通标准住宅,增值额未超过扣除项目金额的20%的,免征土地增值税。在用地方式上,对于居民居住的福利用地、危旧房改造用地、安居工程用地、经济适用房用地可以按照有关规定采取划拨方式取得土地。在贷款方式上,国家允许房地产开发企业以依法取得的土地使用权抵押贷款,对购房者实行按揭贷款,以解决房地产开发过程中的资金问题。

4. 保护房地产权利人合法权益和房地产权利人必须守法原则

房地产权利人合法权益的法律保护,是指国家通过司法和行政程序保障房地产权利人依法对其房地产行使占有、使用、收益和处分的权利的制度。我国对房地产权利的保护主要有以下几种方式:请求确认房地产权利;请求排除妨碍;请求恢复原状;请求返还原房地产;请求赔偿损失。房地产权利人守法,是指在房地产开发、房地产经营、房地产交易及房地产权属的登记过程中必须遵守法律和行政法规的规定。

5. 依法纳税的原则

房地产权利人应交纳的税包括土地使用税、城市维护建设税、房产税、土地增值税、国有资产投资方向调节税、耕地占用税、营业税、企业所得税、契税。

7.1.5 房地产管理体制

1. 国务院主管部门

《城市房地产管理法》第七条规定:"国务院建设行政主管部门、土地管理部门依照国务院规定的职权划分,各司其职,密切配合,管理全国房地产工作。"

按照国务院批准的建设部"三定"方案,房地产业的行业管理由建设部负责。

2. 地方人民政府主管部门

《城市房地产管理法》第七条还规定:"县级以上地方人民政府房产管理、土地管理部门的机构设置及其职权由省、自治区、直辖市人民政府确定。"从我国目前情况来看,大多数地方人民政府实行房、地分管体制,设立建设委员会、建设厅(或房地产管理局、处)和土地管理局,但改革先行一步的广州、北京、上海、汕头等城市已经建立由一个部门统一管理的房地合一的管理体制。

《城市房地产管理法》六十三条规定:"经省、自治区、直辖市人民政府确定,县级以上地方人民政府由一个部门统一负责房产管理和土地管理工作的,可以制作、颁发统一的房地产权证书"。这个规定,既充分肯定了改革先行一步城市的经验,又为改革指明了方向。

7.2 房地产开发用地

房地产开发用地,是指以进行房地产开发为目的而取得使用权的土地。依据《土地管理法》和《城市房地产管理法》,城市国有土地的使用权可通过出让及划拨方式取得。

7.2.1 土地使用权出让

1. 土地使用权出让的概念

土地使用权出让,是指国家将国有土地使用权(以下简称土地使用权)在一定年限内出让给土地使用者,由土地使用者向国家支付土地使用权出让金的行为。土地使用权出让具有以下几个特征。

(1) 土地使用权出让是国家将国有土地使用权出让的行为

土地使用权出让,是一种国家垄断行为。因为国家是国有土地的所有者,只有国家能以土地所有者的身份出让土地。城市规划区内集体所有的土地,经依法征用转为国有土地后,方可出让该幅土地的使用权,这是为维护国家对土地管理的权威性,有效地控制出让土地的范围和数量。

(2) 土地使用权出让是有期限的

我国是实行土地公有制的社会主义国家,这就决定了土地使用权只能在一定年限内出让给土地使用者。土地使用权出让的最高年限,是由国家法律按照土地的不同用途规定的,它是指一次出让签约的最高年限。土地使用权出让年限届满时,土地使用者可以申请续期。

(3) 土地使用权出让是有偿的

土地使用者取得一定年限内的国有土地使用权,须向国家支付土地使用权出让金。土地使用权出让金是土地使用权有偿出让的货币表现形式,其本质是国家凭借土地所有权取得的土地经济效益。土地使用权出让金主要包括一定年限内的地租,此外还包括土地使用权出让前国家对土地的开发成本及有关的征地拆迁补偿安置等费用。

(4) 土地使用者享有权利的范围不含地下之物

土地使用者对地下的资源、埋藏物和市政公用设施等,不因其享有土地的使用权而对其享有权利。

2. 土地使用权出让的法律限制

我国对土地使用权出让采取国家垄断经营的方式,即由国家垄断土地的一级市场,其目的在于加强政府对土地使用权出让的管理,保证土地使用权出让有计划、有步骤地进行。

(1) 土地使用权出让的批准权限

《土地管理法》规定,土地使用权出让的批准权限为:凡征用基本农田的或基本农田以外的耕地 35 公顷以上的,或其他土地 70 公顷以上再行出让的,由国务院批准。其他的由省、自治区、直辖市人民政府批准。

需要指出的是,政府对出让土地使用权的批准,不仅仅是对土地使用权出让面积的批准,而实际上是对整个出让方案的批准。因为在审批过程中,政府必须对出让方案所涉及的出让地块的用途、年限和其他条件等一并进行审查。所以,出让方案应当由市、县人民政府土地管理部门会同城市规划、建设、房产管理部门共同拟订。

(2) 土地使用权出让的宏观调控

《城市房地产管理法》规定,县级以上地方人民政府出让土地使用权用于房地产开发的,须根据省级以上人民政府下达的控制指标拟订年度出让土地使用权总面积方案,按照国务院规定,报国务院或者省级人民政府批准。这是国家对土地使用权出让实行总量控制和宏观调控的重要的法律规定。根据这一规定,各级政府必须将出让土地使用权的总面积严格控制在下达的指标之内。

3. 土地使用权出让的方式

《城市房地产管理法》规定,我国的国有土地使用权出让,有拍卖、招标、协议三种基本方式。

(1) 拍卖出让

拍卖出让,是指土地管理部门在指定的时间、地点,利用公开场合,就所出让土地使用权的地块公开叫价竞投,按"价高者得"的原则,确定土地使用权受让者的一种方式。

拍卖出让方式,充分引进了竞争机制,排除了任何主观因素,有利于公平竞争,可以使国家最大限度地获得土地收益,增加财政收入。这种方式主要适用于投资环境好、赢利大、竞争性很强的房地产业、金融业、旅游业、商业和娱乐用地。

(2) 招标出让

招标出让,是指在规定的期限以内,由符合规定条件的单位和个人,以书面投标形式,竞投某一块土地的使用权,由招标方择优确定土地使用者的出让方式。

招标出让,分为公开招标和定向招标两种形式。公开招标,是通过广播、电视、报刊等新闻媒介发布招标广告,有意获取土地使用权的受让方均可申请投标,这种招标方式也称为无限制竞争性招标。定向招标,则由招标方选择符合条件的单位和个人,并向其发出招标通知书和招标文件,邀请其参加投标,这种招标方式也称为限制竞争性招标。

招标出让时,中标者不一定是投标标价的最高者。因为在评标时,不仅要考虑投标价,而且要对投标规划设计方案和投标者的资信情况等进行综合评价。也就是说,中标者是经过全面、客观的综合评估而择优确定的。例如,深圳第一次以投标形式出让土地使用权时,最高标价为每平方米 403 元,而中标价每平方米只有 368 元。实践证明,招标出让方式的效果比较好。它不仅有利于土地规划利用的优化,确保国家获得土地收益,而且有利于公平竞争,给出让方留有一定的选择余地。招标出让方式,适用于开发性用地或有较高技术性要求的建设用地。

(3) 协议出让

协议出让，是指土地所有者即出让方与土地使用者即有意受让方在没有第三者参与竞争的情况下，通过谈判、协商，达成出让土地使用权一致意见的一种方式。

以协议方式出让土地使用权是双方协商的结果，没有引入竞争机制，这种形式人为因素较多，主观随意性较大，容易产生土地出让中的不正之风，导致国有土地收益流失。但是，目前特别是在我国社会主义市场经济发展的初期，协议出让方式还是一种重要的出让方式，它主要用于工业仓储、市政公益事业项目、非营利项目及政府为调整经济结构，实施产业政策而需要给予优惠、扶持的建设项目等。

为防止国有土地流失，确保土地使用权出让的正常秩序，《城市房地产管理法》规定，商业、旅游、娱乐和豪华住宅用地，有条件的，必须采取拍卖、招标方式；没有条件，不能采取拍卖、招标方式的，可以采取双方协议的方式。但"采取双方协议方式出让土地使用权的出让金不得低于按国家规定所确定的最低价"。

4. 土地使用权出让的最高年限

所谓土地使用权出让的最高年限，是指法律规定的土地使用者可以使用国有土地的最高年限。国务院颁布的《中华人民共和国城镇国有土地使用权出让和转让暂行条例》规定，土地使用权出让最高年限按用途分别为：居住用地 70 年；工业用地 50 年；教育科技、文化、卫生、体育 50 年；商业、旅游娱乐用地 40 年；综合或其他用地 50 年。

将土地使用权出让最高年限按不同用途分别定为 50 年、70 年，主要是考虑土地收益；其次是考虑地上房屋的折旧期一般都在 50 年左右，即土地使用期届满时，房屋残值已所剩无几。

规定土地使用权出让最高年限，具有非常重要的意义。

第一，它说明了土地使用权出让不是土地买卖。土地买卖是土地所有权的买断，而出让的是一定年限的土地使用权。土地使用权实际上是一种他物权。如果不在法律、法规中明确规定土地使用权出让的最高年限，土地使用权出让就会演变成为土地买卖。

第二，它明示了我国实行的是土地有偿、有限期的使用制度。过去几十年来，我国一直长期实行土地无偿、无限期的使用制度，国有土地一旦划拨，就变成了实际上的单位所有，使国有土地的所有权无从体现。法律、法规规定土地使用权出让的最高年限，是我国土地使用制度改革的重要成果。

第三，它说明了国家作为土地所有者对土地使用权有最终处置权。土地使用权出让年限届满，土地使用者或申请续期使用土地或由国家收回。这对合理配置和利用土地资源，提高土地资产效益，建立完善的房地产市场，都有不可估量的作用。

5. 土地使用权出让合同

1）土地使用权出让合同的概念

《城市房地产管理法》第十五条规定："土地使用权出让，应当签订书面出让合同。""土地使用权出让合同由市、县人民政府土地管理部门与土地使用者签订。"因为只有签订合同，出让行为才能成立，出让双方的权利义务才能明确，才能受法律保护。土地使用权出让合同，是指市、县人民政府土地管理部门与土地使用者之间就出让城市国有土地使用权所达成的、明确相互之间权利义务关系的协议。

土地使用权出让合同可分为三种类型。

（1）宗地出让合同

指市、县人民政府土地管理部门根据有关规定，出让某一宗地的国有土地使用权，与土地使用者签订的合同。

（2）成片开发土地出让合同

指市、县人民政府土地管理部门根据有关规定，将国有土地使用权出让给外商，与外商签订的投资从事开发经营成片土地的合同。

（3）划拨土地使用权补办出让合同

指将已经由国家通过行政划拨方式分配给土地使用者使用的土地，纳入有偿、有限期、可流通轨道，市、县人民政府土地管理部门根据有关规定，与土地使用者补签的土地使用权出让合同。

2）土地使用权出让合同的主要内容

土地使用权出让合同的内容，是指合同当事人用以确定关于土地使用权出让中双方权利和义务的各项条款。一般包括下列内容。

（1）标的

指出让土地的位置、四邻界至、用途、面积。

（2）使用年限

土地使用权出让年限，是关系到土地所有者与使用者利益分配的重要条款，应包括出让年限期以什么时候开始计算，一共多少年，什么时候到期。

（3）开发期限

指土地使用人在取得土地使用权后开发利用土地的时限。明确这项内容，是保证有效开发利用土地的依据，防止不按期开发、闲置土地等现象。

（4）出让金数额及支付方式

公平、合理地确定土地使用权出让金数额，是订立出让合同的关键，是合同不可缺少的内容。除此之外，合同还应明确土地使用权出让金的支付期限和支付方式。

（5）开发进度与分期投资额度

出让土地的开发工程量往往很大，一般是分期、分批进行的。因此，合同必须确定开发进度及根据进度分期投入的资金额。

（6）土地使用规则

土地使用权出让方应在符合城市总体规划的前提下，编制出所出让土地使用的总平面布置图、建筑密度和高度控制指标、工程管线规划、工程深度限制、环境保护、园林绿化、消防等要求，这是土地使用权出让合同的重要内容。

（7）违约责任

是指合同当事人双方违反合同规定应当承担的民事法律责任。《城镇国有土地使用权出让和转让条例》规定，土地使用者应当在签订土地使用权出让合同后 60 日内，支付全部土地使用权出让金；逾期未全部支付的，出让方有权解除合同，并可请求违约赔偿。该《条例》规定，出让方应当按照合同规定，提供出让的土地使用权；未按合同规定提供土地使用权的，土地使用者有权解除合同，并可请求违约赔偿。

（8）双方认为应约定的其他条款

3) 土地使用权出让合同的变更和解除

一般地说，土地使用权出让合同一经订立，就具有法律约束力，任何部门、单位和个人不得擅自变更和解除。由于土地出让合同的期限很长，一般都为几十年，在合同履行过程中，因为种种原因，或者需要修正部分条款的内容，或者原订的出让合同继续履行已不必要或不可能。所以，法律允许当事人在特定情况下可以依法变更和解除出让合同。

在土地使用权出让合同变更中，比较多见的是土地使用者提出改变土地用途。为此，《城市房地产管理法》规定了变更土地用途的批准程序和处理方法。

在土地使用权出让合同解除中，比较多见的是当事人双方违约，或土地使用者不按法律规定开发、利用、经营土地而导致土地管理部门将土地使用权收回。

6. 土地使用权终止和续期

1) 土地使用权的终止

所谓土地使用权终止，根据《城市房地产管理法》和《城镇国有土地使用权出让和转让暂行条例》规定，是指因土地的灭失而导致使用者不再享有土地使用权；土地使用权出让年限届满即土地使用权出让合同期满而由国家收回土地使用权；或者土地使用权出让期满前国家因社会公共利益的需要而提前收回土地使用权。

需要说明的是，提前终止土地使用权，地上建筑物和其他附着物也一并收归国有，除土地使用权出让合同规定必须拆除的技术设备等外，土地使用者不得损坏一切地上建筑物及其他附着物。但是，国家必须根据土地使用者使用土地的实际年限和开发土地的实际情况及地上建筑物和其他附着物的现存价值等情况，给土地使用者以相应补偿，从而保护土地使用者的合法权益。

2) 土地使用权的续期

土地使用权出让合同约定的使用年限届满时，如果土地使用者需要继续使用该土地，就必须申请续期，经批准后，重新签订土地使用权出让合同，支付土地使用权出让金，并办理登记，方能继续享有土地使用权。《城市房地产管理法》规定，土地使用者"应当提前一年申请续期"。土地使用权出让合同约定的使用年限届满后，如土地使用者未申请续期或虽申请续期但未获批准的，土地使用权由国家无偿收回。

《城市房地产管理法》还规定，土地使用者申请续期并重新办理出让手续，补交出让金的，地上建筑物、其他附着物的产权仍归土地使用者所有；土地使用权出让合同约定的使用年限届满，土地使用者未申请续期或者虽申请续期但按国家有关规定未获批准的，土地使用权由国家无偿收回。

7.2.2 土地使用权划拨

1. 土地使用权划拨的概念

《城市房地产管理法》规定，土地使用权划拨，是指县级以上人民政府依法批准，在土地使用者交纳补偿、安置等费用后将该幅土地交付其使用，或者将国有土地使用权无偿交付给土地使用者使用的行为。以划拨方式取得土地使用权的，除法律、行政法规另有规定外，没有使用期限的限制。

土地使用权的划拨有两种形式。第一种形式，在土地使用者缴纳补偿、安置等费用后，将该幅土地交付其使用,这主要是国家划拨的土地,是征用城市规划区内集体所有的土地或收回其他单位的使用权的土地,将发生补偿、安置问题,其费用应由经划拨而取得土地使用权的单位支付。

第二种形式,是将国有土地使用权无偿交付给土地使用者使用。也就是说,土地使用者完全无偿地取得国有土地使用权,征地、拆迁中所需要的补偿和安置等费用全部由国家承担。这种形式在实践中主要有以下三种情况。

① 县级以上人民政府依据《土地管理法》规定,对国家建设使用国有荒山、荒地按照国家建设征用土地的程序和审批权限批准后,将其国有荒山、荒地无偿划拨给土地使用者使用。

② 县级以上人民政府依据1958年1月6日国务院公布施行的《国家建设征用土地办法》规定,对"市区内没有收益的空地,可以无偿征用"。国家征用后将无偿划拨给土地使用者使用。

③ 县级以上人民政府依据1982年5月4日国务院颁布施行的《国家建设征用土地条例》规定,对国家建设使用国有荒山、荒地、滩涂及其他单位使用的国有土地,按规定的程序和审批权限批准后,国家将其国有土地无偿划拨给土地使用者使用。

2. 土地使用权划拨的范围

《城市房地产管理法》规定,下列建设用地的土地使用权,确属必要的,可以由县级以上人民政府依法批准划拨。

(1) 国家机关用地和军事用地

国家机关用地,是指行使国家职能的各种机关用地的总称,它包括国家权力机关、国家行政机关、国家审判机关、国家检察机关、国家军事机关的用地。

军事用地,是指军事设施用地。根据《中华人民共和国军事设施保护法》规定,包括下列建筑、场地和设施用地:

① 指挥机关、地面和地下的指挥工程,作战工程;
② 军用机场、港口、码头;
③ 营区、训练场、试验场;
④ 军事油库、仓库;
⑤ 军用通信、侦察、导航、观测台站和测量、导航标志;
⑥ 军用公路、铁路专用线、军用通信、输电线路、军用输油、输水管道;
⑦ 国务院和中央军事委员会规定的其他军事设施。

(2) 城市基础设施用地和公益事业用地

城市基础设施用地,是指城市给水、排水、污水处理、供电、通信、煤气、热力、道路、桥梁、市内公共交通、园林绿化、环境卫生及消防、路标、路灯等设施用地。

城市公益事业用地,是指城市内的学校、医院、体育场馆、图书馆、文化馆、博物馆、纪念馆、福利院、敬老院、防疫站等不以经营为目的的文体、卫生、教育、福利事业用地。

(3) 国家重点扶持的能源、交通、水利等项目用地

这类用地是指由中央投资或中央与地方共同投资或共同引进外资及其他投资者投资,国家采取各种优惠政策重点扶持的煤炭、石油、天然气、电力等能源项目用地;铁路、港口码

头等交通项目用地；水库、防洪、防渍、防碱、农田灌溉、水力发电、江河治理、城市供水和排水等水利工程项目用地。①

（4）法律、行政法规规定的其他用地

7.3 房地产开发

7.3.1 房地产开发的概念

房地产开发是指在依法取得国有土地使用权的土地上进行基础设施、房屋建设的行为。其实质是以土地开发和房屋建设为投资对象所进行的生产经营活动。

房地产开发包括土地开发和房屋开发。土地开发，主要是指房屋建设的前期准备，即实现"三通一平"，把自然状态的土地变为可供建造房屋和各类设施的建设用地。土地开发有两种情形：一是新区土地开发，即把农业用地或者其他非城市用地改造为适合工商业、居民住宅、商品房及其他城市用途的城市用地；二是旧城区改造，也叫土地再开发或二次开发，即通过投入新的资金、劳动等，对城市原有土地进行改造，拆除原来的建筑物，调整城市规划，改变土地用途，完善城市基础设施，提高土地的利用效益。

房屋开发包括四个方面：

① 住宅开发；

② 生产与经营性建筑物开发，如工厂厂房各类商店、各种仓库、办公用房等；

③ 生产、生活服务性建筑物及构筑物的开发，如交通运输设施、公用事业和服务事业设施、娱乐设施；

④ 城市其他基础设施的开发。

房地产开发是一种经营性的行为，由专业化的房地产开发企业进行。它从事的是房地产的投资和经营，即从有偿取得土地使用权，到勘察设计和建筑施工，直到最终将开发产品（房屋、基础设施及其相应的土地使用权）作为商品在房地产市场转让，寻求利润回报。房地产开发，对于落实城市规划，改善投资环境和居住条件，提高城市的综合功能和总体效益，促进房地产业及城市社会、经济的协调发展，都有重要作用。

7.3.2 房地产开发的原则

《城市房地产管理法》规定，房地产开发应当遵循以下原则。

（1）必须严格执行城市规划

城市规划，是指为确定城市的规模和发展方向，实现城市的发展目标而制定的一定时期内城市社会、经济发展的计划。它是城市建设的纲领，也是房地产开发所必须遵循的依据。

（2）必须坚持经济、文化和环境效益的统一

---

① 建设部. 建设法规教程. 北京：中国建筑工业出版社，2002.

在市场经济条件下,房地产开发企业本身就是以赢利为目的的经济实体,追求经济效益,是房地产开发企业赖以生存和发展的必要条件,也是投资者投资房地产开发的直接目的。但是,追求经济效益,不应该是房地产开发的唯一目的。房地产开发的宗旨,总体说来是改造、完善城市基础设施和公共服务设施,改善城市居民的居住条件和居住环境,提高城市综合服务功能,完善城市形象,造福人民,造福后代。所有这些,既是社会效益也是环境效益。只有取得这些效益,房地产开发才能得到社会各方面的支持,才有蓬勃发展的可能。当然,社会效益和环境效益的实现,在很大程度上取决于房地产开发的经济效益。房地产开发的经济效益、社会效益和环境效益是一个辩证统一的整体,三者相互依存,相互促进,缺一不可。因此,房地产开发必须坚持"经济效益、社会效益、环境效益相统一的原则"。

(3) 必须实行全面规划、合理布局、综合开发、配套建设

这是 20 世纪 80 年代以来我国城市建设工作所遵循的指导方针。房地产开发时,应当坚持旧区改建和新区建设相结合,注重开发基础设计薄弱、交通拥挤、环境污染严重及危旧房屋集中的区域;保护和改善城市生态环境、保护历史文化遗产;统筹安排配套基础设施,坚持先地下、后地上的原则。

7.3.3 房地产开发的要求

1. 按合同约定开发

《城市房地产管理法》规定,以出让方式取得土地使用权进行房地产开发的,必须按照土地使用权出让合同约定的土地用途、动工开发期限开发土地。超过出让合同约定的动工开发日期满一年未动工开发的,可以征收相当于土地使用权出让金 20% 以下的土地闲置费;满两年未动工开发的,可以无偿收回土地使用权;但是,因不可抗力或者政府、政府有关部门的行为或者动工开发必需的前期工作造成动工开发迟延的除外。

土地是不可替代的稀缺资源,这一特点决定了必须节约和合理开发利用土地。但是,由于管理制度不完善等原因,土地供给总量失控,批租土地缺乏必要的调控手段,因此出现了圈而不用、早圈晚用、多圈少用等现象,给极为宝贵的土地资源造成了极大的浪费。同时,获取土地使用权的单位或个人,有些根本不进行任何开发建设,转手倒卖"地皮",从中牟取暴利,致使国家收益流失,房地产价格扭曲等。因此,这些现象必须采取法律手段予以制止。为此,《城市房地产管理法》规定了两种行政处罚措施。

① 闲置土地满一年未开发的,征收土地闲置费。由造成土地闲置、荒废的用地单位或个人向当地财政缴纳、各类土地闲置费的标准是不同的。

② 满两年未开发的,无偿收回土地使用权。这种收回土地使用权是对土地使用者不按期限开发利用土地的惩罚措施,因而与期满收回土地使用权和因国家利益及社会公共利益需要等而引起的提前收回土地使用权不同,它引起的法律后果是国家无偿取得土地使用权,其地上建筑物和其他附着物也由国家无偿取得,因而不具有对等性及补偿性。

但是,房地产开发逾期是因不可抗力或者政府、政府有关部门的行为或者动工开发必需的前期工作造成的除外。这样规定体现了法律的严密性,避免出现漏洞。

2. 房地产开发项目的设计与施工必须符合法定标准

《城市房地产管理法》规定，房地产开发项目的设计、施工，必须符合国家的有关标准和规范。因为房地产项目同其他建设项目一样，具有投资量大、使用期限长等特点，所以必须按标准和规范进行设计、施工；否则，一旦出现质量问题不仅直接影响项目的寿命，造成巨大的经济损失，甚至会发生房毁人亡的悲剧，实践中这方面的教训已屡见不鲜。

3. 严格竣工验收

竣工验收是全面考核开发成果、检验设计和工程质量的重要环节，也是开发成果转入流通和使用阶段的标志。为了防止不符合质量要求的房屋、基础设施投入使用，保护使用者、消费者的合法权益，《城市房地产管理法》规定，房地产开发项目竣工，经国家验收合格后，方可交付使用。

房地产开发项目的竣工验收工作，一般由开发公司组织设计单位、施工单位、质量监督部门、建设银行以及城市规划、环境保护、抗震、消防等部门，共同成立专门机构即验收委员会或验收小组来进行。城市新建住宅小区的竣工综合验收，由城市人民政府建设主管部门负责组织实施。

城市新建住宅小区的竣工综合验收，按建设部颁发的《城市住宅小区竣工验收管理办法》进行。综合验收的条件是：

① 所有建设项目按批准的小区规划和设计要求全部建成，并能满足使用；
② 住宅及公共配套设施、市政公用基础设施等单项工程全部验收合格，验收资料齐全；
③ 各类建筑物的平面位置、立面造型、装修色调等符合批准的规划设计要求；
④ 施工机具、暂设工程、建筑残土、剩余构件全部拆除、清运完毕，达到场清地平；
⑤ 拆迁居民已合理安置。

所有工程全部验收后，验收小组应向城市建设行政主管部门提交住宅小区竣工综合验收报告，报告经审查批准后，开发建设单位方可将房屋和有关设施办理交付使用手续。

7.3.4 外商投资开发经营成片土地制度

依照我国法律规定，外国公司、企业、其他经济组织和个人，除法律另有规定者外，均可依法取得土地使用权。为了吸收外商投资开发经营成片土地（以下简称成片开发），以加强公用设施建设，改善投资环境，引进外商投资先进企业和产品出口企业，发展外向型经济，国务院于1990年5月19日发布了《外商投资开发经营成片土地暂行管理办法》。

1. 成片开发的概念

成片开发，是指开发者在取得国有土地使用权后，依照规划对土地进行综合性的开发建设，包括平整土地、建设供排水、供电、供热、道路交通、通信等公用设施建设，形成工业用地和其他建设用地条件，然后转让土地使用权、经营公用事业，或者进行建设通用工业厂房以及相配套的生产和生活服务设施等地面建筑物，并对这些地面建筑物进行转让或出租的经营活动。

成片开发是对大面积土地进行整体商业性的综合开发，是土地开发的一种特殊重要形式。

2. 成片开发的审批

外商成片开发的项目，应由市、县人民政府组织编制成片开发项目建议书或初步可行性研究报告。

开发区域所在的市、县人民政府向外商投资开发企业出让国有土地使用权，应依照法律规定，合理确定地块范围、用途、年限、出让金和其他条件，签订土地使用权出让合同。并按出让土地使用权的审批权限报经审批。

3. 外商成片开发的企业形式

外商投资成片开发，应当依法成立相应的开发企业，其企业形式有以下三种：依照《中华人民共和国中外合资经营企业法》成立中外合资经营企业；依照《中华人民共和国中外合作经营企业法》成立中外合作经营企业；依照《中华人民共和国外资企业法》成立外资企业，即外商独资企业。以上三种外商投资开发企业依法自主经营管理，但其在开发区没有行政管理权。开发企业与其他企业是商务关系。国家鼓励国有企业以国有土地使用权作为投资或合作条件，与外商组成开发企业。

4. 外商投资开发企业土地使用权的转让

外商投资开发企业在取得土地使用权后，必须实施成片开发规划，并达到土地使用权出让合同规定的条件后，方可转让土地使用权，并必须依法办理，不得自行其是。外商投资开发企业必须服从开发区域的行政管理、司法管理、口岸管理和海关管理等，不得从事国家法律、法规禁止的经营活动和社会活动。

7.3.5 房地产开发企业

1. 房地产开发企业的设立条件

房地产开发企业是以营利为目的、从事房地产开发和经营的企业。房地产开发企业分为专营企业、兼营企业和项目公司。专营企业是指以房地产开发经营为主业的企业；兼营企业是指以其他经营项目为主，兼营房地产开发经营业务的企业；项目公司是指以开发项目为对象从事单项房地产开发经营的公司。

根据《城市房地产管理法》规定，设立房地产开发企业必须具备下列条件。

（1）有自己的名称和组织机构

作为独立的法人，房地产开发企业只准使用一个名称。此外，房地产有限责任公司、房地产股份有限公司的名称中必须分别含有"有限责任"和"股份有限"的字样。企业名称须在企业设立登记时由工商行政主管部门核准。

所谓"组织机构"，就是要有完整的、系统的经营决策层，有职能明确、分工合理的生产经营组织及相应的分支机构和下属机构。

（2）有固定的经营场所

所谓"有固定的经营场所"，是指开发企业主要办事机构所在的固定住所。一个企业登记的住所只能有一个。

（3）有符合国务院规定的注册资本

注册资本反映的是企业法人的财产权，也是判断企业经济实力的依据之一。房地产开发企业是资本密集型企业，其开发经营具有投资量大、资金占用期长的特点，因而对注册资金的要求比一般流通企业要高。如一级房地产开发企业注册资本不得低于5 000万元,四级房地产开发企业的注册资本也不得低于100万元。

(4) 满足房地产开发资质等级要求的条件

根据2000年3月建设部颁发的《房地产开发企业资质管理规定》,房地产开发企业必须向法定的建设行政主管部门提出资质申请,经核准,并颁发资质等级证书后,才能从事许可经营范围内的房地产开发经营业务。

(5) 法律、行政法规定的其他条件

例如,按照《公司法》的规定,设立房地产有限责任公司或股份有限公司的,股东或发起人必须符合法定人数。又如根据《外资企业法》的规定,设立外商投资的房地产开发企业,须经外贸部门批准并执行有关法律的规定。

2. 房地产开发企业的设立程序

(1) 房地产开发企业的设立登记

《城市房地产管理法》第三十条第二款规定:"设立房地产开发企业,应当向工商行政管理部门申请设立登记,工商行政管理部门对符合本法规定条件的,应当予以登记,发给营业执照。"根据《房地产开发企业资质管理规定》,在设立登记前,还应经建设行政主管部门的审查,获取相应房地产开发企业的资质等级证书。

(2) 房地产开发企业的备案

房地产开发企业在办理工商登记的一个月内应当到县级以上人民政府规定的部门备案。这一程序性规定,目的是将设立登记后的房地产开发企业纳入房地产业的行业管理,以促进房地产开发企业的健康发展,实现企业市场行为的规范化。

另外,设立房地产开发有限责任公司和房地产开发股份有限公司的还须满足《中华人民共和国公司法》的有关规定。

7.4 房地产交易

7.4.1 房地产交易的一般规定

1. 房地产交易概述

1) 房地产交易的含义

房地产交易含义有广义和狭义之分。狭义的含义仅仅是指当事人之间进行的房地产转让、房地产抵押和房屋租赁的活动;广义的房地产交易是指当事人之间在进行房地产转让、抵押、租赁等交易行为之外,还包括与房地产交易行为有着密切关系的房地产价格及体系、房地产交易的中介服务。

2) 房地产交易时权属不可分离的原则

房地产转让、抵押时,房屋的所有权和该房屋占用范围内的土地使用权同时转让、抵押。房地产属于一种不可移动的特殊商品,房屋一经建造完毕,就立于该房屋占用范围内的土地上。所以要使用房屋,就必须要使用该房屋占用范围内的土地,而要使用房屋占用范围内的土地,也必须要使用该房屋。为此,房屋所有权与该房屋占用范围内的土地使用权的享有者应当为同一主体,只有这样才能发挥房地产的应有效用。所以,《城市房地产管理法》规定,房地产转让时,房屋的所有权和该房屋占用范围内的土地使用权同时转让;房地产抵押时,房屋的所有权和该房屋占用范围内的土地使用权同时抵押。房地产转让、抵押时,当事人应当依法办理房地产权属登记。

2. 房地产交易的价格管理

关于房地产价格管理,《城市房地产管理法》规定了两种制度,即房地产价格评估制度和房地产成交价格申报制度。

1) 房地产价格评估制度

(1) 房地产价格评估概念

房地产价格的评估是指房地产专业估价人员根据估价目的,遵循估价原则,按照估价程序,采用科学的估价方法;并结合估价经验与影响房地产价格因素的分析,对房地产最可能实现的合理价格所作出的推测与判断。无论是房地产转让、抵押还是房屋租赁,都需要对房地产进行估价,这是房地产交易过程中的一项必不可少的基础性工作。

(2) 房地产价格评估原则

房地产价格评估应当遵循公正、公平、公开的原则,这是社会主义市场经济条件下应当遵循的基本原则。所谓公正原则,是指房地产价格评估机构在进行房地产价格评估的过程中,应当公正地对待各个要求对房地产价格评估的人,不得有所偏向;所谓公平原则,是指房地产价格评估中各方享有的权利和承担义务必须公平;所谓公开的原则,是指房地产价格评估的程序、标准等应当向社会公开,以便于社会公众监督,从而保证房地产价格评估的公正。

(3) 房地产价格评估的方法

在进行房地产价格评估时,应当按照国家规定的技术标准,以基准地价、标定地价和各类房屋的重置价格为基础,参照当地的市场价格进行评估。

基准地价,是指按不同的土地级别、区域分别评估和测算的商业、工业、住宅等各类用地的平均价格。标定地价,是指在基准地价基础上,按土地使用年期、地块大小、形状、容积率、微观区位、市场行情条件,修订评估出的具体地块在某一时期的价格。房屋的重置价格,是指按照当前的建筑技术和工艺水平、建筑材料价格、人工和运输费用条件下,重新建造同类结构、式样、质量标准的房屋标准价。法律规定基准地价、标定地价和房屋的重置价格只能由国务院定期确定并公布。

2) 房地产成交价格申报制度

房地产成交价格申报制度,是指房地产权利人转让房地产时,应当将转让房地产的实际成交价格向县级以上地方人民政府规定的部门申报,不得对成交价格隐瞒不报,或者作不实的、虚假的申报。

实行房地产成交价格申报制度,能够加强税收征收管理,保障国家税收收入;能够对房地产转让的行情进行准确的统计,保证国家进行科学的宏观调控。因此,任何一个房地产权利人,在依法将其房地产转移给他人以后,都应当向县级以上地方人民政府规定的部门如实申报成交价。

3. 房地产估价师注册制度

《城市房地产管理法》规定,国家实行房地产价格评估人员资格认证制度,房地产价格评估人员是指经房地产估价师资格考试合格,由注册管理部门审定注册,取得资格证书后专门从事房地产经济价值评估并将其结果用价格来表示的专业技术人员。

我们实行房地产估价师注册制度,是借鉴世界先进国家的方法,并表明我国房地产市场将逐步完善。房地产估价师负责承担各种综合性房地产的估价业务,对所在单位的估价业务进行指导、检查并签署房地产估价报告书。

7.4.2 房地产的转让

所谓房地产转让,是指房地产权利人通过买卖、赠与或其他合法方式将其房地产转移给他人的法律行为。

1. 地产转让的条件

《城市房地产管理法》规定,转让房地产的,应当满足一些条件。

1) 房地产转让的一般条件

① 按照出让合同约定已经支付全部土地使用权出让金,并取得土地使用权证书;

② 按照出让合同约定进行投资开发,属于房屋建设工程的,完成开发投资总额的25%以上,属于成片开发土地的,形成工业用地或者其他建设用地条件;

③ 转让房地产时房屋已经建成的,还应当持有房屋所有权证书。

2) 以划拨方式取得土地使用权的转让房地产的额外条件

以划拨方式取得土地使用权的,转让房地产时,还必须符合下列要求:

① 应当按照国务院的有关规定,报经有批准权的人民政府审查批准;

② 有批准权的人民政府批准后由受让方办理土地使用权出让手续,即办理使用权证书;

③ 由受让方缴纳土地使用权出让金;

④ 以划拨方式取得土地使用权的,转让房地产报批时,有批准权的人民政府按照国务院规定的决定可以不办理土地使用权出让手续的,转让方应当按照国务院规定将转让房地产所获收益中的土地收益上缴国家或者作其他处理。

3) 不得转让的房地产

《城市房地产管理法》规定,下述房地产不得转让。

① 司法机关和行政机关依法裁定、决定查封或者以其他形式限制房地产权利的,不能转让。这里的"司法机关"是指行使国家审判权、检察权和侦察权的人民法院、检察院、公安机关。这些机关按照有关法律规定有权查封或者以其他方式限制房地产权利人的权利。这里的"行政机关"是指法律规定的国家的执法机关,如房产管理部门、土地管理部门、税务机关等。这些机关也有权对房地产权利人的权利以法律规定的形式进行限制。

② 依法收回土地使用权的,不得转让。土地使用权的行使是以土地使用权的存在而存在的。土地使用权被收回了,土地使用权人也就无权转让土地使用权。

③ 共有的房地产,未经过其他共有人书面同意的,不得转让。共有的房地产是属于共有人共同享有的权利,共有人中的任何人,在行使这项权利时,均必须经过另一方的同意;未经过同意,不得转让。为减少纠纷,共有人同意转让共有的房地产时,必须以书面的形式进行。

④ 权属有争议的，不得转让。房地产的使用权或者所有权存在争议时，将其进行转让，则会引起新的纠纷，不利于争议的解决。所以，权属有争议的不得转让。

⑤ 未依法登记领取权属证书的，不得转让。依法取得的土地使用权和房屋的所有权，必须办理登记手续，领取使用权证书或者所有权证书。未领取者，法律不予承认其所享有的权利。因此，不得进行转让。

⑥ 法律、行政法规规定的其他禁止转让的情形。这项规定是一个比较灵活的规定，以防止难以预料情形发生。

2. 房地产转让的程序与合同

1) 房地产转让程序

房地产转让双方必须同时到登记部门办理产权转移手续。转让双方应向房地产登记部门提交办理产权转移所需的合法证件及双方签订的房地产转让书面合同，核验无误后，办理房地产转让过户登记，并向有关机关交纳税费。

2) 房地产转让合同

房地产转让合同是指房地产转让当事人就转让房地产的有关问题所达成一致的书面协议。房地产转让合同在向有关机关交纳相应的税费、办理产权过户登记手续后才生效。房地产转让合同，应当载明土地使用权取得的方式。这是法律对房地产转让合同的特殊要求。因为房地产转让必然涉及土地使用权的转让，由于土地使用权既可通过出让也可以通过划拨取得，而这两种取得的方式不同，必然影响到房地产转让的程序、条件及效果，因而法律要求当事人在签订该合同时，必须载明土地使用权取得的方式。房地产转让合同成立，土地使用权出让合同载明的权利、义务也随之转移。房地产转让就是房屋所有权与土地使用权同时转让。原土地出让合同的效力对国家和新的土地使用权人即受让方仍然有效。以出让方式取得土地使用权的使用年限，为原出让合同约定使用年限减去原土地使用者已使用年限后的剩余年限。受让人改变土地使用权出让合同约定土地用途的，必须履行法定手续。即改变土地用途必须经过原出让方同意并签订土地使用权出让合同变更协议或重新签订土地使用权出让合同，相应调整土地使用权出让金。改变土地用途还须经市、县人民政府规划行政主管部门同意。

7.4.3 商品房预售

1. 商品房预售的概念

商品房预售是指房地产开发经营企业将正在建设中的房屋预先出售给承购人，由承购人支付订金或房价款的行为。

2. 商品房预售条件

为防止炒地皮，保证正常的房地产开发活动，《城市房地产管理法》对预售商品房的条件作了明确规定。

① 已交付全部土地使用权出让金，取得土地使用权证书。商品房的出售，必然涉及房屋所有权及土地使用权同时转让的问题。所以预售商品房时预售人应当是已经取得土地使用权的人，即已经足额支付土地使用权出让金并领取土地使用权证书的人。

② 持有建设工程规划许可证和施工许可证。预售的商品房必须是合法建筑，即只有经

过城市规划及建设行政管理部门批准，发给建设工程规划许可证及施工许可证的工程建筑才可出售。

③ 按提供预售的商品房计算，投入开发建设的资金达到工程建设总投资的 25% 以上，并已确定施工进度和竣工交付日期。这是以出让方式取得土地使用权的房地产转让的必备条件，目的是为了保证商品房确实存在，防止买空卖空，炒地皮现象。

④ 向县级以上人民政府房产管理部门办理预售登记，取得商品房预售许可证明。这是预售商品房的必经手续，是不动产交易的特有条件。

3. 商品房预售合同的备案

商品房预售时除必须同时符合上述四个条件外，商品房预售人应当同认购人签订预售房屋的合同，合同订立后应当按照国家有关规定将预售合同报县级以上人民政府房产管理部门和土地管理部门备案，以便于对商品房预售活动的监督与管理。

4. 商品房预售款的使用

《城市房地产管理法》规定，商品房所得款项，必须用于有关的工程建设，即主要指其运用于正在开发建设的工程，不得挪作他用。

5. 商品房预售后再行转让

关于这一问题，《城市房地产管理法》只作了一个原则性的规定，即"商品房预售的，商品房预购人将购买的未竣工的预售商品房再行转让的问题，由国务院规定"。

7.4.4 房地产抵押

1. 房地产抵押概述

1) 房地产抵押的含义

房地产抵押，是指抵押人以其合法的房地产以不转移占有的方式向抵押权人提供债务履行担保的行为。债务人不履行债务时，抵押权人有权依法以抵押的房地产拍卖所得的价款优先受偿。

2) 房地产抵押的法律特征

① 房地产抵押具有从属性。其抵押权从属于债权，只有在债务人不履行已到期的债务时债权人才可行使抵押权来处分该房地产。抵押权随着债权的成立而成立，随着债权的转移而转移。

② 房地产抵押是以不动产即房地产为标的作抵押的。抵押权人不以对抵押的房地产的实际占有为条件。由于抵押的房地产只是提供债务履行的担保，而不是提供给抵押权人实际支配，所以抵押人在用其合法的房地产进行抵押时，抵押人对该房地产的实际占有权并不转移。

③ 房地产抵押权人享有从抵押房地产的价款中优先受偿的权利。房地产抵押后，如果债务人到期不履行债务或债务人在抵押期间解散、被宣布破产，那么，就可以依法将抵押的房地产拍卖，对拍卖抵押房地产所得价款，抵押权人有比其他债权人优先得到清偿债务的权利。

④ 房地产抵押具有物上追及力。在抵押人将房地产抵押后，如果抵押人将抵押的房地产擅自转让他人，那么，抵押权人可以追及抵押的房地产行使权力。对于因抵押权人追及抵

押的房地产行使权力而使受让人遭受损失的，非法转让抵押的房地产的抵押人应当承担相应的责任。抵押权的物上追及力还表现在抵押人将抵押的房屋租赁给他人时，抵押权不受影响；抵押人非经债权人同意，将已抵押房地产就同一担保价值作重复抵押的，重复抵押无效；抵押人在已抵押房地产上再设定其他抵押时，只能在先设抵押担保价值之外的余额的范围内设定抵押。

2. 房地产抵押的设定

1) 房地产抵押设定的含义

所谓房地产抵押的设定，是指抵押人和抵押权人根据我国有关法律、法规的规定，就抵押的房地产及其担保的债务等有关事项协商一致达成协议，签订抵押合同，并到县级以上人民政府规定部门办理抵押登记的过程。

2) 房地产抵押设定的要求

① 依法取得的房屋所有权连同该房屋占用范围内的土地使用权，可设定抵押权；以出让方式取得的土地使用权，可以设定抵押权。

② 房地产抵押，应当凭土地使用权证书、房屋所有权证书办理。

③ 设定房地产抵押权的土地使用权是以划拨方式取得的，依法拍卖该房地产后，应当从拍卖所得的价款中缴纳相当于应缴纳的土地使用权出让金的款额后，抵押权人方可优先受偿。

④ 房地产抵押签订书面合同后，土地上新增的房屋不属于抵押财产，需要拍卖该抵押的房地产时，可依法将土地上新增的房屋与抵押财产一同拍卖，但对拍卖新增房屋所得，抵押权人无权优先受偿。

⑤ 依法生效的商品房预售合同，经双方约定，其商品房可作抵押物，只是在房屋设定抵押时，应连同该房屋所占用的土地使用权同时作抵押，若以同一房屋的部分设定抵押时，须将其相应所占土地份额的土地使用权同时抵押。

⑥ 抵押人以共同共有的房屋设定抵押的，应事先征得其他共有人的书面同意，所有共有人均为抵押人；以按份共有的房屋设定抵押时，抵押人应当书面通知其他共有人，并以其本人所占有的份额为限。

⑦ 以已出租的房屋设定抵押，原租赁合同继续有效，抵押人应将抵押情况书面告知承租人。抵押人以已抵押的房屋再作抵押时，必须征得在先的抵押权人的书面同意；否则，后设立的抵押无效。以房屋中未设置抵押的部分设定抵押时，抵押人应事先将已作抵押的状况告知拟接受抵押的当事人。

⑧ 外商投资企业、股份制企业以其房屋设定抵押时，须经企业董事会或联合管理机构书面批准，所设定的抵押期不应超过企业的营业期限和土地使用期限。外商投资企业未经中国注册会计师验资证实各方投资份额已缴足的，不得以企业的房屋设定抵押权。

⑨ 国有企业以其房地产设定抵押时，必须经国有资产管理部门批准和对拟抵押房地产估价清单的书面确认。

⑩ 在设定房地产抵押时，下列房地产不得抵押：有产权争议的房地产；用于教育、医疗等公共福利性质的房地产；文物古建筑所属的房地产；被依法查封、扣押或采取其他保全措施的房地产；其他法律规定不得设定抵押的房地产。

7.4.5　房屋租赁

1. 房屋租赁概述

1）房屋租赁的含义

房屋租赁是指房屋所有权人作为出租人将其房屋出租给承租人使用，由承租人向出租人支付租金的行为。

2）房屋租赁的特征

（1）出租房屋的人必须是房屋的所有权人

在我国，房屋的所有权人既包括国家、集体，也包括个人。国家、集体所有的房屋通称为公房，个人所有的房屋通称为私房。一般说来，国家所有的公房由房地产管理行政机关所属的房管单位和机关、团体、事业单位及国有企业代表国家行使所有权，这些代表国家行使对公房的所有权的人，被视为所有权人。集体所有公房的所有权人是该集体。

（2）房屋租赁不转移出租房屋的所有权

出租人将房屋出租给承租人后，出租人只是将房屋的使用权有期限地移转给承租人，而不发生所有权的变化。在房屋租赁合同的有效期间内，出租人失去的是出租房屋的使用权，承租人取得的是承租房屋的使用权，出租人对该房屋依然享有所有权。

（3）承租人向出租人支付租金

房屋的所有人可以在保持其所有权不变的前提下，根据房屋的使用年限将房屋出租以实现其收益。出租人将房屋出租给承租人以后，承租人要向出租人支付规定数量或者双方约定数量的租金。

（4）房屋租赁有效期届满，承租人必须把该房屋返还给出租人

出租人将房屋出租给承租人以后，承租人只能在房屋租赁合同的有效期间内，使用该房屋。房屋租赁有效期限届满，承租人必须把出租的房屋返还给出租人，不得再行使用，也不得返还其他的房屋而留下该房屋。

2. 房屋租赁合同

由于房屋租赁关系复杂，所以为了明确双方当事人各自的权利和义务，也为了房地产管理部门便于管理，《城市房地产管理法》要求房屋租赁当事人之间应当签订书面租赁合同，并向房屋所在地房产管理部门登记备案。房屋租赁合同应当载明下列主要条款：租赁房屋的处所、名称、状况、建筑面积、四至等，租赁期限，租赁用途，租赁价格，修缮责任，出租人与承租人的其他权利和义务，违约责任等。[1]

7.4.6　房地产中介服务机构

1. 房地产中介服务机构的概念

所谓房地产中介服务，是指在房地产市场上从事咨询、经济和评估等业务的活动。房地产中介服务机构，就是指在房地产市场上为从事房地产投资、开发和交易等活动的主体提供

---

[1] 建设部. 建设法规教程. 北京：中国建筑工业出版社，2002.

咨询、经济和评估等业务服务的机构。由于这些机构一般是专门从事房地产业的活动，了解市场信息，熟悉房地产开发、利用和交易，故人们在从事房地产活动时往往要求助于这些中介服务机构。

2. 房地产中介服务机构设立条件

《城市房地产管理法》规定，房地产中介服务机构成立须同时具备如下条件：

① 有自己的名称和组织机构；
② 有固定的服务场所；
③ 有必要的财产和经费；
④ 有足够数量的专业人员；
⑤ 法律、行政法规规定的其他条件。

3. 房地产中介服务机构的种类

房地产中介服务机构主要有以下几种。

（1）房地产咨询机构

这是从事有关房地产业的投资、开发、经营决策和交易活动等咨询服务的机构。一般地，这种机构较了解房地产市场动态，故能够提出较有权威性的见解，以帮助从事房地产的人较好地经营决策。

（2）房地产价格评估机构

这是从事有关房地产的估价活动的机构。主要根据社会、经济、政治、地理和个人因素等，利用科学的评估方法，权衡土地价格、房屋价格，并参照市场价格，从而对房地产价格作出科学的评定。该机构对房地产交易及其他法律活动都有十分重要的影响。

（3）房地产经济机构

这是从事房地产代理活动的机构。即根据其他人委托，代理其他人从事房地产交易、开发等法律行为的机构。

7.5 城市房屋拆迁

7.5.1 城市房屋拆迁概述

1. 城市房屋拆迁的概念

房屋拆迁是指根据城市规划和国家专项工程的迁建计划及当地政府的用地文件，拆除和迁移建设用地范围内的房屋及其附属物，并由拆迁人对原房屋及其附属物的所有人或使用人进行补偿和安置的行为。

根据《城市房屋拆迁管理条例》规定，房屋拆迁的地域范围，主要指城市规划区内的国有土地。城市规划区内集体所有的土地，在被征用为国有土地时，已按《土地管理法》的规定予以补偿，所以不再存在拆迁问题。拆迁房屋包括公有房屋、私有房屋、住宅房屋和非住宅房屋。附属物主要是指房屋的附属建筑物和构筑物。

2. 房屋拆迁形式

房屋拆迁主要有两种：自行拆迁和委托拆迁。

自行拆迁是指拆迁人自己对被拆迁人进行拆迁安置和补偿。实践中，不少房屋开发公司都有自己的拆迁机构和专业拆迁队伍，它们基本上都采用自行拆迁的形式。此外，有些建设单位，也实行自行拆迁的形式。

委托拆迁是指拆迁人在取得拆迁许可证后，与取得房屋拆迁资格证书的被委托人订立委托拆迁合同，由被委托人组织拆除房屋及其附属物，并负责对被拆迁人进行安置和补偿。被委托人不得转让拆迁业务。房屋拆迁管理部门不得作为拆迁人，也不得接受拆迁委托。

3. 房屋拆迁协议

1）房屋拆迁协议含义

房屋拆迁协议是拆迁人与被拆迁人因房屋拆迁而达成的明确双方相互权利、义务的书面协议。当所拆迁的房屋为非租赁房屋时，由拆迁人与被拆迁人订立补偿安置协议，当所拆迁的房屋为租赁房屋时，拆迁人则应与被拆迁人及房屋承租人共同签订补偿安置协议。

2）房屋拆迁协议的主要条款

房屋拆迁协议的主要条款有：被拆除房屋的坐落地点、面积和用途；补偿形式，是作价补偿还是产权调换，是一次安置还是先行临时过渡；补偿金额；安置用房面积；安置地点；搬迁过渡方式，是自行过渡还是提供周转房过渡；过渡期限即回迁期限；违约责任。拆迁协议还必须写明：双方当事人的姓名、住址；协议生效的日期；协议的份数；补助费、搬家费的金额；协议是否需要公证等。

拆迁补偿安置协议签订后，是否进行公证，一般由当事人自由选择。但是，若拆除代管房屋，代管人是房屋拆迁主管部门的，即指拆除房地产管理局直管公房的，拆迁补偿安置协议必须到房屋所在地的公证机关进行公证，并办理拆迁补偿、安置的证据保全，拆迁协议才能正式生效。

7.5.2 房屋拆迁补偿

1. 拆迁补偿的概念

所谓拆迁补偿是指拆迁人因拆除、迁建被拆迁人的房屋及其附属物，使被拆迁人受到一定的经济损失，而根据国家法律、法规的有关规定给予被拆迁人的一定补偿。

拆迁补偿的范围是被拆除的房屋及其附属物。但拆除违章建筑，超过期限的临时建筑不予补偿。拆除未超过批准期限的临时建筑，按临时建筑在使用期限内的残存价值并参考剩余期限，给予适当补偿。

2. 拆迁补偿形式

拆迁补偿的形式有两种：货币补偿、产权调换。采用何种补偿方式，一般情况下，可由被拆迁人自行选择。

（1）货币补偿

所谓货币补偿，是指拆迁人对拆除的房屋，按其价值，以付给货币的方式对被拆迁人的经济损失进行补偿。货币补偿的金额，按等价有偿的基本原则，根据被拆迁房屋的区位、用途、建筑面积等因素，以房地产市场评估价格确定。

被拆迁房屋的区位，是指房屋的地理位置，主要包括在城市或区域中的地位，与市中心、机场、港口、车站、政府机关、同业等重要场所的距离，往来交通的便捷性及其房屋周围环境、景观等。

被拆迁房屋的用途是指其所有权证书上所标明的用途，所有权证书上未标明用途的，以产权档案中记录的用途为准。产权档案中也未记录用途的，以实际用途为准，但其实际用途必须是已依法征得规划部门同意，并取得合法手续的方为有效。

在确定补偿金额时，除房屋的区位、用途和建筑面积外，还应考虑被拆迁房屋的成新程度、权益状况、建筑结构形式、使用率、楼层、朝向等因素。

(2) 产权调换

所谓产权调换，就是拆迁人以其他的或再建的房屋与被拆迁人的被拆迁房屋相交换，使被拆迁人对拆迁人提供的房屋拥有所有权。

产权调换时，拆迁人与被拆迁人应按规定计算出被拆迁房屋的补偿金额和所调换房屋的价格，然后结清产权调换的差价。

所调换房屋的价格，如是通过购买方式取得的，原则上不得高于购买价格，但购买时间较早、现已升值的除外；如是原地回迁，其价格由拆迁人与被拆迁人根据市场情况协商议定，协商不成的，则另行选择调换房屋。

拆迁非公益事业房屋的室外厕所、门斗、烟囱、化粪池等附属物，不作产权调换，只给予货币补偿。

3. 拆迁补偿的具体规定

1) 对公益事业房屋及其附属物的拆迁补偿

《城市房屋拆迁管理条例》对拆除用于公益事业的房屋及其附属物规定了两种补偿方式：依法重建、货币补偿。

在采用重建方式予以补偿时，必须满足有关法律、法规的规定和城市规划的要求；采用货币补偿时，补偿金额按前述方法，以房地产市场评估价格确定。

2) 对租赁房屋的拆迁补偿

对租赁房屋的拆迁补偿，《城市房屋拆迁管理条例》对两种不同情况分别作出了规定。

① 被拆迁人与房屋承租人已解除了租赁关系，或被拆迁人对房屋承租人已进行了安置，由拆迁人对被拆迁人进行补偿。采用货币补偿还是产权调换，由被拆迁人选择。

② 被拆迁人与房屋租赁人达不成解除租赁关系的协议，为保护承租人的利益，规定被拆迁人只能进行产权调换，调换得来的房屋仍由原承租人承租，被拆迁人与承租人应重新订立房屋租赁合同。

3) 对产权不明确房屋的拆迁补偿安置

《城市房屋拆迁管理条例》规定："拆迁产权不明确的房屋，拆迁人应当提出补偿安置方案，报房屋拆迁管理部门审核同意后实施拆迁。拆迁前，拆迁人应当就被拆迁房屋的有关事项向公证机关办理证据保全。"

房屋产权不明确包括无产权关系证明、产权人下落不明、暂时无法考证产权的合法所有人或因产权关系在诉讼等情况，此时接受补偿安置的主体是不明确的，但决不能因此而可不予补偿或降低补偿标准。为保护实际产权人的合法权益，条例特规定了拆迁人的法定义务：一是事先提出补偿安置方案，并报房屋拆迁管理部门审查批准；二是要就被拆迁房屋的有关事项向公证机关办理证据保全，以保证证据资料的法律效力，拆迁人还必须立案归档以备查用。

4) 对设有抵押权房屋的拆迁补偿

由于被拆迁房屋已先行抵押，因此，房屋的拆迁还会涉及抵押权人的利益，所以必须考虑因抵押而产生的担保法律关系。《城市房屋拆迁管理条例》规定，此种情况下"依照国家有关担保的法律执行"。目前，我国有关担保的法律主要有《中华人民共和国担保法》、《城市房地产抵押管理办法》和《最高人民法院关于试用〈中华人民共和国担保法〉若干问题的解释》等。依照上述法律有关规定，在拆除设有抵押权的房屋时，拆迁人在认定房屋抵押的有效性后，要将有关拆迁事宜及时通知抵押权人。抵押人与抵押权人经协商解除抵押合同的，在抵押权人认可后，拆迁人可将拆迁补偿款付给被拆迁人；如不能解除抵押关系，则按法定清偿顺序进行清偿，不足清偿的，由抵押权人依法向抵押人追偿。[①]

7.5.3 房屋拆迁安置与补助

1. 房屋拆迁安置

拆迁安置是拆迁人因拆除被拆迁人的房屋而对被拆除房屋使用人所做的用房安排处置。拆迁安置可分为长期安置和临时安置。长期安置是拆迁人一次性解决房屋使用人的安置问题，它包括货币补偿和现房产权调换。临时安置是指一次性安置有困难时，由拆迁人为被拆迁房屋使用人提供临时周转用房或由被拆除房屋使用人自行寻找房屋过渡而由拆迁人付给临时安置补助费的一种安置方式。拆迁人必须提供符合国家质量安全标准的房屋，用于拆迁安置；而周转房的使用人也应按时腾、退周转房，不得在取得安置用房之后拒不迁走，也不得强占周转房。

2. 房屋拆迁补助

房屋拆迁补助是指拆迁人对被拆迁人或房屋承租人因房屋拆迁而产生的一些费用的必要补助，它包括搬迁补助费、临时安置补助费和停产、停业补偿费。

（1）搬迁补助费

由于房屋被拆迁，该房屋的使用人必须搬迁至其他地方，而这必然会发生一定的费用，拆迁人对此理应承担一定的责任。所以《城市房屋拆迁管理条例》规定，拆迁人应支付给拆迁房屋使用人搬迁补助费：当房屋是由被拆迁人自己使用的，付给被拆迁人；当房屋是由承租人使用的，则支付给承租人。搬迁补助费标准由各省、自治区、直辖市人民政府规定。

（2）临时安置补助费

临时安置补助费，是指拆迁人对被拆迁人或者房屋承租人在过渡期内自行安排住处可能发生费用的补助，通常又称为过渡费。临时安置补助费的付费期限为整个过渡期，即拆迁协议中约定的将被拆迁房屋交由拆迁人拆除之日起至被拆迁人搬迁至拆迁人提供的新安置用房之日止的时间。临时安置补助费标准由各省、自治区、直辖市人民政府规定。对于被拆迁人或房屋承租人使用由拆迁人提供的周转房的，拆迁人将不付给临时安置补助费。

如因拆迁人的责任延长过渡期限的，不管是自行安排住处的，还是使用拆迁人提供的周转房的，无论是被拆迁人或房屋承租人，拆迁人都应自逾期之日起向其付给临时安置补助费。

---

① 建设部. 建设法规教程. 北京：中国建筑工业出版社，2002.

(3) 停产、停业补偿费

这是指在拆迁生产、经营用房时，拆迁人给予被拆迁人因拆迁而造成的停产、停业损失的适当补偿。它只在采用产权调换这种方式时才会发生。如采用货币补偿方式，在评估作价时，对停产、停业的损失已作充分考虑，所以不再另行付给停产、停业补偿费。

补偿标准由各地具体规定，实际操作中可委托评估机构进行评估。

7.6 住宅建设与物业管理

7.6.1 住宅建设

住宅是人民基本的生活资料，住宅问题是重大的社会问题。保障人民的住宅权利，改善居民的居住条件，对于促进经济发展，维护社会安定，具有重要的作用。为此，我国先后颁行了一些住宅建设的法规，并正在进行城镇住房制度的改革，为住宅建设的发展提供了法律依据。

1. 城镇个人建造住宅的法律规定

为了加强对个人建造住宅的管理，鼓励城镇个人建造住宅，1983年5月25日经国务院批准，原城乡建设环境保护部发布了《城镇个人建造住宅管理办法》（以下简称《管理办法》）。该办法规定如下。

(1) 使用范围和调整对象

适用范围是市、镇和未设镇建制的县城、工矿区；调整对象是在城镇有正式户口、住房确有困难的居民或职工，对于夫妻有一方在农村的，一般不得申请在城镇建造住宅。

(2) 个人建造住宅的形式

《管理办法》规定了以下几种形式。

① 自筹自建，即完全由居民或职工自己投资，在材料和施工方面不享受任何补贴的建设方式。采用这种方式建造的住宅，其所有权属于建造者个人所有。

② 民建公助，即以居民或个人投资为主，人民政府或职工所在单位在土地的征用、资金、材料、运输、施工等方面给予适当帮助的建设方式，但补贴金额不得超过住宅总造价的20%。补贴应当从本单位自有资金中解决，不得列入生产成本或挤占行政、事业费。采用这种方式建造成的住宅，其建造人只享有部分所有权，具体规定由房屋所在地城市人民政府或补贴单位与建造人协商议定。

③ 互助互建，即居民或职工互相帮助、共同投资，新建或扩建住宅。用这种方式建造成的住宅，其所有权属于共有，建造者个人按照出资比例享有相应的所有权。

(3) 建造住宅的程序

个人建造住宅应当按照下列程序进行。

① 住宅建造人应当持所在单位或所在地居民委员会开具的证明，向房屋所在地的房地产行政主管部门提出申请，经审核批准后，发给准予建造住宅的批准文件。

② 住宅建造人向城市规划行政主管部门申请建设用地规划许可证。

③ 向土地管理部门申请办理建设用地手续。

④ 向城市规划行政主管部门申请办理建设工程规划许可证。

⑤ 向建设行政主管部门申请办理开工手续。

⑥ 工程施工。

⑦ 竣工验收。

⑧ 办理房屋所有权登记手续。建造人必须在工程竣工后一个月内，持建设工程规划许可证和建筑图纸向房屋所在地房地产行政主管部门申请验查，经审查合格后，发给房屋所有权证。

2. 城镇住房制度改革的有关规定

长期以来，我国城镇居民住房实行的都是福利分房制，由国家建房，无偿分配给职工居住。由于体制不顺，使得居民住房短缺及住房分配不公的问题越来越严重，使之成为影响社会稳定和经济发展的重大隐患。自20世纪90年代初以来，国家积极推行城镇住宅制度改革，稳步推进住房的商品化、社会化，逐步停止实物分房，实行住房分配货币化，以建立起适应社会主义市场经济体制和我国国情的城镇住房新制度。为此，国务院及有关部门先后下发了一系列有关城镇住房制度改革的文件。其中，最主要的有：国务院下发的《关于进一步深化城镇住房制度改革加快住房建设的通知》（1998年第23号文件）、国务院住房制度改革领导小组下发的《关于加强住房公积金管理的意见》（1996年7月3日）、国务院《关于深化城镇住房制度改革的决定》（1994年7月18日）、国务院住房制度改革领导小组、建设部、国家税务局联合发布的《城镇住宅合作化管理暂行办法》（1992年2月14日）等。新实行的制度主要有：住房公积金制度、住宅合作化制度、安居工程建设制度等。

1) 住房公积金制度

（1）住房公积金的概念

住房公积金是指国家机关、国有企业、城镇集体企业、外商投资企业、城镇私营企业及其他城镇企业、事业单位、民办非企业单位、社会团体等单位及其在职职工缴存的长期住房储金。

职工个人缴存的住房公积金和职工所在单位为职工缴存的住房公积金，属于职工个人所有。

职工有下列情形之一的，可以提取职工住房公积金账户内的存储金额：

① 购买、建造、翻建、大修自住房的；

② 离休、退休的；

③ 完全丧失劳动能力，并与单位终止劳动关系的；

④ 出境定居的；

⑤ 偿还购房贷款本息的；

⑥ 房租超出家庭工资收入的规定比例的。

职工死亡或者被宣布死亡的，职工的继承人、受遗赠人可以提取职工住房公积金账户内的存储余额；无继承人也无受遗赠人的，职工住房公积金账户内的存储余额纳入住房公积金的增值收益。

缴存住房公积金的职工，在购买、建造、翻建、大修自住房时，可以向住房公积金管理中心申请住房公积金贷款。

（2）住房公积金的管理机构

住房公积金管理机构为住房公积金管理委员会及住房公积金管理中心。其中，住房公积金管理委员会为决策机构，而住房公积金管理中心则负责住房公积金的管理运作。住房公积金管理委员会的成员中，人民政府负责人和建设、财政、人民银行等有关部门负责人及有关专家占 1/3，工会代表和职工代表占 1/3，单位代表占 1/3。

住房公积金管理委员会主任应当由具有社会公信力的人士担任。

住房公积金管理委员会的职责为：
① 依据有关法律、法规和政策，制定和调整住房公积金的具体管理措施，并监督实施；
② 依据法律规定，拟订住房公积金的具体缴存比例；
③ 确定住房公积金的最高贷款额度；
④ 审批住房公积金归集、使用计划；
⑤ 审批住房公积金增值收益分配方案。

住房公积金管理中心是直属城市人民政府的不以赢利为目的的独立的事业单位。它履行下列职责：
① 编制、执行住房公积金的归集、使用计划；
② 负责记载职工住房公积金的缴存、提取、使用等情况；
③ 负责住房公积金的核算；
④ 审批住房公积金的提取、使用；
⑤ 负责住房公积金的保值和归还；
⑥ 编制住房公积金的归集、使用计划执行情况的报告；
⑦ 承办住房公积金管理委员会决定的其他事项。

(3) 住房公积金的管理办法

住房公积金的管理实行住房公积金管理委员会决策、住房公积金管理中心运作、银行专户存储、财政监督的原则。

住房公积金的存、贷利率由中国人民银行提出，经征求国务院建设行政主管部门的意见后，报国务院批准。

单位应当到住房公积金的管理中心办理住房公积金缴存登记，经住房公积金管理中心审核后，到受委托银行为本单位职工办理住房公积金账户设立手续。每个职工只能有一个住房公积金账户。

住房公积金管理中心应当建立职工住房公积金明细账，记载职工个人住房公积金的缴存、提取等情况。住房公积金管理中心编制的住房公积金年度预算、决算，应当经财政部门审核后，提交住房公积金管理委员会审议。

住房公积金管理中心应当每年定期向财政部门和住房公积金管理委员会报送财务报告。并将财务报告向社会公布。住房公积金管理中心应当依法接受审计部门的审计监督。

住房公积金财务管理和会计核算的办法，由国务院财政部门商国务院建设行政主管部门协商制定。

2) 城镇住宅合作社制度

为了鼓励城镇职工、居民投资合作建造住宅，解决城镇居民住房困难，改善居住条件，加强对城镇住宅合作社的组织与管理，1992年2月国务院住房制度改革领导小组、建设部、国家税务局发布了《城镇住宅合作社管理暂行办法》(以下简称《暂行办法》)。其主要内容包括以下几个方面。

(1) 住宅合作社的定义及其任务

《暂行办法》规定："本办法所称住宅合作社，是指经市（县）人民政府房地产行政主管部门批准由城市居民、职工为改善自身住房条件而自愿参加，不以赢利为目的的公益性合作经济组织，具有法人资格。"住宅合作社的主要任务是："发展社员，组织本社社员合作建造住宅；负责社内房屋的管理、维修和服务；培育社员互助合作意识；向当地人民政府有关部门反映社员的意见和要求；兴办为社员居住生活服务的其他事宜。"

(2) 住宅合作社的主管部门和内部管理机构

《暂行办法》规定："国务院建设行政主管部门主管全国城镇住宅合作社的管理工作；省、自治区人民政府建设行政主管部门负责本行政区域内城镇住宅合作社的管理工作；县级以上城市人民政府房地产行政主管部门负责本行政区域内住宅合作社的管理工作。"住宅合作社内部通过社员大会或社员代表大会制定合作社章程，选举产生住宅合作社管理委员会。管理委员会为常设机构，主持本社合作住宅的建设、分配、维修、管理等日常工作。

(3) 住宅合作社的形式

住宅合作社在当地房地产行政主管部门指导下，可以建立以下三种类型。

① 由当地人民政府的有关机构，组织本行政区域内城镇居民参加的社会型住宅合作社，如由街道办事处、区政府牵头组织的由本街道居民或本区居民参加的住宅合作社。

② 由本系统或本单位组织所属职工参加的系统或单位的职工住宅合作社，如银行组织的金融系统的住宅合作社等。

③ 当地人民政府房地产行政主管部门批准的其他类型的住宅合作社。

(4) 住宅合作社的设立、变更和终止

组建住宅合作社需经组建单位的上级主管部门同意，成立筹建机构，由筹建机构向县级以上（含县级）人民政府房地产行政主管部门提出书面申请。经审查批准后，方可设立住宅合作社。住宅合作社的合并、分立或终止，需经社员大会或社员代表大会讨论决定，并经住宅合作社原组建单位同意后，报县级以上人民政府房地产行政主管部门批准。住宅合作社合并、分立或终止时，必须保持社内财产，依法清理房屋产权产籍、债权债务，向社员大会或社员代表大会提交房屋产权清理和财务结算报告并获通过后，方可办理变更和注销手续。

(5) 合作住宅的建设

合作住宅的建设计划由县级以上城市人民政府房地产行政主管部门根据合作社集资情况和当地人民政府、社员所在单位给予的优惠和资助情况制定。由于合作建房主要是以自筹资金为主，所以合作建房可不受固定资产投资规模的限制，但其所需的建设指标和建筑材料要列入年度计划。

合作住宅的建设资金主要靠住宅合作社筹集，其主要渠道有：社员交纳的资金、银行贷款、政府和社员所在单位资助的资金、其他合法收入的资金。住宅合作社筹集的住房资金必须全部用于社内合作住宅的建设、维修和管理。住房资金应当存入指定银行，并可根据存款情况，向银行申请低息贷款。

合作住宅的建设可以由住宅合作社自行组织建设，也可以委托其他单位建设。建设合作住宅，原则上应当纳入住宅小区的统一规划，实行综合开发，配套建设。合作住宅建成后，由住宅合作社自行验收或由当地人民政府房地产行政主管部门组织验收。

（6）合作住宅的管理与维修

住宅合作社管理委员会应当根据国家和地方有关房地产管理的政策法规，制定社内合作住宅的管理和维修办法，并负责组织实施。

合作住宅应当以社员自住为目的。社员家庭每户合作建房的面积控制标准，由省、自治区、直辖市人民政府建设行政主管部门或房地产行政主管部门依照国家有关规定制定。合作住宅由于享受了国家、单位补贴，并且在税收、市政设施配套等方面享受了补贴，所以规定合作住宅不得向社会出租、出售。社员全部解决了住房问题，该合作社要么接纳新社员，要么只负责合作住宅的维修养护和管理工作。分配到合作住宅的社员如不需要住宅时，需将所住住宅退给本合作社。住宅合作社以重置价结合成新计算房价，按原建房时个人出资和合作社出资比例，向社员个人退款。

合作住宅的维修养护可以由合作社与社员签订协议，也可以由合作社承担维修养护责任，由社员承担费用。住宅合作社可以自建修缮队伍，也可以委托代修。

（7）合作住宅的产权形式

合作住宅，由于其建设时出资方式不同，合作住宅所有权形式不同。一般可划分为产权合作社所有、社员个人所有、住宅合作社与社员个人共同所有三种形式。

① 合作社所有的合作住宅是指全部由住宅合作社出资（这里包括政府和社员所在单位给予的优惠和资助）建设的合作住宅。这种合作住宅产权完全归合作社所有，可采取出租给社员或以优惠价出售给社员。

② 社员个人所有的合作住宅是指完全由社员个人出资，合作社帮助社员办理征地、建设等手续。虽然这种住宅产权完全属个人所有，但由于是合作住宅，享受了国家在政策上、资金上的优惠，仍不能向社会出租、出售。

③ 住宅合作社与社员个人共同所有的合作住宅是指由住宅合作社和个人共同出资建设的合作住宅。这种共有住宅随着双方的出资比例不同而不同，应由住宅合作社与社员个人在合作建房协议书上注明社员个人出资占住宅全部建设资金的比例份额。

由于合作住宅产权多元化，所以合作住宅建成后，一般应由管理委员会统一向当地房地产行政主管部门办理产权登记手续，领取房屋所有权证和土地使用权证。

3）住房供应体系

（1）住房供应体系的概念

为使城镇住房制度改革得以顺利进行，国家非常重视住房供应体系的建立，对不同收入家庭实行不同的住房供应政策。最低收入家庭租赁由政府或单位提供的廉租住房；中低收入家庭购买经济适用住房；其他收入高的家庭购买、租赁市场价的商品住房。针对我国现有国情，要重点发展经济适用住房。购买经济适用住房和承担廉租住房实行申请、审批制度，具体办法由市（县）人民政府制定。

（2）各类住房的价格

廉租住房的租金实行政府定价，具体标准由市（县）人民政府制定。新建的经济适用住房出售价格实行政府指导价，按保本微利原则确定。其中经济适用住房的成本包括征地和拆迁补偿费、勘察设计和前期工程费、建安工程费、住宅小区基础设施建设费（含小区非营业性配套公建费）、管理费、贷款利息和税金 7 项因素，利润控制在 3% 以下。要控制经济适用住房设计和建设标准、大力降低征地拆迁费用，理顺城市建设配套资金来源，控制开发建设利润，取消各种不合理收费，切实降低经济适用住房建设成本，使经济适用住房价格与中低收入家庭的承受能力相适应，促进居民购买住房。

7.6.2 物业服务

1. 物业服务概述

1）物业服务的概念

物业服务，习惯上称为物业管理。它是指物业服务企业接受业主（即房屋所有权人）的委托，依据合同约定，对房屋及与之相配套的设备、设施和相关场地进行专业化维修、养护，维护相关区域内环境卫生和公共秩序，并提供相关服务活动。物业服务是集管理、经营、服务为一体的，走社会化、专业化、企业化经营之路，最终目的是实现社会效益、经济效益、环境效益的统一。

2）物业服务的性质和职能

（1）物业服务的性质

物业服务是一种社会化、专业化经营型的管理服务。

① 物业服务是一种社会化的管理服务模式，它变多个产权单位、多个管理部门的多头、多家管理为一家统一管理，从而提高了对物业的社会化管理程度。

② 物业服务是一种专业化的管理服务，它是由专门的物业服务企业通过法律、法规的规定或合同的约定，按照产权人的意志和要求，利用专门的技术和管理手段，对合同中约定的物业，在其职权范围内提供的专业化管理服务。

③ 物业服务是一种经营型管理服务。物业服务企业通过自己的管理服务活动，使物业的产权人权利和利益得到保障，作为收益人的物业产权人应按合同的约定，向物业服务企业支付报酬。

（2）物业服务的职能

物业服务主要有三种职能。

① 服务。服务是物业服务的主要职能。服务的内容主要有：公共服务，即为物业的产权人和使用人提供经常性基本服务，如治安、消防、绿化、环卫等；专向服务，如各种设备、设施的维修等；特约服务，即为满足特定的物业产权人的特别需求而提供的服务，如代管房屋、代托小孩、代请医生等。

② 管理。管理是物业服务为完成服务职能而必须具有的另一职能，它是依据物业服务企业与物业所有权人签订的合同进行的综合管理，内容主要有：制定物业管理服务的各种规章制度，如管理标准、操作规范、服务标准、物业区管理办法等；协调物业所有人相互之间的关系；管理物业档案等。

③ 经营。根据物业产权人的需要，可以实行多种经营，以其收益补充小区管理服务经费。

2. 新建住宅小区管理

新建住宅小区管理，属于物业管理的重要内容。为了加强新建住宅小区物业管理，1994年建设部颁布了《城市新建住宅小区管理办法》，深圳、上海、北京等地也制定了相应的实施办法。

1) 新建住宅小区管理的基本原则

（1）服务第一，方便群众

住宅小区管理的目的就是为了尽可能地满足人民群众居住生活的需要，创造一个整洁、文明、安全、生活方便的居住环境。从事这项工作的部门、单位和个人，必须有正确的指导思想和端正的经营作风，树立"为人民服务，对人民负责"的管理思想。

（2）按合同进行管理

房地产开发企业在出售住宅小区房屋前，应当选物业管理公司承担住宅小区的管理，并与其签订物业管理合同。物业管理合同应当明确：管理项目、管理内容、管理费用、双方权利和义务、合同期限、违约责任等。房地产开发企业在办理售房手续时，应在买卖合同中对房地产产权人有承诺遵守小区管理办法的约定。房地产产权人与使用人分离时，应在租赁合同中对使用人有承诺遵守小区管理办法的约定。

（3）统一管理与综合服务相结合

针对住宅小区的产权多元、管理项目多样化的客观现实，必须按照社会化、专业化的要求组织实施住宅小区的统一管理和综合服务。经过几年的实践探索，将过去按产权分散管理的体制逐步转化为按区域进行综合管理。实行管理与服务相结合，变被动管理为主动管理，变按产权多头管理为成片综合管理，变只管房屋为房屋与环境一起管，从而创造一套全新造福于民的住宅小区管理体系。实践证明，只有按照住宅小区的客观实际，实行统一管理与综合服务，才能实施有效的、可行的管理。

2) 物业管理公司的职责

① 根据有关法规，制定小区管理办法；
② 依照物业管理合同和小区管理办法对住宅小区实施管理；
③ 依照物业管理合同和有关规定收取管理费用；
④ 组织综合性的生活服务项目，开展便民有偿服务；
⑤ 加强社会主义精神文明建设，开展创建文明住宅小区活动；
⑥ 维护居民的正当权益，向所在行政区人民政府及有关部门反映居民的意见和要求。

3) 新建住宅小区的管理内容

住宅小区的管理可以说是房地产经营管理的一个重要组成部分，这与房屋的维修管理、租赁管理等内容密切相关。因此，这里所讲的主要是与住宅小区特点相关的管理内容。

① 房屋及设备的维护与修缮管理。通过对房屋及设备的维护与修缮管理，可以保证房屋设备及住户的安全和有效使用，延长住宅的使用年限，最大限度地发挥其效益。

② 住宅小区环境的维护管理。住宅小区环境的维护管理主要包括对住宅小区内市政公用设施、环境卫生、绿化、治安和车辆交通等的管理。

③ 开展多种形式的便民有偿服务。住宅小区与人民的生活密切相关，随着家庭劳动的社会化，各地住宅小区开展了许多便民服务项目，向居民提供多层次、多项目的综合性服务。

7.7 房地产权属登记管理

房地产产权登记管理，是指国家有关房地产行政主管部门代表政府对房地产产权及其合法变动情况，予以审查、确认、记载，并颁发相应证书的管理活动。房地产产权登记制度能够确认和保护房地产权利人的合法权益，能够保证房地产权利人取得、变更房地产的法律效力，便于加强国家对房地产工作的管理，并能成为有关国家机关处理房地产权属纠纷提供必要的依据。因此，《城市房地产管理法》第六十条明确规定："国家实行土地使用权和房屋所有权登记发证制度。"

7.7.1 地产产权登记

地产产权登记主要包括土地使用权登记、土地所有权登记和土地他项权利登记。地产产权登记的法律凭证有《国有土地使用权证》、《集体土地所有权证》和《土地他项权利证明书》。按照《土地登记规则》的规定，地产产权登记分为设定权利登记、变更权利登记和注销土地权利登记。

1. 设定土地权利登记

设定土地权利登记，是指申请人为设定土地使用权、所有权和他项权利，而依法向土地管理部门申请进行登记的活动。设定土地权利登记，分为以下几种情况。

① 以划拨方式取得土地使用权的，新开工的大中型建设项目使用划拨国有土地的，建设单位应当在接到县级以上人民政府发给的建设用地批准书之日起 30 日内，持建设单位用地批准书申请土地预登记，建设项目竣工验收以后，建设单位应当在竣工验收之日起 30 日内，持建设项目竣工验收报告和其中有关文件申请国有土地使用权登记；其他项目使用划拨国有土地的，土地使用单位或者个人应当在接到县级以上人民政府批准用地文件之日内，持批准用地文件申请国有土地使用权设定登记。

② 以出让方式取得土地使用权的，受让方应当在按出让合同约定支付全部土地使用权出让金后 30 日内，持土地使用权出让合同和土地使用权出让金支付凭证申请土地使用权设定登记。

③ 国家将国有土地使用权作价入股方式让与股份制企业的，该企业应当在签订入股合同之日起 30 日内，持土地使用权入股合同和其他有关证明文件申请土地使用权设定登记。

④ 依法向政府土地管理部门承租国有土地的，承租人应当在签订租赁合同之日起 30 日内，持土地租赁合同和其他有关证明文件申请土地使用权设定登记。

⑤ 依法抵押土地使用的，当事人应当在抵押合同签订后 15 日内，持抵押合同及有关文件申请土地使用权抵押登记。土地管理部门应当在被抵押土地的土地登记卡上登记，并向抵押权人颁发土地他项权利证书。

同一宗地多次抵押时，以收到抵押登记申请先后顺序办理抵押登记和实现抵押权。

⑥ 有出租权的土地使用者依法出让土地使用权的，出租人与承租人应当在租赁合同签订后 15 日内，持租赁合同及有关文件申请土地使用权出租登记。土地管理部门应当在出租土地的土地登记卡上进行登记，并向承租人颁发土地他项权利证书。[①]

---

① 建设部. 建设法规教程. 北京：中国建筑工业出版社，2002.

2. 变更土地使用权登记

变更土地使用权登记，是指申请人为变更土地使用权、所有权和他项权利，而依法向土地管理部门申请登记的活动。申请变更土地使用权登记，申请者应当按规定申报地价；未申报地价的，按宗地标定地价进行登记。变更土地权利登记主要有以下几种情况。

① 划拨土地使用权依法办理土地使用权出让手续的，土地使用者应当在缴纳土地使用权出让金后 30 日内，持土地使用权出让合同、出让金缴纳凭证及原《国有土地使用证》申请变更登记。

② 企业通过出让或者国家入股等形式取得的土地使用权，再以入股方式转让的，转让双方当事人应当在入股合同签订之日起 30 日内，持出让或者国家入股等方式取得土地使用权的合法凭证、入股合同和原企业的《国有土地使用证》申请变更登记。

③ 集体土地所有者将集体土地使用权作为联营条件兴办三资企业和内联企业的，双方当事人应当在联营合同签订后 30 日内，持县级以上人民政府批准文件和入股合同申请变更登记。

④ 依法转让土地使用权的，即因买卖、转让地上建筑物、附着物等一并转移土地使用权的，土地使用权转让双方当事人应当在转让合同或者协议签订后 30 日内，涉及房产变更的，在房产变更登记发证后 15 日内，持转让合同或者协议、土地税费缴纳证明文件和原土地证书等申请变更登记。

房屋所有权变更而使土地使用权变更的，在申请变更登记时，应当提交变更后的房屋所有权证书。

⑤ 因单位合并、分离、企业兼并等原因引起土地使用权变更的，有关方面应当在合同签订后 30 日内或者在接到上级主管部门的批准文件后 30 日内，持合同或者上级主管部门的批准文件和原土地证书申请变更登记。

⑥ 因交换、调整土地而发生土地使用权、所有权变更的，交换、调整土地的各方应当在接到交换、调整协议批准文件后 30 日内，持协议、批准文件和原土地证书共同申请变更登记。

⑦ 因处分抵押财产而取得土地使用权的权利人和原抵押人应当在抵押财产处分后 30 日内，持有关证明文件申请变更登记。

⑧ 商品房预售。预售人应当在预售合同签订后 30 日内，将预售合同报县级以上人民政府房产管理部门和土地管理部门登记备案簿，记录预售人和预购人名称、商品房所占土地位置、预售金额、交付使用日期、预售面积等内容。

⑨ 出售公有住房。售房单位与购房职工应当在县级以上地方人民政府房产管理部门登记房屋所有权之日起 30 日内，持公房出售批准文件、售房合同、房屋所有权证书和售房单位原土地证书申请变更登记。

⑩ 土地使用权抵押期间抵押合同发生变更的，土地使用权出租期间租赁合同发生变更的及变更其他土地他项权利的，当事人应当在变更之日起 15 日内申请变更登记。

⑪ 依法继承土地使用权和土地他项权利的，或涉及其他形式的土地使用权、所有权和土地他项权利变更的，继承人或其他当事人应当在发生变更之日起 30 日内，持有关证明文件申请变更登记。

⑫ 土地使用者、所有者和土地他项权利享有者更改名称、地址和依法变更土地用途的，

必须依照规定向土地管理部门申请登记。

3. 土地注销登记

集体所有的土地依法被全部征用或者农业集体经济所属成员依法转为城镇居民的；县级以上人民政府依法收回国有土地使用权的；国有土地使用权出让或者租赁期满，未申请续期或者续期申请未获批准的；因自然灾害等造成土地权利灭失的；土地他项权利终止的，土地使用者、所有者和土地他项权利享有者，均应依法办理注销登记。土地使用者、所有者和土地他项权利享有者未按照规定申请注销登记的，土地管理部门可以依照规定直接注销土地登记，注销土地证书。

7.7.2 房地产产权登记

凡在城市、县城、建制镇和工矿区范围内的房屋，都必须到房屋所在地的市、县级房地产行政主管部门登记，领取《房屋所有权证》或《房地产权证》，共有的房屋应当领取《房屋共有权证》。全民所有的房屋，《房屋所有权证》或其他权利证书发给国家授权的管理部门；集体所有的房屋和私有房屋，或其他权利证书直接发给房屋所有权人。

新建成的房屋，应当凭土地使用权证书，向县级以上地方人民政府房产管理部门申请登记，由其核实并颁发房屋所有权证书。房产转让或者变更时，应当向县级以上人民政府房地产行政主管部门申请房产变更登记，并凭变更后的房屋所有权证向同级人民政府土地管理部门申请土地使用权变更登记。

7.7.3 房地产抵押登记

土地使用权抵押权的设立、变更和消灭应依法办理土地登记手续。土地使用权抵押合同经登记后生效，未经登记的土地使用权无效。

7.8 房地产管理中的法律责任

7.8.1 房地产违法与法律责任

1. 房地产违法的概念

房地产违法，是指违反房地产法律规定，依法应承担法律责任的行为。这种行为，包括同房地产法律规范的要求相对立的行为和超越房地产法律规范允许范围的行为。即房地产法律关系的主体对房地产法禁止行为而为之，对房地产法规定应为之行为而不为，从而违反了房地产法律规范。

2. 房地产违法的种类

房地产违法按其性质来划分，可分为房地产行政违法、房地产民事违法和房地产刑事违法三大类。

房地产行政违法，是指违反房地产行政法律规范，依法应当承担行政法律责任的行为。

它可分为两种情况。一种是国家机关及其工作人员在履行自己职责时违反房地产法律规范的行为；另一种是公民、法人或其他社会组织违反房地产行政法律规范的行为。

房地产民事违法，是指违反房地产民事法律规范，依法应当承担民事法律责任的行为。这些行为主要包括侵犯国有土地使用权；违反房屋所有权；侵犯房地产买卖、赠与、继承、抵押、典当和房屋租赁等合同的行为。

房地产刑事违法，是指违反房地产刑事法律规范，依法应当承担刑事法律责任的行为。如《城市房地产管理法》第七十一条所规定的房产管理部门、土地管理部门工作人员玩忽职守，滥用职权；或利用职务上的便利，索取他人财物，或非法接受他人财物为他人谋取利益，构成犯罪的，依法追究其刑事法律责任。

3. 房地产法律责任

房地产法律责任，是指由房地产违法行为引起的依法所应承担的带有强制性的责任。这种责任与道义责任、纪律责任不同，它是国家以其强制力做后盾，对房地产违法行为人造成的危害后果的追究。

房地产法律责任与房地产违法相对应，从性质上来划分，可分为房地产行政法律责任、房地产民事法律责任和房地产刑事法律责任。

7.8.2 房地产行政法律责任

房地产行政法律责任，是指由房地产法律规范规定，以国家强制力作后盾，通过行政法程序，追究房地产违法行为人的责任。

根据我国《城市房地产管理法》的规定，房地产行政法律责任的承担方式分为行政处分和行政处罚两类。

1. 行政处分

下列情形给予违法者相应的行政处分：

① 擅自批准出让或者擅自出让土地使用权用于房地产开发的，由上级机关或者所在单位给予有关责任人员行政处分；

② 没有法律、法规的依据，向房地产开发企业收费，情节严重的，由上级机关或者所在单位给予直接责任人员行政处分；

③ 房产管理部门、土地管理部门工作人员玩忽职守，滥用职权，不构成犯罪的，给予行政处分；

④ 房产管理部门、土地管理部门工作人员利用职务上的便利，索取他人财物，或者非法收受他人财物为他人谋取利益，不构成犯罪的，给予行政处分。

行政处分的形式有警告、记过、记大过、降级、撤职、开除6种。

2. 行政处罚

下列情形给予违法者相应的行政处罚：

① 未取得营业执照擅自从事房地产开发业务的，由县级以上人民政府工商行政管理部门责令停止房地产开发业务活动，没收违法所得，可以并处罚款；

② 未按照出让合同约定支付全部土地使用权出让金，并取得土地使用权证书，转让土地使用权的，由县级以上人民政府土地管理部门没收违法所得，可以并处罚款；

③ 以划拨方式取得土地使用权，转让房地产时，没按国务院规定报批，或未依照国家有关规定缴纳土地使用权出让金的，由县级以上人民政府土地管理部门责令缴纳土地使用权出让金，没收违法所得，可以并处罚款；

④ 没有交付全部土地使用权出让金，并取得土地使用权证书，预售商品房的，由县级以上人民政府房产管理部门责令停止预售活动，没收违法所得，可以并处罚款；

⑤ 未取得营业执照擅自从事房地产中介服务的，由县级以上人民政府工商行政管理部门责令停止房地产中介服务业务活动，没收违法所得，可以并处罚款。

7.8.3 房地产民事法律责任

房地产民事法律责任是指由房地产民事法律规范规定，以国家强制力作后盾，通过民事法律程序追究房地产违法人的责任。

房地产民事法律责任通过民事法律程序予以追究。原则上应由民事权利被侵害人主张。人民法院无主动追究民事责任的职能。

根据我国《民法通则》的有关规定，房地产民事法律责任的承担方式有以下几种。

（1）确认房地产产权

当房屋所有权、土地所有权、土地使用权归属不明，双方当事人为其发生争议时，当事人可以向人民法院或仲裁机构提起诉讼或仲裁申请，确认房地产权归属。

（2）停止侵害

在房地产权属明确的前提下，如果权利人所有或使用的房地产受到他人不法侵害时，权利人可诉请人民法院责令侵害人停止侵害。

（3）排除妨碍

房地产权利人在行使房地产权利时，如果受到他人妨碍，可诉请人民法院排除妨碍。

（4）消除危险

当他人的行为可能对房地产权利人的房地产造成危险时，房地产权利人可诉请人民法院责令行为人消除危险。

（5）返还房地产产权

当房地产权利人的房地产被他人非法占有时，房地产权利人可诉请人民法院责令违法房地产人返还该房地产产权。

（6）恢复原状

当房地产权利人的房地产被他人损坏、拆除或变更物质形态时，房地产权利人可诉请人民法院责令恢复原状。

（7）赔偿损失

当房地产因受他人不法侵害而造成损失，而又无法恢复原状时，房地产权利人可诉请人民法院责令其赔偿损失。

（8）返还不当得利

对他人因侵害房地产权利人的房地产权而得到不具有法律依据的收益时，可诉请人民法院返还不当得利。

上述房地产民事责任的承担方式，可单独适用，也可合并适用。

7.8.4 房地产刑事法律责任

房地产刑事法律责任，是指由房地产刑事法律规范规定，以国家强制力作后盾，通过刑事法律程序，追究房地产违法人的责任。

房地产刑事法律责任是违反房地产法最严重的一种法律责任。

根据《城市房地产管理法》第七十一条的规定，房产管理部门、土地管理部门工作人员玩忽职守，滥用职权，构成犯罪的，依法追究刑事责任。房产管理部门、土地管理部门工作人员利用职务上的便利，索取他人的财物，或者非法接受他人财物为他人谋取利益，构成犯罪的，依照惩治贪污罪贿赂罪的补充规定追究刑事责任。[①]

案例分析

一、基本案情

1988年12月，某国防厂因迁厂留有闲置房251间，某县造纸厂了解情况后，经其业务上级同意，双方达成一项《有偿房地产协议书》（简称协议），1989年1月该县公证处公证生效。协议商定：某国防厂将其闲置的251间房地产转让给造纸厂，房地产四界明确，并附有房地产平面图，造纸厂付给某国防厂房地产价款18万元。协议生效后，造纸厂于1989年6月底付清了房地产价款，并于1989年7月10日起对该房地产行使了管理。1990年1月，该县土地局以丰土发（90）84号文件对上列双方转让地产作出行政处理决定：（1）宣布协议无效；（2）没收某国防厂非法转让土地价款；（3）收回协议中四界之内土地使用权；（4）251间房屋所有权归该县人民政府。某国防厂和造纸厂不服决定，向该县人民法院起诉，因案情重大，政策性强，县人民法院报请地区中级人民法院审理。

二、案件受理

地区中级人民法院审理认为企业有权在法律授权的范围内处分其闲置多余的固定资产，遂作出判决：撤销该县土地局（90）84号处理决定。案件管理费980元由该县土地局承担。该县土地局不服此判决，以程序违法、事实不清和运用法律不当向某省高级人民法院提起上诉，请求撤销原判决。

省高级人民法院依法组成合议庭进行了审理，作出了终审判决：（1）撤销丰南地区中级人民法院原审判决；（2）某国防厂与造纸厂转让土地协议无效；某国防厂收取造纸厂房地产转让款18万元，应予退回；（3）协议中的国有土地交由该县人民政府土地管理部门统一管理，县人民政府土地管理部门负责由新的用地单位给予某国防厂在该土地上的房屋以合理的补偿；（4）分别对某国防厂和造纸厂罚款人民币3 500元，诉讼费也由他们各分担一半。

三、案情评析

省高级人民法院的二审判决是非常正确的，因为买卖、租赁土地是严重的违反宪法的行为。《中华人民共和国宪法》规定："任何组织或者个人不得侵占、买卖出租或者以其他形式非法转让土地。"《中华人民共和国土地管理法》第二条第三款也作了类似的规定，第六条规定一切土地归国家所有，明确了土地的国有性质。第四十七条还规定："买卖或者以其他形

[①] 建设部. 建设法规教程. 北京：中国建筑工业出版社，2002.

式非法转让土地的，没收非法所得，限期或者没收在买卖或者以非法转让的土地上新建的建筑物和其他设施，并可以对当事人处以罚款；对主管人员由其所在单位或者上级机关给予行政处分。"这是执法机关在处理这类案件的法律依据。

本案中某国防厂转让的土地，所有权属于国家，某国防厂只有使用权，无权转让，造纸厂需要使用国有土地，应当依照法律程序申请取得。某国防厂与造纸厂通过有偿转让房屋自行转让国有土地使用权，违反《土地管理法》和《城市房地产管理法》的有关规定。对于这种违法行为，丰南县人民政府土地管理部门依法进行管理和处罚，是正确的，法院理应支持。而原审人民法院认定地产属于企业固定资产，可以自行转让。缺乏依据，应当予以撤销。同时，对违法双方给予必要的处罚，承担一定的法律责任，也是正确的。

案例实训

一、基本案情

1994年10月，某外国一家跨国公司来华投资，在某市兴办了一家外商独资企业。1995年1月，在某市一次国有土地使用权拍卖出让会上，获取某市一地块的土地使用权。随后进行房地产开发。于1996年3月在该地块上建起商住楼一座，共八层。其中，最底一层承租给某一国有商场，二至五层卖给七家公司商住，六至八层留作自用。后以此自用的三层作抵押向某银行贷款。但因逾期不能偿还贷款本息，某银行申请人民法院变卖该三层房地产，后该三层由另外四家公司购买。

二、问题思考

该外商独资企业自获该地块使用权，至商住楼六至八层变卖，按照房地产法的有关规定，应办理哪些房地产权属登记手续？

本章小结

广义的房地产管理法，是指调整在房地产开发、经营和各种服务活动中形成的一定社会关系的法律规范的总称。房地产管理法的基本原则是：节约用地、保护耕地原则；国有土地有偿、有限期使用原则；扶持发展居民住宅建设，逐步改善居民居住条件原则；保护房地产权利人合法权益和房地产权利人必须守法原则；依法纳税的原则。

土地使用权出让，是指国家将国有土地使用权（以下简称土地使用权）在一定年限内出让给土地使用者，由土地使用者向国家支付土地使用权出让金的行为。

房地产开发是指在依法取得国有土地使用权的土地上进行基础设施、房屋建设的行为。其实质是以土地开发和房屋建设为投资对象所进行的生产经营活动。房地产开发应当遵循的原则有：必须严格执行城市规划；必须坚持经济、文化和环境效益的统一；必须实行全面规划、合理布局、综合开发、配套建设。

广义的房地产交易是指当事人之间在进行房地产转让、抵押、租赁等交易行为之外，还包括与房地产交易行为有着密切关系的房地产价格及体系、房地产交易的中介服务。

房屋拆迁是指根据城市规划和国家专项工程的迁建计划及当地政府的用地文件，拆除和迁移建设用地范围内的房屋及其附属物，并由拆迁人对原房屋及其附属物的所有人或使用人进行补偿和安置的行为。

物业服务，习惯上称为物业管理。它是指物业服务企业接受业主（即房屋所有权人）的委托，依据合同约定，对房屋及与之相配套的设备、设施和相关场地进行专业化维修、养护，维护相关区域内环境卫生和公共秩序，并提供相关服务活动。

思考题

1. 土地使用权出让具有哪些特征？
2. 概述土地使用权出让的方式有哪些？
3. 土地使用权终止的原因是什么？
4. 《城市房地产管理法》如何规定土地使用权划拨的范围？
5. 房地产开发项目立项应遵循的原则是什么？
6. 房地产开发项目竣工验收的主要依据是什么？
7. 简述房地产开发企业设立的条件及程序。
8. 什么是房地产法？它的调整对象是什么？
9. 简述房地产立法的目的与现状。
10. 简述《城市房地产管理法》的基本原则与适用范围。
11. 房屋拆迁的形式有哪几种？房屋拆迁时的补偿、安置、补助是如何确定的？
12. 简述房地产管理机构的职责。
13. 简述个人建造住宅的形式与程序。
14. 简述住宅合作社的形式与程序。
15. 简述合作住宅建设、管理、维修和形式。
16. 简述物业管理的含义、性质和职能。
17. 简述新建住宅小区管理机构的职责及管理内容。
18. 简述房地产权属登记的意义和程序。
19. 简述房地产行政法律责任的承租方式。
20. 简述房地产民事法律责任的承租方式。
21. 简述房地产违法人的刑事法律责任。

第 8 章　建设工程发包与承包法规

本章导读

本章介绍工程发包与承包的概念及建设工程发包与承包的方式、建设工程招标、投标、开标、中标等相关内容。8.1 节为概述，8.2 节介绍建设工程招标，8.3 节介绍建设工程投标，8.4 节介绍建设工程开标、评标与中标，8.5 节介绍建设工程招投标的管理与监督。

8.1　概述

8.1.1　工程发包与承包的概念

工程发包与承包是指发包方通过合同委托承包方为其完成某一工程的全部或其中一部分工作的交易行为。工程发包方一般为建设单位或工程总承包单位；工程承包方则一般为工程勘察设计单位、施工单位、工程设备供应或制造单位等。发包方与承包方的权利、义务都由双方签订的合同来加以规定。

我国长期以来实行计划经济，工程建设任务采取由行政主管部门分配的方式。改革开放以后，我国的经济体制向市场经济转轨，分配工程任务的方式与市场经济的竞争机制格格不入。自1982年起，我国建设领域开始进行改革，逐步确立了建设工程发包与承包制度，把工程设计与施工推入市场，由相关企业竞争承包。实践证明，建设工程发包与承包制度，能够鼓励竞争，防止垄断，有效提高工程质量，严格控制工程造价和工期，对市场经济的建设与发展起到了良好的促进作用。

8.1.2　建设工程发包与承包的方式

依据《中华人民共和国建筑法》的规定，建设工程发包与承包有两种方式：招标投标和直接发包。

建设工程招标投标是：发包方事先标明其拟建工程的内容和要求，由愿意承包的单位递送标书，明确其承包工程的价格、工期、质量等条件，再由发包方从中择优选择工程承包方的交易方式。

建设工程直接发包是：发包方与承包方直接进行协商，以约定工程建设的价格、工期和其他条件的交易方式。

显而易见，建设工程招投标较之直接发包要更有利于公平竞争，更符合市场经济规律的要求。所以，我国相关法规都提倡招投标方式，对直接发包则加以限制。《中华人民共和国招标投标法》规定：只有涉及国家安全、国家秘密、抢险救灾或者属于利用扶贫资金实行以工代赈、需要使用农民工等特殊情况及规模太小的工程，才可不进行招投标而采用直接发包的方式，而对使用国际组织或者外国政府贷款、援助资金的项目，全部或部分使用国有资金投资或国家融资的项目，以及所有大型基础设施、公用事业等关系社会公共利益、公众安全的项目，则实行强制招投标制，这些项目必须采用招标投标方式来发包工程，否则将不批准其开工建设，有关单位和直接责任人还将受到法律的惩罚。

8.1.3 建设工程发包与承包法规的立法概况

自1982年推行建设工程发包与承包制度以来，这一制度对创造公平竞争环境，提高工程建设质量和效益起到了积极作用，但也陆续暴露出不少问题：程序不规范，做法不统一，地方与部门保护主义严重，行政干预不断，假招标、钱权交易的问题突出，严重干扰了正常经济秩序和社会安定。为此，国家十分重视建设工程承发包的立法工作，尤其是近几年来，加大了立法力度，提高了立法层次。目前，我国现行的与建设工程承发包有关的主要法规有：《中华人民共和国建筑法》（第八届全国人大常委会第二十八次会议1997年11月1日通过，以下简称《建筑法》）、《中华人民共和国招标投标法》（第九届全国人大常委会第十一次会议1999年8月30日通过，以下简称《招标投标法》）、《中华人民共和国招标投标法实例条例》（经2011年11月30日国务院第183次常务会议通过，自2012年2月1日起施行）、《建设工程招标投标暂行规定》、《工程设计招标投标暂行办法》、《工程建设施工招标投标管理办法》、《建筑装饰装修管理规定》、《建筑安装工程总分包实施办法》等建设部门规章和规范性文件。

8.1.4 建设工程发包与承包的一般规定

依据《建筑法》及其他有关法规的规定，建设工程发包与承包时必须遵守下述一般规定。

1. 建设工程发包与承包合同必须采用书面形式

根据我国法律规定，经济合同既可采用书面合同的形式，也可采用口头合同的形式，但法律另有规定或双方当事人另有约定的除外。建设工程承发包合同一般都有涉及的金额大、合同履行期长、社会影响面广、合同的成果十分重要的特点，从促使当事人慎重行事和避免对社会产生不良后果的主旨出发，《建筑法》及其他有关法规都规定：建设工程承发包合同必须采用书面形式。也就是说，以口头约定方式所订立的建设工程承发包合同，由于其形式要件不符合法律规定，所以该合同在法律上将是无效的。

2. 建设工程承发包中，禁止行贿受贿

通过行贿以获取工程承包权既是一种不正当竞争的手段，又是危害社会的犯罪行为，它严重扰乱建设市场的正常秩序，违背公平竞争的原则。通过行贿受贿来承发包工程的非法行为，是任何公正的社会都不能容忍的，必须予以禁止。《建筑法》规定："发包单位及其工作人员在建筑工程发包中不得收受贿赂、回扣或者索取其他好处。承包单位及其工作人员不得利用向发包单位及其工作人员行贿、提供回扣或者给予其他好处等不正当手段承揽工程。"值得注意的是，以单位名义所行使的行贿受贿，表面上看不是某一个人获得非法利益，没有犯罪主体，但其实质是集体共同犯罪，已构成单位犯罪，我国1997年修订颁布的新《刑法》

对此已有明确规定，并规定对单位犯罪采取双罚制，即除对单位判处罚金外，还要对直接负责的主管人员和其他直接责任人员判处相应的刑罚。

3. 承包单位必须具有相应资格

建设活动不同于一般的经济活动，它具有技术要求高、社会影响大的特点，因此，世界上大多数国家对工程建设活动都实行执业资格制度，我国现在也实行了这一制度。承包工程的勘察、设计、施工、监理等单位，都必须是持有营业执照和相应资质等级证书的相关单位。而建筑构配件和非标准设备的加工、生产单位，也必须是具有生产许可证或是经有关主管部门依法批准生产的单位。

4. 提倡总承包、禁止肢解分包

我国当前的建设工程承包，一般有以下几种方式。

① 全过程承包。即从项目可行性研究开始，到勘察、设计、施工、验收、交付使用为止的建设项目全过程承包。这样的工程俗称"交钥匙工程"。

② 设计、施工总承包。即从勘察、设计开始，到竣工验收为止的总承包。

③ 施工总承包。即对工程施工全过程进行总承包。

国际上还有由承包商先行垫资承包工程，建成后再转让给业主的承包方式，我国目前对此暂时还只处于研究试验阶段，尚未正式施行。随着改革开放的深入，建设工程承发包方式也将日益国际化，因此，我国现行的建设法规对工程承发包方式没作强制性规定，而是采用"提倡总承包"、"可以……"等鼓励性和选择性条款加以规定。

国际上，将一个工程的各个部位发包给不同的施工（或设计）单位，由各个单位分别完成工程的不同部位也是通行做法，并称之为"平行发包"，即我们所称的"肢解发包"。我国当前建设单位的行为不很规范，随意性较大，市场竞争规则也不完善，肢解发包往往造成相互扯皮，严重影响建设工程的质量和进度，也给贪污犯罪提供了方便，因此，我国现行的建设法规作出了禁止将建设工程肢解发包的明确规定。[①]

8.2 建设工程招标

8.2.1 概述

1. 建设工程招标的概念

建设工程招标，是指招标人就拟建工程发布通告，以法定方式吸引承包单位参加竞争，从中择优选定工程承包方的法律行为。

从法律上讲，由于招标缺少合同成立的重要条件——价格，所以，它不构成合同签订程序中的要约，而只是一种要约邀请。但这并不意味着招标人可以不受其招标行为的约束，根据《中华人民共和国合同法》的规定，招标人一旦进入招标程序，就应承担缔约责任，同时，还要受建筑市场管理的相关法规的约束。

---

① 朱宏亮. 建设法规. 2 版. 武汉：武汉理工大学出版社，2003.

2. 建设工程招标的原则

建设工程招标的原则也就是建设工程招投标活动所应遵循的原则：公开、公平、公正和诚实信用。

公开，就是必须具有极高的透明度，招标信息、招标程序、开标过程、中标结果都必须公开，使每一个投标人获得同等的信息。

公平，就是要求给予所有投标人以平等机会，使他们享有的权利和履行的义务都是同等的，不得歧视任何一方。

公正，就是要求按事先公布的标准进行评标，要公正对待每一个投标人。

诚实信用，是所有民事活动都应遵循的基本原则之一。它要求当事人应以诚实、守信的态度行使权利、履行义务，保证彼此都能得到自己应得的利益，同时不得损害第三人和社会的利益，不得规避招标、串通投标、泄露标底、骗取中标等。

3. 建设工程招标的种类

当前，我国实施的建设工程招标种类主要有以下几种。

① 全过程招标。即对建设工程从项目建议书开始，直到竣工验收、交付使用为止的建设全过程实行招标。

② 勘察设计招标。即对工程的勘察设计进行招标。

③ 材料、设备供应招标。即对工程建设中所需的材料、构配件和设备进行招标。

④ 工程施工招标。即对工程施工全过程进行招标，它是我国目前最主要的招标方式。

8.2.2 招标人

《招标投标法》规定：招标人是提出招标项目、进行招标的法人或其他组织。根据这一规定，在我国，进行建设工程招标的只能是具备一定条件的建设单位或招标代理机构，任何欲进行工程建设的个人不得进行招标。

1. 建设单位自行招标所应具备的条件

建设部颁发的招标投标管理办法规定，建设单位自行招标的，应具备下列条件：

① 具有法人资格或依法成立的其他组织；

② 有与招标工程相适应的经济、技术管理人员；

③ 有组织编制招标文件的能力；

④ 有审查投标单位资质的能力；

⑤ 有组织开标、评标、定标的能力。

具备上述条件的建设单位，可组织相应的招标机构负责招标事宜，《招标投标法》还规定："任何单位和个人不得强制其委托招标代理机构办理招标事宜。"不具备上述条件的建设单位和个人，就必须委托招标代理机构来进行招标。

2. 招标代理机构

1) 招标代理机构的概念

招标代理机构是指依法设立，从事招标代理业务并提供相关服务的社会中介组织。我国是从1983年左右开始进行招投标活动的，相应的招标代理机构相应出现，成立于1984年的中国技术进出口总公司国际招标公司（后改为中技国际招标公司）是我国第一家招标代理机构。目前,全国专门从事招标代理业务的机构已有数百家,还有一些建设工程咨询、监理单位也可进行建设工程招标代理业务。

2) 招标代理机构必须具备的条件

根据《招标投标法》,招标代理机构必须具备下列条件。

① 有从事招标代理业务的营业场所和相应资金。营业场所是提供代理服务的固定地点。根据我国现行公司法的规定,招标代理机构属于咨询服务性公司,其注册资金不得少于10万元。这是开展招标代理业务所必需的物质条件。

② 具有编制招标文件和组织评标的专业力量。招标文件是联系沟通招投标双方的桥梁,招标文件是否完整严谨将直接影响招标质量,也是招标成败的关键;组织评标水平的高低,将直接影响招标的效果,也将决定招标是否公正。因此,具有编制招标文件和组织评标的业务能力是招标代理机构必须具备的基本条件。

③ 有符合法律规定,可以作为评标委员会成员人选的技术、经济等方面的专家库。为保证评标的公正性和权威性,《招标投标法》规定,评标委员会必须有技术、经济、法律等方面的专家参加,且其人数不少于评标委员会总人数的2/3,参加评标的专家采取随机抽取的方式从专家库中产生。因此,招标代理机构必须具有符合法律规定的专家库。

3) 招标代理机构的从业资格

为保证招标代理机构的业务素质和专业水平,《招标投标法》规定,招标代理机构还必须具备相应的从业资格,对其实行设立条件和从业资格双重限定。从事建设工程招标代理业务的从业资格由国务院或省、自治区、直辖市人民政府的建设行政主管部门认定。《招标投标法》自2000年1月1日起已开始实行,相应的认定标准在其中已有明确规定。

为保证招标活动的客观公正,招标代理机构必须独立于政府和有关当事人之外,《招标投标法》明确规定:"招标代理机构与行政机关和其他国家机关不得存在隶属关系或者其他利益关系。""招标人有权自行选择招标代理机构委托其办理招标事宜。任何单位和个人不得以任何方式为招标人指定招标代理机构。"

8.2.3 招标项目应具备的条件

批准建设的建设工程项目只有在具备一定条件后,才能进行招标。这些条件主要由三方面组成:一是已落实建设资金,二是已履行相关审批手续,三是必要的准备工作已完成。如建设工程在施工招标时必须具备的条件是:

① 概算已经批准;
② 建设项目已正式列入国家、部门或地方的年度固定资产投资计划;
③ 建设用地的征用工作已完成;
④ 有能够满足施工需要的图纸及技术资料;
⑤ 建设资金和主要建筑材料、设备的来源已经落实;
⑥ 已经建设项目所在地规划部门批准,施工现场的"三通一平"已经完成或一并列入施工招标范围。

建设工程项目具备必要的条件后,招标人可向当地行政主管部门或其招标办事机构提出招标申请,经审查批准后,方可开展招标活动。

8.2.4 招标方式

1. 招标的两种方式

招标的两种方式为公开招标和邀请招标。公开招标，即招标人以招标公告的方式邀请不特定的法人或其他经济组织来进行投标，它是面向全社会的招标。邀请招标，即招标人以投标邀请书的方式邀请一些特定的法人或其他经济组织来进行投标。

以前的法规中，还规定过招标的另一种形式：议标，即通过与特定的法人或其他经济组织进行协商来确定承包人。议标实质上就是直接发包，它只是承发包的一种方式。这次颁布的《招标投标法》已将其排斥在外，明确规定招标只分为公开招标和邀请招标两种，从法律层面上，对招标这一概念进行了澄清和规范。

2. 公开招标和邀请招标的主要区别

（1）发布信息的方式不同

一是公告，一是投标邀请书。

（2）选择承包人的范围不同

公开招标是面向全社会的，一切潜在的对招标项目感兴趣的法人和其他经济组织都可参加投标竞争，其竞争性体现得最为充分，招标人拥有绝对的选择余地，但他事先不能掌握投标人的数量；邀请招标所针对的对象是事先已了解的法人或其他经济组织，投标人的数目有限，其竞争性是不完全充分的，招标人的选择范围相对较小，他可能漏掉在技术上或报价上更有竞争力的承包商或供应商。

（3）公开的程度不同

公开招标中，所有的活动都必须严格按照预先指定并为大家所知的程序及标准公开进行，其作弊的可能性大大减小；而邀请招标的公开程度就相对逊色一些，产生不法行为的机会也就多一些。

（4）时间和费用不同

由于公开招标程序比较复杂，投标人的数量没有限定，所以其时间和费用都相对较多；而邀请招标只在有限的投标人中进行，所以其时间可大大缩短，费用也可有所减少。

8.2.5 建设工程招标的要求

为保证招标的公正、公平，《招标投标法》对招标活动规定了一些限制性要求。

1. 招标方式上的限制

为加强重点建设项目的管理，保证重点建设项目的工程质量、竣工日期和投资效益，《招标投标法》规定，国家重点建设项目和地方重点建设项目都必须进行公开招标。只有在某些特定情况下，如项目技术复杂或有特殊要求；涉及专利权保护；受自然资源或环境条件所限等原因，使可供选择的具备资格的投标单位数量有限，实行公开招标不适宜或不可行时，方可采用邀请投标方式，但事先须经国务院发展计划部门或省、自治区、直辖市人民政府批准。

2. 信息发布的要求

为保证招标信息发布的准确和竞争的公平、公正,《招标投标法》规定:采用公开招标方式的应当发布招标公告,其内容应包括招标人的名称和地址,招标项目的性质、数量、实施地点和时间及获取招标文件的办法等事项。依法必须招标的项目,其招标公告必须通过国家指定的报刊、信息网络或其他媒介发布,其他项目招标公告的发布渠道,则由招标人自由选择。

采用邀请招标方式的,应当发出投标邀请书,其内容与上述招标公告的要求一样。受到邀请的投标人不得少于三个,且都应具备承担招标项目的能力,资信良好。

3. 禁止实行歧视待遇的要求

为防止招标人非法左右招标活动,保证竞争的公平与公正,《招标投标法》规定:招标人不得以不合理的条件限制或排斥潜在投标人,不得对潜在投标人实行歧视待遇。招标文件不得要求或者标明特定的生产供应者及含有倾向或者排斥潜在投标人的其他内容。

4. 保证合理时间的要求

为保证投标人编制标书的合理时间,《招标投标法》规定,招标人规定的投标截止日期距招标文件开始发出之日,不得少于 20 日。而招标人要对已发出的招标文件进行必要的修改与澄清的,至晚也必须在投标截止日期 15 日前,以书面形式通知所有投标文件的收受人。

8.3 建设工程投标

8.3.1 投标人

1. 投标人的概念

投标人是指响应投标,参加投标竞争的人。

所谓响应投标,是指获得招标信息或受到投标邀请书后购买投标文件,接受资格审查,编制投标文件(俗称标书)等按招标人要求所进行的活动。

参加投标竞争是指,按照投标文件的要求并在规定时间内提交投标文件的活动。

《招标投标法》规定,除依法允许个人参加投标的科研项目外,其他项目的投标人必须是法人或其他经济组织,自然人不能成为建设工程的投标人。

2. 投标人应具备的条件

为保证建设工程的顺利完成,《招标投标法》规定:"国家有关规定对投标人资格条件或者招标文件对投标人资格条件有规定的,投标人应当具备规定的资格条件。"

投标人在向招标人提出投标申请时,应附带有关投标资格的资料,以供招标人审查,这些资料应表明自己存在的合法地位、资质等级、技术与装备水平、资金与财务状况、近期经营状况及以前所完成的与招标工程项目有关的业绩。《工程建设施工招标投标管理办法》中规定,投标单位应向招标单位提供以下材料:

① 企业营业执照和资质证书;

② 企业简历;

③ 自有资金情况;

④ 全员职工人数（包括技术人员、技术工人数量及平均技术等级等）；
⑤ 近三年承建的主要工程及其质量情况；
⑥ 现有主要施工任务，包括在建的和尚未开工的工程一览表。

3. 投标联合体

大型建设工程项目，往往不是一个投标人所能完成的。所以，法律允许几个投标人组成一个联合体，共同参与投标，并对联合体投标的相关问题作出了明确规定。

（1）联合体的法律地位

联合体是由多个法人或经济组织组成，但它在投标时是作为一个独立的投标人出现的，具有独立的民事权利能力和民事行为能力。

（2）联合体的资格

《招标投标法》规定，组成联合体各方均应具备相应的投标资格；由同一专业的单位组成的联合体，按照资质等级较低的单位确定资质等级。这是为了促使资质优秀的投标人组成联合体，防止以高等级资质获取招标项目，而由资质等级低的投标人来完成的行为。

（3）联合体各方的责任

联合体各方应签订共同投标协议，明确约定各方在拟承包的工程中所承担的义务和责任。

（4）投标人的意思自治

投标时，投标人是否与他人组成联合体，与谁组成联合体，都由投标人自行决定，任何人都不得干涉。《招标投标法》规定："招标人不得强制投标人组成联合体共同投标，不得限制投标人之间的竞争。"

8.3.2 投标要求

1. 投标文件内容要求

《招标投标法》规定："投标文件应当对招标文件提出的实质性要求和条件作出响应。"实质性要求和条件，是指招标项目的价格、项目进度计划、技术规范、合同的主要条款等，投标文件必须对之作出响应，不得遗漏、回避，更不能对招标文件进行修改或提出任何附带条件。对于建设工程施工招标，投标文件还应包括拟派出的项目负责人与主要技术人员的简历、业绩和拟用于完成工程项目的机械设备等内容。投标人拟在中标后将中标项目的部分非主体、非关键性工作进行分包的应在投标文件中载明。

根据契约自由原则，我国法律也规定，投标文件送交后，投标人可以进行补充、修改或撤回，但必须以书面形式通知招标人。补充、修改的内容也为投标文件的组成部分。

2. 投标时间的要求

《招标投标法》规定，投标文件应在招标文件中规定的截止时间前送达投标地点，在截止时间后送达的投标文件，投标人应拒收。因此，以邮寄方式送交投标文件的，投标人应留出足够的邮寄时间，以保证投标文件在截止时间前送达。另外，如发生地点方面的错送、误送，其后果皆由投标人自行承担。

投标人对投标文件的补充、修改、撤回通知，也必须在所规定的投标文件的截止时间前，送达规定地点。

3. 投标行为的要求

对于投标中各方的行为，《招标投标法》也有明确的要求。

(1) 保密要求

由于投标是一次性的竞争行为，为保证其公正性，就必须对当事人各方提出严格的保密要求：投标文件及其修改、补充的内容都必须以密封的形式送达，招标人签收后必须原样保存，不得开启。对于标底和潜在投标人的名称、数量及可能影响公平竞争的其他有关招投标的情况，招标人都必须保密，不得向他人透露。

(2) 合理报价

《招标投标法》规定："投标人不得以低于成本的价格报价、竞标。"投标人以低于成本的价格报价，是一种不正当的竞争行为，一旦中标，必然会采取偷工减料、以次充好等非法手段来避免亏损，以求得生存。这将严重破坏社会主义市场经济秩序，给社会带来隐患，必须予以禁止。但投标人从长远利益出发，放弃近期利益，不要利润，仅以成本价投标，这是合法的竞争手段，法律是予以保护的。这里所说的成本，是以社会平均成本和企业个别成本来计算的，并要综合考虑各种价格差别因素。

(3) 诚实信用

从诚实信用的原则出发，《招标投标法》还规定：投标人不得相互串通投标；不得与招标人串通投标，损害国家利益、社会公共利益和他人合法利益；不得向招标人或评标委员会成员行贿以谋取中标；同时，也不得以他人名义投标或以其他方式弄虚作假、骗取中标。

4. 投标人数量的要求

《招标投标法》规定："投标人少于三个的，招标人应当依照本法重新招标。"当投标人少于三个时，就会缺乏有效竞争，投标人可能会提高承包条件，损害招标人利益，从而与招标目的相违背，所以必须重新组织招标，这也是国际上的通行做法。在国外，这种情况称之为"流标"。[①]

8.4 开标、评标与中标

8.4.1 开标

1. 开标的概念

开标是指投标截止后，招标人按招标文件所规定的时间和地点，开启投标人提交的投标文件，公开宣布投标人的名称、投标价格及投标文件中的其他主要内容的活动。

2. 开标的时间与地点

《招标投标法》规定："开标应当在招标文件确定的提交投标文件截止时间的同一时间公开进行；开标地点应当为招标文件中预先确定的地点。"

根据这一规定，招标文件截止时间即为开标时间，它一般都精确至某年某月某时某分。之所以这样规定，是避免开标与投标截止时间之间存在时间间隔，从而防止泄露投标内容等

---

① 朱宏亮. 建设法规. 2版. 武汉：武汉理工大学出版社，2003.

一些不端行为的发生。

开标地点事先在招标文件中明确规定，有利于投标人准时参加开标，从而更好地维护了其合法利益。

3. 有关开标的相关规定

（1）参加人

《招标投标法》规定："开标由招标人主持，邀请所有投标人参加。"邀请所有投标人参加，是为了保证招投标的公正，使他们了解开标的过程和其他投标人的投标情况，从而对评标结果是否合理作出判断，这对招标人可起到一定的监督作用。开标时，还可邀请招标主管部门、评标委员会、监察部门的有关人员参加，也可委托公证部门对整个开标过程依法进行公证。

（2）标书密封的现场认定

开标时，由投标人或其推选的代表检查投标文件的密封情况，也可由招标人委托的公证机构检查并公证；经确认无误后，方可当众拆封，宣读投标文件的内容。如投标文件没有密封，或有被开启的痕迹，应被认定为投标无效，其内容不予宣读。

（3）当众宣读、记录备查

投标截止日期前收到的所有投标文件，在确认密封无误后，都应当众拆封、公开宣读。同时，还应将开标的整个过程记录在案，由主持人和其他工作人员签字确认后，存档备查。这样规定的目的，就是要增加开标的透明度，接受投标人和其他相关部门的监督。

8.4.2 评标

评标，就是依据招标文件的规定和要求，对投标文件所进行的审查、评审和比较。评标由招标人组建的评标委员会负责。

1. 评标委员会

（1）评标委员会的组成

评标既是保证招标成功的重要环节，又是一项涉及多种专业知识的复杂的技术活动。为保证评标的公正性和权威性，《招标投标法》规定："依法必须进行招标的项目，其评标委员会由招标人的代表和有关技术、经济、法律等方面的专家组成，人数应在5人以上并为单数，其中技术、经济、法律等方面的专家不得少于成员总数的2/3。"

（2）评标委员会中专家的资格

为保证评标的质量，参加评标的专家必须是具有较高的专业水平，并有丰富的实际工作经验，对相关业务相当熟悉的专业技术人员。为此，《招标投标法》规定，参加评标委员会的专家应当满足从事相关领域工作满8年并具有高级职称或具有同等专业水平的条件。

（3）评标委员会专家人选的确定

为防止招标人选定评标专家的主观随意性，《招标投标法》规定：评标专家由招标人从国务院或省、自治区、直辖市人民政府有关部门提供的专家名册或招标代理机构的专家库中确定。一般招标项目可采取随机抽取方式；特殊招标项目因有特殊要求或技术特别复杂，只有少数专家能够胜任，所以可由招标人直接确定。但与投标人有利害关系的人不得进入评标委员会，已经进入的也应更换。

2. 评标的相关规定

(1) 评标标准

评标时，应严格按照招标文件确定的评标标准和方法，对投标文件进行评审和比较；设有标底的，应参考标底。任何未在招标文件中列明的标准和方法，均不得采用，对招标文件中已列明的标准和方法，不得有任何改变。这是保证评标公正、公平的关键，也是国际通行的做法。

(2) 独立评审

评标是招标人和评标委员会的独立活动，不应受外界的干预和影响，以免影响评标的公正。《招标投标法》特别规定："任何单位和个人不得非法干预、影响评标的过程和结果。"同时，还规定了相应的惩处措施。这对我国建设工程的招投标具有十分重大的现实意义。当然，法律也规定：招标人应采取必要的措施，保证评标在严格保密的情况下进行；评标委员会成员和参与评标的有关工作人员不得透露对投标文件的评审比较情况、评标结果及其他与评标有关的情况。

(3) 投标文件的澄清

评标时，若发现投标文件的内容有含义不明确、不一致或明显的文字错误，或纯属计算上的错误等情形，评标委员会可通知投标人作出必要的澄清和说明，以确认其正确的内容。但投标人的澄清与说明，只能是对上述问题的解释和补正，它不能补充新的内容或更改投标文件中的报价、技术方案、工期、主要合同条款等实质性内容。澄清的要求及答复均应采取书面形式。投标人的答复必须有法定代表人或其授权代理人的签字，并作为投标文件的组成部分。

(4) 评标人的责任

《招标投标法》规定：评标委员会成员不得私下接触投标人，不得收受投标人的财物或其他好处；应客观、公正地履行职务、遵守职业道德，对所提出的评审意见承担个人责任。

3. 评标结果

评标结束后，评标委员会应向招标人提交书面评标报告，并就中标人提出意见，根据不同情况，可有三种不同意见。

① 推荐中标候选人。评标委员会可在评标报告中推荐1~3个中标候选人，由招标人确定。

② 直接确定中标人。在得到招标人授权的情况下，评标委员会可在评标报告中直接确定中标人。

③ 否决所有投标人。经评审，评标委员会认为所有投标都不符合招标文件要求，可否决所有投标。这时，强制招标的项目应重新进行招标。

8.4.3 中标

1. 中标通知书

中标通知书即招标人向中标的投标人发出的告知其中标的书面通知文件。《招标投标法》规定：中标人确定后，招标人应向中标人发出中标通知书，并同时将中标结果通知所有未中标的投标人。中标通知书发出后，即对招标人和中标人产生法律效力。

招投标过程就是订立合同的过程，投标是投标人发出的要约，中标通知书则是招标人作出的承诺。一般情况下，承诺送至要约人时就生效，合同也随之成立，即一般合同中承诺生效的"收信主义"。但《招标投标法》对承诺的生效采用了"发信主义"，即作出承诺时即生效。对此，应有清楚的了解。在中标通知书发出后，招标人改变中标结果，或中标人放弃中标项目的，都要承担相应的法律责任。

2. 签订承包合同

《招标投标法》规定："招标人和中标人应当自中标通知书发出之日起 30 日内，按照招标文件和中标人的投标文件订立书面合同。招标人和中标人不得再行订立背离合同实质性内容的其他协议，如签订了这样的协议，其在法律上也将是无效的。"

3. 提交招标投标报告

《招标投标法》规定："强制招标的项目，招标人应自确定中标人之日起 15 日内，向有关行政监督部门提交招标投标报告。"这是国家对招投标活动所进行的监督活动之一，它对保护国家利益、社会公共利益及公众安全，是很有必要的。

8.5 建设工程招投标的管理与监督

建设工程的招标投标，由县以上各级人民政府建设行政主管部门或其授权机构负责管理与监督。建设部负责全国建设工程招标投标的管理工作，其主要职责是：

① 贯彻执行国家有关建设工程招标投标的法律、法规和方针、政策，制定招标投标的规定和办法；

② 指导、检查各地区、各部门的招标投标工作；

③ 总结交流招标投标工作的经验，提供相应服务；

④ 维护国家利益，监督重大工程的招标投标活动；

⑤ 审批全国范围内建设工程招投标的代理机构。

各省、自治区、直辖市的建设行政主管部门负责管理本行政区域内的建设工程招标投标工作，其主要职责是：

① 贯彻国家有关建设工程招标投标的法规和方针、政策，制定建设工程招标投标实施办法；

② 监督、检查本行政区域内的有关招标投标活动，总结交流工作经验；

③ 审批咨询、监理等单位代理建设工程招标投标业务的资格；

④ 调解招投标纠纷；

⑤ 否决违反招标投标规定的定标结果。

省、自治区、直辖市的建设行政主管部门可以根据需要，报请同级人民政府批准，确定相应的招标投标办事机构的设置及经费来源，在同级人民政府建设行政主管部门的授权范围内，具体负责本行政区域内有关招标投标的管理工作，主要包括：审查招标单位的资质、招标申请书、招标文件与标底；监督开标、评标、定标、签约活动；调解招标投标活动中的纠纷；否决违反规定的定标结果，处罚违章行为等。

国务院工业、交通等部门要会同地方建设行政主管部门，做好本部门直接投资和相关投资公司投资的重大建设项目的招标投标管理工作。①

案例分析

案例1

上诉人（原审被告）：深圳市中电照明有限公司（以下简称中电公司）

被上诉人（原审原告）：汕头市达诚建筑总公司深圳分公司（以下简称达诚公司）

一、基本案情

2000年7月4日，被告中电公司向深圳市建设局申请对中电照明研发中心工程进行对外招标，7月11日获得批准。8月11日，原告达诚公司向被告支付了保证金人民币100万元，并于8月18日向深圳市建设工程交易服务中心呈送《中电照明研发中心标书》。8月29日，中电公司在深圳市建设工程交易服务中心第四会议室召开中照研发中心开标会。会上由深圳市建设工程造价管理站（以下简称造价站）公开宣读中照研发中心的标底为人民币19 010 550.12元，然后公开了6个投标单位的投标价，其中原告的投标价为人民币17 004 308.68元。9月20日，被告向造价站发函，以造价站的标底与其送审的预算数额有出入为由，要求标底按隐框玻璃幕墙进行调整并重新定标。造价站回函称，被告送交的资料没有任何说明铝合金固定窗修改为隐框玻璃幕墙的资料，同意仅就该工程量清单中第143项（铝合金固定窗）用同一工程量按隐框玻璃幕墙单价计算调整。9月30日，被告以修改后的标底召开定标会，重新确定投标价为人民币1 991.739 3万元，并宣布深圳市第三某建筑工程总公司（以下简称三建）得分最高为中标单位。

二、案件审理

一审福田区人民法院经审理后认为，造价站于2000年8月29日公开的标底是根据被告提供的《工程实物工程量表》、《招标书》、《答疑会书面答复书》核算出来的，按被告《招标书》承诺的评审方法，原告的投标书经公开后达到被告公开承诺中标要求，原告应是中照研发中心的公开招标的中标单位。被告拒绝向原告发出中标通知书和签订施工合同属于违约，应承担违约责任。被告在公开标底前没有书面形式向造价站和投标单位说明其《工程实物量表》第一百四十三条由铝合金窗改为玻璃幕墙，被告须承担对其在标底公开后对工程量改动的责任。因此，对于被告辩称其与原告无任何关系，以及在造价站公开标底后认为标底有误差为由进行修改标底是合法有效正常的，应驳回原告的诉讼请求的理由，本院不予采纳。依照《中华人民共和国招标投标法》第五条，《深圳经济特区建设工程施工招标投标条例》第十八条第二款、第三十条及《深圳经济特区建设工程施工招标投标条例实施细则》第二十三条的规定，判决如下：被告应在本判决发生法律效力之日起10日内双倍返还原告保证金人民币100万元；逾期则应当加倍支付迟延履行期间的债务利息。案件受理费人民币20 010元由被告负担。

上诉人深圳市中电照明有限公司不服一审判决，上诉至深圳市中级人民法院。诉称：原审认定事实错误，适用法律、法规不当。

本案经二审深圳市中级人民法院主持原、被告进行调解，双方在自愿、平等的基础上进行协商，达成了如下调解协议：被告补偿原告人民币30万元了结本案纠纷，在本案招投标

---

① 朱宏亮. 建设法规. 2版. 武汉：武汉理工大学出版社, 2003.

过程中产生的其他纠纷双方不再追究。上述款项被告于本调解书送达之日起10日内支付给原告。一、二审案件受理费双方各自负担。

三、案例评析

本案是深圳市首例招投标争议案，因而备受传媒和社会各界的广泛关注。尽管该案经过二审法院的努力，在分清是非责任的基础上以调解方式解决。但是，该案所涉及的法律问题仍然值得探讨和研究。

1. 被告在开标后中修改招标文件是无效的

《中华人民共和国招标投标法》第二十三条规定："招标人对已发出的招标文件进行必要澄清或者修改的，应当在招标文件要求提交投标文件截止时间至少15日前，以书面形式通知所有招标文件接收人。该澄清或者修改的内容为招标文件的组成部分。"本条规定招标文件进行修改或者澄清的法定程序。这是法律强制性规定，没有遵守此规定的，其修改及其澄清是无效的。

本案中，《招标书》注明"外墙装饰：玻璃墙和灰色涂料。门窗：铝合金和高级柚木门。工程清单第一百八十九项为玻璃幕墙制作安装，第一百四十三项为铝合金固定窗。"因此，从被告提交的答疑及书面答复"第五项外墙按隐框幕墙制作安装"，根本不能让人理解为修改招标中的门窗、铝合金和高级柚木门及工程实物量清单第一百四十三项铝合金固定窗；而原告对此并无过错。因此，被告在公布标底之后，又以标底错误为由中止招投标程序，并修改招标文件和标底，显然是不符合法律强制性规定的，应承担一定的法律责任。

2. 被告应承担缔约过失责任

招投标是以订立合同为目的的民事活动。招标人发出的招标公告或投标邀请书、投标人提交的投标文件、招标人向中标的投标人发出的中标通知书，按其法律性质分别属于《合同法》中的要约邀请、要约和承诺。但建设工程合同又是一种要式合同，其成立的标志是签订书面合同。在合同成立之前，招标人未履行向投标人发出中标通知的法定义务，致使合同不能成立，应承担缔约过失责任，而非违约责任。故一审法院认定招标人违约并承担违约责任值得商榷。

3. 投标保证金不应与订金等同

本案中，原告在招投标过程中交给被告100万元的保证金。原《深圳经济特区建设工程招标投标条例》第十八条第二款规定："定标后，中标人拒绝签订工程承包合同的，应向中标人双倍返还保证金。"（2002年修订后的《条例》保留了类似条款）一审法院据此判决被告双倍返还保证金。但从二审法院调解的结果来看，事实上推翻了一审的判决，并没有把投标保证金按"双倍返还"的订金罚则处理。

关于投标保证金的性质，《最高人民法院关于适用〈担保法〉若干问题的司法解释》第一百一十八条明确规定："当事人交付留置金、担保金、保证金、订约金或者订金等，没有约定订金性质的，当事人主张订金权利的，人民法院不予支持。"因此，如未约定为订金性质（双倍返还），投标保证金是不应适用订金罚则的。建设部第89号令《房屋建筑和市政基础设施施工招标投标管理办法》在第四十七条第三款则规定："招标人无正当理由不与中标人签订合同，给中标人造成损失的，招标人应当给予赔偿。"这种赔偿应是一种缔约过失责任，以实际损失为限；而2003年3月8日七部委联合发布的《工程建设项目施工招标投标办法》也没有明确规定"双倍返还"。

这种地方性法规与部门规章、最高法院司法解释之间的矛盾，有关机构应当依据《中华人民共和国立法法》的有关规定及早解决，否则极易引起法律适用上的争议。

案例 2

一、基本案情

中山医大三院医技大楼设计建筑面积为 19 945 m^2，预计造价 7 400 万元，其中土建工程造价约为 3 402 万元，配套设备暂定造价为 3 998 万元。2001 年初，该工程项目进入广东省建设工程交易中心以总承包方式向社会公开招标。

经常以"广州辉宇房地产有限公司总经理"身份对外交往的包工头郑某得知该项目的情况后，即分别到广东省和广州市 4 家建筑公司活动，要求挂靠这 4 家公司参与投标。这 4 家公司在未对郑某的广州辉宇房地产有限公司的资质和业绩进行审查的情况下，就同意其挂靠，并分别商定了"合作"条件：一是投标保证金由郑某支付；二是广州市原告代郑某编制标书，由郑支付"劳务费"，其余三家公司的经济标书由郑某编制；三是项目中标后全部或部分工程由郑某组织施工，挂靠单位收取占工程造价 3‰～5‰ 的管理费。上述 4 家公司违法出让资质证明，为郑某搞串标活动提供了条件。2001 年 1 月郑某给 4 家公司各汇去 30 万元投标保证金，并支付给广州市原告 1.5 万元编制标书的"劳务费"。

为揽到该项目，郑某还不择手段地拉拢广东省交易中心评标处副处长张某、办公室副主任陈某。郑某以咨询业务为名，经常请张、陈吃喝玩乐，并送给张某港币 5 万元、人民币 1 000 元，以及人参、茶叶、香烟等物品；送给陈某港币 3 万元和洋酒等物品。张某、陈某两人积极为郑某提供"咨询"服务，不惜泄露招投标中有关保密事项，甚至带郑某到审核标底现场向有关人员打探标底，后因现场监督严格而未得逞。

2001 年 1 月 22 日下午开始评标。评委会置该项目招标文件规定于不顾，把原安排 22 日下午评技术标、23 日上午评经济标两段评标内容集中在一个下午进行，致使评标委员会没有足够时间对标书进行认真细致地评审，一些标书明显存在违反招标文件规定的错误未能发现。同时，评标委员在评审中还把标底价 50％以上的配套设备暂定价 3 998 万元剔除，使造价总体下浮变为部分下浮，影响了评标结果的合理性。24 日 19：20 左右，评标结束，中标单位为深圳市总公司。

由于郑某挂靠的 4 家公司均未能中标，郑便鼓动这 4 家公司向有关部门投诉，设法改变评标结果。因不断发生投诉，有关单位未发出中标通知书。

二、案件审理

广东省纪委、省监察厅、省建设厅组成联合调查组，对广东省建设工程交易中心个别工作人员在中山医科大学附属第三医院医技大楼工程招投标中的违纪违法问题展开调查。现已查实该工程项目在招投标中存在包工头串标、建筑施工单位出让资质证照、评标委员会不依法评标、省交易中心个别工作人员收受包工头钱物等违纪违法问题。经省建设厅、省监察厅研究决定，取消该项目招投标结果，依法重新组织招投标。目前，涉嫌违纪违法的交易中心工作人员张某、陈某已被停职，立案审查，其非法收受的钱物已被依法收缴。省纪委、省监察厅将依照有关法规和党纪政纪的涉案单位和人员进行严肃处理。这是广东省建立有形建筑市场以来查处的首宗建设工程交易中心工作人员违纪违法案件。

三、案例评析

中山医大三院医技大楼工程招投标中的违纪违法问题，是一宗包工头串通有关单位内部人员干扰和破坏建筑市场秩序的典型案件。本案中的有关当事人违反了多项法律强制性规定，依法应当受到惩处。但本案的行政处理结果值得斟酌。

首先，《招标投标法》规定了6种"中标无效"的法定情形。在本案中，从招标人和招标代理机构的行为看，并无导致中标无效的法定事由。而从投标人郑某的行为看，虽然实施了串标和骗标的行为，但由于中标人并不是郑某，所以也不符合中标无效的法定情形。因此，尽管本案中存在着一系列的违法违纪行为，但并不必然导致中标无效，行政监督部门做出的处理决定是不符合法律规定的。

其次，工程建设项目的招标投标活动，是建设工程合同订立的过程，在法律性质上属于民事行为。作为整个招投标活动的组成部分，中标自然也属于民事行为的一种，应当受到民法的调整。《民法通则》根据法律效力不同，把民事行为分为民事法律行为（合法有效的民事行为）、无效的民事行为及可撤销、可变更的民事行为。而判定民事行为是否有效，只能由法院或仲裁机构做出，除此以外的任何机构（主要指行政管理部门）均无权确认民事行为的法律效力。《招标投标法》规定的6种中标无效情形，属于无效的民事行为，只能由人民法院依法确认无效；也就是说，人民法院是确认"中标无效"的唯一权力主体。如果赋予行政监督部门宣布"中标无效"的权力，就从根本上犯了行政法律规范与民事法律规范相竞合的错误，这在法律上是讲不通的。

案例3

原告：某建筑集团第三公司

被告：某房地产开发有限公司

一、基本案情

1999年9月10日被告就某住宅项目进行邀请招标，原告与其他三家建筑公司共同参加了投标，结果由原告中标。1999年10月14日，被告就该项工程向原告发出中标通知书。该通知书载明：工程建筑面积82 174 m^2，中标造价人民币8 000万元，要求10月25日签订工程承包合同，10月28日开工。

中标通知书发出后，原告按被告的要求提出，为抓紧工期，应该先做好施工准备，后签工程合同。原告同意了这个意见。随后，原告进场，平整了施工场地，将打桩桩架运至现场，并配合被告在10月28日打了两根桩，完成了项目的开工仪式。但是，工程开工后，还没有等到正式签订承包合同，双方就因为对合同内容的意见不一而发生了争议。2000年3月1日，被告函告原告："将另行落实施工队伍。"

双方协商不成，原告只得诉至法院。在法庭上，原告指出，被告既已发出中标通知书，就表明招投标过程中的要约已经承诺，按招投标文件和《施工合同示范文本》的有关规定，签订工程承包合同是被告的法定义务。因此，原告要求被告继续履行合同。但被告辩称：虽然已发了中标通知书，但这个文件并无合同效力，且双方的合同尚未签订，因此双方还不存在合同上的权利义务关系，被告有权另行确定合同相对人。

二、案件审理

法院在审理后认为，按照我国《招标投标法》第四十五条规定："中标人确定后，招标人应当向中标人发出中标通知书，并同时将中标结果通知所有未中标的投标人。中标通知书对招标人和中标人具有法律效力。中标通知书发出后，招标人改变中标结果的，或者中标人放弃中标项目的，应当依法承担法律责任。"第四十六条规定："招标人和中标人应当自中标通知书发出之日起30日内,按照招标文件和中标人的投标文件订立书面合同。招标人和中标人不得再行订立背离合同实质性内容的其他协议。"很显然,被告的观点和行为是不符合法律规定的,因此法院依据上述规定认定了被告违约,并判决由被告补偿原告经济损失158万元。

三、案例评析

招标人发出中标通知书的行为,属于《合同法》规定的承诺。这时,双方虽然尚未签订书面合同,但是中标通知书已经对当事人具有法律约束力。任何一方拒绝签订合同,违反了诚实信用原则,应当承担缔约过失责任,而不是违约责任。这种缔约责任的赔偿方式,应当依据2001年6月1日建设部令第89号发布的《房屋建筑与市政基础设施施工招标投标管理办法》第四十七条规定,即"中标人不与招标人订立合同的,投标保证金不予退还并取消其中标资格,给招标人造成的损失超过投标保证金数额的,应当对超过部分予以赔偿;没有提交投标保证金的,应当对招标人的损失承担赔偿责任。招标人无正当理由不与中标人签订合同,给中标人造成损失的,招标人应当给予赔偿。"[①]

案例实训

上诉人:某经济贸易公司(以下简称经贸公司)

被上诉人:某建设有限公司(以下简称建设公司)

一、基本案情

1992年10月2日,并不具备承包工程资质等级的某建设公司与某经贸公司签订《工程承包协议书》,约定由建设公司垫资承建某工程项目。根据该协议书的约定,双方同时还签订了《工程承包垫资协议书》,约定建设公司垫资5 000万元人民币,垫资期限为三年,垫资款的年回报率为15%,如三年内银行贷款基准利率上浮,回报率亦随之上浮。建设公司负责协办的第二批垫资款5 000万元人民币,暂定年限为一年半。1992年10月10日至11月2日,建设公司将其所承包的全部工程分别包给某勘察工程公司、某建筑工程总公司和某工业设备安装公司。

1993年10月,建设公司与经贸公司又签订《协议书》,约定:根据经贸公司的要求,为了减少管理上的中间环节,即撤出建设公司在该项目上的管理人员,建设公司总包的权利、责任和义务托由经贸公司承担执行,经贸公司付给建设公司人民币1 100万元作为补偿。建设公司垫资的5 000万元人民币年回报率上调为18%。1994年7月1日,建设公司与经贸公司进行总结算,建设公司应收经贸公司款项为63 384 052.05元,其中包括撤出总承包补偿费1 100万元、承包工程协调费50万元,赔偿某建筑工程总公司、某工业设备安装公司延迟开工费23.12万元,1993年度垫资款利息850万元。扣除经贸公司已付的53 430 913.15元,经贸公司尚欠建设公司9 953 138.90元。

双方约定:经贸公司一次性补给建设公司280万元,余款以2 958.28吨钢材冲抵。1995年6月16日,经贸公司以其在某市的物业冲抵尚欠建设公司的1 292 250元后,余款773 338元作为欠建设公司5 000万元垫资款的部分利息。1996年7月29日,经贸公司向一审法院提起诉讼,要求判令建设公司返还总承包管理费1 100万元并赔偿经济损失1 135万元。

---

① 何佰洲. 工程建设法规与案例. 2版. 北京:中国建筑工业出版社,2004.

二、案件审理

一审法院认为：建设公司与经贸公司之间订立的合同，因建设公司没有承包建设工程的资质等级，不具备履行合同的能力，依照国家有关法律规定，双方所订合同为无效合同。合同无效，双方均有过错，应各自承担其相应责任。建设公司收取的撤出总承包补偿费、承包工程协调费应返还给经贸公司。双方就已建部分工程的结算，因双方无争议，法院予以确认。经贸公司主张赔偿其他经济损失的请求，因举证不力而不予支持。一审法院据此判决如下：

1. 经贸公司应于判决生效30日内返还建设公司5 000万元垫资款，并按建设银行同期同类贷款利率支付自1992年11月14日至还款之日的利息。

2. 建设公司应于判决生效30日内返还经贸公司下列款项：(1) 撤出总承包补偿费1 100万元；(2) 承包工程协调费50万元。(3) 经贸公司支付的垫资款利息9 223 338元，并按建设银行同期同类贷款利率支付利息（其中850万元的利息自1994年8月11日至还款之日，773 338元的利息自1995年6月16日至还款之日）。

3. 驳回经贸公司的其他诉讼请求。

诉讼费371 760元由双方各负担185 880元。

一审判决后，建设公司不服，向二审法院提出上诉。二审法院认为：建设公司没有承包建设工程的资质等级，即不具备建设工程总承包的主体资格，其与经贸公司签订的《工程承包协议书》应属无效。双方基于此合同签订的《协议书》也应无效，《协议书》约定由经贸公司支付建设公司总承包管理费1 100万元，将垫资款年利率上调到18%，违背法律规定，依法不予保护。双方签订的《工程承包垫资协议书》是《工程承包协议书》第五条有关垫资内容的进一步细化，约定垫资款的年回报率为15%，名为垫资实为借贷，违反了我国有关金融管理法规的规定，应当确认为无效。判决驳回上诉，维持原判。二审案件受理费371 760元由建设公司承担。

三、问题思考

你认为这个案件的审理正确吗？它违反了哪些法律、法规？请对案例进行评析。

本章小结

工程发包与承包是指发包方通过合同委托承包方为其完成某一工程的全部或其中一部分工作的交易行为。工程发包方一般为建设单位或工程总承包单位；工程承包方则一般为工程勘察设计单位、施工单位、工程设备供应或制造单位等。建设工程招标，是指招标人就拟建工程发布通告，以法定方式吸引承包单位参加竞争，从中择优选定工程承包方的法律行为。建设工程招标的原则也就是建设工程招投标活动所应遵循的原则：公开、公平、公正和诚实信用。招标的两种方式：公开招标、邀请招标。

本章的重点是建设工程招标投标，建设工程招标的原则，建设工程招标、投标的要求，建设工程招投标的管理与监督。

本章的难点是建设工程招投标的管理与监督。

思考题

1. 什么是建设工程的发包与承包？它有哪些方式？

2．《中华人民共和国建筑法》中，对建设工程承发包都作了哪些规定？

3．什么是建设工程招标？它应遵循的原则是什么？

4．招标人自行招标必须具备的条件有哪些？

5．我国强制性进行招标投标的建设工程项目有哪些？

6．招标方式有哪几种？它们之间的主要区别是什么？

7．《中华人民共和国招标投标法》对招标活动都作了哪些限制性规定？

8．投标人应具备什么条件？

9．何谓投标联合体？联合体的资格和责任方面都有哪些规定？

10．《中华人民共和国招标投标法》对投标文件、时间、行为、投标人数等方面都作了哪些规定？

11．何谓开标？开标时间、地点、参加人及开标过程都有哪些规定？

12．何谓评标？评标委员会组成方面有哪些规定？哪些人可参加评标？有关评标的相关规定还有哪些？

13．确定中标人后，招标人应进行哪些活动？

14．中标通知书在法律上的性质是什么？它何时生效？

15．我国现行建设工程招标投标管理机构有哪些？其职责是什么？

第 9 章　工程建设标准法律制度

本章导读

本章介绍工程建设标准的概念、特点和作用，介绍了工程建设标准的种类和工程建设标准的制定与实施。9.1 节为工程建设标准，9.2 节介绍工程建设标准的种类，9.3 节介绍工程建设强制性标准，9.4 节介绍工程建设标准的制定与实施。

工程建设标准化是在建设领域内有效地实行科学管理、强化政府宏观调控的基础和手段，积极推行工程建设标准化，对规范建设市场行为，促进建设工程技术进步，保证工程质量，加快建设速度，节约原料、能源，合理使用建设资金，保护人身健康和人民生命财产安全，提高投资效益，都具有重要的作用。1988 年、1989 年相继批准发布的《标准化法》和《标准化法实施条例》，不仅使我国标准化工作进入了依法管理的轨道，同时也极大地促进了标准化工作的发展。截止到 2002 年底，工程建设标准的数量已达到 3 674 项，其中，国家标准 339 项、行业标准 2 374 项、地方标准 817 项、协会标准 144 项。

《标准化法》规定：标准化工作的任务是制定标准、实施标准和对标准的实施进行监督。标准是标准化工作的前提和基础，标准化工作是围绕标准而开展的。工程建设标准就是在建设领域内对各类建设工程的勘察、规划、设计、施工、安装、验收及管理、维护加固等活动所制定的标准。它以科学、技术和实践经验的综合成果为基础，经有关各方协商一致，由主管机构批准，以特定形式发布，作为建设领域共同遵守的准则和技术依据。

9.1　工程建设标准概述

9.1.1　工程建设标准的概念

标准是指对重复性事物和概念所作的统一性规定。它以科学技术和实践经验的综合成果为基础，经有关方面协商统一，由主管机构批准，以特定形式发布，作为共同遵守的准则和依据。

工程建设标准是指对基本建设中各类工程的勘察、规划、设计、施工、安装、验收等需要协调统一的事项所制定的标准。

制定和实施各项工程建设标准，并逐步使其各系统的标准形成相辅相成、共同作用的完整体系，即实现工程建设标准化，是实现现代化建设的重要手段，也是现阶段我国建设领域一项重要的经济、技术政策。它可保证工程建设的质量及安全生产，全面提高工程建设的经济效益、社会效益和环境效益。

9.1.2 工程建设标准的特点

工程建设标准的特点,取决于工程建设所具有的特殊性。主要包括工程建设活动的复杂性、工程本身的复杂性和重要性及工程受自然环境、社会环境影响大的特性,因此,人们比较认同的工程建设标准的特点有三个,即综合性强、政策性强、受自然环境影响大。

1. 综合性强

工程建设综合性强的特点主要反映在两个方面。

(1) 工程建设标准的内容多数是综合性的

例如《建筑设计防火规范》,其内容不仅包括了民用建筑设计的各个方面应当采取的防火安全措施,而且也包括了各类工业建筑中应当采取的一系列安全防火措施。在制订标准时,需要就各个不同领域的科学技术成果和经验教训,进行综合分析,具体分解,并需要保证标准的综合成果达到安全可靠的目的。又如《民用建筑室内环境污染控制规范》,其适用范围是新建、改建、扩建的民用建筑工程和装修工程,在制订该规范时,不仅要同时反映出民用建筑工程和装修工程在新建、改建、扩建方面的特点和技术要求,而且要同时反映出民用建筑工程和装修工程在新建、改建、扩建过程中的勘察、设计、施工、验收及检验等不同环节的特点和技术要求。民用建筑工程包括的类型很多,如住宅、办公楼、医院病房楼、商场、车站等,由于其使用功能、使用对象、通风条件、人员停留时间等诸多方面不尽相同,因此在确定控制指标时,需要做到区别对待。同时,要实现控制的最终目标,除了对建设工程过程进行控制以外,还需要对建筑材料、装修材料的污染物含量进行控制等。只有在这诸多的方面都得以综合反映,才能实现标准的制定目标。可以说,工程建设标准绝大部分都需要应用各领域的科技成果,经过综合分析,才能制定出来。

(2) 制定工程建设标准需要考虑的因素是综合性的

这些因素不仅包括了技术条件,而且也包括经济条件和管理水平。有的人抱怨某些工程建设标准技术水平低,许多先进的科学技术成果或国外的成功经验没有纳入到标准中来,根源就在于忘了我国的国情,没有认真分析我国的经济承受能力和管理水平是否适应。仍以《民用建筑室内环境污染控制规范》为例,技术水平定高了,应当说对减少室内环境污染有利,但市场上能否有足够的高标准的建筑材料和装修材料满足实际工程的需要;即使部分工程能够在市场上采购到相应的高标准的建筑材料和装修材料,投资者、使用者的经济条件能否承受得了;目前的施工条件、检验手段等能否满足要求。这就需要进行综合分析,全面衡量,统筹兼顾,以求在可能的条件下获取最佳的效果。可以说,经济、技术、安全、管理等诸多现实因素相互制约的结果,也是造成工程建设标准综合性强的一个重要原因,而不综合考虑这些因素,工程建设标准也就很难在实际中得到有效地贯彻执行。

2. 政策性强

主要原因有以下 5 个方面。

① 工程建设的投资量大,我国每年用于基本建设的投资约占国家财政总支出的 30%,其中大部分用于工程建设,因此各项技术标准的制订应十分慎重,需要适应相应阶段国家的经济条件。例如对民用住宅建筑的标准稍加提高,即使每平方米造价增加几元钱,年投资就会增加几千亿元。控制投资是政策性很强的事项,工程建设技术标准首先要控制恰当。

② 工程建设要消耗大量的资源（包括各种原材料、能源和土地等），直接影响到环境保护、生态平衡和国民经济的可持续发展，标准的水平需要适度控制，不允许任意不恰当地提高标准。

③ 工程建设直接关系到人民生命财产的安全，关系到人体健康和公共利益，但安全、健康和公共利益也并非越高越好，还需要考虑经济上的合理性和可能性。安全、健康和公共利益以合理为度，工程建设标准对安全、健康、公共利益与经济之间的关系进行了统筹兼顾。

④ 工程建设标准化的效益，尤其是强制性标准的效益，不能单纯着眼于经济效益，还必须考虑社会效益。例如有关抗震、防火、防爆、环境保护、改善人民生活和劳动条件等方面的各种技术标准，首先是为了获得社会效益。

⑤ 工程建设要考虑百年大计。任何一项工程使用年限绝不只是三五年，而是少则几十年，多则百年以上。因此，工程建设技术标准在工程的质量、设计的基准等方面，需要考虑这一因素，并提出相应的措施或技术要求。

3. 受自然环境影响大

标准是科学技术和实践经验的综合成果，必须结合国情来制定，符合具体的自然环境条件和现阶段的经济实力、科学技术水平。在一般情况下，对工程建设方面的国际标准或国外先进标准的直接引进采用是应该争取的，这样有利于与国际接轨，但实际上国际通用的工程建设技术标准为数有限。从我国现行的工程建设技术标准状况来看，都是考虑了幅员辽阔的因素。首先在技术标准的分级上设置了地方标准一级，充分体现了对自然环境条件影响的重视；同时，针对一些特殊的自然条件，专门制定了相应的技术标准，如黄土地区、冻土地区及膨胀土地区的建筑技术规范等。

9.1.3 工程建设标准的作用

现代建筑业是建立在以技术为主体的基础上的社会化大生产，它不仅有复杂的机械设备和配套系统，而且建筑材料及其性能也十分复杂，工程作为产品的制造过程，从勘察设计到竣工验收都具有高度的科学性和技术性。标准作为贯穿科研、设计、生产、材料流通和使用各个环节的纽带和桥梁，具有以下作用。

1. 确保工程的安全性、经济性和适用性

安全与经济，是基本建设中政策性、技术性很强的两个重要因素。从某种意义上讲，它们又是一对关系到建设速度和投资效益的矛盾，处理不当，就会给国家和人民的生命财产造成严重的损失。为此，必须以合理地保证工程质量来处理好这一对矛盾。如何做到既能保证安全和质量，又不浪费投资，制定一系列的标准规范就是很重要的一个条件。因为，按现行的规定，经一定程序批准发布的标准规范，具有技术性质，设计、施工必须遵守；而且标准规范是在国家方针、政策指导下制定的，它根据工程实践经验和科学试验数据，结合国情进行综合分析，提出科学、合理的安全度要求。在此基础上按工程的使用功能和重要性，划分安全等级，据此作出相应的规定。这样，就基本可以做到各项工程建设在一定的投资条件下，既保证安全，达到预期的建设目的，又不会有过高的安全要求，增加过多的投资。此外，制定标准规范还要考虑国家的国力和资源条件，通过平衡需要和可能，制定合适的标准。为了保证工程质量，还要通过优选的办法，在兼顾安全、通用、经济的前提下，合理统一各种功能参数和技术指标，使工程建设的经济性、合理性得到进一步保证。

2. 保证和提高工程建设的质量

在工程建设领域内，拥有各种专业的各级工程技术人员，他们分布在某一部门、某一单位内，人员级配是不平衡的，也就是说，从事工程建设的具体勘察、规划、设计、施工单位，他们的技术力量是有差别的；即使以某一个专业单位而言，技术力量也是不平衡的。由此，一个工程、一项设计或施工的水平，将取决于承担任务的科技人员的水平，这是客观的普遍情况。但工程建设不允许在质量上出现过大的差别，造成投资浪费、影响功能要求或甚至影响到工程的安全。工程建设标准化的作用，可以避免这种不允许的差别。工程建设标准化系列中，有关专业的标准规范为相应专业的工程技术人员，提供了必要的规定。例如结构方面的设计规范，内容包括荷载、结构构造要求和相应的结构计算模型的确定、内力计算方法、截面设计方法和具体公式等规定，只要设计人员认真执行，就可以保证工程质量。标准规范的功能对于任何人都是相同的，从这层意思来讲，标准化可以普遍提高工程质量。同时，根据标准化的工作方法，每一项工程建设标准规范的判定，都是在掌握大量实践经验的基础上开展的，并且都进行了若干试验验证，是具备高度科学性的产物；同时在批准颁布之前，都经过广泛的征求意见和全国性或专业性审查会，鉴定把关。因此，它具备了保证工程质量的牢靠基础，这是一个普遍性的问题。

3. 合理利用资源，节约原材料

如何利用资源、挖掘材料潜力、开发新的品种、搞好工业废料的利用，以及控制原料和能源的消耗等，已成为保证基本建设、持续发展亟待解决的重要课题。在这方面，工程建设标准化可以起到极为重要的作用。首先，国家可以运用标准规范的法制地位，按照现行经济和技术政策制度约束性的条款，限制短缺物资、资源的开发使用，鼓励和指导采用代替材料；二是根据科学技术发展情况，以每一时期的最佳工艺和设计、施工方法，指导采用新材料和充分挖掘材料功能潜力；三是以先进可靠的设计理论和择优方法，统一材料设计指标和结构功能参数，在保证使用和安全的条件下，降低材料和能源消耗。

4. 促进科研成果转化和新技术的推广应用

标准规范应用于工程实践，必须具有指导作用，保证工程获得最佳经济效益和社会效益。因此，标准规范必须建立在生产和科学技术发展的基础上，保持其先进性和科学性。科研成果和新技术一旦为标准规范肯定和采纳，必然在相应范围内产生巨大的影响，促进科研成果和新技术得到普遍的推广和广泛应用，尤其是在我国社会主义市场经济体制的条件下，科学技术新成果一旦纳入标准，都具有了相应的法定地位，除强制要求执行的以外，只要没有更好的技术措施，都应当自动地得到应用。此外，标准规范纳入科研成果和新技术，一般都进行了以择优为核心的统一、协调和简化工作，使科研成果和新技术更臻于完善。并且在标准规范实施过程中，通过信息反馈，提供给相应的科研部门进一步研究参考，这又反过来促进了科学技术的发展。

5. 保证建设工程发挥社会效益

在基本建设中，有为数不少的工程，在发挥其功能的同时，也带来了污染环境的公害；还有一些工程需要考虑防灾（防火、防爆、防震等），以保障国家、人民财富和生命安全。我国政府为了保护人民健康，保障国家、人民生命财产安全和保持生态平衡，除了在相应工程建设中增加投资或拨专款进行有关的治理外,主要还在于通过工程建设标准化工作的途径,做好治本工作。多年来,有关部门通过调查研究和科学试验,制定发布了这方面的专门标准,例如防震、防火、防爆等标准规范。另外,在其他的专业标准规范中,凡涉及这方面的问题,也规定了专门的要求。由于这方面的标准规范都属于强制性,在工程建设中要严格执行,因此,这些标准规范的发布和实施,对防止公害、保障社会效益起到了重要作用。近年来,为了方便残疾人、老年人、节约能源、保护环境,组织制定了一系列有益于公众利益的标准规范,使标准规范在保障社会效益方面的作用更加明显。[①]

9.2 工程建设标准的种类

9.2.1 根据标准的约束性划分

按标准的约束性分为强制性标准和推荐性标准。

我国的标准化法规定,国家标准和行业标准分为强制性标准和推荐性标准。保障人体健康、人身财产安全的标准和法律、行政性法规规定强制性执行的标准是强制性标准;其他标准是推荐性标准。省、自治区、直辖市标准化行政主管部门制定的工业产品的安全、卫生要求的地方标准在本行政区域内是强制性标准。

强制性标准必须严格执行。对工程建设业来说,下列标准属于强制性标准:

① 工程建设勘察、规划、设计、施工(包括安装)及验收等通用的综合标准和重要的通用的质量标准;

② 工程建设通用的有关安全、卫生和环境保护的标号;

③ 工程建设重要的术语、符号、代号、量与单位、建筑模数和制图方法标准;

④ 工程建设重要的通用的试验、检验和评定等标准;

⑤ 工程建设重要的通用的信息技术标准;

⑥ 国家需要控制的其他工程建设通用的标准。

推荐性标准国家鼓励企业自愿采用。

9.2.2 根据内容划分

按标准的内容分为设计标准、施工及验收标准和建设定额。

1. 设计标准

设计标准是指从事工程设计所依据的技术文件。设计标准一般可分为三种。

① 建筑设计标准。建筑设计标准包括建筑设计、建筑物理、建筑暖通与空调等方面的技术标准与规程。

② 结构设计标准。结构设计标准包括建筑结构、工程抗震、勘察及地基与基础等方面的技术标准和规程。

---

① 何佰洲. 工程建设法规与案例. 2版. 北京:中国建筑工业出版社,2004.

③ 防火设计标准。防火设计标准包括建筑物的耐火性能、建筑物防火防爆措施、消防、给水与排水、通风与采暖、疏散通道等技术标准和规程。

2. 施工及验收标准

施工标准是指施工操作程序及其技术要求的标准。施工标准一般分为建筑工程施工标准和安装工程施工标准两大类。验收标准是指检验、接收竣工工程项目的规程、办法与标准。主要内容如下：

① 地基与基础工程：包括井点降低地下水位、岩土、重锤夯实、预压、强夯、振冲和旋喷地基，以及桩基础、地下连续墙、沉井等。

② 钢筋混凝土工程：包括模板工程、钢筋工程、混凝土工程、装配式结构和预应力混凝土等。

③ 砖石工程：包括砂浆、砌砖、器石和冬季施工等。

同时，对上述等施工规范的主要项目，规定了质量指标。并考虑到工程特点，有的质量指标规定了正负允许偏差，如轴线、标高、宽度、厚度、间距和截面尺寸等；有的仅规定了正允许偏差，如地脚螺栓孔深度等；也有的仅规定了负偏差，如混凝土柱和牛腿上的表面标高；还有的规定了允许偏差，不规定正负，如位置、垂直度、平整度等。

3. 建设定额

建设定额是指国家规定的消耗在单位建筑产品上活劳动和物化劳动的数量标准，以及用货币表现的某些必要费用的额度。

9.2.3 按属性分类

按照标准的基本属性划分为技术标准、管理标准和工作标准三大类。

1. 技术标准

技术标准是指对标准化领域中需要协调统一的技术事项所制定的标准。一般来说，技术标准是指对标准化对象的技术特征加以规定的标准，它是从事生产建设及商品流通的一种共同遵守的技术依据。

2. 管理标准

管理标准是指对标准化领域中需要协调统一的管理事项所制定的标准。管理事项主要指在营销、设计、采购、工艺、生产、检验、能源、安全、卫生环保等管理中与实施技术标准有关的重复性事物和概念。

3. 工作标准

工作标准是指对标准化领域中需要协调统一的工作事项所制定的标准。工作事项主要指在执行相应管理标准和技术标准时与工作岗位的职责、岗位人员基本技能、工作内容、要求与方法、检查与考核等有关的重复性事物和概念。

9.2.4 我国标准的分级

根据《标准化法》的规定，我国的标准分为4级：国家标准、行业标准、地方标准、企业标准。

1. 国家标准

国家标准是对需要在全国范围内统一的技术要求制定的标准。需要在全国范围内统一的下列技术要求，应制定国家标准（含标准样品的制作）：通用的技术术语、符号、代号（含代码）、制图方法；保障人体健康和人身、财产安全的技术要求；基本原料、材料、燃料的技术要求；通用基础件的技术要求；通用的试验、检验方法；工程建设勘察、规划、设计、施工及验收的重要技术要求；工程建设、交通运输、资源等通用的管理技术要求；国家需要控制的其他重要产品和工程建设的通用技术要求等。国家标准由国务院标准化行政主管部门编制计划，协调项目分工，组织制定、修订、统一编审、编号、发布。工程建设国家标准由建设行政主管部门审批，国务院标准化行政主管部门统一编号，由工程建设行政主管部门和标准化行政主管部门联合发布。

2. 行业标准

行业标准是对没有国家标准而又需要在全国某个行业范围内统一的技术要求所制定的标准。行业标准不得与国家标准相抵触。有关行业标准之间应保持协调、统一，不得重复。行业标准在相应的国家标准公布后，即行废止。需要在行业内统一的下列技术要求，可以制定行业标准：技术术语、符号、代号（含代码）、制图方法等；工程建设勘察、规划、设计、施工及验收的技术要求及方法；交通运输、资源等的技术要求及其管理技术要求等。行业标准也分为强制性标准和推荐性标准。行业标准是由国务院该行业行政主管部门组织制定的，并由该部门统一审批、编号、发布，送国务院标准化行政主管部门备案。

3. 地方标准

地方标准是对没有国家标准和行业标准而又需要在该地区范围内统一的技术要求所制定的标准（含标准样品的制作）。地方标准不得违反有关法律、法规和国家、行业的强制性标准。地方标准由省、自治区、直辖市标准化行政主管部门统一编制计划、组织审定、编号和发布。地方标准发布后，应由省、自治区、直辖市标准化行政主管部门向国务院标准化行政主管部门和有关行政主管部门备案。

4. 企业标准

企业标准是对企业范围内需要协调、统一的技术要求、管理事项和工作事项所制定的标准。企业标准是企业组织生产、经营活动的依据。企业标准不得违反有关法律、法规和国家、行业的强制性标准。在同一企业内，企业标准之间应协调一致。企业标准由企业制定，由法人代表或法人代表授权的主管领导批准、发布。企业标准一般应由企业按企业的隶属关系报当地政府标准化行政主管部门备案。国家标准、行业标准和地方标准的强制性标准，企业必须严格执行。推荐性标准，企业一经采用也具有了强制的性质，因此应严格执行；对于企业已经备案的企业标准也应严格执行。

9.3 工程建设强制性标准

9.3.1 《工程建设标准强制性条文》实施的意义

1.《工程建设标准强制性条文》是贯彻《建设工程质量管理条例》的一项重大举措

国务院发布的《建设工程质量管理条例》，对于加强工程质量管理的一系列重大问题作出了明确规定，其中一个重要的内容就是对执行工程建设强制性标准作出了严格的规定。过去发布的很多标准，有强制性的也有推荐性的，很多建设环节往往没有执行，这方面的例子很多。比如：残疾人通道，许多建筑物就没有执行标准。标准规定超过6层的住宅要设电梯，多数城市也不执行，有的建筑到9层还不设电梯。

《质量管理条例》第五十六条规定，建设单位明示或者暗示设计单位或者施工单位违反工程建设强制性标准，降低工程质量的，责令改正，处20万元以上50万元以下的罚款；第六十三条规定，勘察单位、设计单位未按照工程建设强制性标准进行勘察、设计的，责令改正，处20万元以上30万元以下的罚款；第六十四条规定，施工单位不按照技术标准施工的，责令改正，处合同价款2%以上4%以下的罚款。

《工程建设标准强制性条文》以现行的强制性国家标准和行业标准为基础，编制了包括城乡规划、城市建设、房屋建筑、工业建筑、水利工程、电力工程、信息工程、水运工程、公路工程、铁道工程、石油和化工建设工程、矿山工程、人防工程、广播电影电视工程和民航机场工程在内的15部分内容。它的贯彻实施，必将推动《建设工程质量管理条例》的全面落实。

2. 《工程建设标准强制性条文》是推进工程建设标准体制改革的关键

我国现行的工程建设标准体制是强制性与推荐性相结合的标准体制。这一体制的确立，是《标准化法》所规定的。工程建设标准化是国家、行业和地方政府从技术控制的角度，为建筑市场提供运行规则的一项基础性工作，对引导和规范建筑市场行为具有重要的作用。因此，尽快建立起适应社会主义市场经济要求的工程建设标准管理体制，势在必行。

《工程建设标准强制性条文》启动了工程建设标准体制的改革，是工程建设标准体制改革从研究、探索到具体实施所迈出的关键一步。随着《工程建设标准强制性条文》内容的不断完善，将逐步形成与国际惯例接轨的我国工程建设技术法规基本体系。

3. 贯彻《工程建设标准强制性条文》是保证和提高工程质量的重要环节

建设部在发布《工程建设标准强制性条文》的通知中，明确规定了《工程建筑标准强制性条文》的地位和作用。关键内容有两点：一是明确了《工程建设标准强制性条文》是参与建设活动各方执行工程建设强制性标准和政府对执行情况实施监督的依据；二是明确了列入《工程建设标准强制性条文》的所有条款都必须严格执行，就是说，有一个条文不执行就要处罚，造成工程质量事故，必然要追究相应的责任。

9.3.2 工程建设强制性标准的监督管理

国务院建设行政主管部门负责实施全国工程建设强制性标准的监督管理工作；国务院有关行政主管部门按照国务院的职能分工负责实施工程建设强制性标准的监督管理工作；县级以上地方人民政府建设行政主管部门负责本行政区域内实施工程建设强制性标准的监督管理工作。

工程建设中拟采用的新技术、新工艺、新材料，不符合现行强制性标准规定的，应当由拟采用单位提请建设单位组织专题技术论证，报批准标准的建设行政主管部门或者国务院有关主管部门审定。工程建设中采用国际标准或者国外标准，现行强制性标准未作规定的,建设单位应当向国务院建设行政主管部门或者国务院有关行政主管部门备案。

建设项目规划审查机构应当对工程建设规划阶段执行强制性标准的情况实施监督。

施工图设计文件审查单位应当对工程建设勘察、设计阶段执行强制性标准的情况实施监督。

建筑安全监督管理机构应当对工程建设施工阶段执行施工安全强制性标准的情况实施监督。

工程质量监督机构应当对工程建设施工、监理、验收等阶段执行强制性标准的情况实施监督。

建设项目规划审查机关、施工设计图设计文件审查单位、建筑安全监督管理机构、工程质量监督机构的技术人员必须熟悉、掌握工程建设强制性标准。

工程建设标准批准部门应当定期对建设项目规划审查机关、施工图设计文件审查单位、建筑安全监督管理机构、工程质量监督机构实施强制性标准的监督进行检查,对监督不力的单位和个人,给予通报批评,建议有关部门处理。

9.3.3 工程建设强制性标准执法检查

工程建设标准批准部门应当对工程项目执行强制性标准情况进行监督检查。监督检查可以采取重点检查、抽查和专项检查的方式。

强制性标准监督检查的内容包括:有关工程技术人员是否熟悉、掌握强制性标准;工程项目的规划、勘察、设计、施工、验收等是否符合强制性标准的规定;工程项目采用的材料、设备是否符合强制性标准的规定;工程项目的安全、质量是否符合强制性标准的规定;工程中采用的规则、指南、手册、计算机软件的内容是否符合强制性标准的规定。工程技术人员应当参加有关工程建设强制性标准的培训,并可以计入继续教育学时。任何单位和个人对违反工程建设强制性标准的行为有权向建设行政主管部门或者有关部门检举、控告、投诉。

9.3.4 违反工程建设标准强制性的法律责任

建设单位有下列行为之一的,责令改正,并处以 20 万元以上 50 万元以下的罚款:明示或者暗示施工单位使用不合格的建筑材料、建筑构配件和设备的;明示或者暗示设计单位或者施工单位违反工程建设强制性标准,降低工程质量的。

勘察、设计单位违反工程建设强制性标准进行勘察、设计的,责令改正,并处以 10 万元以上 30 万元以下的罚款。有前款行为,造成工程质量事故的,责令停业整顿,降低资质等级;情节严重的,吊销资质证书;造成损失的,依法承担赔偿责任。

施工单位违反工程建设强制性标准的,责令改正,处工程合同价款 2% 以上 4% 以下的罚款;造成建设工程质量不符合规定的质量标准的,负责返工、修理,并赔偿因此造成的损失;情节严重的,责令停业整顿,降低资质等级或者吊销资质证书。

工程监理单位违反强制性标准规定,将不合格的建设工程及建筑材料、建筑构配件和设备按照合格签字的，责令改正，处 50 万元以上 100 万元以下的罚款，降低资质等级或者吊销资质证书；有违法所得的，予以没收；造成损失的，承担连带赔偿责任。违反工程建设强制性标准造成工程质量、安全隐患或者工程事故的，按照《建设工程质量管理条例》有关规定，对事故责任单位和责任人进行处罚。[①]

9.4 工程建设标准的制定与实施

9.4.1 工程建设标准的制定原则

工程建设标准的制定原则如下。

① 遵守国家的有关法律、法规及相关方针、政策，密切结合自然条件，合理利用资源，充分考虑使用和维修的要求，做到安全适用、技术先进、经济合理。

② 积极开展科学实验或测试验证。有关项目，应纳入主管部门的科研计划，认真组织实施，写出成果报告。

③ 积极采用新技术、新工艺、新设备、新材料。经有关主管部门或受托单位鉴定，有完整的技术文件，且经实践检验的新技术、新工艺等，应纳入标准。

④ 积极采用国际标准和国外先进标准。凡经认真分析论证或测试验证，并符合我国国情的国际和国外先进标准，应纳入标准。

⑤ 条文规定严谨明确，文字简练，不得模棱两可。内容深度、术语、符号、计量单位等应前后一致，不得矛盾。

⑥ 注意与先行标准的协调。要遵守先行的工程建设标准，确有更改需要的，必须经过审批。工程建设标准中，不得规定产品标准的内容。

⑦ 发扬民主、充分讨论。对有关政策问题应认真研究、统一认识；对有争论的技术性问题，应在调查研究、实验验证或专题讨论的基础上充分协商，再作结论。

9.4.2 工程建设标准的审批、发布

工程建设国家标准由国务院建设行政主管部门审查批准，国务院标准化行政主管部门和建设行政主管部门联合颁行。

工程建设行业标准由国务院有关行政主管部门审批、颁行、并报国务院建设行政主管部门备案。

工程建设地方标准的制定、审批、发布方法，由省、自治区、直辖市人民政府规定。但标准发布后应报国务院建设行政主管部门和标准化行政主管部门备案。

工程建设企业标准由企业组织制定，并按国务院有关行政主管部门或省、自治区、直辖市人民政府的规定报送备案。

---

① 建设部. 建设法规教程. 北京：中国建筑工业出版社，2002.

9.4.3 工程建设标准的实施

工程建设标准的实施,不仅关系到建设工程的经济效益、社会效益和环境效益,而且直接关系到工程建设者、工程所有者和使用者的人身安全及国家、集体和公民的财产安全。因此,必须严格执行,认真监督。相关法规作如下规定。

① 各级行政主管部门在制定有关工程建设的规定时,不得擅自更改国家及行业的强制性标准;从事工程建设活动的部门、单位和个人,都必须执行强制性标准;对于不符合强制性标准的工程勘察成果报告和规划、设计文件,不得批准使用;不按标准施工,质量达不到合格标准的工程,不得验收。

② 工程质量监督机构和安全监督机构,应根据现行的强制性标准,对工程建设的质量和安全进行监督,当监督机构与被监督单位对适用的强制性标准发生争议时,由该标准的批准部门进行裁决。

③ 各级行政主管部门应对勘察、设计、规划、施工单位及建设单位执行强制性标准的情况进行监督检查。国家机关、社会团体、企业、事业单位及全体公民均有权检举、揭发违反强制性标准的行为。

④ 对于工程建设推荐性标准,国家鼓励自愿采用。采用何种推荐性标准,由当事人在工程合同中予以确认。

案例分析

一、基本案情

江苏省无锡市太湖娱乐城工程地处无锡闹市区,主体地上22层,地下3层,建筑面积47 800 m²,该工程建设单位为无锡太湖娱乐城总公司,工程监理单位为无锡同济建筑工程监理公司。该工程建筑结构、水电暖通设计由无锡市建筑设计研究院承担,建筑结构土建施工由无锡市第二建筑工程公司承建,基坑围护结构设计和施工单位为南京勘察工程公司,工程桩基施工也同时由南京勘察工程公司承建。该工程自1995年2月开始由南京勘察工程公司进场开始围护及桩基施工,于1995年9月开始从东向西进行挖土、内支撑安装及桩间压密注浆施工,于1996年4月13日基本完成深基坑围护支护工程项目,1996年4月13日至4月20日,继续以人工挖除基坑西南角剩余土方约2 000 m³,同年4月20日下午5时左右,基坑西南剩余土方基本挖清后,不满10小时,即于当夜4月21日凌晨2时25分左右,基坑西南角发生倒塌。

二、案件审理

无锡市太湖娱乐城工程的基坑围护结构系由南京勘察工程公司一体负责设计和施工,该公司一并对施工防护、基坑安全及施工场地周围建筑物、地下管线的保护负责作出了合同成果。在该基坑维护支护结构的设计和施工实践中,南京勘察工程公司应认真掌握该基坑围护支护的技术条件,对可能发生的各种情况进行强度和变形计算分析,且须加强管理。但在基坑围护支护结构的设计和施工中,该公司仅进行单一情况的强度计算,特别是对该基坑西边线的大转折凸角结点受力复杂部位考虑疏漏,未进行受力分析和变形计算,形成薄弱突破点,留下严重隐患。在施工中发现有关情况又未采取有效措施,致使该处钢围檩凸角结点连接焊缝强度严重不足，在土的被动压力减小后而首先破坏失效，引起基坑西南角维护支撑系统失去平衡稳定，而发生该基坑局部坍塌。作为该基坑围护支护结构设计和施工的一体承建的南京勘察工程公司是该基坑部分坍塌事故的主要责任单位，该单位的工程项目设计负责人和工程项目施工现场负责人应为主要责任人。该工程深基坑西南角部位于1996年4月21日坍塌前一段时间，已明显出现周边邻近道路沉降和裂缝的非正常迹象，且不断有所发展，甚至临近4月21日该基坑部分坍塌前更曾明显发生险情迹象，但均未引起现场有关方面的应有重视，而心存侥幸，未采取妥善预防措施。因此，无锡太湖娱乐城总公司作为建设单位，疏忽严格管理，应部分承担组织管理责任。

(1) 南京勘察工程公司为该事故的主要责任单位，承担赔偿事故经济损失的80%。在事故处理、经济损失赔偿实现前，吊销该单位进入无锡市"进市施工许可证"。在调查中发现有转包现象，由建设行政主管部门另行处理。该单位的事故责任人，由有关部门按规定进行处理。

(2) 太湖娱乐城总公司应部分承担组织管理的责任，承担事故经济损失的20%。

(3) 对周围建筑物的维修加固费用，考虑到基坑坍塌事故发生前已有一定影响，故可作为工程预算按实际发生数进入工程总造价中处理。

(4) 土方总包单位苏州地质工程勘察院及分包单位锡山市市政运输公司在基坑土方工程施工中也有缺陷，给予通报批评。

(5) 无锡同济建筑工程监理公司监理不力，给予行政批评，并督促其加强管理。

三、案例评析

《建筑法》第三十七条规定："建筑工程设计应当符合按照国家规定制定的建筑安全规程和技术规范，保证工程的安全性能。"《建设工程质量管理条例》第十九条第一款规定："勘察、设计单位必须按照工程建设强制性标准进行勘察、设计，并对其勘察、设计的质量负责。"

本案中，南京勘察工程公司仅进行单一情况的强度计算，造成重大质量隐患，实际上是违反工程建设强制性标准的行为，依法应当承担法律责任。

案例实训

1. 江苏省泰兴市鼓楼北路1号商住楼

该工程建筑面积5 461 m²，6层砖混结构，一层为商业用房，二至六层为住宅。由泰兴市城镇建设开发总公司开发建设，丹徒县建筑设计研究院勘察队进行岩土工程勘察，泰兴市建筑设计院设计，泰兴市新市建筑安装工程有限公司施工，泰兴市工程建设监理有限公司监理。在检查中专家发现，在这项工程中勘察地质结构的方法、判定建筑物场地类别的方法都是错误的。其一层结构设计方案不合理，抗震构造柱有漏设，构造柱箍筋相当一部分弯钩不符合规范要求（135°），砌筑砂浆饱满度不够。必须对结构方案、抗震构造、受力计算进行全面审核后，提出相应的处理方案，消除结构隐患。

2. 湖北武汉佳园19号楼

该工程为7层砖混结构。由武汉房地产开发集团股份有限公司开发建设，湖北省地质勘察基础工程公司勘察，武汉华太建筑设计工程有限公司设计，福建惠安建筑工程发展公司武汉分公司施工。该工程勘察报告无钻孔柱状图，违反《岩土工程勘察规范》的规定。勘察报告中夯扩桩参数违反《建筑桩基技术规范》的规定。施工中混凝土的养护、内外墙留槎处理、砌体洞口的处理、三层柱C-4轴强度、部分砌体拉结筋等多方面违反工程建设标准强制性条文。

3. 浙江省杭州市拱西小区浙麻小学

该工程建筑面积 7 162 m²，5 层框架结构。由拱宸桥旧城改造国道指挥部建设，煤炭工业部杭州建筑设计研究院设计，浙江省化工地质勘察院勘察，杭州明康建设监理有限公司监理，杭州广天建筑安装有限公司施工。该工程桩基持力层是第五层黏土夹粉质黏土，层面起伏较大，勘察单位没有按规范要求加密勘探孔；第二层土 11 个土样大部分为粉质黏土，仅 1 个土样为黏质粉土，勘察报告却竟将该层确定为黏质粉土，严重违反了《岩土工程勘察规范》的规定。施工质量问题也很严重，混凝土柱多处烂根，部分混凝土柱钢筋表面锈蚀严重；个别混凝土梁移位 3 cm，使上部墙体部分悬空。经混凝土回弹仪测试，二层框架混凝土强度只达到原设计强度等级 C25 的 71.2% 和 84.8%。抽测二层楼面板，设计板厚 110 mm，实测两点板厚分别为 104 mm、100 mm，违反了《混凝土结构工程施工质量验收规范》（GB 50204—2002），完全是粗制滥造。

4. 湖南省岳阳市华泰小区 2 号住宅楼

该工程建筑面积 3 484 m²，6 层砖混结构。由岳阳纸业集团华泰木材公司建设，湖南水文地质基础工程勘察院勘察，岳阳造纸厂造纸设计研究所设计，岳阳工程公司施工。经查，勘察单位对场地类别判定依据不足；对第二层土的认识、评价不合理，导致结论错误。检查中还发现，预应力多孔楼板存在大量蜂窝、多处露筋严重。还发现设计单位无房屋设计资质，属无证设计。

5. 山东省章丘市阜村煤矿机关 18 号宿舍

该工程建筑面积 5 680 m²，6 层砖混结构。由淄博矿务局建设，章丘建筑设计院设计，章丘市监理公司监理，章丘明水二建施工。该工程设计前未做场地勘察，利用距拟建建筑物分别为 40 m 和 50 m 的两份勘察报告提供的地基承载力进行设计。

6. 甘肃省兰州市解放门立交桥

该工程造价 7 940 万元，结构类型为单跨 20 m 混凝土桥。由兰州市城建投资公司建设，兰州市城市建设设计院勘察设计，兰州沿河工程监理有限公司监理，兰州市市政工程总公司施工。检查中发现，该工程初勘报告提示可能存在地质断裂带，需要进行详勘，但建设单位未委托有关勘察单位进行详细勘察，设计单位仅依据初勘报告进行结构设计，违反了《建设工程质量管理条例》的规定。

7. 新疆克拉玛依家佳乐超市

该工程建筑面积 19 645 m²，为框架结构。由克拉玛依市供销社建设，新疆时代石油工程有限公司勘察，克拉玛依市建筑规划设计院设计，克拉玛依市监理公司监理，克拉玛依市三联工程建设有限责任公司施工。该工程二层一框架柱主筋严重偏位，且竖向 500 mm 长度内无箍筋（设计箍筋间距为 200 mm）；底层框架柱设计强度为 C30，现场回弹强度普遍偏低；一层柱（400 m×400 m）根部（300 mm 处）预留 110 mm×110 mm 方洞，没有结构设计确认；该工程有局部地下独立工程，设计单位未进行抗浮计算。

8. 河南省郑州市西三环郑上路立交桥

该工程长 43.7 km，另有 5 座桥，工程总造价 14 亿元。由郑州市环城路工程指挥项目部建设，铁道部隧道工程局勘测设计院勘察设计，郑州新开源工程监理咨询公司监理，河南第五建筑工程公司施工。该工程勘察钻孔孔数、孔深都达不到规范要求，未采用现场静载荷载试验确定单桩承载力，违反《建筑桩基技术规范》。33 m 后张法 T 形梁端部锚头下端碎裂，违反《市政桥梁工程质量检验评定标准》。[1]

二、问题思考

请读者对上述案例进行评析，上述案例违返了哪些法律？

本章小结

工程建设标准是指对基本建设中各类工程的勘察、规划、设计、施工、安装、验收等需要协调统一的事项所制定的标准。按标准的约束性分为强制性标准和推荐性标准；按标准的内容分为设计标准、施工及验收标准和建设定额；按照标准的基本属性划分为技术标准、管理标准和工作标准三大类。我国的标准分为4级：国家标准、行业标准、地方标准、企业标准。

本章的重点是工程建设标准的种类，工程建设标准的实施。

本章的难点是工程建设标准的实施。

思考题

1. 工程建设标准的特点有哪些？
2. 简述工程建设标准的作用。
3. 按不同的分类方式，工程建设标准是如何分类的？
4. 实施工程建设标准强制性条文的意义是什么？
5. 工程建设强制性标准执法检查的内容有哪些？

---

[1] 何佰洲. 工程建设法规与案例. 2版. 北京：中国建筑工业出版社，2004.

第 10 章　环境保护法律制度

本章导读

本章介绍了环境保护及环境保护法的概念；熟悉水污染防治法、固体废物污染环境防治法和噪声污染防治法的基本内容；重点介绍了建设项目环境保护及评价制度。10.1 节为环境保护法律制度概述，10.2 节介绍我国环境保护基本法及专项法，10.3 节介绍建设项目环境保护制度。

10.1 环境保护法律制度概述

环境保护法是调整环境保护中各种社会关系的法律规范的总称，是指国家、政府部门根据发展经济、保护人民身体健康与财产安全、保护和改善环境需要而制定的一系列法律、法规、规章等。环境保护法规迅速成为一门新兴的独立法律分支，是和近几十年来世界很多国家和地区环境严重恶化，以致需要国家政府干预这种情况相联系的。

10.1.1 环境保护法的任务、目的与作用

1. 环境保护法的任务

根据我国《宪法》和《环境保护法》的规定，我国环境保护法有两项任务：

① 保证合理地利用自然环境，自然资源也是自然环境的重要组成部分；

② 保证防治环境污染与生态破坏，防治环境污染是指防治废气、废渣、粉尘、垃圾、滥伐森林、破坏草原、破坏植物、乱采乱挖矿产资源、滥捕滥猎鱼类和动物等。

2. 环境保护法的目的

环境保护法的目的是为人民创造一个清洁、适宜的生活环境和劳动环境以及符合生态系统健全发展的生态环境，保护人民健康，促进经济发展提供法律上的保障。

3. 环境保护法的作用

环境保护法是保护人民健康、促进经济发展的法律武器，是推动我国环境法制建设的动力，是提高广大干部，群众环境意识和环保法制观念的好教材，是维护我国环境权益的有效工具，是促进环境保护的国际交流与合作、开展国际环境保护活动的有效手段。

10.1.2 环境保护法的基本原则

环境保护法的基本原则，是环境保护方针、政策在法律上的体现，是调整环境保护方面社会关系的指导规范，也是环境保护立法、司法、执法、守法必须遵循的准则。它反映了环保法的本质，并贯穿环境保护法制建设的全过程，具有十分重要的意义。

(1) 经济建设与环境保护协调发展的原则

根据经济规律和生态规律的要求，环境保护法必须认真贯彻"经济建设、城市建设、环境建设同步规划、同步实施、同步发展的三同步方针"和"经济效益、环境效益、社会效益的三统一方针"。

(2) 预防为主，防治结合的原则

预防为主的原则，就是"防患于未然"的原则。环境保护中预防污染不仅可以尽可能地提高原材料、能源的利用率，而且可以大大地减少污染物的产生量和排放量，减少二次污染的风险，减少末端治理负荷，节省环保投资和运行费用。"预防"是环境保护第一位的工作。然而，根据目前的技术、经济条件，工业企业做到"零排放"也是很困难的，所以还必须与治理结合。

(3) 污染者付费的原则

污染者付费的原则，通常也称为"谁污染，谁治理"、"谁开发，谁保护"原则，其基本思想是明确治理污染、保护环境的经济责任。

(4) 政府对环境质量负责的原则

环境保护是一项涉及政治、经济、技术、社会各个方面的复杂又艰巨的任务，是我国的基本国策，关系到国家和人民的长远利益，解决这种全局性、综合性很强的问题，是政府的重要职责之一。

(5) 依靠群众保护环境的原则

环境质量的好坏关系到广大群众的切身利益，因此保护环境，不仅是公民的义务，也是公民的权利。

10.1.3 环境保护法的特点

环境保护法除了具有法律的一般特征外，还有以下特点。

(1) 科学性

环保是以科学的生态规律与经济规律为依据的，它的体系原则、法律规律、管理制度都是从环境科学的研究成果和技术规范总结出来的。

(2) 综合性

环保法所调整的社会关系相当复杂，涉及面广、综合性强。既有基本法，又有单行法；既有实体法，又有程序法。此外，环保法涉及行政法、经济法、劳动法、民法、刑法等有关内容。

(3) 区域性

我国是一个大国，区域差别很大，因此我国的环保法具有区域性特点。各省市可根据本地区制定相应的地方法规和地方标准，体现地区间的差异。

(4) 奖励与惩罚相结合

我国的环保法不仅要对违法者给予惩罚，而且还要对保护资源、环境有功者给予奖励，做到赏罚分明。这是我国环保法区别于其他国家法律的一大特点。

10.1.4 环境保护法律、法规及标准

环境保护法是国家整个法律体系的重要组成部分，具有自身一套比较完整的体系。《中

华人民共和国宪法》是我国的基本大法，它为制定环境保护基本法和专项法奠定了基础；新的《中华人民共和国刑法》(以下简称《刑法》)增加了"破坏环境资源罪"的条款，使得违反国家环境保护规定的个人或集体都不只负有行政责任，而且还要负刑事责任。5个环境保护专项法为防治大气、水体、海洋、固体废物及噪声污染制定了法规依据。环境保护工作涉及方方面面，特别是资源、能源的利用，因此资源法和其他有关的法也是环境保护法规体系的重要组成部分。

此外，还有地方环境保护法、环境保护行政法规、规章及环境保护标准等，分述如下。

1.《宪法》中相关规定

《宪法》第二十六条规定："国家保护和改善生活环境和生态环境，防治污染和其他公害。国家鼓励植树造林，保护林木。"第九条第二款规定："国家保障自然资源的合理利用，保护珍贵的动物和植物，任何组织和个人必须合理地利用土地。"第二十二条规定："国家保护名胜古迹、珍贵文物和其他重要历史文化遗产。"第五条规定："一切国家机关和武装力量、各政党和各社会团体、各企业事业组织都必须遵守宪法和法律。一切违反宪法和法律的行为，必须予以追究。"《宪法》中所有这些规定，是我国环境保护法的法律依据和指导原则。

2.《刑法》中相关规定

《刑法》第六章"妨害社会管理秩序罪"中第六节"破坏环境资源罪"中有9条规定，凡违反国家有关环境保护规定的，应负有相应的刑事责任。

3. 环境保护基本法

环境保护基本法指《中华人民共和国环境保护法》，它是环境保护领域的基本法律，是环境保护专项法的基本依据，它是由全国人大常务委员会批准颁布的。

4. 环境保护专项法

环境保护专项法是针对特定的污染防治领域和特定的资源保护对象而制定的单项法律。目前已颁布了《大气污染防治法》、《水污染防治法》、《固体废弃物污染环境防治法》、《海洋环境保护法》、《环境噪声污染防治法》5项，它是由全国人大常委会批准颁布的。

5. 环境保护资源法和相关法

自然资源是人类赖以生存发展的条件。为了合理地开发、利用和保护自然资源，特制定了《森林法》、《草原法》、《煤炭法》、《矿产资源法》、《渔业法》、《土地管理法》、《水法》、《水土保护法》和《野生动物保护法》等多部环境保护资源法；相关法指《城市规划法》、《文物保护法》及《卫生防疫法》等与环境保护工作密切相关的法律。

6. 环境保护行政法规

由国务院组织制定并批准公布的，为实施环境保护法律或规范环境监督管理制度及程度而颁布的条例、实施细则，如《水污染防治法实施细则》、《大气污染防治法实施细则》等，目前已有19项。

7. 环境保护部门规章

环境保护部门规章是由国务院有关部门为加强环境保护工作而颁布的环境保护规范性文件，如国家环保局颁布的《城市环境综合整治定量考核实施办法》、《排放污染物申报登记规定》、《建设项目环境保护管理办法》等。

8. 环境保护地方性法规和地方政府规章

环境保护地方性法规和地方政府规章是指有立法权的地方权力机关——人民代表大会及其常委会和地方政府制定的环境保护规范性文件，是对国家环境保护法律、法规的补充和完善，它以解决本地区某一特定的环境问题为目标，具有较强的针对性和可操作性。

9. 环境标准

环境标准我国环境法规体系中的一个重要组成部分，也是环境法制管理的基础和重要依据。环境标准包括主要环境质量标准、污染物排放标准、基础标准、方法标准等，其中环境质量标准和污染物排放标准为强制性标准。

10. 国际环境保护公约

国际环境保护公约是中国政府为保护全球环境而签订的国际条约和议定书，是中国承担全球环保义务的承诺，根据《环境保护法》规定，国内环保法律与国际条约有不同规定时，应优先采用国际条约的规定（我国保留条件的条款除外）。

11. 其他要求

其他要求指的是产业实施规范、与政府机构的协定、非法规性指南、污染物控制、国家关于重点治理三河（淮河、海河、辽河）、三湖（太湖、巢湖、滇池）和酸雨控制区、二氧化硫控制区、城市综合整治定量考核要求，以及旅游度假区、风景区、名胜古迹、文物保护区要求等。①

10.2 我国环境保护基本法及专项法

10.2.1 《中华人民共和国环境保护法》概述

1979年，我国正式颁布了《中华人民共和国环境保护法》（试行），试行法使用了10年，对我国的环境保护工作起到了很大推动作用。1989年，随着我国经济体制的改革步伐，为了适应新形势的需要，对《环境保护法》（试行）进行了修订，并于1989年12月颁布了《中华人民共和国环境保护法》（以下简称《环境保护法》）。该法共分六章四十七条，内容涉及我国环保工作的各个方面，内容广泛，主要内容概括如下。

① 规定了我国环境保护的管理体制。《环境保护法》明确规定了国务院环境保护行政主管部门，国家海洋行政主管部门、港务监督、渔政、渔港监督、军队环境保护部门、土地、矿产、林业、农业、水利行政主管部门，各级公安、交通、铁道、民航管理部门，县以上人民政府及环境保护行政主管部门，对保护和改善环境应负的责任和权力。

② 环境的监督管理工作。在《环境保护法》中，把我国多年来行之有效的几项环境保护工作制度，以及近几年正在逐步推广实施的部分制度放到了环境保护监督管理工作的重要位置，这些制度主要有：建设项目和资源开发项目实行的环境影响报告审批制度；在新建、扩建和改建工程中，防治污染的工程设施与主体工程同时设计、同时施工、同时投入使用的

---

① 建设部. 建设法规教程. 北京：中国建筑工业出版社, 2002.

"三同时"制度；对排放污染超标的单位，征收排污费制度；污染物排放申报登记制度；对在重点保护区排放污染物超标的单位和对环境造成严重污染的单位限期治理的制度。此外，在《环境保护法》中还对环境保护的宣传教育、科研、规划、监测、污染事故报告等各项监督管理工作作了原则性规定。

③ 对违反《环境保护法》，造成环境污染和生态破坏者所应负的民事、刑事、行政责任作了规定。

④ 对制定环境标准作了规定。在《环境保护法》中明确由国务院行政主管部门制定国家环境质量标准，对国家环境质量标准中未作规定的项目，可以制定地方环境质量标准。国家应根据环境质量标准和国家经济、技术条件制定国家污染物排放标准。对于国家污染物排放标准中未作规定的项目，可以制定严于国家污染物排放标准的地方污染物排放标准。地方污染物排放标准须报国务院行政主管部门备案。

⑤ 对保护自然环境与资源的法律规定。《环境保护法》第十七条规定："各级人民政府对具有代表性的各种类型的自然生态区域，珍稀、濒危的野生动植物自然分布区域，重要的水源涵养区域，具有重大科学文化价值的地质构造，著名溶洞和化石分布区、冰川、火山、温泉等自然遗迹，以及人文遗迹、古树名木，应当采取措施加以保护。"第十八条规定："在国务院及有关主管部门和省、自治区、直辖市人民政府划定的风景名胜区、自然保护区和其他需要特别保护的区域内，不得建设污染环境的工业生产设施，建设其他设施，其污染排放不得超过规定的排放标准。已建成的设施，其污染物排放超过规定标准的，应限期治理。"第十九条规定："开发利用自然资源，必须采取措施保护生态环境。"

⑥ 保护农业环境的法律规定。《环境保护法》第二十条规定："各级人民政府应当加强对农业生态环境的保护，防止土壤污染、土地沙化、盐渍化、贫瘠化、沼泽化、地面沉降和防治植被破坏、水土流失，水源枯竭，种源灭绝及其他生态失调现象的发生和发展，推广植物病虫害的综合防治，合理使用化肥、农药及植物生产激素。"

10.2.2 《中华人民共和国水污染防治法》概述

1996年八届十五次全国人大常委会对1984年公布的《中华人民共和国水污染防治法》（以下简称《水污染防治法》）作了修改，修改后的《水污染防治法》共七章六十条。

1. 水环境的监督管理

《水污染防治法》第三章第九条至第二十六条对水环境的监督管理规定如下。

① 国务院有关部门和地方人民政府调度水资源时，应当统筹兼顾，维持江、湖的合理流量和湖泊、水库及地下水体的合理水位，维护水体的自然净化能力。

② 防止水污染，应当按流域或者区域进行统一规划，经批准的水污染防治规划，是防治水污染的基本依据。县以上地方人民政府应当根据依法批准的流域水污染防治规则，制定本行政区域的水污染防治规划并纳入本行政区域的国民经济和社会发展中长期计划和年度计划。

③ 国务院有关部门和地方人民政府应当合理规划工业布局，对造成水污染的企业进行整顿和改造，采取综合防治措施，提高水的重复利用率，合理利用资源，减少废水和污染物的排放量。

④ 县以上人民政府可以对风景名胜区水体，重要渔业水体和其他具有特殊经济文化价

值的水体划定保护区，并采取措施，保证保护区的水质符合规定用途的水质标准。

⑤ 国家确定的重要江河流域的水资源保护工作机构，负责监测其所在流域的省市水体的水环境质量状况，并将监测结果及时报国务院环境保护部门和水利部门。

⑥ 城市污水应当进行集中处理与重复利用。国务院有关部门和各地方人民政府必须把保护城市水源和防治城市水污染纳入城市建设规划，建设和完善城市排水管网，有计划地建设城市污染水集中处理设施，加强城市水环境的综合整治；污水集中处理设施实行有偿服务，收取污水处理费，交污水处理费的不再缴纳排污费。

⑦ 省级以上人民政府可依法规定生活饮用水源保护区，保护区可分一级保护区和其他等级保护区。禁止向一级保护区水体排入污水；禁止在一级保护区内从事旅游、游泳和可能污染水源的活动；禁止在一级保护区内新建、扩建与供水设施和与保护水源无关的建设项目；在一级保护区已设置的排污口，由当地政府限期拆除或限期治理。

⑧ 在生活饮用水源遭受严重污染、威胁供水的紧急的情况下，经同级政府批准，环保部门可采取强制性紧急措施，包括责令排除污染物。

⑨ 国家禁止新建无水污染防治设施的小型化学制浆、印染、染料、电镀、炼油、农药及其他严重污染水环境的企业。

2. 防止地表水污染

《水污染防治法》第四章第二十七条至第四十条对防止地表水污染作了规定，概述如下。

① 禁止向水体排放油类、酸液、碱液或者剧毒废液。

② 禁止在水体清洗装储过油类或有毒污染物的车辆和容器。

③ 禁止将含有汞、镉、砷、铬、氢化物、黄磷等可溶性剧毒废渣向水体排放，倾倒或直接埋入地下，存放上述废渣的场所，必须采取防水、防渗、防流失措施。

④ 禁止向水体排放、倾倒工业废渣、城市垃圾和其他废弃物。

⑤ 禁止在江河、湖泊、运河、渠道、水库最高水位线以下滩地和岸坡堆放、储存固体废物和其他污染物。

⑥ 禁止向水体排放、倾倒放射性固体废物或含有高、中放射性物质的废水，排放低放射性废水必须达标。

⑦ 向水体排放热水，要保证水体水温符合水环境质量标准；排放含病原菌体废水应消毒、达标排放。

⑧ 农田灌溉渠道排放污水，应保证其下游最近灌溉取水点水质符合农灌标准，并防止土壤、地下水、农产品污染。

⑨ 要科学、合理地施用化肥、农药，防止过量使用，储运、处置农药要加强管理，防止造成水污染。

⑩ 船舶排放的含油废水、生活污水，必须达到船舶污染物排放标准，禁止向水体倾倒船舶垃圾。船舶储运油类或毒物，必须有防溢液、防渗流措施。

3. 防止地下水污染

《水污染防治法》第五章第四十一条至第四十五条对防止地下水污染作了规定，概述如下：

① 禁止企业利用渗坑、渗井、裂隙和溶洞倾倒含有毒物质的废水，含病原菌废水和其他废弃物；

② 禁止企业在无良好隔渗地层，使用无防渗措施的沟渠，坑塘输送或存储含有毒废水、

含病原体废水；

③ 对已受污染的潜水和承压水不得混合开采地下水；

④ 地下工程应采取防护性措施，防止地下水污染；

⑤ 人工回灌补给地下水，不得恶化地下水质。

10.2.3 《中华人民共和国固体废物污染环境防治法》概述

《中华人民共和国固体废物污染环境防治法》（以下简称《固体废物污染环境防治法》）于1995年10月全国人大八届十六次常委会通过，本法共有六章七十七条。

1. 固体废物污染环境的防治

《固体废物污染环境防治法》第三章第十五条至第四十一条作了详细规定，现概述如下。

① 产生排放固体废物的单位和个人，应当采取措施防止或减少对环境的污染。

② 收集、存储、运输、利用、处置固体废物的单位和个人，要采取措施防止扬撒、渗漏、流失、丢弃。

③ 产品应采用易回收、消纳的包装物，有关部门应加强对包装物的回收利用工作。

④ 转移固体废弃物，应向移出地的省环保部门报告，并应经接受地省环保部门的许可。

⑤ 禁止境外废物进境倾倒、堆放、处置。

⑥ 禁止进口不能用作原料的固体废物，限制进口可以用作原料的废物，确需进口的需经国家环境保护主管部门批准。

⑦ 推广防治固体废物污染的先进工艺设备，淘汰落后工艺设备，有关部门应公布限期淘汰目录，有关单位和个人必须在限期内停止生产、销售、进口或使用目录中规定的设备和停止采用目录中的工艺。被淘汰的工艺设备不得转给他人使用。

⑧ 企业事业单位应合理选择，利用原材料、能源，采用先进的工艺设备，减少工业固体废物的产生量。

⑨ 露天堆放冶炼渣、化工渣、燃煤灰渣、废物矿石、尾矿和其他固体废物，应设置专用场所并须符合环保标准。

⑩ 城市生活垃圾收集、存储、运输应符合环境保护和环境卫生规定。

2. 危险废物污染防治

《固体废物污染环境防治法》第四章第四十二条至第五十八条对危险废物污染防治作了特别规定，概述如下。

① 危险废物的包装物、处置场所必须设有识别标志。

② 产生危险废物的单位，必须按国家规定处置的，环保部门应限期改正，逾期不处置或处置不符合规定的，由环保部门指定单位代为处置，费用由生产单位承担。

③ 处置危险废物不符合国家规定的，应缴纳排污费，排污费应用于危险废物污染防治，不得挪作他用。

④ 从事收集、存储、运输危险废物经营活动的单位必须申请领取经营许可证，无经营许可证不得从事上述活动。

⑤ 收集、存储危险废物必须分类进行，禁止混合收集、存储、运输、处置性质不相容且无安全处理的危险废物。禁止危险废物和非危险废物混存。

⑥ 转移危险废物必须填写"转移单"向移出地和接受地环保部门报告。

⑦ 禁止将危险废物与旅客用同一运输工具载运。

⑧ 收集、存储、运输、处置危险废物的场所、设施设备和容器、包装物及其他物品转作他用时，必须经过消除污染的处理方可使用。

⑨ 从事危险废物经营活动的人员应经过培训，考试合格方能上岗。经营单位应制定意外事故的应急措施。

⑩ 禁止经中华人民共和国过境转移危险废物。

10.2.4 《中华人民共和国环境噪声污染防治法》概述

《中华人民共和国环境噪声污染防治法》（以下简称《环境噪声污染防治法》）于1996年10月29日全国人大八届二十二次常委会通过，共八章八十四条。主要内容如下所述。

1. 工业与建筑施工噪声污染防治

《环境噪声污染防治法》第二十二条到第三十条对防治工业建筑施工噪声污染作了规定，概述如下。

① 在城市范围内向周围生活环境排入工业与建筑施工噪声的，应当符合国家规定的工业企业厂界和建筑施工场界环境噪声排放标准。

② 产生环境噪声污染的工业企业，应当采取有效措施，减轻噪声对周围生活的影响。

③ 国务院有关部门要对产生噪声污染的工业设备，根据噪声环境保护要求和技术经济条件，逐步在产品的国家标准和行业标准中规定噪声限值。

④ 在城市市区范围内，建筑施工过程可能产生噪声污染，施工单位须在开工15日以前向所在地县以上环境行政主管部门申报该工程采取的环境噪声污染防治情况。

⑤ 在城市市区噪声敏感区域内，禁止夜间进行产生噪声污染的施工作业，但个别情况除外者，必须公告附近居民。

2. 交通运输噪声污染防治

《环境噪声污染防治法》第三十一条到第四十条对防治交通运输噪声污染作了规定。

① 禁止制造、销售或者进口超过规定噪声限值的汽车。

② 在市区范围内行驶的机动车的消声器和喇叭必须符合国家规定的要求，必须使用喇叭的，应控制音量。

③ 机动车和机动船在市内航道行驶，铁路机动车驶经或者进入市区、疗养区，必须按规定使用声响装置。

④ 城市公安机关可根据声环需要，划定禁止机动车行驶和禁鸣喇叭路段。

⑤ 民用航空器除起飞降落一般不得飞越城市上空。

3. 社会生活噪声污染防治

《环境噪声污染防治法》第四十一条到第四十七条对防治社会生活噪声污染作了规定。

① 商业活动造成噪声污染，必须向县以上环保行政主管部门申报防治噪声污染设施情况，禁用高音喇叭招揽顾客。

② 文化娱乐场所的边界噪声必须符合国家规定的标准，不符合规定的不发许可证和营业执照。

③ 禁止单位和个人在噪声敏感区使用高音量广播。
④ 使用家用电器、乐器，应控制音量，避免对周围造成噪声污染。

10.3 建设项目环境保护制度

10.3.1 环境影响评价制度

为加强建设项目环境保护管理，严格控制新的污染，保护和改善环境，1986 年 3 月 26 日全国环保委员会、国家计划委员会、国家经济委员会颁布了《建设项目环境保护管理办法》，共二十五条，附录为"项目环境影响报告书内容提要"。该办法适用于中国领域内的工业、交通、水利、农林、商业、卫生、文教、科研、旅游、市政等对环境有影响的一切基本建设项目和技术改造项目，以及区域开发建设项目。它规定凡从事对环境有影响的建设项目都必须执行环境影响报告书的审批制度。各级人民政府的环境保护部门对建设项目的环境保护实施统一的监督管理，各级计划、土地管理、基建、技改、银行、物资、工商行政部门都应结合该规定将建设项目的环境保护管理工作纳入工作计划。执行防治污染及其他公害的设施与主体工程同时设计、同时施工、同时投产使用的"三同时"制度；对扩建、改建、技改工程必须对原有污染在经济合理条件下同时进行治理。建设项目建成后其污染物的排放必须达到国家或地方规定的标准和符合环境保护的有关法规。此外，该办法还具体规定了对建设项目环境保护有关法规；规定了对建设项目环境影响报告书的编制要求，审批权限，以及对从事环境影响评价的单位实施资格审查的制度。这项制度主要包括以下几个方面。

① 规定了环境影响评价的适用范围，即对环境有影响的新建、改建、扩建、技术改造项目及一切引进项目，包括区域建设项目都必须执行环境影响报告书审批制度。
② 规定了评价的时机，即建设项目环境影响评价报告书（报告表）必须在项目的可行性研究阶段完成。
③ 规定了负责提出环境影响报告书的主体，即开发建设单位。
④ 规定了环境影响评价报告书和环境影响评价报告表的基本内容。
⑤ 规定了环境影响评价的程序，包括填写环境影响报告表或编报环境影响报告书的项目筛选程序；环境影响评价的工作程序和环境影响报告书的审批程序。
⑥ 规定了承担评价工作单位和资格审查制度。
⑦ 规定了环境影响评价的资金来源和工作费用的收取。

10.3.2 "三同时"制度

所谓"三同时"，是指新扩改项目和技术改造项目的环保设施要与主体工程同时设计、同时施工、同时投产。"三同时"制度是我国早期一项环境管理制度，它来自 20 世纪 70 年代初防治污染工作的实践。这项制度的诞生标志着我国在控制新污染的道路上迈上了新的台阶。在全面总结实践经验和教训的基础上，1986 年又对其进行了修改和完善，并由国务院环境保护委员会、国家计委、国家经委联合颁布了《建设项目环境保护管理办法》，具体规定了"三同时"内容。环境影响评价制度为项目的决策、项目的选址、产品方向、建设计划和规模以及建成后的环境监测和管理提供了科学依据。20 世纪 80 年代末，环境影响评价工作又有了新的发展，过去的那种单一项目的孤立评价开始逐渐转向区域性的综合性评价，这种转变不仅适应了我国区域性经济开发的需要，而且为环境污染的区域性防治，尤其为推行区域总量控制技术奠定了坚实的基础。此外，也为经济合理的解决区域环境问题和大系统的多方案优化决策创造了条件。[①]

10.3.3 在建筑施工企业大力推行实施 ISO 14000 环境管理体系认证制度

ISO 14000 是 ISO 推出的第二个管理性系列标准。目前成员国有 80 个，我国也是成员国之一。ISO/TC 207 是国际标准化组织于 1993 年 6 月成立的一个技术委员会，专门负责制定管理的国际标准及 ISO 14000 系列标准。ISO 14000 环境管理体系是一体化国际标准，旨在减少人类活动对环境造成的污染和破坏，实现可持续发展。ISO 14000 系列标准已有 6 个标准分别于 1996 年 9 月、10 月和 1997 年 6 月由国际标准化组织正式颁布。

环境管理体系是一个组织内全面管理体系的组成部分，它包括制定、实施、实现、评审和保持环境方针、目标等管理方面的内容。

环境管理体系是一项内部管理工具，旨在帮助组织实现自身设定的环境表现水平，并不断地改进环境行为，不断达到更新的高度。

ISO 14000 包括五大部分 17 个要素。五大部分是指：

① 环境方针；

② 规划；

③ 实施与运行；

④ 检查与纠正措施；

⑤ 管理评审。

这一环境管理体系模式遵循了传统的 PDCA 管理模式：规划（Plan）、实施（Do）、检查（check）、改进（Action），即规划出管理活动要达到的目的和遵循的原则；检查和发现问题，及时采取纠正措施，保证实施与实现过程不会偏离原有目标和原则，实现过程与结果的改进提高。环境管理体系特别强调持续改进，因此这一循环过程不是封闭的，是一个开放系统，不能在原有的水平上循环往复，停滞不前，应通过管理评审等手段提出新一轮要求与目标，实现环境绩效的改进与提高。

实施 ISO 14000 要求企业必须首先自觉遵守法律、法规和其他要求，主动守法。因此，通过推广实施 ISO 14000，可使企业提高自主守法意识，变被动守法为主动守法。例如，防止污染、达标排放、环境影响评价、三同时、排污登记、排污收费、总量控制、目标责任制等，都是自动守法的具体体现。

---

① 建设部. 建设法规教程. 北京：中国建设工业出版社，2002.

案例分析

案例

原告：广元市某村 12 户居民

被告：广元市某饲料厂

一、基本案情

四川省广元市某村 12 户居民因不堪忍受住宅附近的市中区某饲料厂散发的臭味，联名将该厂告上法庭，要求停止损害，并进行经济赔偿。而某饲料厂却辩称，该厂系合法经营，噪声和烟色均未超标且臭味很淡，不足以损害周围邻居的健康，周围邻居也没有因臭味问题生病住院或花去医疗费用，因此不存在实际损失，不应进行赔偿，要求驳回原告的诉讼请求。

二、案件审理

广元市市中区人民法院审理后认为，广元市市中区某饲料厂虽经有关部门批准登记成立，但其经营活动应当在尊重社会公德、不损害社会公共利益的前提下合法进行。该厂在生产过程中排放的噪声、烟花、异味，经广元市市中区城环国土局认定已严重影响当地居民的正常生活而限期整改治理。依据《中华人民共和国环境保护法》的有关规定，县级以上人民政府环境保护行政主管部门，对本辖区的环境保护工作，实行统一监督管理，故法院对其整改通知予以采纳，其整改内容充分说明饲料厂排放的污染已经对当地居民造成了损害。居民在一个充满喧嚣、恶臭的环境中生活，无疑会造成他们生活和身心的痛苦，从一定意义上讲，广元市市中区某饲料厂的经济效益正是建立在当地居民的这种痛苦之上，而法律有责任给当地居民一个安居乐业的清新环境。根据《民法通则》第一百二十四条："违反国家保护环境防止污染的规定，污染环境造成他人损害的，应当依法承担民事责任。"《环境保护法》第四十一条规定："造成环境污染危害的，有责任排除危害，并对直接受到损害的单位或者个人赔偿损失。赔偿责任和赔偿金额的纠纷，可以根据当事人的请求，由环境保护行政主管部门或者其他依照法律规定行使环境监理管理权的部门处理，当事人对处理决定不服的，可以向人民法院起诉。当事人也可直接向人民法院起诉。"法院支持、保护 12 名原告人的诉讼请求，对被告的辩解理由不予采纳，判令被告广元市市中区某饲料厂停止生产，并赔偿 12 名原告损失共计 12 000 元。

三、案例评析

企业的生产经营活动应当在尊重社会公德、不损害社会公共利益的前提下合法进行。本案中，被告某饲料厂在生产过程中排放的噪声、烟花、异味，已严重影响当地居民的正常生活，构成侵权。人民法院根据《民法通则》及《环境保护法》的有关规定判令被告停止生产、赔偿损失是正确的。[1]

案例实训

一、基本案情

2001 年 1 月 2 日江西省环保局收到举报信，反映奉新县某水泥有限公司违法生产，污

---

[1] 建设部. 建设法规教程. 北京：中国建筑工业出版社，2002.

染严重,对周围居民造成极大影响。1月2日省环境监理总队接到省环保局转来的举报信后,1月3日派人和奉新县环保局共赴现场检查。在检查过程中约见了某水泥公司的总经理许某和投诉人,查明:某水泥有限公司是当地招商企业,由许某等人投资200余万元兴建,2000年5月3日动工,2000年10月23日投产,截止到2001年1月3日未办理环保审批手续,也未办理工商营业执照。奉新县环保局曾于2000年5月18日对该公司下达了停止建设通知书。该公司从事水泥半成品加工,从其他厂家购买水泥熟料进行加工,生产425号硅酸盐水泥。该公司的主要生产设备是一台直径2.2m的球磨,污染防治措施只有一套简易的布袋除尘装置。省环境监理总队建议责令江西瑞达水泥有限公司停止生产,按规定限期补办环保手续。

二、问题思考

你认为这个案件如何审理?它违反了哪些法律、法规?请对案例进行评析。

本章小结

环境保护法是调整环境保护中各种社会关系的法律规范的总称,是指国家、政府部门根据发展经济、保护人民身体健康与财产安全、保护和改善环境需要而制定的一系列法律、法规、规章等。

环境保护法的基本原则是:经济建设与环境保护协调发展的原则;预防为主,防治结合的原则;污染者付费的原则;政府对环境质量负责的原则;依靠群众保护环境的原则。

本章的重点是理解我国环境保护法、建设项目环境保护及评价制度。

本章的难点是理解建设项目环境保护及评价制度。

思考题

1. 环境保护法律体系是如何构成的?
2. 《中华人民共和国环境保护法》的主要内容是什么?
3. 环境影响评价制度包括哪几方面的内容?
4. 简述"三同时"制度。
5. ISO 14000包括哪五大部分?ISO 14000环境管理体系遵循什么样的管理模式?该模式的具体含义是什么?

附录 A 中华人民共和国建筑法

中华人民共和国主席令第 46 号

《全国人民代表大会常务委员会关于修改〈中华人民共和国建筑法〉的决定》已由中华人民共和国第十一届全国人民代表大会常务委员会第 20 次会议于 2011 年 4 月 22 日通过,现予公布,自 2011 年 7 月 1 日起施行。

第一章 总 则

第一条 为了加强对建筑活动的监督管理,维护建筑市场秩序,保证建筑工程的质量和安全,促进建筑业健康发展,制定本法。

第二条 在中华人民共和国境内从事建筑活动,实施对建筑活动的监督管理,应当遵守本法。本法所称建筑活动,是指各类房屋建筑及其附属设施的建造和与其配套的线路、管道、设备的安装活动。

第三条 建筑活动应当确保建筑工程质量和安全,符合国家的建筑工程安全标准。

第四条 国家扶持建筑业的发展,支持建筑科学技术研究,提高房屋建筑设计水平,鼓励节约能源和保护环境,提倡采用先进技术、先进设备、先进工艺、新型建筑材料和现代管理方式。

第五条 从事建筑活动应当遵守法律、法规,不得损害社会公共利益和他人的合法权益。任何单位和个人都不得妨碍和阻挠依法进行的建筑活动。

第六条 国务院建设行政主管部门对全国的建筑活动实施统一监督管理。

第二章 建 筑 许 可

第一节 建筑工程施工许可

第七条 建筑工程开工前,建设单位应当按照国家有关规定向工程所在地县级以上人民政府建设行政主管部门申请领取施工许可证;但是,国务院建设行政主管部门确定的限额以下的小型工程除外。按照国务院规定的权限和程序批准开工报告的建筑工程,不再领取施工许可证。

第八条 申请领取施工许可证,应当具备下列条件:

(一)已经办理该建筑工程用地批准手续;
(二)在城市规划区的建筑工程,已经取得规划许可证;
(三)需要拆迁的,其拆迁进度符合施工要求;
(四)已经确定建筑施工企业;
(五)有满足施工需要的施工图纸及技术资料;
(六)有保证工程质量和安全的具体措施;
(七)建设资金已经落实;
(八)法律、行政法规规定的其他条件。

建设行政主管部门应当自收到申请之日起十五日内，对符合条件的申请颁发施工许可证。

第九条 建设单位应当自领取施工许可证之日起三个月内开工。因故不能按期开工的，应当向发证机关申请延期；延期以两次为限，每次不超过三个月。既不开工又不申请延期或者超过延期时限的，施工许可证自行废止。

第十条 在建的建筑工程因故中止施工的，建设单位应当自中止施工之日起一个月内，向发证机关报告，并按照规定做好建筑工程的维护管理工作。建筑工程恢复施工时，应当向发证机关报告；中止施工满一年的工程恢复施工前，建设单位应当报发证机关核验施工许可证。

第十一条 按照国务院有关规定批准开工报告的建筑工程，因故不能按期开工或者中止施工的，应当及时向批准机关报告情况。因故不能按期开工超过六个月的，应当重新办理开工报告的批准手续。

第二节 从业资格

第十二条 从事建筑活动的建筑施工企业、勘察单位、设计单位和工程监理单位，应当具备下列条件：

（一）有符合国家规定的注册资本；

（二）有与其从事的建筑活动相适应的具有法定执业资格的专业技术人员；

（三）有从事相关建筑活动所应有的技术装备；

（四）法律、行政法规规定的其他条件。

第十三条 从事建筑活动的建筑施工企业、勘察单位、设计单位和工程监理单位，按照其拥有的注册资本、专业技术人员、技术装备和已完成的建筑工程业绩等资质条件，划分为不同的资质等级，经资质审查合格，取得相应等级的资质证书后，方可在其资质等级许可的范围内从事建筑活动。

第十四条 从事建筑活动的专业技术人员，应当依法取得相应的执业资格证书，并在执业资格证书许可的范围内从事建筑活动。

第三章 建筑工程发包与承包

第一节 一般规定

第十五条 建筑工程的发包单位与承包单位应当依法订立书面合同，明确双方的权利和义务。发包单位和承包单位应当全面履行合同约定的义务。不按照合同约定履行义务的，依法承担违约责任。

第十六条 建筑工程发包与承包的招标投标活动，应当遵循公开、公正、平等竞争的原则，择优选择承包单位。建筑工程的招标投标，本法没有规定的，适用有关招标投标法律的规定。

第十七条 发包单位及其工作人员在建筑工程发包中不得收受贿赂、回扣或者索取其他好处。承包单位及其工作人员不得利用向发包单位及其工作人员行贿、提供回扣或者给予其他好处等不正当手段承揽工程。

第十八条 建筑工程造价应当按照国家有关规定,由发包单位与承包单位在合同中约定。公开招标发包的,其造价的约定,须遵守招标投标法律的规定。发包单位应当按照合同的约定,及时拨付工程款项。

第二节 发 包

第十九条 建筑工程依法实行招标发包,对不适于招标发包的可以直接发包。

第二十条 建筑工程实行公开招标的,发包单位应当依照法定程序和方式,发布招标公告,提供载有招标工程的主要技术要求、主要的合同条款、评标的标准和方法以及开标、评标、定标的程序等内容的招标文件。开标应当在招标文件规定的时间、地点公开进行。开标后应当按照招标文件规定的评标标准和程序对标书进行评价、比较,在具备相应资质条件的投标者中,择优选定中标者。

第二十一条 建筑工程招标的开标、评标、定标由建设单位依法组织实施,并接受有关行政主管部门的监督。

第二十二条 建筑工程实行招标发包的,发包单位应当将建筑工程发包给依法中标的承包单位。建筑工程实行直接发包的,发包单位应当将建筑工程发包给具有相应资质条件的承包单位。

第二十三条 政府及其所属部门不得滥用行政权力,限定发包单位将招标发包的建筑工程发包给指定的承包单位。

第二十四条 提倡对建筑工程实行总承包,禁止将建筑工程肢解发包。建筑工程的发包单位可以将建筑工程的勘察、设计、施工、设备采购一并发包给一个工程总承包单位,也可以将建筑工程勘察、设计、施工、设备采购的一项或者多项发包给一个工程总承包单位;但是,不得将应当由一个承包单位完成的建筑工程肢解成若干部分发包给几个承包单位。

第二十五条 按照合同约定,建筑材料、建筑构配件和设备由工程承包单位采购的,发包单位不得指定承包单位购入用于工程的建筑材料、建筑构配件和设备或者指定生产厂、供应商。

第三节 承 包

第二十六条 承包建筑工程的单位应当持有依法取得的资质证书,并在其资质等级许可的业务范围内承揽工程。禁止建筑施工企业超越本企业资质等级许可的业务范围或者以任何形式用其他建筑施工企业的名义承揽工程。禁止建筑施工企业以任何形式允许其他单位或者个人使用本企业的资质证书、营业执照,以本企业的名义承揽工程。

第二十七条 大型建筑工程或者结构复杂的建筑工程,可以由两个以上的承包单位联合共同承包。共同承包的各方对承包合同的履行承担连带责任。两个以上不同资质等级的单位实行联合共同承包的,应当按照资质等级低的单位的业务许可范围承揽工程。

第二十八条 禁止承包单位将其承包的全部建筑工程转包给他人,禁止承包单位将其承包的全部建筑工程肢解以后以分包的名义分别转包给他人。

第二十九条 建筑工程总承包单位可以将承包工程中的部分工程发包给具有相应资质条件的分包单位;但是,除总承包合同中约定的分包外,必须经建设单位认可。施工总承包的,建筑工程主体结构的施工必须由总承包单位自行完成。建筑工程总承包单位按照总承包合同的约定对建设单位负责；分包单位按照分包合同的约定对总承包单位负责。总承包单位和分包单位就分包工程对建设单位承担连带责任。禁止总承包单位将工程分包给不具备相应资质条件的单位。禁止分包单位将其承包的工程再分包。

第四章　建筑工程监理

第三十条　国家推行建筑工程监理制度。国务院可以规定实行强制监理的建筑工程的范围。

第三十一条　实行监理的建筑工程，由建设单位委托具有相应资质条件的工程监理单位监理。建设单位与其委托的工程监理单位应当订立书面委托监理合同。

第三十二条　建筑工程监理应当依照法律、行政法规及有关的技术标准、设计文件和建筑工程承包合同，对承包单位在施工质量、建设工期和建设资金使用等方面，代表建设单位实施监督。工程监理人员认为工程施工不符合工程设计要求、施工技术标准和合同约定的，有权要求建筑施工企业改正。工程监理人员发现工程设计不符合建筑工程质量标准或者合同约定的质量要求的，应当报告建设单位要求设计单位改正。

第三十三条　实施建筑工程监理前，建设单位应当将委托的工程监理单位、监理的内容及监理权限，书面通知被监理的建筑施工企业。

第三十四条　工程监理单位应当在其资质等级许可的监理范围内，承担工程监理业务。工程监理单位应当根据建设单位的委托，客观、公正地执行监理任务。工程监理单位与被监理工程的承包单位以及建筑材料、建筑构配件和设备供应单位不得有隶属关系或者其他利害关系。工程监理单位不得转让工程监理业务。

第三十五条　工程监理单位不按照委托监理合同的约定履行监理义务，对应当监督检查的项目不检查或者不按照规定检查，给建设单位造成损失的，应当承担相应的赔偿责任。工程监理单位与承包单位串通，为承包单位谋取非法利益，给建设单位造成损失的，应当与承包单位承担连带赔偿责任。

第五章　建筑安全生产管理

第三十六条　建筑工程安全生产管理必须坚持安全第一、预防为主的方针，建立健全安全生产的责任制度和群防群治制度。

第三十七条　建筑工程设计应当符合按照国家规定制定的建筑安全规程和技术规范，保证工程的安全性能。

第三十八条　建筑施工企业在编制施工组织设计时，应当根据建筑工程的特点制定相应的安全技术措施；对专业性较强的工程项目，应当编制专项安全施工组织设计，并采取安全技术措施。

第三十九条　建筑施工企业应当在施工现场采取维护安全、防范危险、预防火灾等措施；有条件的，应当对施工现场实行封闭管理。施工现场对毗邻的建筑物、构筑物和特殊作业环境可能造成损害的，建筑施工企业应当采取安全防护措施。

第四十条　建设单位应当向建筑施工企业提供与施工现场相关的地下管线资料，建筑施工企业应当采取措施加以保护。

第四十一条　建筑施工企业应当遵守有关环境保护和安全生产的法律、法规的规定，采取控制和处理施工现场的各种粉尘、废气、废水、固体废物以及噪声、振动对环境的污染和危害的措施。

第四十二条 有下列情形之一的，建设单位应当按照国家有关规定办理申请批准手续：
（一）需要临时占用规划批准范围以外场地的；
（二）可能损坏道路、管线、电力、邮电通讯等公共设施的；
（三）需要临时停水、停电、中断道路交通的；
（四）需要进行爆破作业的；
（五）法律、法规规定需要办理报批手续的其他情形。

第四十三条 建设行政主管部门负责建筑安全生产的管理，并依法接受劳动行政主管部门对建筑安全生产的指导和监督。

第四十四条 建筑施工企业必须依法加强对建筑安全生产的管理，执行安全生产责任制度，采取有效措施，防止伤亡和其他安全生产事故的发生。建筑施工企业的法定代表人对本企业的安全生产负责。

第四十五条 施工现场安全由建筑施工企业负责。实行施工总承包的，由总承包单位负责。分包单位向总承包单位负责，服从总承包单位对施工现场的安全生产管理。

第四十六条 建筑施工企业应当建立健全劳动安全生产教育培训制度，加强对职工安全生产的教育培训；未经安全生产教育培训的人员，不得上岗作业。

第四十七条 建筑施工企业和作业人员在施工过程中，应当遵守有关安全生产的法律、法规和建筑行业安全规章、规程，不得违章指挥或者违章作业。作业人员有权对影响人身健康的作业程序和作业条件提出改进意见，有权获得安全生产所需的防护用品。作业人员对危及生命安全和人身健康的行为有权提出批评、检举和控告。

第四十八条 建筑施工企业应当依法为职工参加工伤保险缴纳工伤保险费。鼓励企业为从事危险作业的职工办理意外伤害保险，支付保险费。

第四十九条 涉及建筑主体和承重结构变动的装修工程，建设单位应当在施工前委托原设计单位或者具有相应资质条件的设计单位提出设计方案；没有设计方案的，不得施工。

第五十条 房屋拆除应当由具备保证安全条件的建筑施工单位承包，由建筑施工单位负责人对安全负责。

第五十一条 施工中发生事故时，建筑施工企业应当采取紧急措施减少人员伤亡和事故损失，并按照国家有关规定及时向有关部门报告。

第六章　建筑工程质量管理

第五十二条 建筑工程勘察、设计、施工的质量必须符合国家有关建筑工程安全标准的要求，具体管理办法由国务院规定。有关建筑工程安全的国家标准不能适应确保建筑安全的要求时，应当及时修订。

第五十三条 国家对从事建筑活动的单位推行质量体系认证制度。从事建筑活动的单位根据自愿原则可以向国务院产品质量监督管理部门或者国务院产品质量监督管理部门授权的部门认可的认证机构申请质量体系认证。经认证合格的，由认证机构颁发质量体系认证证书。

第五十四条 建设单位不得以任何理由，要求建筑设计单位或者建筑施工企业在工程设计或者施工作业中，违反法律、行政法规和建筑工程质量、安全标准，降低工程质量。建筑设计单位和建筑施工企业对建设单位违反前款规定提出的降低工程质量的要求，应当予以拒绝。

第五十五条 建筑工程实行总承包的，工程质量由工程总承包单位负责，总承包单位将建筑工程分包给其他单位的，应当对分包工程的质量与分包单位承担连带责任。分包单位应当接受总承包单位的质量管理。

第五十六条 建筑工程的勘察、设计单位必须对其勘察、设计的质量负责。勘察、设计文件应当符合有关法律、行政法规的规定和建筑工程质量、安全标准、建筑工程勘察、设计技术规范以及合同的约定。设计文件选用的建筑材料、建筑构配件和设备，应当注明其规格、型号、性能等技术指标，其质量要求必须符合国家规定的标准。

第五十七条 建筑设计单位对设计文件选用的建筑材料、建筑构配件和设备，不得指定生产厂、供应商。

第五十八条 建筑施工企业对工程的施工质量负责。建筑施工企业必须按照工程设计图纸和施工技术标准施工，不得偷工减料。工程设计的修改由原设计单位负责，建筑施工企业不得擅自修改工程设计。

第五十九条 建筑施工企业必须按照工程设计要求、施工技术标准和合同的约定，对建筑材料、建筑构配件和设备进行检验，不合格的不得使用。

第六十条 建筑物在合理使用寿命内，必须确保地基基础工程和主体结构的质量。建筑工程竣工时，屋顶、墙面不得留有渗漏、开裂等质量缺陷；对已发现的质量缺陷，建筑施工企业应当修复。

第六十一条 交付竣工验收的建筑工程，必须符合规定的建筑工程质量标准，有完整的工程技术经济资料和经签署的工程保修书，并具备国家规定的其他竣工条件。建筑工程竣工经验收合格后，方可交付使用；未经验收或者验收不合格的，不得交付使用。

第六十二条 建筑工程实行质量保修制度。

建筑工程的保修范围应当包括地基基础工程、主体结构工程、屋面防水工程和其他土建工程，以及电气管线、上下水管线的安装工程，供热、供冷系统工程等项目；保修的期限应当按照保证建筑物合理寿命年限内正常使用，维护使用者合法权益的原则确定。具体的保修范围和最低保修期限由国务院规定。

第六十三条 任何单位和个人对建筑工程的质量事故、质量缺陷都有权向建设行政主管部门或者其他有关部门进行检举、控告、投诉。

第七章 法 律 责 任

第六十四条 违反本法规定，未取得施工许可证或者开工报告未经批准擅自施工的，责令改正，对不符合开工条件的责令停止施工，可以处以罚款。

第六十五条 发包单位将工程发包给不具有相应资质条件的承包单位的，或者违反本法规定将建筑工程肢解发包的，责令改正，处以罚款。超越本单位资质等级承揽工程的，责令停止违法行为，处以罚款，可以责令停业整顿，降低资质等级；情节严重的，吊销资质证书；有违法所得的，予以没收。未取得资质证书承揽工程的，予以取缔，并处罚款；有违法所得的，予以没收。以欺骗手段取得资质证书的，吊销资质证书，处以罚款；构成犯罪的，依法追究刑事责任。

第六十六条 建筑施工企业转让、出借资质证书或者以其他方式允许他人以本企业的名义承揽工程的，责令改正，没收违法所得，并处罚款，可以责令停业整顿，降低资质等级；情节严重的，吊销资质证书。对因该项承揽工程不符合规定的质量标准造成的损失，建筑施工企业与使用本企业名义的单位或者个人承担连带赔偿责任。

第六十七条 承包单位将承包的工程转包的，或者违反本法规定进行分包的，责令改正，没收违法所得，并处罚款，可以责令停业整顿，降低资质等级；情节严重的，吊销资质证书。承包单位有前款规定的违法行为的，对因转包工程或者违法分包的工程不符合规定的质量标准造成的损失，与接受转包或者分包的单位承担连带赔偿责任。

第六十八条 在工程发包与承包中索贿、受贿、行贿，构成犯罪的，依法追究刑事责任；不构成犯罪的，分别处以罚款，没收贿赂的财物，对直接负责的主管人员和其他直接责任人员给予处分。对在工程承包中行贿的承包单位，除依照前款规定处罚外，可以责令停业整顿，降低资质等级或者吊销资质证书。

第六十九条 工程监理单位与建设单位或者建筑施工企业串通，弄虚作假、降低工程质量的，责令改正，处以罚款，降低资质等级或者吊销资质证书；有违法所得的，予以没收；造成损失的，承担连带赔偿责任；构成犯罪的，依法追究刑事责任。工程监理单位转让监理业务的，责令改正，没收违法所得，可以责令停业整顿，降低资质等级；情节严重的，吊销资质证书。

第七十条 违反本法规定，涉及建筑主体或者承重结构变动的装修工程擅自施工的，责令改正，处以罚款；造成损失的，承担赔偿责任；构成犯罪的，依法追究刑事责任。

第七十一条 建筑施工企业违反本法规定，对建筑安全事故隐患不采取措施予以消除的，责令改正，可以处以罚款；情节严重的，责令停业整顿，降低资质等级或者吊销资质证书；构成犯罪的，依法追究刑事责任。建筑施工企业的管理人员违章指挥、强令职工冒险作业，因而发生重大伤亡事故或者造成其他严重后果的，依法追究刑事责任。

第七十二条 建设单位违反本法规定，要求建筑设计单位或者建筑施工企业违反建筑工程质量、安全标准，降低工程质量的，责令改正，可以处以罚款；构成犯罪的，依法追究刑事责任。

第七十三条 建筑设计单位不按照建筑工程质量、安全标准进行设计的，责令改正，处以罚款；造成工程质量事故的，责令停业整顿，降低资质等级或者吊销资质证书，没收违法所得，并处罚款；造成损失的，承担赔偿责任；构成犯罪的，依法追究刑事责任。

第七十四条 建筑施工企业在施工中偷工减料的，使用不合格的建筑材料、建筑构配件和设备的，或者有其他不按照工程设计图纸或者施工技术标准施工的行为的，责令改正，处以罚款；情节严重的，责令停业整顿，降低资质等级或者吊销资质证书；造成建筑工程质量不符合规定的质量标准的，负责返工、修理，并赔偿因此造成的损失；构成犯罪的，依法追究刑事责任。

第七十五条 建筑施工企业违反本法规定，不履行保修义务或者拖延履行保修义务的，责令改正，可以处以罚款，并对在保修期内因屋顶、墙面渗漏、开裂等质量缺陷造成的损失，承担赔偿责任。

第七十六条 本法规定的责令停业整顿、降低资质等级和吊销资质证书的行政处罚，由颁发资质证书的机关决定；其他行政处罚，由建设行政主管部门或者有关部门依照法律和国务院规定的职权范围决定。依照本法规定被吊销资质证书的，由工商行政管理部门吊销其营业执照。

第七十七条 违反本法规定，对不具备相应资质等级条件的单位颁发该等级资质证书的，由其上级机关责令收回所发的资质证书，对直接负责的主管人员和其他直接人员给予行政处分；构成犯罪的，依法追究刑事责任。

第七十八条 政府及其所属部门的工作人员违反本法规定，限定发包单位将招标发包的工程发包给指定的承包单位的，由上级机关责令改正；构成犯罪的，依法追究刑事责任。

第七十九条 负责颁发建筑工程施工许可证的部门及其工作人员对不符合施工条件的建筑工程颁发施工许可证的，负责工程质量监督检查或者竣工验收的部门及其工作人员对不合格的建筑工程出具质量合格文件或者按合格工程验收的，由上级机关责令改正，对责任人员给予行政处分；构成犯罪的，依法追究刑事责任；造成损失的，由该部门承担相应的赔偿责任。

第八十条 在建筑物的合理使用寿命内，因建筑工程质量不合格受到损害的，有权向责任者要求赔偿。

第八章 附 则

第八十一条 本法关于施工许可、建筑施工企业资质审查和建筑工程发包、承包、禁止转包，以及建筑工程监理、建筑工程安全和质量管理的规定，适用于其他专业建筑工程的建筑活动，具体办法由国务院规定。

第八十二条 建设行政主管部门和其他有关部门在对建筑活动实施监督管理中，除按照国务院有关规定收取费用外，不得收取其他费用。

第八十三条 省、自治区、直辖市人民政府确定的小型房屋建筑工程的建筑活动，参照本法执行。依法核定作为文物保护的纪念建筑物和古建筑等的修缮，依照文物保护的有关法律规定执行。抢险救灾及其他临时性房屋建筑和农民自建低层住宅的建筑活动，不适用本法。

第八十四条 军用房屋建筑工程建筑活动的具体管理办法，由国务院、中央军事委员会依据本法制定。

第八十五条 本法自1998年3月1日起施行。

附录 B 中华人民共和国招标投标法

中华人民共和国主席令第 21 号

《中华人民共和国招标投标法》已由中华人民共和国第九届全国人民代表大会常务委员会第十一次会议于 1999 年 8 月 30 日通过，现予公布，自 2000 年 1 月 1 日起施行。

第一章　总　　则

第一条　为了规范招标投标活动，保护国家利益、社会公共利益和招标投标活动当事人的合法权益，提高经济效益，保证项目质量，制定本法。

第二条　在中华人民共和国境内进行招标投标活动，适用本法。

第三条　在中华人民共和国境内进行下列工程建设项目，包括项目的勘察、设计、施工、监理以及与工程建设有关的重要设备、材料等的采购，必须进行招标：

（一）大型基础设施、公用事业等关系社会公共利益、公众安全的项目；

（二）全部或者部分使用国有资金投资或者国家融资的项目；

（三）使用国际组织或者外国政府贷款、援助资金的项目。

前款所列项目的具体范围和规模标准，由国务院发展计划部门会同国务院有关部门制定，报国务院批准。

法律或者国务院对必须进行招标的其他项目的范围有规定的，依照其规定。

第四条　任何单位和个人不得将依法必须进行招标的项目化整为零或者以其他任何方式规避招标。

第五条　招标投标活动应当遵循公开、公平、公正和诚实信用的原则。

第六条　依法必须进行招标的项目，其招标投标活动不受地区或者部门的限制。任何单位和个人不得违法限制或者排斥本地区、本系统以外的法人或者其他组织参加投标，不得以任何方式非法干涉招标投标活动。

第七条　招标投标活动及其当事人应当接受依法实施的监督。

有关行政监督部门依法对招标投标活动实施监督，依法查处招标投标活动中的违法行为。

对招标投标活动的行政监督及有关部门的具体职权划分，由国务院规定。

第二章　招　　标

第八条　招标人是依照本法规定提出招标项目、进行招标的法人或者其他组织。

第九条　招标项目按照国家有关规定需要履行项目审批手续的，应当先履行审批手续，取得批准。

招标人应当有进行招标项目的相应资金或者资金来源已经落实，并应当在招标文件中如实载明。

第十条　招标分为公开招标和邀请招标。

公开招标，是指招标人以招标公告的方式邀请不特定的法人或者其他组织投标。

邀请招标，是指招标人以投标邀请书的方式邀请特定的法人或者其他组织投标。

第十一条 国务院发展计划部门确定的国家重点项目和省、自治区、直辖市人民政府确定的地方重点项目不适宜公开招标的，经国务院发展计划部门或者省、自治区、直辖市人民政府批准，可以进行邀请招标。

第十二条 招标人有权自行选择招标代理机构，委托其办理招标事宜。任何单位和个人不得以任何方式为招标人指定招标代理机构。

招标人具有编制招标文件和组织评标能力的，可以自行办理招标事宜。任何单位和个人不得强制其委托招标代理机构办理招标事宜。

依法必须进行招标的项目，招标人自行办理招标事宜的，应当向有关行政监督部门备案。

第十三条 招标代理机构是依法设立、从事招标代理业务并提供相关服务的社会中介组织。

招标代理机构应当具备下列条件：

（一）有从事招标代理业务的营业场所和相应资金；

（二）有能够编制招标文件和组织评标的相应专业力量；

（三）有符合本法第三十七条第三款规定条件、可以作为评标委员会成员人选的技术、经济等方面的专家库。

第十四条 从事工程建设项目招标代理业务的招标代理机构，其资格由国务院或者省、自治区、直辖市人民政府的建设行政主管部门认定。具体办法由国务院建设行政主管部门会同国务院有关部门制定。从事其他招标代理业务的招标代理机构，其资格认定的主管部门由国务院规定。

招标代理机构与行政机关和其他国家机关不得存在隶属关系或者其他利益关系。

第十五条 招标代公理机构应当在招标人委托的范围内办理招标事宜，并遵守本法关于招标人的规定。

第十六条 招标人采用公开招标方式的，应当发布招标公告。依法必须进行招标的项目的招标公告，应当通过国家指定的报刊、信息网络或者其他媒介发布。

招标公告应当载明招标人的名称和地址，招标项目的性质、数量、实施地点和时间以及获取招标文件的办法等事项。

第十七条 招标人采用邀请招标方式的，应当向三个以上具备承担招标项目的能力、资信良好的特定的法人或者其他组织发出投标邀请书。

投标邀请书应当载明本法第十六条第二款规定的事项。

第十八条 招标人可以根据招标项目本身的要求，在招标公告或者投标邀请书中，要求潜在投标人提供有关资质证明文件和业绩情况，并对潜在投标人进行资格审查；国家对投标人的资格条件有规定的，依照其规定。

招标人不得以不合理的条件限制或者排斥潜在投标人，不得对潜在投标人实行歧视待遇。

第十九条 招标人应当根据招标项目的特点和需要编制招标文件。招标文件应当包括招标项目的技术要求、对投标人资格审查的标准、投标报价要求和评标标准等所有实质性要求和条件以及拟签订合同的主要条款。

国家对招标项目的技术、标准有规定的,招标人应当按照其规定在招标文件中提出相应要求。

招标项目需要划分标段、确定工期的,招标人应当合理划分标段、确定工期,并在招标文件中载明。

第二十条 招标文件不得要求或者标明特定的生产供应者以及含有倾向或者排斥潜在投标人的其他内容。

第二十一条 招标人根据招标项目的具体情况,可以组织潜在投标人踏勘项目现场。

第二十二条 招标人不得向他人透露已获取招标文件的潜在投标人的名称、数量以及可能影响公平竞争的有关招标投标的其他情况。

招标人设有标底的,标底必须保密。

第二十三条 招标人对已发出的招标文件进行必要的澄清或者修改的,应当在招标文件要求提交投标文件截止时间至少十五日前,以书面形式通知所有招标文件收受人。该澄清或者修改的内容为招标文件的组成部分。

第二十四条 招标人应当确定投标人编制投标文件所需要的合理时间;但是,依法必须进行招标的项目,自招标文件开始发出之日起至投标提交投标文件截止之日止,最短不得少于二十日。

第三章 投 标

第二十五条 投标人是响应招标、参加投标竞争的法人或者其他组织。

依法招标的科研项目允许个人参加投标的,投标的个人适用本法有关投标人的规定。

第二十六条 投标人应当具备承担招标项目的能力;国家有关规定对投标人资格条件或者招标文件对投标人资格条件有规定的,投标人应当具备规定的资格条件。

第二十七条 投标人应当按照招标文件的要求编制投标文件。投标文件应当对招标文件提出的实质性要求和条件作出响应。

招标项目属于建设施工的,投标文件的内容应当包括拟派出的项目负责人与主要技术人员的简历、业绩和拟用于完成招标项目的机械设备等。

第二十八条 投标人应当在招标文件要求提交投标文件的截止时间前,将投标文件送达投标地点。招标人收到投标文件后,应当签收保存,不得开启。投标人少于三个的,招标人应当依照本法重新招标。

在招标文件要求提交投标文件的截止时间后送达的投标文件,招标人应当拒收。

第二十九条 投标人在招标文件要求提交投标文件的截止时间前,可以补充、修改或者撤回已提交的投标文件,并书面通知招标人。补充、修改的内容为投标文件的组成部分。

第三十条 投标人根据招标文件载明的项目实际情况,拟在中标后将中标项目的部分非主体、非关键性工作进行分包的,应当在投标文件中载明。

第三十一条 两个以上法人或者其他组织可以组成一个联合体,以一个投标人的身份共同投标。

联合体各方均应当具备承担招标项目的相应能力;国家有关规定或者招标文件对投标人资格条件有规定的,联合体各方均应当具备规定的相应资格条件。由同一专业的单位组成的联合体,按照资质等级较低的单位确定资质等级。

联合体各方应当签订共同投标协议,明确约定各方拟承担的工作和责任,并将共同投标协议连同投标文件一并提交招标人。联合体中标的,联合体各方应当共同与招标人签订合同,就中标项目向招标人承担连带责任。

招标人不得强制投标人组成联合体共同投标,不得限制投标人之间的竞争。

第三十二条 投标人不得相互串通投标报价,不得排挤其他投标人的公平竞争,损害招标人或者其他投标人的合法权益。

投标人不得与招标人串通投标,损害国家利益、社会公共利益或者他人的合法权益。

禁止投标人以向招标人或者评标委员会成员行贿的手段谋取中标。

第三十三条 投标人不得以低于成本的报价竞标,也不得以他人名义投标或者以其他方式弄虚作假,骗取中标。

第四章 开标、评标和中标

第三十四条 开标应当在招标文件确定的提交投标文件截止时间的同一时间公开进行;开标地点应当为招标文件中预先确定的地点。

第三十五条 开标由招标人主持,邀请所有投标人参加。

第三十六条 开标时,由投标人或者其推选的代表检查投标文件的密封情况,也可以由招标人委托的公证机构检查并公证;经确认无误后,由工作人员当众拆封,宣读投标人名称、投标价格和投标文件的其他主要内容。

招标人在招标文件要求提交投标文件的截止时间前收到的所有投标文件,开标时都应当众予以拆封、宣读。

开标过程应当记录,并存档备查。

第三十七条 评标由招标人依法组建的评标委员会负责。

依法必须进行招标的项目,其评标委员会由招标人的代表和有关技术、经济等方面的专家组成,成员人数为五人以上单数,其中技术、经济等方面的专家不得少于成员总数的三分之二。

前款专家应当从事相关领域工作满八年并具有高级职称或者具有同等专业水平,由招标人从国务院有关部门或者省、自治区、直辖市人民政府有关部门提供的专家名册或者招标代理机构的专家库内的相关专业的专家名单中确定;一般招标项目可以采取随机抽取方式,特殊招标项目可以由招标人直接确定。

与投标人有利害关系的人不得进入相关项目的评标委员会;已经进入的应当更换。

评标委员会成员的名单在中标结果确定前应当保密。

第三十八条 招标人应当采取必要的措施,保证评标在严格保密的情况下进行。

任何单位和个人不得非法干预、影响评标的过程和结果。

第三十九条 评标委员会可以要求投标人对投标文件中含义不明确的内容作必要的澄清或者说明,但是澄清或者说明不得超出投标文件的范围或者改变投标文件的实质性内容。

第四十条 评标委员会应当按照招标文件确定的评标标准和方法,对投标文件进行评审和比较;设有标底的,应当参考标底。评标委员会完成评标后,应当向招标人提出书面评标报告,并推荐合格的中标候选人。

招标人根据评标委员会提出的书面评标报告和推荐的中标候选人确定中标人。招标人也可以授权评标委员会直接确定中标人。

国务院对特定招标项目的评标有特别规定的,从其规定。

第四十一条 中标人的投标应当符合下列条件:

(一) 能够最大限度地满足招标文件中规定的各项综合评价标准;

(二) 能够满足招标文件的实质性要求,并且经评审的投标价格最低;但是投标价格低于成本的除外。

第四十二条 评标委员会经评审,认为所有投标都不符合招标文件要求的,可以否决所有投标。

依法必须进行招标的项目的所有投标被否决的,招标人应当依照本法重新招标。

第四十三条 在确定中标人前,招标人不得与投标人就投标价格、投标方案等实质性内容进行谈判。

第四十四条 评标委员会成员应当客观、公正地履行职务,遵守职业道德,对所提出的评审意见承担个人责任。

评标委员会成员不得私下接触投标人,不得收受投标人的财物或者其他好处。

评标委员会成员和参与评标的有关工作人员不得透露对投标文件的评审和比较、中标候选人的推荐情况以及与评标有关的其他情况。

第四十五条 中标人确定后,招标人应当向中标人发出中标通知书,并同时将中标结果通知所有未中标的投标人。

中标通知书对招标人和中标人具有法律效力。中标通知书发出后,招标人改变中标结果的,或者中标人放弃中标项目的,应当依法承担法律责任。

第四十六条 招标人和中标人应当自中标通知书发出之日起三十日内,按照招标文件和中标人的投标文件订立书面合同。招标人和中标人不得再行订立背离合同实质性内容的其他协议。

招标文件要求中标人提交履约保证金的,中标人应当提交。

第四十七条 依法必须进行招标的项目,招标人应当自确定中标人之日起十五日内,向有关行政监督部门提交招标投标情况的书面报告。

第四十八条 中标人应当按照合同约定履行义务,完成中标项目。中标人不得向他人转让中标项目,也不得将中标项目肢解后分别向他人转让。

中标人按照合同约定或者经招标人同意,可以将中标项目的部分非主体、非关键性工作分包给他人完成。接受分包的人应当具备相应的资格条件,并不得再次分包。

中标人应当就分包项目向招标人负责,接受分包的人就分包项目承担连带责任。

第五章 法 律 责 任

第四十九条 违反本法规定,必须进行招标的项目而不招标的,将必须进行招标的项目化整为零或者以其他任何方式规避招标的,责令限期改正,可以处项目合同金额千分之五以上千分之十以下的罚款;对全部或者部分使用国有资金的项目,可以暂停项目执行或者暂停资金拨付;对单位直接负责的主管人员和其他直接责任人员依法给予处分。

第五十条 招标代理机构违反本法规定,泄露应当保密的与招标投标活动有关的情况和资料的,或者与招标人、投标人串通损害国家利益、社会公共利益或者他人合法权益的,处五万元以上二十五万元以下的罚款,对单位直接负责的主管人员和其他直接责任人员处单位罚款数额百分之五以上百分之十以下的罚款；有违法所得的，并处没收违法所得；情节严重的，暂停直至取消招标代理资格；构成犯罪的，依法追究刑事责任；给他人造成损失的，依法承担赔偿责任。

前款所列行为影响中标结果的，中标无效。

第五十一条　招标人以不合理的条件限制或者排斥潜在投标人的，对潜在投标人实行歧视待遇的，强制要求投标人组成联合体共同投标的，或者限制投标人之间竞争的，责令改正，可以处一万元以上五万元以下的罚款。

第五十二条　依法必须进行招标的项目的招标人向他人透露已获取招标文件的潜在投标人的名称、数量或者可能影响公平竞争的有关招标投标的其他情况的，或者泄露标底的，给予警告，可以并处一万元以上十万元以下的罚款；对单位直接负责的主管人员和其他直接责任人员依法给予处分；构成犯罪的，依法追究刑事责任。

前款所列行为影响中标结果的，中标无效。

第五十三条　投标人相互串通投标或者与招标人串通投标的，投标人以向招标人或者评标委员会成员行贿的手段谋取中标的，中标无效，处中标项目金额千分之五以上千分之十以下的罚款，对单位直接负责的主管人员和其他直接责任人员处单位罚款数额百分之五以上百分之十以下的罚款；有违法所得的，并处没收违法所得；情节严重的，取消其一年至二年内参加依法必须进行招标的项目的投标资格并予以公告，直至由工商行政管理机关吊销营业执照；构成犯罪的，依法追究刑事责任。给他人造成损失的，依法承担赔偿责任。

第五十四条　投标人以他人名义投标或者以其他方式弄虚作假，骗取中标的，中标无效，给招标人造成损失的，依法承担赔偿责任；构成犯罪的，依法追究刑事责任。

依法必须进行招标的项目的投标人有前款所列行为尚未构成犯罪的，处中标项目金额千分之五以上千分之十以下的罚款，对单位直接负责的主管人员和其他直接责任人员处单位罚款数额百分之五以上百分之十以下的罚款；有违法所得的，并处没收违法所得；情节严重的，取消其一年至三年内参加依法必须进行招标的项目的投标资格并予以公告，直至由工商行政管理机关吊销营业执照。

第五十五条　依法必须进行招标的项目，招标人违反本法规定，与投标人就投标价格、投标方案等实质性内容进行谈判的，给予警告，对单位直接负责的主管人员和其他直接责任人员依法给予处分。

前款所列行为影响中标结果的，中标无效。

第五十六条　评标委员会成员收受投标人的财物或者其他好处的，评标委员会成员或者参加评标的有关工作人员向他人透露对投标文件的评审和比较、中标候选人的推荐以及与评标有关的其他情况的，给予警告，没收收受的财物，可以并处三千元以上五万元以下的罚款，对有所列违法行为的评标委员会成员取消担任评标委员会成员的资格，不得再参加任何依法必须进行招标的项目的评标；构成犯罪的，依法追究刑事责任。

第五十七条　招标人在评标委员会依法推荐的中标候选人以外确定中标人的，依法必须进行招标的项目在所有投标被评标委员会否决后自行确定中标人的，中标无效。责令改正，可以处中标项目金额千分之五以上千分之十以下的罚款；对单位直接负责的主管人员和其他直接责任人员依法给予处分。

第五十八条　中标人将中标项目转让给他人的，将中标项目肢解后分别转让给他人的，违反本法规定将中标项目的部分主体、关键性工作分包给他人的,或者分包人再次分包的,转让、分包无效,处转让、分包项目金额千分之五以上千分之十以下的罚款;有违法所得的,并处没收违法所得;可以责令停业整顿;情节严重的,由工商行政管理机关吊销营业执照。

第五十九条 招标人与中标人不按照招标文件和中标人的投标文件订立合同的,或者招标人、中标人订立背离合同实质性内容的协议的,责令改正;可以处中标项目金额千分之五以上千分之十以下的罚款。

第六十条 中标人不履行与招标人订立的合同的,履约保证金不予退还,给招标人造成的损失超过履约保证金数额的,还应当对超过部分予以赔偿;没有提交履约保证金的,应当对招标人的损失承担赔偿责任。

中标人不按照与招标人订立的合同履行义务,情节严重的,取消其二年至五年内参加依法必须进行招标的项目的投标资格并予以公告,直至由工商行政管理机关吊销营业执照。

因不可抗力不能履行合同的,不适用前两款规定。

第六十一条 本章规定的行政处罚,由国务院规定的有关行政监督部门决定。本法已对实施行政处罚的机关作出规定的除外。

第六十二条 任何单位违反本法规定,限制或者排斥本地区、本系统以外的法人或者其他组织参加投标的,为招标人指定招标代理机构的,强制招标人委托招标代理机构办理招标事宜的,或者以其他方式干涉招标投标活动的,责令改正;对单位直接负责的主管人员和其他直接责任人员依法给予警告、记过、记大过的处分,情节较重的,依法给予降级、撤职、开除的处分。

个人利用职权进行前款违法行为的,依照前款规定追究责任。

第六十三条 对招标投标活动依法负有行政监督职责的国家机关工作人员徇私舞弊、滥用职权或者玩忽职守,构成犯罪的,依法追究刑事责任;不构成犯罪的,依法给予行政处分。

第六十四条 依法必须进行招标的项目违反本法规定,中标无效的,应当依照本法规定的中标条件从其余投标人中重新确定中标人或者依照本法重新进行招标。

第六章 附 则

第六十五条 投标人和其他利害关系人认为招标投标活动不符合本法有关规定的,有权向招标人提出异议或者依法向有关行政监督部门投诉。

第六十六条 涉及国家安全、国家秘密、抢险救灾或者属于利用扶贫资金实行以工代赈、需要使用农民工等特殊情况,不适宜进行招标的项目,按照国家有关规定可以不进行招标。

第六十七条 使用国际组织或者外国政府贷款、援助资金的项目进行招标,贷款方、资金提供方对招标投标的具体条件和程序有不同规定的,可以适用其规定。但违背中华人民共和国的社会公共利益的除外。

第六十八条 本法自 2000 年 1 月 1 日起施行。

附录 C 中华人民共和国城乡规划法

中华人民共和国主席令第七十四号

《中华人民共和国城乡规划法》已由中华人民共和国第十届全国人民代表大会常务委员会第三十次会议于 2007 年 10 月 28 日通过，现予公布，自 2008 年 1 月 1 日起施行。

第一章 总 则

第一条 为了加强城乡规划管理，协调城乡空间布局，改善人居环境，促进城乡经济社会全面协调可持续发展，制定本法。

第二条 制定和实施城乡规划，在规划区内进行建设活动，必须遵守本法。

本法所称城乡规划，包括城镇体系规划、城市规划、镇规划、乡规划和村庄规划。城市规划、镇规划分为总体规划和详细规划。详细规划分为控制性详细规划和修建性详细规划。

本法所称规划区，是指城市、镇和村庄的建成区以及因城乡建设和发展需要，必须实行规划控制的区域。规划区的具体范围由有关人民政府在组织编制的城市总体规划、镇总体规划、乡规划和村庄规划中，根据城乡经济社会发展水平和统筹城乡发展的需要划定。

第三条 城市和镇应当依照本法制定城市规划和镇规划。城市、镇规划区内的建设活动应当符合规划要求。

县级以上地方人民政府根据本地农村经济社会发展水平，按照因地制宜、切实可行的原则，确定应当制定乡规划、村庄规划的区域。在确定区域内的乡、村庄，应当依照本法制定规划，规划区内的乡、村庄建设应当符合规划要求。

县级以上地方人民政府鼓励、指导前款规定以外的区域的乡、村庄制定和实施乡规划、村庄规划。

第四条 制定和实施城乡规划，应当遵循城乡统筹、合理布局、节约土地、集约发展和先规划后建设的原则，改善生态环境，促进资源、能源节约和综合利用，保护耕地等自然资源和历史文化遗产，保持地方特色、民族特色和传统风貌，防止污染和其他公害，并符合区域人口发展、国防建设、防灾减灾和公共卫生、公共安全的需要。

在规划区内进行建设活动，应当遵守土地管理、自然资源和环境保护等法律、法规的规定。

县级以上地方人民政府应当根据当地经济社会发展的实际，在城市总体规划、镇总体规划中合理确定城市、镇的发展规模、步骤和建设标准。

第五条 城市总体规划、镇总体规划以及乡规划和村庄规划的编制，应当依据国民经济和社会发展规划，并与土地利用总体规划相衔接。

第六条 各级人民政府应当将城乡规划的编制和管理经费纳入本级财政预算。

第七条 经依法批准的城乡规划，是城乡建设和规划管理的依据，未经法定程序不得修改。

第八条 城乡规划组织编制机关应当及时公布经依法批准的城乡规划。但是，法律、行政法规规定不得公开的内容除外。

第九条 任何单位和个人都应当遵守经依法批准并公布的城乡规划，服从规划管理，并有权就涉及其利害关系的建设活动是否符合规划的要求向城乡规划主管部门查询。

任何单位和个人都有权向城乡规划主管部门或者其他有关部门举报或者控告违反城乡规划的行为。城乡规划主管部门或者其他有关部门对举报或者控告，应当及时受理并组织核查、处理。

第十条 国家鼓励采用先进的科学技术，增强城乡规划的科学性，提高城乡规划实施及监督管理的效能。

第十一条 国务院城乡规划主管部门负责全国的城乡规划管理工作。

县级以上地方人民政府城乡规划主管部门负责本行政区域内的城乡规划管理工作。

第二章 城乡规划的制定

第十二条 国务院城乡规划主管部门会同国务院有关部门组织编制全国城镇体系规划，用于指导省域城镇体系规划、城市总体规划的编制。

全国城镇体系规划由国务院城乡规划主管部门报国务院审批。

第十三条 省、自治区人民政府组织编制省域城镇体系规划，报国务院审批。

省域城镇体系规划的内容应当包括：城镇空间布局和规模控制，重大基础设施的布局，为保护生态环境、资源等需要严格控制的区域。

第十四条 城市人民政府组织编制城市总体规划。

直辖市的城市总体规划由直辖市人民政府报国务院审批。省、自治区人民政府所在地的城市以及国务院确定的城市的总体规划，由省、自治区人民政府审查同意后，报国务院审批。其他城市的总体规划，由城市人民政府报省、自治区人民政府审批。

第十五条 县人民政府组织编制县人民政府所在地镇的总体规划，报上一级人民政府审批。其他镇的总体规划由镇人民政府组织编制，报上一级人民政府审批。

第十六条 省、自治区人民政府组织编制的省域城镇体系规划，城市、县人民政府组织编制的总体规划，在报上一级人民政府审批前，应当先经本级人民代表大会常务委员会审议，常务委员会组成人员的审议意见交由本级人民政府研究处理。

镇人民政府组织编制的镇总体规划，在报上一级人民政府审批前，应当先经镇人民代表大会审议，代表的审议意见交由本级人民政府研究处理。

规划的组织编制机关报送审批省域城镇体系规划、城市总体规划或者镇总体规划，应当将本级人民代表大会常务委员会组成人员或者镇人民代表大会代表的审议意见和根据审议意见修改规划的情况一并报送。

第十七条 城市总体规划、镇总体规划的内容应当包括：城市、镇的发展布局，功能分区，用地布局，综合交通体系，禁止、限制和适宜建设的地域范围，各类专项规划等。

规划区范围、规划区内建设用地规模、基础设施和公共服务设施用地、水源地和水系、基本农田和绿化用地、环境保护、自然与历史文化遗产保护以及防灾减灾等内容，应当作为城市总体规划、镇总体规划的强制性内容。

城市总体规划、镇总体规划的规划期限一般为二十年。城市总体规划还应当对城市更长远的发展作出预测性安排。

第十八条　乡规划、村庄规划应当从农村实际出发，尊重村民意愿，体现地方和农村特色。

乡规划、村庄规划的内容应当包括：规划区范围，住宅、道路、供水、排水、供电、垃圾收集、畜禽养殖场所等农村生产、生活服务设施、公益事业等各项建设的用地布局、建设要求，以及对耕地等自然资源和历史文化遗产保护、防灾减灾等的具体安排。乡规划还应当包括本行政区域内的村庄发展布局。

第十九条　城市人民政府城乡规划主管部门根据城市总体规划的要求，组织编制城市的控制性详细规划，经本级人民政府批准后，报本级人民代表大会常务委员会和上一级人民政府备案。

第二十条　镇人民政府根据镇总体规划的要求，组织编制镇的控制性详细规划，报上一级人民政府审批。县人民政府所在地镇的控制性详细规划，由县人民政府城乡规划主管部门根据镇总体规划的要求组织编制，经县人民政府批准后，报本级人民代表大会常务委员会和上一级人民政府备案。

第二十一条　城市、县人民政府城乡规划主管部门和镇人民政府可以组织编制重要地块的修建性详细规划。修建性详细规划应当符合控制性详细规划。

第二十二条　乡、镇人民政府组织编制乡规划、村庄规划，报上一级人民政府审批。村庄规划在报送审批前，应当经村民会议或者村民代表会议讨论同意。

第二十三条　首都的总体规划、详细规划应当统筹考虑中央国家机关用地布局和空间安排的需要。

第二十四条　城乡规划组织编制机关应当委托具有相应资质等级的单位承担城乡规划的具体编制工作。

从事城乡规划编制工作应当具备下列条件，并经国务院城乡规划主管部门或者省、自治区、直辖市人民政府城乡规划主管部门依法审查合格，取得相应等级的资质证书后，方可在资质等级许可的范围内从事城乡规划编制工作：

（一）有法人资格；

（二）有规定数量的经国务院城乡规划主管部门注册的规划师；

（三）有规定数量的相关专业技术人员；

（四）有相应的技术装备；

（五）有健全的技术、质量、财务管理制度。

规划师执业资格管理办法，由国务院城乡规划主管部门会同国务院人事行政部门制定。

编制城乡规划必须遵守国家有关标准。

第二十五条　编制城乡规划，应当具备国家规定的勘察、测绘、气象、地震、水文、环境等基础资料。

县级以上地方人民政府有关主管部门应当根据编制城乡规划的需要，及时提供有关基础资料。

第二十六条　城乡规划报送审批前，组织编制机关应当依法将城乡规划草案予以公告，并采取论证会、听证会或者其他方式征求专家和公众的意见。公告的时间不得少于三十日。

组织编制机关应当充分考虑专家和公众的意见，并在报送审批的材料中附具意见采纳情况及理由。

第二十七条 省域城镇体系规划、城市总体规划、镇总体规划批准前，审批机关应当组织专家和有关部门进行审查。

第三章 城乡规划的实施

第二十八条 地方各级人民政府应当根据当地经济社会发展水平，量力而行，尊重群众意愿，有计划、分步骤地组织实施城乡规划。

第二十九条 城市的建设和发展，应当优先安排基础设施以及公共服务设施的建设，妥善处理新区开发与旧区改建的关系，统筹兼顾进城务工人员生活和周边农村经济社会发展、村民生产与生活的需要。

镇的建设和发展，应当结合农村经济社会发展和产业结构调整，优先安排供水、排水、供电、供气、道路、通信、广播电视等基础设施和学校、卫生院、文化站、幼儿园、福利院等公共服务设施的建设，为周边农村提供服务。

乡、村庄的建设和发展，应当因地制宜、节约用地，发挥村民自治组织的作用，引导村民合理进行建设，改善农村生产、生活条件。

第三十条 城市新区的开发和建设，应当合理确定建设规模和时序，充分利用现有市政基础设施和公共服务设施，严格保护自然资源和生态环境，体现地方特色。

在城市总体规划、镇总体规划确定的建设用地范围以外，不得设立各类开发区和城市新区。

第三十一条 旧城区的改建，应当保护历史文化遗产和传统风貌，合理确定拆迁和建设规模，有计划地对危房集中、基础设施落后等地段进行改建。

历史文化名城、名镇、名村的保护以及受保护建筑物的维护和使用，应当遵守有关法律、行政法规和国务院的规定。

第三十二条 城乡建设和发展，应当依法保护和合理利用风景名胜资源，统筹安排风景名胜区及周边乡、镇、村庄的建设。

风景名胜区的规划、建设和管理，应当遵守有关法律、行政法规和国务院的规定。

第三十三条 城市地下空间的开发和利用，应当与经济和技术发展水平相适应，遵循统筹安排、综合开发、合理利用的原则，充分考虑防灾减灾、人民防空和通信等需要，并符合城市规划，履行规划审批手续。

第三十四条 城市、县、镇人民政府应当根据城市总体规划、镇总体规划、土地利用总体规划和年度计划以及国民经济和社会发展规划，制定近期建设规划，报总体规划审批机关备案。

近期建设规划应当以重要基础设施、公共服务设施和中低收入居民住房建设以及生态环境保护为重点内容，明确近期建设的时序、发展方向和空间布局。近期建设规划的规划期限为五年。

第三十五条 城乡规划确定的铁路、公路、港口、机场、道路、绿地、输配电设施及输电线路走廊、通信设施、广播电视设施、管道设施、河道、水库、水源地、自然保护区、防汛通道、消防通道、核电站、垃圾填埋场及焚烧厂、污水处理厂和公共服务设施的用地以及其他需要依法保护的用地，禁止擅自改变用途。

第三十六条 按照国家规定需要有关部门批准或者核准的建设项目，以划拨方式提供国有土地使用权的，建设单位在报送有关部门批准或者核准前，应当向城乡规划主管部门申请核发选址意见书。

前款规定以外的建设项目不需要申请选址意见书。

第三十七条 在城市、镇规划区内以划拨方式提供国有土地使用权的建设项目，经有关部门批准、核准、备案后，建设单位应当向城市、县人民政府城乡规划主管部门提出建设用地规划许可申请，由城市、县人民政府城乡规划主管部门依据控制性详细规划核定建设用地的位置、面积、允许建设的范围，核发建设用地规划许可证。

建设单位在取得建设用地规划许可证后，方可向县级以上地方人民政府土地主管部门申请用地，经县级以上人民政府审批后，由土地主管部门划拨土地。

第三十八条 在城市、镇规划区内以出让方式提供国有土地使用权的，在国有土地使用权出让前，城市、县人民政府城乡规划主管部门应当依据控制性详细规划，提出出让地块的位置、使用性质、开发强度等规划条件，作为国有土地使用权出让合同的组成部分。未确定规划条件的地块，不得出让国有土地使用权。

以出让方式取得国有土地使用权的建设项目，在签订国有土地使用权出让合同后，建设单位应当持建设项目的批准、核准、备案文件和国有土地使用权出让合同，向城市、县人民政府城乡规划主管部门领取建设用地规划许可证。

城市、县人民政府城乡规划主管部门不得在建设用地规划许可证中，擅自改变作为国有土地使用权出让合同组成部分的规划条件。

第三十九条 规划条件未纳入国有土地使用权出让合同的，该国有土地使用权出让合同无效；对未取得建设用地规划许可证的建设单位批准用地的，由县级以上人民政府撤销有关批准文件；占用土地的，应当及时退回；给当事人造成损失的，应当依法给予赔偿。

第四十条 在城市、镇规划区内进行建筑物、构筑物、道路、管线和其他工程建设的，建设单位或者个人应当向城市、县人民政府城乡规划主管部门或者省、自治区、直辖市人民政府确定的镇人民政府申请办理建设工程规划许可证。

申请办理建设工程规划许可证，应当提交使用土地的有关证明文件、建设工程设计方案等材料。需要建设单位编制修建性详细规划的建设项目，还应当提交修建性详细规划。对符合控制性详细规划和规划条件的，由城市、县人民政府城乡规划主管部门或者省、自治区、直辖市人民政府确定的镇人民政府核发建设工程规划许可证。

城市、县人民政府城乡规划主管部门或者省、自治区、直辖市人民政府确定的镇人民政府应当依法将经审定的修建性详细规划、建设工程设计方案的总平面图予以公布。

第四十一条 在乡、村庄规划区内进行乡镇企业、乡村公共设施和公益事业建设的，建设单位或者个人应当向乡、镇人民政府提出申请，由乡、镇人民政府报城市、县人民政府城乡规划主管部门核发乡村建设规划许可证。

在乡、村庄规划区内使用原有宅基地进行农村村民住宅建设的规划管理办法，由省、自治区、直辖市制定。

在乡、村庄规划区内进行乡镇企业、乡村公共设施和公益事业建设以及农村村民住宅建设，不得占用农用地；确需占用农用地的，应当依照《中华人民共和国土地管理法》有关规定办理农用地转用审批手续后，由城市、县人民政府城乡规划主管部门核发乡村建设规划许可证。

建设单位或者个人在取得乡村建设规划许可证后，方可办理用地审批手续。

第四十二条 城乡规划主管部门不得在城乡规划确定的建设用地范围以外作出规划许可。

第四十三条 建设单位应当按照规划条件进行建设；确需变更的，必须向城市、县人民政府城乡规划主管部门提出申请。变更内容不符合控制性详细规划的，城乡规划主管部门不得批准。城市、县人民政府城乡规划主管部门应当及时将依法变更后的规划条件通报同级土地主管部门并公示。

建设单位应当及时将依法变更后的规划条件报有关人民政府土地主管部门备案。

第四十四条 在城市、镇规划区内进行临时建设的，应当经城市、县人民政府城乡规划主管部门批准。临时建设影响近期建设规划或者控制性详细规划的实施以及交通、市容、安全等的，不得批准。

临时建设应当在批准的使用期限内自行拆除。

临时建设和临时用地规划管理的具体办法，由省、自治区、直辖市人民政府制定。

第四十五条 县级以上地方人民政府城乡规划主管部门按照国务院规定对建设工程是否符合规划条件予以核实。未经核实或者经核实不符合规划条件的，建设单位不得组织竣工验收。

建设单位应当在竣工验收后六个月内向城乡规划主管部门报送有关竣工验收资料。

第四章 城乡规划的修改

第四十六条 省域城镇体系规划、城市总体规划、镇总体规划的组织编制机关，应当组织有关部门和专家定期对规划实施情况进行评估，并采取论证会、听证会或者其他方式征求公众意见。组织编制机关应当向本级人民代表大会常务委员会、镇人民代表大会和原审批机关提出评估报告并附具征求意见的情况。

第四十七条 有下列情形之一的，组织编制机关方可按照规定的权限和程序修改省域城镇体系规划、城市总体规划、镇总体规划：

（一）上级人民政府制定的城乡规划发生变更，提出修改规划要求的；

（二）行政区划调整确需修改规划的；

（三）因国务院批准重大建设工程确需修改规划的；

（四）经评估确需修改规划的；

（五）城乡规划的审批机关认为应当修改规划的其他情形。

修改省域城镇体系规划、城市总体规划、镇总体规划前，组织编制机关应当对原规划的实施情况进行总结，并向原审批机关报告；修改涉及城市总体规划、镇总体规划强制性内容的，应当先向原审批机关提出专题报告，经同意后，方可编制修改方案。

修改后的省域城镇体系规划、城市总体规划、镇总体规划，应当依照本法第十三条、第十四条、第十五条和第十六条规定的审批程序报批。

第四十八条 修改控制性详细规划的，组织编制机关应当对修改的必要性进行论证，征求规划地段内利害关系人的意见，并向原审批机关提出专题报告，经原审批机关同意后，方可编制修改方案。修改后的控制性详细规划，应当依照本法第十九条、第二十条规定的审批程序报批。控制性详细规划修改涉及城市总体规划、镇总体规划的强制性内容的，应当先修改总体规划。

修改乡规划、村庄规划的,应当依照本法第二十二条规定的审批程序报批。

第四十九条 城市、县、镇人民政府修改近期建设规划的,应当将修改后的近期建设规划报总体规划审批机关备案。

第五十条 在选址意见书、建设用地规划许可证、建设工程规划许可证或者乡村建设规划许可证发放后,因依法修改城乡规划给被许可人合法权益造成损失的,应当依法给予补偿。

经依法审定的修建性详细规划、建设工程设计方案的总平面图不得随意修改;确需修改的,城乡规划主管部门应当采取听证会等形式,听取利害关系人的意见;因修改给利害关系人合法权益造成损失的,应当依法给予补偿。

第五章 监督检查

第五十一条 县级以上人民政府及其城乡规划主管部门应当加强对城乡规划编制、审批、实施、修改的监督检查。

第五十二条 地方各级人民政府应当向本级人民代表大会常务委员会或者乡、镇人民代表大会报告城乡规划的实施情况,并接受监督。

第五十三条 县级以上人民政府城乡规划主管部门对城乡规划的实施情况进行监督检查,有权采取以下措施:

(一)要求有关单位和人员提供与监督事项有关的文件、资料,并进行复制;

(二)要求有关单位和人员就监督事项涉及的问题作出解释和说明,并根据需要进入现场进行勘测;

(三)责令有关单位和人员停止违反有关城乡规划的法律、法规的行为。

城乡规划主管部门的工作人员履行前款规定的监督检查职责,应当出示执法证件。被监督检查的单位和人员应当予以配合,不得妨碍和阻挠依法进行的监督检查活动。

第五十四条 监督检查情况和处理结果应当依法公开,供公众查阅和监督。

第五十五条 城乡规划主管部门在查处违反本法规定的行为时,发现国家机关工作人员依法应当给予行政处分的,应当向其任免机关或者监察机关提出处分建议。

第五十六条 依照本法规定应当给予行政处罚,而有关城乡规划主管部门不给予行政处罚的,上级人民政府城乡规划主管部门有权责令其作出行政处罚决定或者建议有关人民政府责令其给予行政处罚。

第五十七条 城乡规划主管部门违反本法规定作出行政许可的,上级人民政府城乡规划主管部门有权责令其撤销或者直接撤销该行政许可。因撤销行政许可给当事人合法权益造成损失的,应当依法给予赔偿。

第六章 法律责任

第五十八条 对依法应当编制城乡规划而未组织编制,或者未按法定程序编制、审批、修改城乡规划的,由上级人民政府责令改正,通报批评;对有关人民政府负责人和其他直接责任人员依法给予处分。

第五十九条 城乡规划组织编制机关委托不具有相应资质等级的单位编制城乡规划的,

由上级人民政府责令改正,通报批评;对有关人民政府负责人和其他直接责任人员依法给予处分。

第六十条 镇人民政府或者县级以上人民政府城乡规划主管部门有下列行为之一的,由本级人民政府、上级人民政府城乡规划主管部门或者监察机关依据职权责令改正,通报批评;对直接负责的主管人员和其他直接责任人员依法给予处分:

(一)未依法组织编制城市的控制性详细规划、县人民政府所在地镇的控制性详细规划的;

(二)超越职权或者对不符合法定条件的申请人核发选址意见书、建设用地规划许可证、建设工程规划许可证、乡村建设规划许可证的;

(三)对符合法定条件的申请人未在法定期限内核发选址意见书、建设用地规划许可证、建设工程规划许可证、乡村建设规划许可证的;

(四)未依法对经审定的修建性详细规划、建设工程设计方案的总平面图予以公布的;

(五)同意修改修建性详细规划、建设工程设计方案的总平面图前未采取听证会等形式听取利害关系人的意见的;

(六)发现未依法取得规划许可或者违反规划许可的规定在规划区内进行建设的行为,而不予查处或者接到举报后不依法处理的。

第六十一条 县级以上人民政府有关部门有下列行为之一的,由本级人民政府或者上级人民政府有关部门责令改正,通报批评;对直接负责的主管人员和其他直接责任人员依法给予处分:

(一)对未依法取得选址意见书的建设项目核发建设项目批准文件的;

(二)未依法在国有土地使用权出让合同中确定规划条件或者改变国有土地使用权出让合同中依法确定的规划条件的;

(三)对未依法取得建设用地规划许可证的建设单位划拨国有土地使用权的。

第六十二条 城乡规划编制单位有下列行为之一的,由所在地城市、县人民政府城乡规划主管部门责令限期改正,处合同约定的规划编制费一倍以上二倍以下的罚款;情节严重的,责令停业整顿,由原发证机关降低资质等级或者吊销资质证书;造成损失的,依法承担赔偿责任:

(一)超越资质等级许可的范围承揽城乡规划编制工作的;

(二)违反国家有关标准编制城乡规划的。

未依法取得资质证书承揽城乡规划编制工作的,由县级以上地方人民政府城乡规划主管部门责令停止违法行为,依照前款规定处以罚款;造成损失的,依法承担赔偿责任。

以欺骗手段取得资质证书承揽城乡规划编制工作的,由原发证机关吊销资质证书,依照本条第一款规定处以罚款;造成损失的,依法承担赔偿责任。

第六十三条 城乡规划编制单位取得资质证书后,不再符合相应的资质条件的,由原发证机关责令限期改正;逾期不改正的,降低资质等级或者吊销资质证书。

第六十四条 未取得建设工程规划许可证或者未按照建设工程规划许可证的规定进行建设的,由县级以上地方人民政府城乡规划主管部门责令停止建设;尚可采取改正措施消除对规划实施的影响的,限期改正,处建设工程造价百分之五以上百分之十以下的罚款;无法采取改正措施消除影响的,限期拆除,不能拆除的,没收实物或者违法收入,可以并处建设工程造价百分之十以下的罚款。

第六十五条　在乡、村庄规划区内未依法取得乡村建设规划许可证或者未按照乡村建设规划许可证的规定进行建设的，由乡、镇人民政府责令停止建设、限期改正；逾期不改正的，可以拆除。

第六十六条　建设单位或者个人有下列行为之一的，由所在地城市、县人民政府城乡规划主管部门责令限期拆除，可以并处临时建设工程造价一倍以下的罚款：

（一）未经批准进行临时建设的；

（二）未按照批准内容进行临时建设的；

（三）临时建筑物、构筑物超过批准期限不拆除的。

第六十七条　建设单位未在建设工程竣工验收后六个月内向城乡规划主管部门报送有关竣工验收资料的，由所在地城市、县人民政府城乡规划主管部门责令限期补报；逾期不补报的，处一万元以上五万元以下的罚款。

第六十八条　城乡规划主管部门作出责令停止建设或者限期拆除的决定后，当事人不停止建设或者逾期不拆除的，建设工程所在地县级以上地方人民政府可以责成有关部门采取查封施工现场、强制拆除等措施。

第六十九条　违反本法规定，构成犯罪的，依法追究刑事责任。

第七章　附　　则

第七十条　本法自 2008 年 1 月 1 日起施行。《中华人民共和国城市规划法》同时废止。

附录 D 建设工程安全生产管理条例

中华人民共和国国务院第 393 号令

《建设工程安全生产管理条例》已经 2003 年 11 月 12 日国务院第 28 次常务会议通过，现予公布，自 2004 年 2 月 1 日起施行。

第一章 总 则

第一条 为了加强建设工程安全生产监督管理，保障人民群众生命和财产安全，根据《中华人民共和国建筑法》、《中华人民共和国安全生产法》，制定本条例。

第二条 在中华人民共和国境内从事建设工程的新建、扩建、改建和拆除等有关活动及实施对建设工程安全生产的监督管理，必须遵守本条例。

本条例所称建设工程，是指土木工程、建筑工程、线路管道和设备安装工程及装修工程。

第三条 建设工程安全生产管理，坚持安全第一、预防为主的方针。

第四条 建设单位、勘察单位、设计单位、施工单位、工程监理单位及其他与建设工程安全生产有关的单位，必须遵守安全生产法律、法规的规定，保证建设工程安全生产，依法承担建设工程安全生产责任。

第五条 国家鼓励建设工程安全生产的科学技术研究和先进技术的推广应用，推进建设工程安全生产的科学管理。

第二章 建设单位的安全责任

第六条 建设单位应当向施工单位提供施工现场及毗邻区域内供水、排水、供电、供气、供热、通信、广播电视等地下管线资料，气象和水文观测资料，相邻建筑物和构筑物、地下工程的有关资料，并保证资料的真实、准确、完整。

建设单位因建设工程需要，向有关部门或者单位查询前款规定的资料时，有关部门或者单位应当及时提供。

第七条 建设单位不得对勘察、设计、施工、工程监理等单位提出不符合建设工程安全生产法律、法规和强制性标准规定的要求，不得压缩合同约定的工期。

第八条 建设单位在编制工程概算时，应当确定建设工程安全作业环境及安全施工措施所需费用。

第九条 建设单位不得明示或者暗示施工单位购买、租赁、使用不符合安全施工要求的安全防护用具、机械设备、施工机具及配件、消防设施和器材。

第十条 建设单位在申请领取施工许可证时，应当提供建设工程有关安全施工措施的资料。

依法批准开工报告的建设工程，建设单位应当自开工报告批准之日起 15 日内，将保证安全施工的措施报送建设工程所在地的县级以上地方人民政府建设行政主管部门或者其他有关部门备案。

第十一条　建设单位应当将拆除工程发包给具有相应资质等级的施工单位。

建设单位应当在拆除工程施工15日前，将下列资料报送建设工程所在地的县级以上地方人民政府建设行政主管部门或者其他有关部门备案：

（一）施工单位资质等级证明；

（二）拟拆除建筑物、构筑物及可能危及毗邻建筑的说明；

（三）拆除施工组织方案；

（四）堆放、清除废弃物的措施。

实施爆破作业的，应当遵守国家有关民用爆炸物品管理的规定。

第三章　勘察、设计、工程监理及其他有关单位的安全责任

第十二条　勘察单位应当按照法律、法规和工程建设强制性标准进行勘察，提供的勘察文件应当真实、准确，满足建设工程安全生产的需要。

勘察单位在勘察作业时，应当严格执行操作规程，采取措施保证各类管线、设施和周边建筑物、构筑物的安全。

第十三条　设计单位应当按照法律、法规和工程建设强制性标准进行设计，防止因设计不合理导致生产安全事故的发生。

设计单位应当考虑施工安全操作和防护的需要，对涉及施工安全的重点部位和环节在设计文件中注明，并对防范生产安全事故提出指导意见。

采用新结构、新材料、新工艺的建设工程和特殊结构的建设工程，设计单位应当在设计中提出保障施工作业人员安全和预防生产安全事故的措施建议。

设计单位和注册建筑师等注册执业人员应当对其设计负责。

第十四条　工程监理单位应当审查施工组织设计中的安全技术措施或者专项施工方案是否符合工程建设强制性标准。

工程监理单位在实施监理过程中，发现存在安全事故隐患的，应当要求施工单位整改；情况严重的，应当要求施工单位暂时停止施工，并及时报告建设单位。施工单位拒不整改或者不停止施工的，工程监理单位应当及时向有关主管部门报告。

工程监理单位和监理工程师应当按照法律、法规和工程建设强制性标准实施监理，并对建设工程安全生产承担监理责任。

第十五条　为建设工程提供机械设备和配件的单位，应当按照安全施工的要求配备齐全有效的保险、限位等安全设施和装置。

第十六条　出租的机械设备和施工机具及配件，应当具有生产（制造）许可证、产品合格证。

出租单位应当对出租的机械设备和施工机具及配件的安全性能进行检测，在签订租赁协议时，应当出具检测合格证明。

禁止出租检测不合格的机械设备和施工机具及配件。

第十七条　在施工现场安装、拆卸施工起重机械和整体提升脚手架、模板等自升式架设设施，必须由具有相应资质的单位承担。

安装、拆卸施工起重机械和整体提升脚手架、模板等自升式架设设施，应当编制拆装方案、制定安全施工措施，并由专业技术人员现场监督。

施工起重机械和整体提升脚手架、模板等自升式架设设施安装完毕后，安装单位应当自检，出具自检合格证明，并向施工单位进行安全使用说明，办理验收手续并签字。

第十八条 施工起重机械和整体提升脚手架、模板等自升式架设设施的使用达到国家规定的检验检测期限的，必须经具有专业资质的检验检测机构检测。经检测不合格的，不得继续使用。

第十九条 检验检测机构对检测合格的施工起重机械和整体提升脚手架、模板等自升式架设设施，应当出具安全合格证明文件，并对检测结果负责。

第四章 施工单位的安全责任

第二十条 施工单位从事建设工程的新建、扩建、改建和拆除等活动，应当具备国家规定的注册资本、专业技术人员、技术装备和安全生产等条件，依法取得相应等级的资质证书，并在其资质等级许可的范围内承揽工程。

第二十一条 施工单位主要负责人依法对本单位的安全生产工作全面负责。施工单位应当建立健全安全生产责任制度和安全生产教育培训制度，制定安全生产规章制度和操作规程，保证本单位安全生产条件所需资金的投入，对所承担的建设工程进行定期和专项安全检查，并做好安全检查记录。

施工单位的项目负责人应当由取得相应执业资格的人员担任，对建设工程项目的安全施工负责，落实安全生产责任制度、安全生产规章制度和操作规程，确保安全生产费用的有效使用，并根据工程的特点组织制定安全施工措施，消除安全事故隐患，及时、如实报告生产安全事故。

第二十二条 施工单位对列入建设工程概算的安全作业环境及安全施工措施所需费用，应当用于施工安全防护用具及设施的采购和更新、安全施工措施的落实、安全生产条件的改善，不得挪作他用。

第二十三条 施工单位应当设立安全生产管理机构，配备专职安全生产管理人员。

专职安全生产管理人员负责对安全生产进行现场监督检查。发现安全事故隐患，应当及时向项目负责人和安全生产管理机构报告；对违章指挥、违章操作的，应当立即制止。

专职安全生产管理人员的配备办法由国务院建设行政主管部门会同国务院其他有关部门制定。

第二十四条 建设工程实行施工总承包的，由总承包单位对施工现场的安全生产负总责。

总承包单位应当自行完成建设工程主体结构的施工。

总承包单位依法将建设工程分包给其他单位的，分包合同中应当明确各自的安全生产方面的权利、义务。总承包单位和分包单位对分包工程的安全生产承担连带责任。

分包单位应当服从总承包单位的安全生产管理，分包单位不服从管理导致生产安全事故的，由分包单位承担主要责任。

第二十五条 垂直运输机械作业人员、安装拆卸工、爆破作业人员、起重信号工、登高架设作业人员等特种作业人员，必须按照国家有关规定经过专门的安全作业培训，并取得特种作业操作资格证书后，方可上岗作业。

第二十六条 施工单位应当在施工组织设计中编制安全技术措施和施工现场临时用电方

案，对下列达到一定规模的危险性较大的分部分项工程编制专项施工方案，并附具安全验算结果，经施工单位技术负责人、总监理工程师签字后实施，由专职安全生产管理人员进行现场监督：

（一）基坑支护与降水工程；

（二）土方开挖工程；

（三）模板工程；

（四）起重吊装工程；

（五）脚手架工程；

（六）拆除、爆破工程；

（七）国务院建设行政主管部门或者其他有关部门规定的其他危险性较大的工程。

对前款所列工程中涉及深基坑、地下暗挖工程、高大模板工程的专项施工方案，施工单位还应当组织专家进行论证、审查。

本条第一款规定的达到一定规模的危险性较大工程的标准，由国务院建设行政主管部门会同国务院其他有关部门制定。

第二十七条 建设工程施工前，施工单位负责项目管理的技术人员应当对有关安全施工的技术要求向施工作业班组、作业人员作出详细说明，并由双方签字确认。

第二十八条 施工单位应当在施工现场入口处、施工起重机械、临时用电设施、脚手架、出入通道口、楼梯口、电梯井口、孔洞口、桥梁口、隧道口、基坑边沿、爆破物及有害危险气体和液体存放处等危险部位，设置明显的安全警示标志。安全警示标志必须符合国家标准。

施工单位应当根据不同施工阶段和周围环境及季节、气候的变化，在施工现场采取相应的安全施工措施。施工现场暂时停止施工的，施工单位应当做好现场防护，所需费用由责任方承担，或者按照合同约定执行。

第二十九条 施工单位应当将施工现场的办公、生活区与作业区分开设置，并保持安全距离；办公、生活区的选址应当符合安全性要求。职工的膳食、饮水、休息场所等应当符合卫生标准。施工单位不得在尚未竣工的建筑物内设置员工集体宿舍。

施工现场临时搭建的建筑物应当符合安全使用要求。施工现场使用的装配式活动房屋应当具有产品合格证。

第三十条 施工单位对因建设工程施工可能造成损害的毗邻建筑物、构筑物和地下管线等，应当采取专项防护措施。

施工单位应当遵守有关环境保护法律、法规的规定，在施工现场采取措施，防止或者减少粉尘、废气、废水、固体废物、噪声、振动和施工照明对人和环境的危害和污染。

在城市市区内的建设工程，施工单位应当对施工现场实行封闭围挡。

第三十一条 施工单位应当在施工现场建立消防安全责任制度，确定消防安全责任人，制定用火、用电、使用易燃易爆材料等各项消防安全管理制度和操作规程，设置消防通道、消防水源，配备消防设施和灭火器材，并在施工现场入口处设置明显标志。

第三十二条 施工单位应当向作业人员提供安全防护用具和安全防护服装，并书面告知危险岗位的操作规程和违章操作的危害。

作业人员有权对施工现场的作业条件、作业程序和作业方式中存在的安全问题提出批评、检举和控告，有权拒绝违章指挥和强令冒险作业。

在施工中发生危及人身安全的紧急情况时，作业人员有权立即停止作业或者在采取必要的应急措施后撤离危险区域。

第三十三条 作业人员应当遵守安全施工的强制性标准、规章制度和操作规程，正确使用安全防护用具、机械设备等。

第三十四条 施工单位采购、租赁的安全防护用具、机械设备、施工机具及配件，应当具有生产（制造）许可证、产品合格证，并在进入施工现场前进行查验。

施工现场的安全防护用具、机械设备、施工机具及配件必须由专人管理，定期进行检查、维修和保养，建立相应的资料档案，并按照国家有关规定及时报废。

第三十五条 施工单位在使用施工起重机械和整体提升脚手架、模板等自升式架设设施前，应当组织有关单位进行验收，也可以委托具有相应资质的检验检测机构进行验收；使用承租的机械设备和施工机具及配件的，由施工总承包单位、分包单位、出租单位和安装单位共同进行验收。验收合格的方可使用。

《特种设备安全监察条例》规定的施工起重机械，在验收前应当经有相应资质的检验检测机构监督检验合格。

施工单位应当自施工起重机械和整体提升脚手架、模板等自升式架设设施验收合格之日起三十日内，向建设行政主管部门或者其他有关部门登记。登记标志应当置于或者附着于该设备的显著位置。

第三十六条 施工单位的主要负责人、项目负责人、专职安全生产管理人员应当经建设行政主管部门或者其他有关部门考核合格后方可任职。

施工单位应当对管理人员和作业人员每年至少进行一次安全生产教育培训，其教育培训情况记入个人工作档案。安全生产教育培训考核不合格的人员，不得上岗。

第三十七条 作业人员进入新的岗位或者新的施工现场前，应当接受安全生产教育培训。未经教育培训或者教育培训考核不合格的人员，不得上岗作业。

施工单位在采用新技术、新工艺、新设备、新材料时，应当对作业人员进行相应的安全生产教育培训。

第三十八条 施工单位应当为施工现场从事危险作业的人员办理意外伤害保险。

意外伤害保险费由施工单位支付。实行施工总承包的，由总承包单位支付意外伤害保险费。意外伤害保险期限自建设工程开工之日起至竣工验收合格止。

第五章 监督管理

第三十九条 国务院负责安全生产监督管理的部门依照《中华人民共和国安全生产法》的规定，对全国建设工程安全生产工作实施综合监督管理。

县级以上地方人民政府负责安全生产监督管理的部门依照《中华人民共和国安全生产法》的规定，对本行政区域内建设工程安全生产工作实施综合监督管理。

第四十条 国务院建设行政主管部门对全国的建设工程安全生产实施监督管理。国务院铁路、交通、水利等有关部门按照国务院规定的职责分工，负责有关专业建设工程安全生产的监督管理。

县级以上地方人民政府建设行政主管部门对本行政区域内的建设工程安全生产实施监督管理。县级以上地方人民政府交通、水利等有关部门在各自的职责范围内，负责本行政区域内的专业建设工程安全生产的监督管理。

第四十一条 建设行政主管部门和其他有关部门应当将本条例第十条、第十一条规定的有关资料的主要内容抄送同级负责安全生产监督管理的部门。

第四十二条 建设行政主管部门在审核发放施工许可证时，应当对建设工程是否有安全施工措施进行审查，对没有安全施工措施的，不得颁发施工许可证。

建设行政主管部门或者其他有关部门对建设工程是否有安全施工措施进行审查时，不得收取费用。

第四十三条 县级以上人民政府负有建设工程安全生产监督管理职责的部门在各自的职责范围内履行安全监督检查职责时，有权采取下列措施：

（一）要求被检查单位提供有关建设工程安全生产的文件和资料；

（二）进入被检查单位施工现场进行检查；

（三）纠正施工中违反安全生产要求的行为；

（四）对检查中发现的安全事故隐患，责令立即排除，重大安全事故隐患排除前或者排除过程中无法保证安全的，责令从危险区域内撤出作业人员或者暂时停止施工。

第四十四条 建设行政主管部门或者其他有关部门可以将施工现场的监督检查委托给建设工程安全监督机构具体实施。

第四十五条 国家对严重危及施工安全的工艺、设备、材料实行淘汰制度。具体目录由国务院建设行政主管部门会同国务院其他有关部门制定并公布。

第四十六条 县级以上人民政府建设行政主管部门和其他有关部门应当及时受理对建设工程生产安全事故及安全事故隐患的检举、控告和投诉。

第六章 生产安全事故的应急救援和调查处理

第四十七条 县级以上地方人民政府建设行政主管部门应当根据本级人民政府的要求，制定本行政区域内建设工程特大生产安全事故应急救援预案。

第四十八条 施工单位应当制定本单位生产安全事故应急救援预案，建立应急救援组织或者配备应急救援人员，配备必要的应急救援器材、设备，并定期组织演练。

第四十九条 施工单位应当根据建设工程施工的特点、范围，对施工现场易发生重大事故的部位、环节进行监控，制定施工现场生产安全事故应急救援预案。实行施工总承包的，由总承包单位统一组织编制建设工程生产安全事故应急救援预案，工程总承包单位和分包单位按照应急救援预案，各自建立应急救援组织或者配备应急救援人员，配备救援器材、设备，并定期组织演练。

第五十条 施工单位发生生产安全事故，应当按照国家有关伤亡事故报告和调查处理的规定，及时、如实地向负责安全生产监督管理的部门、建设行政主管部门或者其他有关部门报告；特种设备发生事故的，还应当同时向特种设备安全监督管理部门报告。接到报告的部门应当按照国家有关规定，如实上报。

实行施工总承包的建设工程，由总承包单位负责上报事故。

第五十一条 发生生产安全事故后，施工单位应当采取措施防止事故扩大，保护事故现场。需要移动现场物品时，应当做出标记和书面记录，妥善保管有关证物。

第五十二条 建设工程生产安全事故的调查、对事故责任单位和责任人的处罚与处理，按照有关法律、法规的规定执行。

第七章 法律责任

第五十三条 违反本条例的规定，县级以上人民政府建设行政主管部门或者其他有关行政管理部门的工作人员，有下列行为之一的，给予降级或者撤职的行政处分；构成犯罪的，依照刑法有关规定追究刑事责任：

（一）对不具备安全生产条件的施工单位颁发资质证书的；

（二）对没有安全施工措施的建设工程颁发施工许可证的；

（三）发现违法行为不予查处的；

（四）不依法履行监督管理职责的其他行为。

第五十四条 违反本条例的规定，建设单位未提供建设工程安全生产作业环境及安全施工措施所需费用的，责令限期改正；逾期未改正的，责令该建设工程停止施工。

建设单位未将保证安全施工的措施或者拆除工程的有关资料报送有关部门备案的，责令限期改正，给予警告。

第五十五条 违反本条例的规定，建设单位有下列行为之一的，责令限期改正，处20万元以上50万元以下的罚款；造成重大安全事故，构成犯罪的，对直接责任人员，依照刑法有关规定追究刑事责任；造成损失的，依法承担赔偿责任：

（一）对勘察、设计、施工、工程监理等单位提出不符合安全生产法律、法规和强制性标准规定的要求的；

（二）要求施工单位压缩合同约定的工期的；

（三）将拆除工程发包给不具有相应资质等级的施工单位的。

第五十六条 违反本条例的规定，勘察单位、设计单位有下列行为之一的，责令限期改正，处10万元以上30万元以下的罚款；情节严重的，责令停业整顿，降低资质等级，直至吊销资质证书；造成重大安全事故，构成犯罪的，对直接责任人员，依照刑法有关规定追究刑事责任；造成损失的，依法承担赔偿责任：

（一）未按照法律、法规和工程建设强制性标准进行勘察、设计的；

（二）采用新结构、新材料、新工艺的建设工程和特殊结构的建设工程，设计单位未在设计中提出保障施工作业人员安全和预防生产安全事故的措施建议的。

第五十七条 违反本条例的规定，工程监理单位有下列行为之一的，责令限期改正；逾期未改正的，责令停业整顿，并处10万元以上30万元以下的罚款；情节严重的，降低资质等级，直至吊销资质证书；造成重大安全事故，构成犯罪的，对直接责任人员，依照刑法有关规定追究刑事责任；造成损失的，依法承担赔偿责任：

（一）未对施工组织设计中的安全技术措施或者专项施工方案进行审查的；

（二）发现安全事故隐患未及时要求施工单位整改或者暂时停止施工的；

（三）施工单位拒不整改或者不停止施工，未及时向有关主管部门报告的；

（四）未依照法律、法规和工程建设强制性标准实施监理的。

第五十八条 注册执业人员未执行法律、法规和工程建设强制性标准的，责令停止执业三个月以上一年以下；情节严重的，吊销执业资格证书，五年内不予注册；造成重大安全事故的，终身不予注册；构成犯罪的，依照刑法有关规定追究刑事责任。

第五十九条　违反本条例的规定,为建设工程提供机械设备和配件的单位,未按照安全施工的要求配备齐全有效的保险、限位等安全设施和装置的,责令限期改正,处合同价款一倍以上三倍以下的罚款;造成损失的,依法承担赔偿责任。

第六十条　违反本条例的规定,出租单位出租未经安全性能检测或者经检测不合格的机械设备和施工机具及配件的,责令停业整顿,并处五万元以上十万元以下的罚款;造成损失的,依法承担赔偿责任。

第六十一条　违反本条例的规定,施工起重机械和整体提升脚手架、模板等自升式架设设施安装、拆卸单位有下列行为之一的,责令限期改正,处五万元以上十万元以下的罚款;情节严重的,责令停业整顿,降低资质等级,直至吊销资质证书;造成损失的,依法承担赔偿责任:

（一）未编制拆装方案、制定安全施工措施的;

（二）未由专业技术人员现场监督的;

（三）未出具自检合格证明或者出具虚假证明的;

（四）未向施工单位进行安全使用说明,办理移交手续的。

施工起重机械和整体提升脚手架、模板等自升式架设设施安装、拆卸单位有前款规定的第（一）项、第（三）项行为,经有关部门或者单位职工提出后,对事故隐患仍不采取措施,因而发生重大伤亡事故或者造成其他严重后果,构成犯罪的,对直接责任人员,依照刑法有关规定追究刑事责任。

第六十二条　违反本条例的规定,施工单位有下列行为之一的,责令限期改正;逾期未改正的,责令停业整顿,依照《中华人民共和国安全生产法》的有关规定处以罚款;造成重大安全事故,构成犯罪的,对直接责任人员,依照刑法有关规定追究刑事责任:

（一）未设立安全生产管理机构、配备专职安全生产管理人员或者分部分项工程施工时无专职安全生产管理人员现场监督的;

（二）施工单位的主要负责人、项目负责人、专职安全生产管理人员、作业人员或者特种作业人员,未经安全教育培训或者经考核不合格即从事相关工作的;

（三）未在施工现场的危险部位设置明显的安全警示标志,或者未按照国家有关规定在施工现场设置消防通道、消防水源、配备消防设施和灭火器材的;

（四）未向作业人员提供安全防护用具和安全防护服装的;

（五）未按照规定在施工起重机械和整体提升脚手架、模板等自升式架设设施验收合格后登记的;

（六）使用国家明令淘汰、禁止使用的危及施工安全的工艺、设备、材料的。

第六十三条　违反本条例的规定,施工单位挪用列入建设工程概算的安全生产作业环境及安全施工措施所需费用的,责令限期改正,处挪用费用20%以上50%以下的罚款;造成损失的,依法承担赔偿责任。

第六十四条　违反本条例的规定,施工单位有下列行为之一的,责令限期改正;逾期未改正的,责令停业整顿,并处五万元以上十万元以下的罚款;造成重大安全事故,构成犯罪的,对直接责任人员,依照刑法有关规定追究刑事责任:

（一）施工前未对有关安全施工的技术要求作出详细说明的;

（二）未根据不同施工阶段和周围环境及季节、气候的变化,在施工现场采取相应的安全施工措施,或者在城市市区内的建设工程的施工现场未实行封闭围挡的;

（三）在尚未竣工的建筑物内设置员工集体宿舍的；

（四）施工现场临时搭建的建筑物不符合安全使用要求的；

（五）未对因建设工程施工可能造成损害的毗邻建筑物、构筑物和地下管线等采取专项防护措施的。

施工单位有前款规定第（四）项、第（五）项行为，造成损失的，依法承担赔偿责任。

第六十五条 违反本条例的规定，施工单位有下列行为之一的，责令限期改正；逾期未改正的，责令停业整顿，并处十万元以上三十万元以下的罚款；情节严重的，降低资质等级，直至吊销资质证书；造成重大安全事故，构成犯罪的，对直接责任人员，依照刑法有关规定追究刑事责任；造成损失的，依法承担赔偿责任：

（一）安全防护用具、机械设备、施工机具及配件在进入施工现场前未经查验或者查验不合格即投入使用的；

（二）使用未经验收或者验收不合格的施工起重机械和整体提升脚手架、模板等自升式架设设施的；

（三）委托不具有相应资质的单位承担施工现场安装、拆卸施工起重机械和整体提升脚手架、模板等自升式架设设施的；

（四）在施工组织设计中未编制安全技术措施、施工现场临时用电方案或者专项施工方案的。

第六十六条 违反本条例的规定，施工单位的主要负责人、项目负责人未履行安全生产管理职责的，责令限期改正；逾期未改正的，责令施工单位停业整顿；造成重大安全事故、重大伤亡事故或者其他严重后果，构成犯罪的，依照刑法有关规定追究刑事责任。

作业人员不服管理、违反规章制度和操作规程冒险作业造成重大伤亡事故或者其他严重后果，构成犯罪的，依照刑法有关规定追究刑事责任。

施工单位的主要负责人、项目负责人有前款违法行为，尚不够刑事处罚的，处二万元以上二十万元以下的罚款或者按照管理权限给予撤职处分；自刑罚执行完毕或者受处分之日起，五年内不得担任任何施工单位的主要负责人、项目负责人。

第六十七条 施工单位取得资质证书后，降低安全生产条件的，责令限期改正；经整改仍未达到与其资质等级相适应的安全生产条件的，责令停业整顿，降低其资质等级直至吊销资质证书。

第六十八条 本条例规定的行政处罚，由建设行政主管部门或者其他有关部门依照法定职权决定。

违反消防安全管理规定的行为，由公安消防机构依法处罚。

有关法律、行政法规对建设工程安全生产违法行为的行政处罚决定机关另有规定的，从其规定。

第八章 附 则

第六十九条 抢险救灾和农民自建低层住宅的安全生产管理，不适用本条例。

第七十条 军事建设工程的安全生产管理，按照中央军事委员会的有关规定执行。

第七十一条 本条例自 2004 年 2 月 1 日起施行。

附录 E 建设工程质量管理条例

中华人民共和国国务院第 279 号令

《建设工程质量管理条例》已经 2000 年 1 月 10 日国务院第 25 次常务会议通过，现予发布，自发布之日起施行。

第一章 总 则

第一条 为了加强对建设工程质量的管理，保证建设工程质量，保护人民生命和财产安全，根据《中华人民共和国建筑法》，制定本条例。

第二条 凡在中华人民共和国境内从事建设工程的新建、扩建、改建等有关活动及实施对建设工程质量监督管理的，必须遵守本条例。

本条例所称建设工程，是指土木工程、建筑工程，线路管道和设备安装工程及装修工程。

第三条 建设单位、勘察单位、设计单位、施工单位、工程监理单位依法对建设工程质量负责。

第四条 县级以上人民政府建设行政主管部门和其他有关部门应当加强对建设工程质量的监督管理。

第五条 从事建设工程活动，必须严格执行基本建设程序，坚持先勘察、后设计、再施工的原则。

县级以上人民政府及其有关部门不得超越权限审批建设项目或者擅自简化基本建设程序。

第六条 国家鼓励采用先进的科学技术和管理方法，提高建设工程质量。

第二章 建设单位的质量责任和义务

第七条 建设单位应当将工程发包给具有相应资质等级的单位。

建设单位不得将建设工程肢解发包。

第八条 建设单位应当依法对工程建设项目的勘察、设计、施工、监理以及与工程建设有关的重要设备、材料等的采购进行招标。

第九条 建设单位必须向有关的勘察、设计、施工、工程监理等单位提供与建设工程有关的原始资料。

原始资料必须真实、准确、齐全。

第十条 建设工程发包单位不得迫使承包方以低于成本的价格竞标，不得任意压缩合理工期。

建设单位不得明示或者暗示设计单位或者施工单位违反工程建设强制性标准，降低建设工程质量。

第十一条 建设单位应当将施工图设计文件报县级以上人民政府建设行政主管部门或者其他有关部门审查。施工图设计文件审查的具体办法，由国务院建设行政主管部门会同国务院其他有关部门制定。

施工图设计文件未经审查批准的，不得使用。

第十二条 实行监理的建设工程，建设单位应当委托具有相应资质等级的工程监理单位进行监理，也可以委托具有工程监理相应资质等级并与被监理工程的施工承包单位没有隶属关系或者其他利害关系的该工程的设计单位进行监理。

下列建设工程必须实行监理：

（一）国家重点建设工程；

（二）大中型公用事业工程；

（三）成片开发建设的住宅小区工程；

（四）利用外国政府或者国际组织贷款、援助资金的工程；

（五）国家规定必须实行监理的其他工程。

第十三条 建设单位在领取施工许可证或者开工报告前，应当按照国家有关规定办理工程质量监督手续。

第十四条 按照合同约定，由建设单位采购建筑材料、建筑构配件和设备的，建设单位应当保证建筑材料、建筑构配件和设备符合设计文件和合同要求。

建设单位不得明示或者暗示施工单位使用不合格的建筑材料、建筑构配件和设备。

第十五条 涉及建筑主体和承重结构变动的装修工程，建设单位应当在施工前委托原设计单位或者具有相应资质等级的设计单位提出设计方案；没有设计方案的，不得施工。

房屋建筑使用者在装修过程中，不得擅自变动房屋建筑主体和承重结构。

第十六条 建设单位收到建设工程竣工报告后，应当组织设计、施工、工程监理等有关单位进行竣工验收。

建设工程竣工验收应当具备下列条件：

（一）完成建设工程设计和合同约定的各项内容；

（二）有完整的技术档案和施工管理资料；

（三）有工程使用的主要建筑材料、建筑构配件和设备的进场试验报告；

（四）有勘察、设计、施工、工程监理等单位分别签署的质量合格文件；

（五）有施工单位签署的工程保修书。

建设工程经验收合格的，方可交付使用。

第十七条 建设单位应当严格按照国家有关档案管理的规定，及时收集、整理建设项目各环节的文件资料，建立健全建设项目档案，并在建设工程竣工验收后，及时向建设行政主管部门或者其他有关部门移交建设项目档案。

第三章 勘察、设计单位的质量责任和义务

第十八条 从事建设工程勘察、设计的单位应当依法取得相应等级的资质证书，并在其资质等级许可的范围内承揽工程。

禁止勘察、设计单位超越其资质等级许可的范围或者以其他勘察、设计单位的名义承揽工程。禁止勘察、设计单位允许其他单位或者个人以本单位的名义承揽工程。

勘察、设计单位不得转包或者违法分包所承揽的工程。

第十九条 勘察、设计单位必须按照工程建设强制性标准进行勘察、设计，并对其勘

察、设计的质量负责。

注册建筑师、注册结构工程师等注册执业人员应当在设计文件上签字,对设计文件负责。

第二十条 勘察单位提供的地质、测量、水文等勘察成果必须真实、准确。

第二十一条 设计单位应当根据勘察成果文件进行建设工程设计。

设计文件应当符合国家规定的设计深度要求,注明工程合理使用年限。

第二十二条 设计单位在设计文件中选用的建筑材料、建筑构配件和设备,应当注明规格、型号、性能等技术指标,其质量要求必须符合国家规定的标准。

除有特殊要求的建筑材料、专用设备、工艺生产线等外,设计单位不得指定生产厂、供应商。

第二十三条 设计单位应当就审查合格的施工图设计文件向施工单位作出详细说明。

第二十四条 设计单位应当参与建设工程质量事故分析,并对因设计造成的质量事故,提出相应的技术处理方案。

第四章 施工单位的质量责任和义务

第二十五条 施工单位应当依法取得相应等级的资质证书,并在其资质等级许可的范围内承揽工程。

禁止施工单位超越本单位资质等级许可的业务范围或者以其他施工单位的名义承揽工程。禁止施工单位允许其他单位或者个人以本单位的名义承揽工程。

施工单位不得转包或者违法分包工程。

第二十六条 施工单位对建设工程的施工质量负责。

施工单位应当建立质量责任制,确定工程项目的项目经理、技术负责人和施工管理负责人。

建设工程实行总承包的,总承包单位应当对全部建设工程质量负责;建设工程勘察、设计、施工、设备采购的一项或者多项实行总承包的,总承包单位应当对其承包的建设工程或者采购的设备的质量负责。

第二十七条 总承包单位依法将建设工程分包给其他单位的,分包单位应当按照分包合同的约定对其分包工程的质量向总承包单位负责,总承包单位与分包单位对分包工程的质量承担连带责任。

第二十八条 施工单位必须按照工程设计图纸和施工技术标准施工,不得擅自修改工程设计,不得偷工减料。

施工单位在施工过程中发现设计文件和图纸有差错的,应当及时提出意见和建议。

第二十九条 施工单位必须按照工程设计要求、施工技术标准和合同约定,对建筑材料、建筑构配件、设备和商品混凝土进行检验,检验应当有书面记录和专人签字;未经检验或者检验不合格的,不得使用。

第三十条 施工单位必须建立健全施工质量的检验制度,严格工序管理,做好隐蔽工程的质量检查和记录。隐蔽工程在隐蔽前,施工单位应当通知建设单位和建设工程质量监督机构。

第三十一条 施工人员对涉及结构安全的试块、试件以及有关材料,应当在建设单位或者工程监理单位监督下现场取样,并送具有相应资质等级的质量检测单位进行检测。

第三十二条 施工单位对施工中出现质量问题的建设工程或者竣工验收不合格的建设工程,应当负责返修。

第三十三条 施工单位应当建立健全教育培训制度,加强对职工的教育培训;未经教育培训或者考核不合格的人员,不得上岗作业。

第五章 工程监理单位的质量责任和义务

第三十四条 工程监理单位应当依法取得相应等级的资质证书,并在其资质等级许可的范围内承担工程监理业务。禁止工程监理单位超越本单位资质等级许可的范围或者以其他工程监理单位的名义承担工程监理业务;禁止工程监理单位允许其他单位或者个人以本单位的名义承担工程监理业务。

工程监理单位不得转让工程监理业务。

第三十五条 工程监理单位与被监理工程的施工承包单位以及建筑材料、建筑构构配件和设备供应单位有隶属关系或者其他利害关系的,不得承担该项建设工程的监理业务。

第三十六条 工程监理单位应当依照法律、法规以及有关技术标准、设计文件和建设工程承包合同,代表建设单位对施工质量实施监理,并对施工质量承担监理责任。

第三十七条 工程监理单位应当选派具备相应资格的总监理工程师和监理工程师进驻施工现场。

未经监理工程师签字,建筑材料、建筑构配件和设备不得在工程上使用或者安装,施工单位不得进行下一道工序的施工。未经总监理工程师签字,建设单位不拨付工程款,不进行竣工验收。

第三十八条 监理工程师应当按照工程监理规范的要求,采取旁站、巡视和平行检验等形式,对建设工程实施监理。

第六章 建设工程质量保修

第三十九条 建设工程实行质量保修制度。建设工程承包单位在向建设单位提交工程竣工验收报告时,应当向建设单位出具质量保修书,质量保修书中应当明确建设工程的保修范围、保修期限和保修责任等。

第四十条 在正常使用条件下,建设工程的最低保修期限为:

(一)基础设施工程、房屋建筑的地基基础工程和主体结构工程,为设计文件规定的该工程的合理使用年限;

(二)屋面防水工程、有防水要求的卫生间、房间和外墙面的防渗漏,为五年;

(三)供热与供冷系统,为两个采暖期、供冷期;

(四)电气管线、给排水管道、设备安装和装修工程,为两年。

其他项目的保修期限由发包方与承包方约定。

建设工程的保修期,自竣工验收合格之日起计算。

第四十一条 建设工程在保修范围和保修期限内发生质量问题的,施工单位应当履行保修义务,并对造成的损失承担赔偿责任。

第四十二条 建设工程在超过合理使用年限后需要继续使用的,产权所有人应当委托具有相应资质等级的勘察、设计单位鉴定，并根据鉴定结果采取加固、维修等措施，重新界定使用期。

第七章 监督管理

第四十三条 国家实行建设工程质量监督管理制度。

国务院建设行政主管部门对全国的建设工程质量实施统一监督管理。国务院铁路、交通、水利等有关部门按照国务院规定的职责分工，负责对全国的有关专业建设工程质量的监督管理。

县级以上地方人民政府建设行政主管部门对本行政区域内的建设工程质量实施监督管理，县级以上地方人民政府交通、水利等有关部门在各自的职责范围内，负责对本行政区域内的专业建设工程质量的监督管理。

第四十四条 国务院建设行政主管部门和国务院铁路、交通、水利等有关部门应当加强对有关建设工程质量的法律、法规和强制性标准执行情况的监督检查。

第四十五条 国务院发展计划部门按照国务院规定的职责，组织稽查特派员，对国家出资的重大建设项目实施监督检查。

国务院经济贸易主管部门按照国务院规定的职责，对国家重大技术改造项目实施监督检查。

第四十六条 建设工程质量监督管理，可以由建设行政主管部门或者其他有关部门委托的建设工程质量监督机构具体实施。

从事房屋建筑工程和市政基础设施工程质量监督的机构，必须按照国家有关规定经国务院建设行政主管部门或者省、自治区、直辖市人民政府建设行政主管部门考核；从事专业建设工程质量监督的机构，必须按照国家有关规定经国务院有关部门或者省、自治区、直辖市人民政府有关部门考核。经考核合格后，方可实施质量监督。

第四十七条 县级以上地方人民政府建设行政主管部门和其他有关部门应当加强对有关建设工程质量的法律、法规和强制性标准执行情况的监督检查。

第四十八条 县级以上人民政府建设行政主管部门和其他有关部门履行监督检查职责时，有权采取下列措施：

（一）要求被检查的单位提供有关工程质量的文件和资料；

（二）进入被检查单位的施工现场进行检查；

（三）发现有影响工程质量的问题时，责令改正。

第四十九条 建设单位应当自建设工程竣工验收合格之日起十五日内，将建设工程竣工验收报告和规划、公安消防、环保等部门出具的认可文件或者准许使用文件报建设行政主管部门或者其他有关部门备案。

建设行政主管部门或者其他有关部门发现建设单位在竣工验收过程中有违反国家有关建设工程质量管理规定行为的，责令停止使用，重新组织竣工验收。

第五十条 有关单位和个人对县级以上人民政府建设行政主管部门和其他有关部门进行的监督检查应当支持与配合，不得拒绝或者阻碍建设工程质量监督检查人员依法执行职务。

第五十一条 供水、供电、供气、公安消防等部门或者单位不得明示或者暗示建设单位、施工单位购买其指定的生产供应单位的建筑材料、建筑构配件和设备。

第五十二条　建设工程发生质量事故，有关单位应当在 24 小时内向当地建设行政主管部门和其他有关部门报告。对重大质量事故，事故发生地的建设行政主管部门和其他有关部门应当按照事故类别和等级向当地人民政府和上级建设行政主管部门和其他有关部门报告。

特别重大质量事故的调查程序按照国务院有关规定办理。

第五十三条　任何单位和个人对建设工程的质量事故、质量缺陷都有权检举、控告、投诉。

第八章　罚　　则

第五十四条　违反本条例规定，建设单位将建设工程发包给不具有相应资质等级的勘察、设计、施工单位或者委托给不具有相应资质等级的工程监理单位的，责令改正，处五十万元以上一百万元以下的罚款。

第五十五条　违反本条例规定，建设单位将建设工程肢解发包的，责令改正，处工程合同价款百分之零点五以上百分之一以下的罚款；对全部或者部分使用国有资金的项目，并可以暂停项目执行或者暂停资金拨付。

第五十六条　违反本条例规定，建设单位有下列行为之一的，责令改正，处二十万元以上五十万元以下的罚款：

（一）迫使承包方以低于成本的价格竞标的；

（二）任意压缩合理工期的；

（三）明示或者暗示设计单位或者施工单位违反工程建设强制性标准，降低工程质量的；

（四）施工图设计文件未经审查或者审查不合格，擅自施工的；

（五）建设项目必须实行工程监理而未实行工程监理的；

（六）未按照国家规定办理工程质量监督手续的；

（七）明示或者暗示施工单位使用不合格的建筑材料、建筑构配件和设备的；

（八）未按照国家规定将竣工验收报告、有关认可文件或者准许使用文件报送备案的。

第五十七条　违反本条例规定，建设单位未取得施工许可证或者开工报告未经批准擅自施工的，责令停止施工，限期改正，处工程合同价款百分之一以上百分之二以下的罚款。

第五十八条　违反本条例规定，建设单位有下列行为之一的，责令改正，处工程合同价款百分之二以上百分之四以下的罚款；造成损失的，依法承担赔偿责任；

（一）未组织竣工验收，擅自交付使用的；

（二）验收不合格，擅自交付使用的；

（三）对不合格的建设工程按照合格工程验收的。

第五十九条　违反本条例规定，建设工程竣工验收后，建设单位未向建设行政主管部门或者其他有关部门移交建设项目档案的，责令改正，处一万元以上十万元以下的罚款。

第六十条　违反本条例规定，勘察、设计、施工、工程监理单位超越本单位资质等级承揽工程的，责令停止违法行为，对勘察、设计单位或者工程监理单位处合同约定的勘察费、设计费或者监理酬金一倍以上两倍以下的罚款；对施工单位处工程合同价款百分之二以上百分之四以下的罚款，可以责令停业整顿，降低资质等级；情节严重的，吊销资质证书；有违法所得的，予以没收。

未取得资质证书承揽工程的，予以取缔，依照前款规定处以罚款；有违法所得的，予以没收。

以欺骗手段取得资质证书承揽工程的，吊销资质证书，依照本条第一款规定处以罚款；有违法所得的，予以没收。

第六十一条 违反本条例规定，勘察、设计、施工、工程监理单位允许其他单位或者个人以本单位名义承揽工程的，责令改正，没收违法所得，对勘察、设计单位和工程监理单位处合同约定的勘察费、设计费和监理酬金一倍以上两倍以下的罚款；对施工单位处工程合同价款百分之二以上百分之四以下的罚款；可以责令停业整顿，降低资质等级；情节严重的，吊销资质证书。

第六十二条 违反本条例规定，承包单位将承包的工程转包或者违法分包的，责令改正，没收违法所得，对勘察、设计单位处合同约定的勘察费，设计费百分之二十五以上百分之五十以下的罚款；对施工单位处工程合同价款百分之零点五以上百分之一以下的罚款；可以责令停业整顿，降低资质等级；情节严重的，吊销资质证书。

工程监理单位转让工程监理业务的，责令改正，没收违法所得，处合同约定的监理酬金百分之二十五以上百分之五十以下的罚款；可以责令停业整顿，降低资质等级；情节严重的，吊销资质证书。

第六十三条 违反本条例规定，有下列行为之一的，责令改正，处十万元以上三十万元以下的罚款：

（一）勘察单位未按照工程建设强制性标准进行勘察的；

（二）设计单位未根据勘察成果文件进行工程设计的；

（三）设计单位指定建筑材料、建筑构配件的生产厂、供应商的；

（四）设计单位未按照工程建设强制性标准进行设计的。

有前款所列行为，造成工程质量事故的，责令停业整顿，降低资质等级；情节严重的，吊销资质证书；造成损失的，依法承担赔偿责任。

第六十四条 违反本条例规定，施工单位在施工中偷工减料的，使用不合格的建筑材料、建筑构配件和设备的，或者有不按照工程设计图纸或者施工技术标准施工的其他行为的，责令改正，处工程合同价款百分之二以上百分之四以下的罚款；造成建设工程质量不符合规定的质量标准的，负责返工、修理，并赔偿因此造成的损失；情节严重的，责令停业整顿，降低资质等级或者吊销资质证书。

第六十五条 违反本条例规定，施工单位未对建筑材料、建筑构配件、设备和商品混凝土进行检验，或者未对涉及结构安全的试块、试件以及有关材料取样检测的，责令改正，处十万元以上二十万元以下的罚款；情节严重的，责令停业整顿，降低资质等级或者吊销资质证书；造成损失的，依法承担赔偿责任。

第六十六条 违反本条例规定，施工单位不履行保修义务或者拖延履行保修义务的，责令改正，处十万元以上二十万元以下的罚款，并对在保修期内因质量缺陷造成的损失承担赔偿责任。

第六十七条 工程监理单位有下列行为之一的，责令改正，处五十万元以上一百万元以下的罚款，降低资质等级或者吊销资质证书；有违法所得的，予以没收；造成损失的，承担连带赔偿责任：

（一）与建设单位或者施工单位串通，弄虚作假、降低工程质量的；

（二）将不合格的建设工程、建筑材料、建筑构配件和设备按照合格签字的。

第六十八条 违反本条例规定，工程监理单位与被监理工程的施工承包单位以及建筑材料、建筑构配件和设备供应单位有隶属关系或者其他利害关系承担该项建设工程的监理业务的，责令改正，处五万元以上十万元以下的罚款，降低资质等级或者吊销资质证书；有违法所得的，予以没收。

第六十九条 违反本条例规定，涉及建筑主体或者承重结构变动的装修工程，没有设计方案擅自施工的，责令改正，处五十万元以上一百万元以下的罚款；房屋建筑使用者在装修过程中擅自变动房屋建筑主体和承重结构的，责令改正，处五万元以上十万元以下的罚款。

有前款所列行为，造成损失的，依法承担赔偿责任。

第七十条 发生重大工程质量事故隐瞒不报、谎报或者拖延报告期限的，对直接负责的主管人员和其他责任人员依法给予行政处分。

第七十一条 违反本条例规定，供水、供电、供气、公安消防等部门或者单位明示或者暗示建设单位或者施工单位购买其指定的生产供应单位的建筑材料。建筑构配件和设备的，责令改正。

第七十二条 违反本条例规定，注册建筑师、注册结构工程师、监理工程师等注册执业人员因过错造成质量事故的，责令停止执业一年；造成重大质量事故的，吊销执业资格证书，五年以内不予注册；情节特别恶劣的，终身不予注册。

第七十三条 依照本条例规定，给予单位罚款处罚的，对单位直接负责的主管人员和其他直接责任人员处单位罚款数额百分之五以上百分之十以下的罚款。

第七十四条 建设单位、设计单位、施工单位、工程监理单位违反国家规定，降低工程质量标准，造成重大安全事故，构成犯罪的，对直接责任人员依法追究刑事责任。

第七十五条 本条例规定的责令停业整顿、降低资质等级和吊销资质证书的行政处罚，由颁发资质证书的机关决定；其他行政处罚，由建设行政主管部门或者其他有关部门依照法定职权决定。

依照本条例规定被吊销资质证书的，由工商行政管理部门吊销其营业执照。

第七十六条 国家机关工作人员在建设工程质量监督管理工作中玩忽职守、滥用职权、徇私舞弊，构成犯罪的，依法追究刑事责任；尚不构成犯罪的，依法给予行政处分。

第七十七条 建设、勘察、设计、施工、工程监理单位的工作人员因调动工作、退休等原因离开该单位后、被发现在该单位工作期间违反国家有关建设工程质量管理规定，造成重大工程质量事故的，仍应当依法追究法律责任。

第九章 附　则

第七十八条 本条例所称肢解发包，是指建设单位将应当由一个承包单位完成的建设工程分解成若干部分发包给不同的承包单位的行为。

本条例所称违法分包，是指下列行为：

（一）总承包单位将建设工程分包给不具备相应资质条件的单位的；

（二）建设工程总承包合同中未有约定，又未经建设单位认可，承包单位将其承包的部分建设工程交由其他单位完成的；

（三）施工总承包单位将建设工程主体结构的施工分包给其他单位的；

（四）分包单位将其承包的建设工程再分包的。

本条例所称转包，是指承包单位承包建设工程后，不履行合同约定的责任和义务，将其承包的全部建设工程转给他人或者将其承包的全部建设工程肢解以后以分包的名义分别转给其他单位承包的行为。

第七十九条 本条例规定的罚款和没收的违法所得，必须全部上缴国库。

第八十条 抢险救灾及其他临时性房屋建筑和农民自建低层住宅的建设活动，不适用本条例。

第八十一条 军事建设工程的管理，按照中央军事委员会的有关规定执行。

第八十二条 本条例自发布之日起施行。

附刑法有关条款

第一百三十六条 建设单位、设计单位、施工单位、工程监理单位违反国家规定，降低工程质量标准，造成重大安全事故的，对直接责任人员处五年以下有期徒刑或者拘役，并处罚金；后果特别严重的，处五年以上十年以下有期徒刑，并处罚金。

参 考 文 献

[1] 全国质量管理和质量保证标准化技术委员会秘书处,中国质量体系认证结构国家认可委员会秘书处. 2000 版质量管理体系国家标准理解与实施. 北京:中国标准出版社,2000.
[2] 刘光庭. 质量管理. 北京:清华大学出版社,1986.
[3] 廖永平. 机械工业企业质量管理. 北京:机械工业出版社,1982.
[4] 田金信,周爱民. 建筑企业全面质量管理. 北京:中国建筑工业出版社,1991.
[5] 全国监理工程师培训教材编写委员会. 工程建设质量控制. 北京:中国建筑工业出版社,1997.
[6] 顾慰慈. 工程监理质量控制. 北京:中国建筑工业出版社,2001.
[7] 建设部建筑管理司. 建筑企业资质管理文件汇编. 北京:中国建筑工业出版社,2001.
[8] 朱宏亮. 建设法规. 2 版. 武汉:武汉理工大学出版社,2003.
[9] 建设部. 建设法规教程. 北京:中国建筑工业出版社,2002.
[10] 何佰洲. 工程建设法规与案例. 2 版. 北京:中国建筑工业出版社,2004.
[11] 刘文锋. 建设法规概论. 北京:高等教育出版社,2004.

参考文献